国家文化产业资金支持媒体融合重大项目

21世纪工商管理类学科专业课教材
Specialized Courses Series on Business Management

管理沟通

第四版

谢玉华 主编

Managerial
Communication
4th Edition

东北财经大学出版社
Dongbei University of Finance & Economics Press

大连

图书在版编目（CIP）数据

管理沟通 / 谢玉华主编 . —4 版 . —大连：东北财经大学出版社，
2020.11（2022.1重印）
（21世纪工商管理类学科专业课教材）
ISBN 978-7-5654-3992-6

Ⅰ . 管⋯　Ⅱ . 谢⋯　Ⅲ . 管理学-高等学校-教材　Ⅳ . C93

中国版本图书馆 CIP 数据核字（2020）第 188099 号

东北财经大学出版社出版
（大连市黑石礁尖山街217号　邮政编码　116025）
网　　址：http://www.dufep.cn
读者信箱：dufep@dufe.edu.cn
大连天骄彩色印刷有限公司印刷　　东北财经大学出版社发行
幅面尺寸：185mm×260mm　　　字数：453千字　　　印张：22.25
2020年11月第4版　　　　　　　2022年1月第3次印刷
责任编辑：石真珍　孙冰洁　石建华　　　责任校对：孙珍华
封面设计：冀贵收　　　　　　　　　　　版式设计：原　皓

定价：48.00元

教学支持　售后服务　　联系电话：（0411）84710309
版权所有　侵权必究　　举报电话：（0411）84710523
如有印装质量问题，请联系营销部：（0411）84710711

"管理沟通"为工商管理专业的核心课程。从2000年开始笔者承担湖南大学MBA学员及本科生"管理沟通"课程的教学任务，至今已有20个年头。由于该课程1998年才在清华大学MBA学员中开设，可资借鉴的教学资料较少，所以承接该课程的教学任务后，笔者为备课寻找资料颇费心思。当时的中文教材很少。好在有不少前辈在前面探索，如钱小军、魏江、冯云霞、康青、张洁等老师翻译了国外一些好的教材，为这门课程奠定了基本框架。在教学过程中，笔者越来越觉得中国式沟通不同于西方文化背景下的沟通，大量活生生的沟通案例天天在我们的企业里演绎。作为教师，我们有责任探讨中国企业的沟通规律，诠释中国企业的沟通故事。于是，笔者尝试在"管理沟通"课程中加入中国文化背景分析，尤其加入本地案例，以至到后来形成了自己的体系。对20年的教学体会作一梳理，就形成了本书。

"管理沟通"课程在我国的发展历史虽然不长，但一经引进，就迅速普及。这或许是基于沟通对人们工作和生活的重要性。如今，沟通的理念已经得到现代企业和职场中人的广泛认同。多所高校在EMBA、MBA、科学学位研究生、本科学生中都开设了该课程，而且深受学生欢迎。管理沟通成为职场经理人的必修课，也是所有学生培养职业素质的必修课，尤其是本科学生，有必要在跨入职场之前，掌握职场沟通规律和方法。

本书内容分为3篇：沟通理论、组织内外部沟通、个人沟通技能。"沟通理论"篇包括沟通概述、沟通的一般策略；"组织内外部沟通"篇包括组织内部沟通（包括冲突沟通）、组织的变革沟通、跨文化沟通、与媒体的沟通、危机沟通；"个人沟通技能"篇包括有效演讲（包括会议沟通）、有效面谈、有效写作、有效倾听、人际沟通。从笔者的经验来看，这3个模块都很重要："沟通理论"打基础；"组织内外部沟通"解决企业实际运作中的沟通问题，让学生熟悉企业的各种沟通活动；"个人沟通技能"的训练是每位要步入职场的学生都必须经历的。笔者在澳大利亚留学期间全程跟踪了"管理沟通"课程的所有教学活动，受益匪浅。在欧美商科学生中开设该门课程时，配有大量的演练课、实验课。比如演说，每位学生必须在演说实验室做2次以上商务演说并录像，学生自己比照相关要求分析自己需要做哪些改进。因此，本书尽量将有关沟通的问题纳入进来，以便于教师针对不同的学生对象做内容选择。

编写时，笔者力求贯彻诚恳沟通原则。在快节奏的社会中，管理容易走向技术主义，忽略价值观。这种功利思路可能带来一时的得利，但长久会造成损害，不仅损害社会、他人，而且终究会损害自己。同时，笔者力求理论与实际相结合，以事说理，将沟通讲到实处，将沟通理念与文化背景结合。书中既有世界500强公司的案例，也有本土中小企业的故事，还包括职场流行小说的场景和学生学习、生活的案例。笔者由于职业习惯，对企业发生的沟通问题都悉心地关注、跟踪，试图将最新的企业动态反映在书中。关于书中的本土案例，笔者要感谢所教过的湖南大学MBA、EMBA、EDP学员，他们不但在课堂上提供了丰富的企业素材，还在课外提供了大量的信息和企业调研的帮助；还有笔者教过的本科学生，他们的朝气激励了我，他们提出的问题，有些虽然幼稚，但也给了我启发。"从学生身上学到的往往是最多的。"

本书由湖南大学工商管理学院谢玉华教授撰写提纲和最后统稿审校；第1、2、3、4、5、12章，8.4及第8、9、10、11章的大部分案例由谢玉华撰写；第8、9、10、11章的其他内容由李亚伯（湖南大学工商管理学院副教授）、谢玉华、梁盛（湖南大学工商管理学院助理教授）撰写；第6章由谢玉华、肖雨璇（长沙理工大学新闻学院教师）撰写；第7章由谢文波（湖南工艺美术职业学院教师）、谢玉华撰写。第四版的修订工作全部由谢玉华完成。第四版吸纳了许多新案例及笔者研究的新成果，尤其增加了新媒体环境下组织沟通的内容；还注意到本科学生的阅读偏好，增加了贴近大学生生活的案例。书中引用了笔者跟踪关注的一些案例，大部分注明了来源，有些综合多种材料及笔者的思考撰写，未及一一注明。书中还借鉴了前辈、同行的很多理论，在此一并致谢。笔者的研究生刘晓东、王瑞、张媚、潘晓丽、郭永星在搜集资料、打印、整理企业访谈及案例方面做了大量工作，对他们的辛勤付出致谢！

同行魏江教授曾说"写教材如同养孩子"，想到有那么多学子学习本书，笔者心存敬意。写作中，笔者诚惶诚恐，唯恐令读者不满意，在全部完稿之时，仍旧不能释怀。"管理沟通"深邃庞博，需要我们不断探索，永远没有一百分的答案。书中纰漏之处在所难免，恳请批评指教。

谢玉华

2020年9月

目录

第1篇
沟通理论 / 001

第1章 沟通概述 / 003

学习目标 / 003
引例 语言的魔力 / 003
1.1 沟通在管理中的重要性和作用 / 004
  1.1.1 沟通在管理中的重要性 / 004
  1.1.2 沟通在管理中的作用 / 007
  小案例1-1 吉利收购沃尔沃 / 007
  小案例1-2 德国最愚蠢的银行 / 008
1.2 沟通的基本含义 / 011
  1.2.1 沟通的定义 / 011
  1.2.2 沟通的过程 / 012
  小案例1-3 "白领腔"的陈小姐 / 014
1.3 成功沟通的原则 / 016
  1.3.1 诚恳开放地沟通 / 016
  1.3.2 换位思考 / 017
  小案例1-4 减少的退休金 / 017
  1.3.3 建设性沟通 / 019
  小案例1-5 问题导向的沟通 / 020
  小案例1-6 描述性沟通 / 021
1.4 管理沟通的教学与研究 / 022
本章小结 / 025
复习思考题 / 025
案例分析 / 025

第2章 沟通的一般策略 / 027

学习目标 / 027

引例 L为何沟通失败 / 027

2.1 沟通者策略 / 029

2.1.1 沟通目标 / 029

小案例 2-1 古井贡酒集团致消费者的公开信 / 030

2.1.2 沟通者的可信度 / 032

2.1.3 沟通形式 / 034

小案例 2-2 该怎样选择沟通策略 / 036

2.2 听众策略 / 038

2.2.1 听众态度分析 / 038

2.2.2 听众群体分类 / 039

小案例 2-3 维西尔公司沟通中抓住主要听众
反败为胜 / 040

2.3 信息策略 / 043

2.3.1 组织信息策略 / 043

2.3.2 听众记忆曲线 / 043

2.3.3 传递负面信息策略 / 045

小案例 2-4 拒绝信贷 / 045

2.4 渠道策略 / 046

2.4.1 沟通渠道分类 / 046

2.4.2 沟通渠道选择策略 / 047

小案例 2-5 "邮件门"事件中的沟通 / 049

2.5 反馈策略 / 050

小案例 2-6 某公司物资设备质量的反馈
制度 / 050

2.6 文化策略 / 052

本章小结 / 053

复习思考题 / 054

看电影学沟通 / 054

案例分析 / 054

第2篇
组织内外部沟通／057

第3章　组织内部沟通／059

学习目标／059
引例　跨国公司的沟通制度／059
3.1　影响组织内部沟通的因素／060
 3.1.1　组织内部沟通效果／060
 3.1.2　影响组织内部沟通的主要因素／061
3.2　组织内部纵向沟通艺术／070
 3.2.1　纵向沟通障碍／070
 3.2.2　向下沟通艺术／071
 小案例3-1　罚款被取消／071
 小案例3-2　汇报的改进／073
 小案例3-3　市场部的溃散／074
 小案例3-4　处罚唐司机／076
 3.2.3　向上沟通艺术／078
 小案例3-5　为何任务被耽搁／079
 小案例3-6　杜拉拉的汇报艺术／081
 小案例3-7　谁当副总经理／082
 小案例3-8　怎样安排旅游／084
3.3　组织内部横向沟通艺术／085
 3.3.1　横向沟通的障碍／085
 3.3.2　横向沟通的艺术／086
 小案例3-9　部门合作为何失败／087
3.4　团队沟通的意义和艺术／088
 3.4.1　团队沟通的意义／088
 3.4.2　团队沟通艺术／088
3.5　组织的冲突沟通／089
 3.5.1　冲突的含义及产生原因／090
 小案例3-10　防御性对话与支持性对话／90
 3.5.2　冲突的类型及作用／091

　　　小案例3-11　GE等公司激发良性冲突／091
　　　3.5.3　冲突的沟通策略／092
　　　小案例3-12　董事长是如何解决冲突的／093
　　　小案例3-13　邓汶和喻威的冲突处理／093
　本章小结／096
　复习思考题／097
　案例分析／098
　沟通游戏／099

第4章　组织的变革沟通／100

　学习目标／100
　引例　任正非谈公司变革／100
　4.1　变革沟通的意义／103
小案例4-1　"告状局"的沟通改革／104
　4.2　变革沟通的策略／105
4.3　变革不同时期的沟通策略／106
　本章小结／106
　复习思考题／106
　案例分析／106

第5章　跨文化沟通／111

学习目标／111
引例　对新生代员工上班玩电子游戏问题的处理／111
5.1　跨文化沟通的意义／113
5.2　东西方沟通文化的差异／113
　小案例5-1　万科的职委会／114
5.3　亚文化与亚群体／116
　小案例5-2　奔涌吧，后浪／116
5.4　跨文化沟通策略／119
小案例5-3　曹德旺讲述《美国工厂》幕后故事／119
本章小结／128
复习思考题／128

第6章　与媒体的沟通／129

学习目标／129
引例　胡辛束：新媒体如何助力企业品牌升级／129

6.1　认识媒体 / 132

6.1.1　媒体概述 / 133

6.1.2　新闻报道的原则 / 136

6.2　企业与媒体的沟通 / 137

6.2.1　媒体活动的组织策划 / 137

6.2.2　新闻发布会 / 139

小案例6-1　网球世界冠军李娜退役发布会

数度落泪真情告别 / 143

6.2.3　新闻稿件撰写 / 146

小案例6-2　京东港交所上市 / 147

6.3　企业与媒体的长期合作 / 148

6.3.1　媒体沟通渠道的建立和维护 / 149

6.3.2　与媒体记者保持互动 / 149

小案例6-3　红星二锅头扎心广告 / 150

本章小结 / 151

复习思考题 / 151

案例分析 / 151

案例策划 / 166

第7章　危机沟通 / 168

学习目标 / 168

引例　智能骚扰电话来源　商场探针盒子获取顾客隐私 / 168

7.1　危机管理概述 / 169

7.1.1　危机的含义及分类 / 169

7.1.2　危机意识 / 171

7.1.3　危机管理过程 / 171

7.2　危机预防 / 172

7.2.1　危机预测 / 173

小案例7-1　某公司的危机预警制度 / 174

小案例7-2　某餐饮企业《危机处理手册》部分

内容 / 174

7.2.2　危机预演 / 175

7.2.3　危机预防的组织保证 / 176

7.3　危机处理 / 177

7.3.1　危机处理的"雄鹰"政策、"鸵鸟"

政策 / 177

小案例 7-3 "泰莱诺尔"药物中毒事件 / 177
小案例 7-4 埃克森公司原油泄漏事件 / 179
7.3.2 危机处理的基本原则和策略 / 181
7.4 危机处理中的媒体沟通策略 / 182
7.4.1 "3T"原则 / 182
7.4.2 "7W"策略 / 183
7.5 不同类型的危机处理 / 183
7.5.1 企业自身经营管理不善而导致的危机 / 183
小案例 7-5 "碧绿液"与"长沙水"的差异 / 184
小案例 7-6 瑞幸咖啡财务造假事件 / 185
7.5.2 由于外界环境变化而导致的危机 / 186
小案例 7-7 万科抗震救灾中的危机 / 186
小案例 7-8 康泰克化解"PPA"风波 / 187
小案例 7-9 大众"尾气门"事件 / 189
本章小结 / 190
复习思考题 / 191
案例分析 / 191

第3篇
个人沟通技能 / 193

第8章 有效演讲 / 195

学习目标 / 195
引例 劳伦斯·萨默斯哈佛大学毕业典礼演讲：
从"拿"到"给"走向独立 / 195
8.1 演讲概述 / 197
8.1.1 演讲的含义 / 197
8.1.2 演讲的方式 / 197
8.2 演讲的特点、准备与构想 / 199
8.2.1 演讲的特点 / 199
8.2.2 演讲的准备 / 200

8.2.3 演讲的构思 / 202

小案例 8-1 祭舜帝文 / 205

8.3 有效演讲的技巧 / 205

8.3.1 演讲的心理技能 / 206

8.3.2 把握有声语言的运用技巧 / 207

小案例 8-2 我有一个梦想 / 209

8.3.3 合理运用体态语言 / 211

8.3.4 处惊不慌 灵活控场 / 213

小案例 8-3 小布什幽默解尴尬 / 214

8.3.5 即兴插说的技巧 / 214

8.3.6 充分利用直观教具 / 215

8.4 会议沟通 / 217

8.4.1 明确会议目的及规模 / 217

8.4.2 确定与会者角色和职责 / 217

8.4.3 会议管理流程 / 220

本章小结 / 223

复习思考题 / 223

演讲练习 / 223

第 9 章　有效面谈 / 225

学习目标 / 225

引例　怎样与打私人电话的张先生面谈 / 225

9.1 面谈概述 / 225

9.1.1 面谈的概念和特征 / 226

9.1.2 有效面谈的原则 / 226

9.2 有效面谈步骤 / 227

9.2.1 面谈准备 / 227

9.2.2 面谈过程控制 / 230

小案例 9-1 如何正确提问 / 231

9.3 不同面谈类型及技巧 / 232

9.3.1 信息收集面谈 / 232

9.3.2 招聘面谈 / 234

小案例 9-2 小 A 的面试过程及分析 / 235

9.3.3 绩效面谈 / 237

小案例 9-3 关于个人评估的疑问与上司的沟通 / 239

9.3.4 裁员面谈 / 242

小案例9-4 某公司裁员面谈六步骤／243

小案例9-5 雅虎裁员的经验分享／244

9.3.5 个人管理面谈／245

本章小结／246

复习思考题／246

案例分析／246

第10章 有效写作／249

学习目标／249

引例 辞职信／249

10.1 写作沟通概述／250

10.1.1 写作沟通的特点／250

10.1.2 写作沟通的障碍／251

10.1.3 写作沟通的原则及适用范围／251

10.1.4 写作沟通的写作过程／253

10.2 协作沟通中的逻辑／254

10.2.1 写作沟通中的逻辑层次／254

10.2.2 写作沟通中的结构安排／255

小案例10-1 如何安排《总经理办公室功能的
调查报告》的结构／256

10.2.3 选择对受众适度的信息／257

10.3 常用商务写作／258

10.3.1 市场调查报告的写作／258

小案例10-2 SS产品的市场调查报告／259

10.3.2 经济活动分析报告的写作／259

小案例10-3 A公司财务成本分析报告／260

10.3.3 可行性研究报告的写作／261

小案例10-4 关于参股成立碳碳复合材料
公司的报告／263

10.3.4 年度工作报告的写作／266

小案例10-5 2×16年××市烟草专卖局专卖管理
工作总结／268

10.3.5 商业函件的写作／269

小案例10-6 催款函／271

小案例10-7 部分公函样本／272

10.3.6 简历和求职信的写作／273

小案例10-8 传统简历 / 274

小案例10-9 技能型简历 / 275

小案例10-10 求职信实例 / 276

小案例10-11 两封不同的书信 / 277

小案例10-12 学生简历中的常见问题 / 278

本章小结 278

复习思考题 279

第11章 有效倾听 / 280

学习目标 / 280

引例 在逃纳粹分子的抓捕 / 280

11.1 倾听概述 / 280

11.1.1 倾听的含义及意义 / 281

11.1.2 倾听的类型 / 283

小案例11-1 A经理用倾听化解客户抱怨 / 283

小案例11-2 顾客为何不买汽车了 / 285

11.2 倾听的障碍 / 285

11.2.1 环境障碍 / 285

11.2.2 倾听者的心理障碍 / 286

小案例11-3 电影《撞车》里的倾听障碍 / 286

11.2.3 倾听障碍的表现 / 288

11.3 提高倾听能力的策略 / 290

11.3.1 有效倾听的原则 / 290

11.3.2 倾听策略 / 291

小案例11-4 咨询者的倾听技术 / 293

11.3.3 提高倾听魅力 / 296

本章小结 / 297

复习思考题 / 297

倾听训练 / 298

第12章 人际沟通 / 299

学习目标 / 299

引例 她俩为何反目成仇 / 299

12.1 个性特征与沟通 / 299

12.1.1 能力与沟通 / 300

12.1.2 性格与沟通 / 302

12.1.3 气质与沟通 / 310

12.2 环境氛围与沟通 / 314

12.2.1 沟通场所的选择 / 314

12.2.2 沟通场所的布置 / 315

12.3 人际沟通 / 317

12.3.1 人际沟通的含义及过程 / 317

12.3.2 人际沟通行为影响因素 / 318

12.3.3 人际沟通障碍及克服 / 322

12.3.4 人际沟通风格 / 326

12.3.5 人际沟通的技巧 / 329

小案例 12-1 他为何勇斗歹徒 / 330

小案例 12-2 梦洁爱家文化内涵 / 333

本章小结 / 334

复习思考题 / 336

案例分析 / 336

主要参考文献 / 338

第 1 篇

沟通理论

第1章 沟通概述

学习目标

- 了解沟通在企业管理中的作用
- 理解沟通的基本含义及沟通过程
- 掌握沟通的基本原则

➤ 引例 语言的魔力

一

在繁华的巴黎大街的路旁,站着一个衣衫褴褛、头发斑白、双目失明的老人。他不像其他乞丐那样伸手向过路行人乞讨,而是在身旁立了一块木牌,上面写着:"我什么也看不见!"不用说,他是为生活所迫才这样做的。街上过往的行人很多,那些穿着华丽的绅士、贵妇人,那些打扮漂亮的少男少女们,看了木牌上的字都无动于衷,有的还淡淡一笑,便姗姗而去了。这天中午,法国著名诗人让·彼浩勒也经过这里。他看看木牌上的字,问老人:"老人家,今天上午有人给你钱吗?"

"唉!"老人叹息着回答,"我,我什么也没有得到。"脸上的神情非常悲伤。让·彼浩勒听了,拿起笔悄悄地在那行字的前面添上了"春天到了,可是"几个字,就匆匆地离去了。

晚上,让·彼浩勒又经过这里,问那个老人下午的收入情况,老人笑着对诗人说:"先生,不知为什么,下午给我钱的人多极了!"让·彼浩勒听了也摸着胡子满意地笑了。

"春天到了,可是我什么也看不见!"这富有诗意的语言产生了魔力。

二

2020年5月8日下午,复旦大学附属华山医院(简称华山医院)感染科主任张文宏在以"致敬仁心,因爱共生"为主题的论坛暨"一健康基金"捐赠仪式上说起一个小故事。华山医院感染科最后出发驰援武汉抗击新冠肺炎的医生是两名男生。在出发之前,张文宏给其中一个打电话时,对方没有接到,后来害怕被批评不敢给张文宏回电话。第二天张文宏遇到他,问他是否去武汉,他想都没想就回答:"肯定去。"另一名男生接到张文宏的电话后说:"要和太太商量一下。"没过几分钟他就告诉张文宏:"我接到你的电话就决定了——去,是唯一的可能,但是太太就在我旁边，我要表示对她的尊重，显得是她同意了，我才去的，所以我才回答说要商量一下。"张文宏说，这是上海男人的习惯，要尊重太太。这个上海男人的故事也感动了科室里所有的女同事，后来华山医院的同事创作了一首歌《唯一的可能》（歌词：在那瞬间，只有唯一的可能，坚持到底，为最后胜利……待雀鸟欢鸣，樱花盛开，你平安归来）。张文宏说："其实，这首歌的歌词背后有很多的故事，这是其中之一……前往武汉支援的众多医护人员中有很多的90后，我在机场送行的也全是90后……他们还是孩子，却选择奋不顾身地出征。"张文宏说抗疫期间他唯一一次流泪就是为了年轻人。

資料来源　①王大赫，郭全斌. 语言的魅力［EB/OL］.［2020-07-22］. https：//www.so-hu.com/a/195229892_506525.②姜澎，储舒婷. 高泪点的张文宏今年只哭过一次……今天他说了为什么［EB/OL］.［2020-7-22］. http：//www.whb.cn/zhuzhan/xue/20200508/346008.html.

1.1　沟通在管理中的重要性和作用

　　管理问题就是沟通问题。通用电气前 CEO 杰克·韦尔奇（Jack Welch）曾说："管理就是沟通、沟通再沟通。"随着信息时代的迅猛发展，管理沟通在企业管理活动中起着越来越重要的作用。任何一个组织都要与外部的政府、社区、媒体、客户、消费者进行沟通，以创造一个良好的生存环境；要与内部的员工、股东沟通，以营造和谐共进的氛围。所以，沟通是组织的生命线、营养源。沟通能力成为企业选拔、晋升员工的一个重要指标。

1.1.1　沟通在管理中的重要性

> 　　作为福特公司的董事长，我告诫自己，必须与各界建立和谐关系，不可在沟通上无能为力。
>
> ——亨利·福特（Henry Ford）

　　20世纪60年代，管理学大师亨利·明茨伯格（Henry Mintzberg）在对总经理工作进行大量观察的基础上，提出了管理者角色理论。他认为管理者扮演着10种不同但高度相关的角色，见表1-1。

表 1-1　　　　　　　　　　　　　管理者角色描述

角　色	描　述	特征活动
挂名首脑	象征性的首脑，必须履行许多法律性或社会性的例行义务	接待来访者，签署法律文件
领导者	负责激励、动员下属，以及人员配备、培训和交流工作	实际上从事所有的有下级参与的活动

续表

角　色	描　述	特征活动
联络者	维护自行发展起来的外部接触和联络网络，向人们提供帮助和信息	发感谢信，从事外部委员会工作，以及其他有外部人员参与的活动
监听者	寻求和获取各种特定的信息，以便透彻地了解组织与环境；作为组织内外部的神经中枢	阅读期刊和报告，保持私人接触
传播者	将从外部人员和下属那里获得的信息传递给组织的其他人员	打电话，举行信息交流会
发言人	向外部发布有关组织的计划、政策、行动、结果等信息；作为组织所在行业的专家	举行董事会议，向媒体发布信息
企业家	寻求组织发展的机会，制订行动和变革方案，监督方案的执行情况	制定战略，检查决议执行情况，开发新项目
混乱驾驭者	当组织面临重大的危机、意外、动乱时，负责采取补救行动	制订危机补救方案，预防、预测危机
资源分配者	负责分配组织的各种资源，作出组织的重要决策	调度、授权，安排组织的人、财、物
谈判者	作为组织的代表，参加主要谈判活动	谈判决策，签署合同

从表1-1可以看出，沟通活动贯穿于管理者角色的每一项活动中，沟通是管理者实现其角色的基础性手段之一。

知识链接1-1　　　　　　　　　沟通的重要性

一名大公司的经理每天将其70%～80%的时间花在"听说读写"的沟通活动上。

美国普渡大学的理查斯·瑞得（Richards Reid）于1972年出版了第一本管理沟通教科书《组织内部沟通》，他被称为"组织沟通之父"。他认为："几乎人们能想到的每一个组织失败的例子都在某种程度上与人类的沟通行为有重要关系。事实上，已经有学者得出令人信服的结论：沟通的失败至少是组织失败的最基本原因之一。"

一手缔造了"诺基亚神话"并担任15年诺基亚董事长兼CEO的约玛·奥利拉（Jorma Ollila）认为：CEO的基本素质是沟通能力和激励人的能力。

普林斯顿大学对1万份人事档案进行分析后发现：智慧、专业技术、经验三者只占成功因素的25%，其余75%取决于良好的人际沟通。

哈佛大学的调查结果显示：在500名被解职的员工中，因人际沟通不良而导致工作不称职者占82%。

美国组织行为学专家弗雷德·鲁森斯（Fred Luthans）在其《组织行为学》著作中描述了两种管理者：有效的管理者和成功的管理者。有效的管理者是指拥有优秀和忠实的下属以及高绩效团队的管理者。这样的管理者满足两种标准：①使工作在量和质上都达到很高的绩效标准；②使其下属有满意感和奉献精神。成功的管理者是指在组织中相对快速地获得提升的管理者。对这类管理者的界定只有一个标准——晋升的速度。

弗雷德·鲁森斯和他的同事们通过对不同层面、不同类型（包括零售商店、医院、政府部门、报社、跨国公司总部、金融机构、制造企业等）的248名管理者进行研究发现，这些管理者都从事以下4种活动：

（1）传统管理：计划、决策和控制。观察到的行为有：制定目标，明确实现目标所要完成的任务，分配任务及资源，安排时间表等；明确问题所在，处理日常危机，决定做什么、如何做；考察工作，监控绩效数据，做预防性维护工作等。

（2）日常沟通：交流常规信息和处理案头文件。观察到的行为有：回答常规程序性问题，接收和分派重要信息，传达会议精神，通过电话接收或者发出日常信息，阅读、处理文件、报告等，起草报告、备忘录等，以及一般的案头工作。

（3）人力资源管理：激励、奖惩、处理冲突、人员配备和培训。观察到的行为有：做正式的奖金安排，传达赞赏之意，给予奖励，倾听建议，提供团队支持，给予负向的绩效反馈，制定工作说明书，面试应聘者，为空职安排人员，澄清工作角色，培训，指导等（制定规章制度并依此进行奖惩的行为不可能被观察到，所以这一范畴没有考虑）。

（4）社交活动：社会化活动和与外界交往。观察到的行为有：闲谈（与工作无关），"插科打诨"，抱怨、发牢骚，参加政治活动以及搞搞小花招，应对外部相关单位，参加外部会议、公益活动等。

他们进一步研究这些活动的相对频率，发现"平均"意义上的管理者大约花费32%的时间从事传统管理活动，花费29%的时间从事日常沟通活动，花费20%的时间从事人力资源管理活动，花费19%的时间从事外部社交活动。成功的管理者的内部和外部沟通活动占整个管理活动的比例达到了76%（其中内部日常沟通占28%，外部社交活动占48%）；有效的管理者的内部和外部沟通活动占整个管理活动的比例为55%（其中内部日常沟通占44%，外部社交活动占11%）（见表1-2）。

表1-2　　　　　　　不同管理者在各项管理活动上的时间分布

	一般管理者	成功的管理者	有效的管理者
传统管理	32%	13%	19%
内部日常沟通	29%	28%	44%
人力资源管理	20%	11%	26%
外部社交活动	19%	48%	11%

三种不同的管理者，哪一种晋升更快呢？传统理论认为，晋升基于绩效，但弗

雷德·鲁森斯的研究发现，社交活动和管理者的成功有着最强的相关性，而和管理者的有效性仅有最弱的相关性；人力资源管理活动和管理者的有效性有强相关性（仅次于日常沟通活动），而和管理者的成功仅有微弱的相关性。成功的管理者所表现出的行为和有效的管理者所表现出的行为不仅不吻合，而且可以说是截然相反的。这对晋升是基于绩效的传统假设提出了挑战。

弗雷德·鲁森斯的研究表明，沟通对管理者有着越来越重要的意义。

1.1.2　沟通在管理中的作用

小案例1-1　　　　　　　　　　　　　吉利收购沃尔沃

2010年3月28日，中国浙江吉利控股集团有限公司（简称吉利集团）在瑞典哥德堡与福特汽车签署最终股权收购协议，获得沃尔沃轿车公司（简称沃尔沃）100%的股权以及相关资产（包括知识产权）。本次收购涉及金额18亿美元。收购沃尔沃的谈判艰苦而漫长。其中，就有来自沃尔沃工会的阻力。沃尔沃工会负责人瑟伦·卡尔松也公开宣称："我们将不惜任何努力阻止吉利将就业岗位转移到中国。"但李书福本人的魅力打动了沃尔沃工会。2009年年底，在福特宣布吉利成为沃尔沃首席竞购方之后，李书福同福特汽车公司高管共同飞赴瑞典哥德堡沃尔沃总部同沃尔沃工会代表对话。沃尔沃工会成员当即就给李书福和福特公司高管出了一道难题，问他们能不能用三个词来说明为什么吉利是竞购沃尔沃的公司中最合适的。就在福特公司代表陷入尴尬时，英文并不太好的李书福主动请缨："我想说的三个词就是I love you！""我爱你们，我也爱沃尔沃这个品牌，能够运营好沃尔沃品牌以及爱护沃尔沃的员工、保障沃尔沃员工的利益是吉利的责任和义务！"李书福用西式的表达方式瞬间赢得了沃尔沃工会代表的好感，赢得了现场热烈的掌声。

资料来源　高巍，陈喆. 揭秘吉利竞购沃尔沃始末：收购野心始于2002年［N］. 每日经济新闻，2010-02-23.

管理的真谛就是沟通。一个企业要实现高速运转，要充满生机和活力，有赖于下情能为上知，上情迅速下达，有赖于部门之间互通信息、同甘共苦、协同作战，充分调动员工的积极性和创造性。良好的沟通能让员工感觉到企业对自己的尊重和信任，从而产生极大的责任感、认同感和归属感，促使员工以强烈的责任心和奉献精神为企业工作。此外，沟通还能化解矛盾、澄清误会、消除疑虑。管理者最重要的任务就在于培养员工之间的一种健康向上的关系。沟通在管理中的作用可以概括为传递信息、激励员工、使团队和谐、促进科学决策。

首先，沟通传递企业信息，促使企业各项工作顺利运行。企业的任何一项工作都离不开信息传达。管理者要向下属下达工作指示，下属要向上司反馈意见、建议；部门之间要进行信息交流才能开展合作。如下述案例中的"德国最愚蠢的银行"，就因为工作信息传递不畅，引起巨大灾难。

　　　　　　　　　　　　德国最愚蠢的银行

　　2008年9月15日上午10：00，拥有158年历史的美国第四大投资银行——雷曼兄弟公司向法院申请破产保护，消息转瞬间通过电视、广播和网络传遍地球的各个角落。

　　令人匪夷所思的是，在如此明朗的情况下，10：10，德国国家发展银行居然按照外汇掉期协议，通过计算机自动付款系统，向雷曼兄弟公司即将冻结的银行账户转入了3亿欧元。

　　毫无疑问，3亿欧元转账风波曝光后，德国社会各界大为震惊，舆论哗然，普遍认为，这笔损失本不应该发生，因为此前一天，有关雷曼兄弟公司破产的消息已经满天飞，德国国家发展银行应该知道交易存在巨大的风险，并事先做好防范措施才对。

　　德国销量最大的《图片报》在9月18日头版的标题中，指责德国国家发展银行是迄今"德国最愚蠢的银行"。

　　此事惊动了德国财政部，财政部长佩尔·施泰因布吕克发誓，一定要查个水落石出，并严厉惩罚相关责任人。

　　法律事务所的调查员先后询问了德国国家发展银行各个部门的数十名职员。几天后，调查员向国会和财政部递交了一份调查报告，调查报告并不复杂深奥，只是一一记载了被询问人员在这10分钟忙了些什么。然而，答案就在这里面。

　　看看他们忙了些什么！

　　　　　　　　　　"德国最愚蠢的银行"调查结果

　　首席执行官乌尔里奇·施罗德：我知道今天要按照协议的约定转账，至于是否撤销这笔巨额交易，应由董事会开会讨论决定。

　　董事长保卢斯：我们还没有得到风险评估报告，无法及时作出正确的决策。

　　董事会秘书史里芬：我打电话给国际业务部催要风险评估报告，可那里总是占线，我想还是隔一会儿再打吧。

　　国际业务部经理克鲁克：星期五晚上准备带上全家人去听音乐会，我得提前打电话预订门票。

　　国际业务部副经理伊梅尔曼：我忙于其他事情，没时间关心雷曼兄弟公司的消息。

　　负责处理与雷曼兄弟公司业务的高级经理希特霍芬：我让文员上网浏览新闻，一旦有雷曼兄弟公司的消息就立即报告，现在我要去休息室喝杯咖啡了。

　　文员施特鲁克：10：03，我在网上看到了雷曼兄弟公司向法院申请破产保护的新闻，马上就跑到希特霍芬的办公室，可是他不在，我就写了张便条放在办公桌上，他回来后会看到的。

　　结算部经理德尔布吕克：今天是协议规定的交易日子，我没有接到停止交易的指令，那就按照原计划转账吧。

结算部自动付款系统操作员曼斯坦因：德尔布吕克让我执行转账操作，我什么也没问就做了。

信贷部经理莫德尔：我在走廊里碰到了施特鲁克，他告诉我雷曼兄弟公司破产的消息，但是我相信希特霍芬和其他职员的专业素养，他们一定不会犯低级错误，因此也没必要提醒他们。

公关部经理贝克：雷曼兄弟公司的破产已发生，我想跟乌尔里奇·施罗德谈谈这件事，但上午要会见几个克罗地亚客人，等下午再找他也不迟，反正不差这几个小时。

财政部长施泰因布吕克出席银行监管董事会会议后感叹："我一辈子都没经历过这样的事。"演绎一场悲剧，短短10分钟就已足够。在这家银行，上到董事长，下到操作员，没有一个人是愚蠢的。可悲的是，几乎在同一时间，每个人都开了点小差，每个人都没有同其他人进行有效沟通、核实并确认自己的信息和行为，结果就创造出了"德国最愚蠢的银行"。

事情的经过可以用图1-1表示（虚线表示没有沟通）。

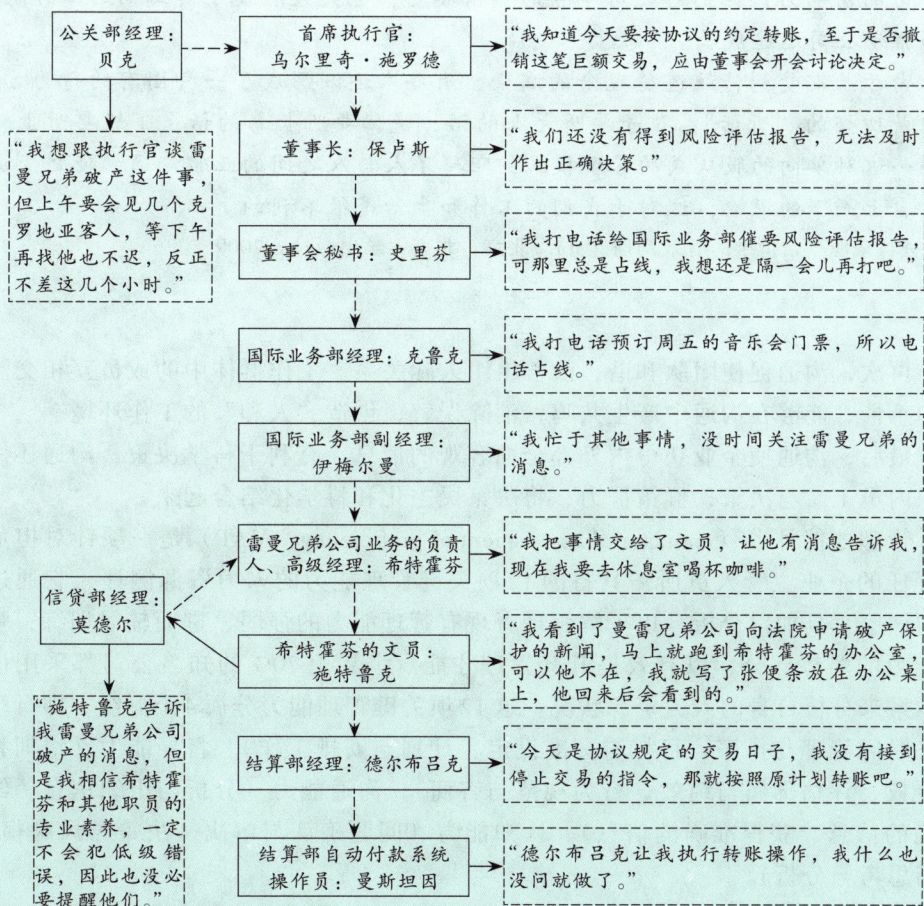

图1-1　"德国最愚蠢的银行"创造过程

其次，沟通满足员工的心理需求，激发员工的工作热情。员工对自己工作的企业信息有很强的知情欲望，有参与的需求。企业应该向员工公开信息，把员工当作主人。管理者常常与员工沟通还可以鼓舞士气。

中外比较 1-1　　　　　　　　　　**上级与下级的沟通**

无论是杰克·韦尔奇领导下的通用电气、山姆·沃尔顿领导下的沃尔玛，还是赫布·凯莱赫领导下的西南航空，公司内部的几乎每一位员工都能清楚地了解这些领导者的主张，也都知道他们对员工有什么期望，因为他们是优秀的沟通者，也是公司员工良好的工作伙伴，他们一直在密切留意员工和公司运营的情况。为了了解下情，他们乐于与员工讨论工作，并且乐此不疲。因此，他们非常清楚公司的运营状况，甚至是细节。

正是这些领导者积极主动与员工沟通的意愿和非凡的沟通力，强化了他们对整个公司的影响力；他们对公司事务的热情参与，也大大激发了员工们的工作激情，从而推动公司迅速成长。

由于长期受到传统道德观念的濡染，有些人逐渐形成了一种固有的行为方式，那就是所谓的"听话"：孩子要听大人的话，晚辈要听长辈的话，下级要听上级的话……这种单向的服从式的管理模式，阻碍了人与人之间的正常沟通，使之变成了一种自上而下的灌输，这对于我们的工作和生活是很不利的。

资料来源　余世维. 有效沟通 [M]. 北京：北京大学出版社，2009.

再次，沟通促使团队和谐，改善组织人际关系。工作群体中的成员互相交流思想和感情，能够在沟通中产生共鸣，消除误解，创造"人和"的工作环境。

最后，沟通使企业获得内外部全面客观的信息，有利于科学决策。沟通还促使组织内员工参与决策，群策群力，将决策民主化和科学化结合起来。

管理才能评鉴（managerial assessment of proficiency，MAP）是一项针对担负管理责任的企业主管人员所需具备的12项关键管理能力的人力资源测评，它通过客观的评鉴工具加以分析，以了解管理者现有管理能力的强弱，进而辅以训练，强化其能力的弱势部分，以有效提升其管理才能。世界上70%的知名公司都采用该评价体系来分析自身的人力资源状况。这12项关键管理能力分属4个群组，即行政能力（时间管理与排序、目标与标准设定、计划与安排工作）、督导能力（培训教导与授权、评估部属与绩效、行为规范与咨商）、沟通能力（分析与组织信息、给予明确的信息、获得准确的信息）、认知能力（问题确认与解决、决策与风险衡量、清晰思考与分析）。

中外比较1-2 　　　　　　　　　　**对经理人的能力评价**

　　根据美国企业管理大师史考特·派瑞博士的研究，按"管理才能评鉴"所设定的12项基础能力考查，中国经理人在"目标与标准设定"方面的能力表现最为突出，与17个国家、7万余名做过评鉴的经理人相比较，指数为75%，显示该项能力的水准在全球处于前1/4的位置。其他较强的能力为"计划与安排工作"，指数为67%；"决策与风险衡量"，指数为59%。但在部分能力上，中国经理人的平均表现就显得比较差。最弱的能力为"分析与组织信息"，指数为20%。其他如"清晰思考与分析"，指数为32%，"评估部属与绩效"，指数为41%，与全球经理人比较，在后1/3的位置。

　　就12项能力分属的4个群组来比较，中国经理人在与"事"有关的行政能力群和认知能力群都有较佳表现，平均指数为53%，但在与"人"有关的沟通能力群及督导能力群的表现不尽如人意，平均指数为39%。与美国和新加坡的经理人比较，会发现他们在"对事"与"对人"的能力上差距甚小，可以说是平衡发展。

　　资料来源　张晓莉. 中国经理人差距在哪里？［EB/OL］.［2020-07-27］. http：//www.people.com.cn/digest/200106/22/jj062204.html.

　　中国经理人在沟通能力上有待改进的方面是：①缺乏战略沟通，导致员工对企业的认识不一。②沟通带有明显个人色彩，员工被贴上"我方""非我方"标签，根据人际关系的远近沟通。③信息不畅，从上向下的沟通多，从下向上的沟通不全，横向沟通很艰难。④管理者难以获得全面准确的信息。⑤非正式沟通、小道消息常被使用。所以，中国经理人应该加强沟通能力的修炼。

1.2　沟通的基本含义

1.2.1　沟通的定义

　　什么是沟通（communication）？它包括什么？"沟通"是一个抽象词，和许多词一样，有多层意思。《大英百科全书》指出，沟通是"若干人或者一群人互相交换信息的行为"。《牛津大辞典》指出，沟通是"借着语言、文学形象来传送或交换观念和知识"。美国《哥伦比亚百科全书》指出，沟通是"思想及信息的传递"。美国著名传播学者布农认为，沟通"是将观念或思想由一个人传送到另一个人的过程，或者是个人自身内在的传递，其目的是使接受沟通的人获得思想上的了解"。英国著名传播学者丹尼斯·麦奎尔指出，"沟通是人或团体主要通过符号向其他个人或团体传递信息、观念、态度或情感的过程"，"沟通可定义为'通过信息进行的社会的相互作用'"。还有一些表述，如：

　　沟通是文字、文句或消息的交流，思想或意见的交换（《韦氏大辞典》）。

　　沟通是意义的传递和理解（斯蒂芬·P.罗宾斯《管理学》）。

沟通是什么人说什么，由什么路线传至什么人，达到什么结果（哈罗德·拉斯韦尔《宣传、传播和舆论》）。

我们认为，沟通就是信息发送者凭借一定渠道（也称媒介或通道），将信息发送给既定对象（信息接收者），并寻求反馈以达到相互理解的过程。

知识链接1-2　　　　心理学家温德尔·约翰逊描绘的沟通过程

1. 一件事情发生了……

2. 这一事件刺激A先生的眼、耳朵和其他感觉器官，造成……

3. 神经搏动到达A先生的大脑，又到达他的肌肉和腺线，从而产生紧张感，产生语言之前的"感觉"等，然后……

4. A先生开始按照他惯用的语言表达方式把这些"感觉"变成字句，而且从"他考虑到的"所有字句中……

5. 他选择或者抽象出某些字句，他以某种方式安排这些字句，然后……

6. 通过声波和光波，A先生对B先生讲话……

7. B先生的眼和耳分别受到声波和光波的刺激，结果……

8. 神经搏动到达B先生的大脑，又从大脑到达他的肌肉和腺线，产生紧张感，产生讲话之前的"感觉"……

9. 接着B先生开始按照他惯用的语言表达方式把这些"感觉"变成字句，并且从"他考虑到的"所有字句中……

10. B先生选择或抽象出某些字句，以某种方式安排这些字句，然后相应地讲话或做出行为，从而刺激了A先生，或其他人……

这样，沟通过程就继续进行下去。

1.2.2　沟通的过程

沟通过程可以用图1-2表示。

1. 编码及解码

编码是将想法转化为有意义的符号的过程。解码又称译码，即信息接收者对于发送者传递的符号的解释。

2. 通道

通道是信息传递的渠道，又称媒介。信息传递的媒介很多，有面谈、电话、信函、电子邮件、体语等人际沟通媒介，也包括企业的传播媒介，如广告、新闻稿、记者招待会等。运用信息传递渠道时，一要避免"通道超载"，即通道不能处理所传递的信息。比如，用电话传达一份长篇的讲话稿，就会造成通道超载。二要避免"信息超载"。在互联网时代，对于企业而言，信息已远远过载。研究显示，《财富》世界1 000强企业的员工，每天平均要接发178条信息和文件，71%的员工认为信息多得难以承受。如果一次传递的信息过多，超出了人们能接收的范围，则会

刺激　　　　　通道传递信息

甲　知觉　解释　选择　编码

知觉　解码　解释　选择　编码　乙

反馈

噪声　　　　　　　　　背景

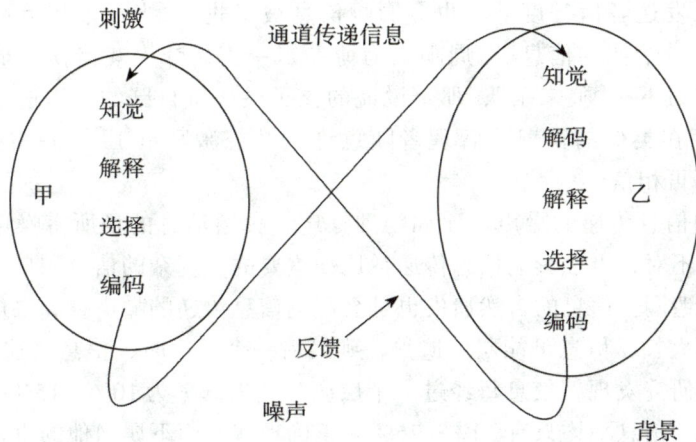

图1-2　沟通过程

影响接收的效果。尤其是传递负面信息时要控制数量，比如批评员工时要就事论事，不能将其缺点一股脑倒出，历数其不足，否则会引起员工的反感乃至冲突。

3.反馈

反馈表明接收者接收到信息并将个人对于原始信息的感受告知信息发送者的过程。反馈的作用是使沟通成为一个交互过程。在沟通过程中，沟通的每一方都在不断地将信息反馈给另一方，反馈可以告诉信息发送者，信息接收者接收和理解每一条信息的状态。如果反馈显示信息接收者接收并理解了信息，这种反馈就称为正反馈。如果反馈显示信息源的信息没有被接收和理解，则这种反馈称为负反馈。若反馈显示信息接收者对于信息源的信息反应为不确定状态的信息，则这种反馈叫作模糊反馈。模糊反馈往往意味着来自信息源的信息尚不够充分。成功的沟通者对于反馈都十分敏感，并会根据反馈不断调整自己发送的信息。反馈不一定来自对方，人们也可以从自己发送信息的过程或已发出的信息获得反馈。当人们发现所说的话不够明确，或写出的句子难以理解时，自己就可以作出调整。与外来反馈相对应，这种反馈称为自我反馈。

反馈信息是一个领悟、加工信息的过程，掌握不好会造成沟通的障碍。

4.噪声

噪声是在沟通过程中干扰信息发送者和信息接收者之间交流的所有因素，又称沟通障碍。噪声可能导致信息传递失真。沟通过程中的噪声可以分为以下几种：

（1）影响信息发送的噪声。如果信息发送者表达不佳，词不达意，信息接收者就无法理解其信息。例如：

英军有一个团买了一头驴子作为吉祥物。不幸的是，没有几天驴子就死了。由于团长出差在外，于是副团长便打了个电报给团长："驴子不幸逝世。再买一头，还是等你回来？"

如果信息发送者形象不佳，会影响信息发送。比如，生活在高楼大厦的人们，对安全的警惕性越来越高。很多公司注意到了这个问题，因而训练其上门服务人员，使他们保持良好的形象，规范他们的服务语言及行为。

如果信息发送者信誉度低，也会影响信息被接收。"当你不相信那个人时，你就不会相信他带给你的信息。"周幽王为博褒姒一笑，烽火戏诸侯，最终失信于诸侯，死于犬戎刀下。"狼来了"，那个说谎的孩子最终将自己的羊送进狼的腹中。企业管理中也存在类似的情况，管理者随意许诺，想激励员工，但一次两次失信之后，员工便不再相信。

（2）影响信息传递的噪声。比如物理噪声，传播信息的场所有噪声干扰。如果传播媒介选择不对，也会影响信息传递。比如重要的、复杂的信息用口头传播，可能会导致信息被遗漏。信息的自然遗失也是会影响信息传递的噪声。如果信息传递的层次太多、链条太长，信息可能层层遗失，到最后一个层次时，信息会遗失80%左右。日本管理学家研究发现，信息每经过一个层次，其失真率为10%~15%；上级向他的直接下属传递的信息平均只有20%~25%被正确理解，而下属向他的直接上级反映的信息被正确理解的则不超过10%。克莱斯勒前总裁李·艾柯卡也指出："若只有一个经过过滤、再过滤、净化、消毒的信息渠道，将不利于总裁作出正确的决策。为了避免这种危险，我设法在自己身边保留了一些不同意见者。"如果只有口头传递方式，信息会遗失更多。所以，管理者应尽最大努力获取第一手材料，即原始信息。

（3）影响信息接收的噪声。

①选择性知觉。选择性知觉是一条心理规律，是指人们在某一具体时刻只是以对象的部分特征作为知觉的内容，以自身的兴趣、背景、经验及态度选择解释他人或事物。例如，招聘员工时，如果应聘者与考官自己有相同背景，考官可能据此判断应聘者将和自己一样在工作上表现良好。选择性知觉在沟通上的表现为，人们会对能印证自己知识、经验、态度、情感的信息表现出高度的兴趣，对其他信息则很漠然，对反证自己知识、经验、态度、情感的信息则表现出反对甚至抵制情绪。

②目标差异。信息发送者与信息接收者的目标不同，受利益驱动，信息接收者可能对有利益的信息全部接收，而对没利益的信息可能就打折扣地接收，即根据利益筛选信息。

③知识经验的局限。如果信息接收者的知识经验有限，就会影响对信息的接收和理解。人们的知识经验不同，运用的信息符号系统就不同，语言就不同，正所谓"对什么人讲什么话"。

小案例1-3　　　　　　　　　"白领腔"的陈小姐

在商业咨询公司工作的陈小姐形成了职业性的说话习惯，其丈夫称之为"白领腔"。在陈小姐家承担装修工程的黄师傅说，陈小姐经常这样与他谈装修问题："我觉得有必要提醒您的是……这块墙面的粉刷应从成本最低化的角度考虑……步骤可以再进行细分……"黄师傅几次没听明白陈小姐的什么原理，导致重新翻修。他最终无法忍受陈小姐这种生涩、艰难的沟通，而提出了"辞呈"。黄师傅说："按雇主的要求做事没错，但如果我连要求都听不太明白，要我怎么办？"

5.背景

背景即沟通发生的场景和环境因素。任何沟通都受所发生的环境因素影响，这些因素包括物理的、心理的、社会的，等等。

（1）物理背景，是指沟通所发生的场所。物理背景形成沟通的氛围，沟通氛围起着"造势"的作用。

（2）心理背景，即沟通双方的情绪和态度。首先，商务沟通是理性的，只有双方都处于理性的情绪中，沟通才能顺利进行。当然，人不是机器，即使在工作中有时也会处于或兴奋激动或恼怒烦躁的情绪中，带着情绪去沟通多少会将自己的情绪传递给对方。所以，当有重要沟通时，需要平定情绪，理性应对。其次，沟通效果还取决于沟通者对对方的态度。沟通是平等的，要把对方看作平等的沟通主体，无论面对的是大人物还是弱势人物。孟子曰："说大人，则藐之，勿视其巍巍然。"而在弱于自己的人面前，则要表现出对他的尊重。沟通者对对方的态度反映在言谈举止中，心理学家弗洛伊德曾经说过："除非圣灵能够秘而不宣，常人的双唇即使缄默不语，他抖动的手指也在喋喋不休，他的每一个毛孔也都在叙说着心中的秘密。"

情景思考1-1

你将怎样选择

——某项工作失误，上司盛怒，误将工作失误的责任怪罪于你，你怎样对待大发雷霆的上司？

——某员工对处罚感到委屈，向作为上司的你哭诉，你怎样对待员工？

——作为值班经理，你正在巡视，突然看到一名顾客冲着前台人员拍桌打凳，你怎么处理？

——你正与顾客沟通，说明不能退货的理由，顾客不悦，作心脏病发作状，你怎么处理？

（3）社会背景，一方面是指沟通双方的社会角色，沟通双方只有准确把握了自己的角色，不发生角色串位，才能顺利沟通下去；另一方面是指不直接参与沟通但在场的其他人，他们构成沟通场景，影响沟通。如妻子在场时，丈夫对其他异性会保持较谨慎态度。根据领导在场时同事们之间的沟通氛围可以判断出该领导的风格和组织的气氛。

组织内的每一个人都扮演不同的角色。由于角色不同，其态度和观点就不同。某企业进行中层经理培训，发给23位中层经理同一个案例，结果销售经理认为案例企业的问题全是销售问题，生产经理认为主要是生产运营问题，人力资源经理认为是组织和员工激励问题。可见，虽然经理们接收的是同一信息，但反馈的结果各不相同。

1.3　成功沟通的原则

企业每天都在进行沟通，人们每天都离不开沟通。如何进行有效沟通，达到沟通目的，获得双赢？成功沟通是否有共同的规律可遵循？本节对此作一回答。

1.3.1　诚恳开放地沟通

沟通双方本着诚恳态度进行沟通，是有效沟通的基本要求。诚恳沟通要求做到：①双方均具有沟通的意愿；②双方均有维持良好关系的愿望。

有些沟通，一开始就违背诚恳原则，沟通结果就会背离目标。比如，有些公开招标活动其实已经内定投标对象，公开招标只是幌子，让投标的其他组织作陪衬，这些投标组织无论怎样努力收集信息、优化方案都不可能投标成功。再如，如果社会监控不严，流动人口多的地方如车站的周围，商家的欺诈行为就多，因为一锤子买卖容易催生不诚信行为。

开放式的沟通，要求沟通双方以开放、合作的心态实行双向沟通，不使用排斥性语言。排斥性语言有：第一，高高在上，发号施令。如："我说了算，你懂什么？照办！"第二，显示优越感。如："我过的桥比你走的路还要多，你不要与我争论！"第三，奚落。如："你个小毛孩，知道什么?!""你还留过洋呢，我看你只留过级！"第四，自负。如："你怎么这么幼稚啊，我在你这么大的时候，早……"第五，事后诸葛亮。如："你不听老人言吧，叫你当时……你不听，活该！"第六，语言绝对化。如，"从来不""总是""糟透了"等绝对化的语言使沟通没有进行下去的可能。

诚恳沟通还要求沟通者专心聆听，仔细了解对方的感受。聆听是打开双方沟通大门的钥匙，表示自己了解对方的感受，令对方知道你能体会他的处境。在细心聆听之余，再表示关怀体谅。

首先，要表示了解对方的感受，明白对方的说话内容。你要让对方知道，你正在专心聆听，同时也明白对方的说话内容和感受，使对方愿意表达内心的感受，这对于解决困难有很大的帮助。有效的回应包括两部分：其一，描述对方的感受；其二，总结对方的说话内容。下面的例子都包括这两部分：

"我明白你对更改时间表有点担心（表示了解对方担忧的心情），因为这涉及超时工作（明白对方的说话内容，知道他担忧的原因）。"

"这样，你就可以比预期早两个星期进行这项计划（细心聆听对方的说话内容）。我想你一定会很高兴这么快就获得批准（表示分享对方快乐的感受）。"

当对方表达一些愉快的感受时，与他共同分享愉快的感受（如"看来你很喜欢你的新任务"），可以营造互助合作的气氛。

其次，表现出了解对方的感受，并不一定表示你同意对方所讲的话。通常在说了"我明白你的意思"之类的话后，我们会加上"但是"或"不过"等字眼。如果使用这些字眼，给对方的印象就是，你认为他的感受在你的眼中是"错的"，或者不像你所关注的问题那么重要。所以，应该避免使用这些字眼，在你说出自己的意见之前，可使用"同时"这个词语，或在适当时候暂时停下来，代替"但是"或"不过"等字眼。

知识链接1-3　　　　　　　　松下幸之助的管理思想

松下幸之助被称为日本的"经营之神"，在他的管理思想里，倾听和沟通占有重要的地位。

松下幸之助经常问他的下属："说说看，你对这件事是怎么考虑的。""要是你干的话，你会怎么办？"

他一有时间就要到工厂里转转，一方面便于发现问题，另一方面有利于听取工人的意见和建议。

在松下幸之助的脑子里，从没有"人微言轻"的观念，他认真地倾听哪怕是最底层员工的正确意见，非常痛恨别人对他阿谀奉承，松下公司也因董事长善于交流而获益匪浅。

1.3.2 换位思考

换位思考是人对人的一种心理体验过程。将心比心、设身处地，是达成理解不可缺少的心理机制。它客观上要求我们将自己的内心世界，如情感体验、思维方式等与对方联系起来，站在对方的立场上体验和思考问题，从而与对方在情感上进行沟通，为增进理解奠定基础。换位思考的沟通要求沟通者在沟通开始时思考这样几个问题：第一，对方需要什么？第二，我能给他什么？第三，怎样将"对方需要的"和"我能给予的"有机结合起来？

小案例1-4　　　　　　　　减少的退休金

某公司人力资源部薪酬福利主管玛丽接到一封来自即将离职的员工麦克的邮件：

自：麦克·张

主题：我的退休福利

内容：

Dear 玛丽：

下周五将是我在公司上班的最后一天。请开具支票支付我的退休福利金，包括公司和我本人应扣除的部分和过去6年半未休假的加班补偿等。

如果可能，很希望能在下周五前收到该支票。

谢谢！

麦克

玛丽给麦克的答复是个坏消息，因为公司按政策应该支付给麦克的退休福利金比麦克预料的要少。公司将从员工月工资中扣除的退休福利金及公司为员工支付的等额退休金投资到公司的退休基金中。但根据公司规定，只有服务年限在10

年以上的员工才能得到全部的退休金（公司支付的和个人支付的）；少于10年的只能得到个人支付的部分。所以，麦克只能得到个人支付的部分，加上公司支付的4.5%的季度利息，总计17 200美元；另加上他没享用的假日加班补偿。但麦克领到这笔退休金还必须缴纳所得税。而且，所有手续在他离职后才能办理，只能将支票邮寄给他。公司档案中保存了他的地址，如果地址有变，他必须通知公司。开立和发出支票的手续需要两至三周的时间。

分析：

1.你了解收信人吗？他为何离职？

2.回信的目的是什么？

——告之所有信息；树立良好形象，让对方感觉你公平合理地处理了他的问题。

3.对方的反应是什么？

——他只能得到他期望的一半的退休金；假定他不交纳个人退休基金，而是把这笔钱投资到别处，回报率将大于4.5%；如果他正常退休，按年度领取公司退休年金，这笔收入的税就是逐年缴纳的，税收额度比现在的一揽子退休金缴纳的所得税要低得多。

4.对方可能期望的信息是什么？

——怎样合理避税？

回信一

Dear 麦克：

很遗憾地通知你：你不能在下周五得到退休金支票，而且你只能得到退休年金中的个人交付部分，公司等额交付的部分不能支付给你，因为你在公司服务没有满10年。

你交付的退休金总额及利息共17 200美元；另加上你未休的假日加班补偿。你还得支付这笔钱的所得税。

支票将邮寄到你的住址。如果你存在公司档案上的地址不对，请更正，以免支票被延期送达。

玛丽

回信二

Dear 麦克：

按照公司制度，只有在公司服务10年以上的员工才能得到全部的退休年金，包括个人支付和公司支付的部分；不满10年的员工只能得到个人支付的部分。

你的个人支付账户上有17 200美元，这包括公司支付的4.5%的季度利息；另加上你未休的假日加班补偿。你还得支付这笔钱的所得税。

这笔钱被看作你的收入。雇员财务服务部的杰克能给你提供一些申请免税和合理避税的咨询建议。

　　　支票将在 5 月 16 日邮寄到你的住址。你存在公司档案上的地址是：古罗马大街 272 号。如果你的地址变更了，请告之，以便你能及时收到你的支票。

　　　祝你好运！

玛丽

　　　思考题：第二封信与第一封信的区别是什么？沟通中如何体现建设性原则？

　　案例中，薪酬福利主管玛丽给麦克的第二封回信，不但详细告诉了麦克关于他退休福利的信息，而且设身处地地考虑到为麦克提供合理避税的帮助。在写这封信之前，玛丽显然动了脑筋，站在对方的角度思考；而且，她查阅了麦克的公司档案，查出了他的地址，还可能理解了麦克离职的原因，还可能与雇员财务服务部的杰克联系了。她不只是简单地应对一封工作邮件，而是尽力地帮助对方，麦克收信后会心存感激，并进而认为公司合理地解决了他的问题。

1.3.3　建设性沟通

　　建设性沟通要达到三个目的：第一，准确传达信息；第二，解决实际问题；第三，通过沟通巩固双方关系。

　　首先，准确传达信息要求信息发送者发送的信息完整、易理解，表达确切，并尽量简单明了。彼得·德鲁克提出了沟通的 4 个"简单"问题：

　　（1）一个人必须知道说什么。

　　（2）一个人必须知道什么时候说。

　　（3）一个人必须知道对谁说。

　　（4）一个人必须知道怎么说。

　　这四个问题是沟通的必要信息。沟通的必要信息还可以概括为 5W1H，即谁（who）、什么时候（when）、什么地方（where）、做什么（what）、为什么（why）及如何做（how）。

　　沟通还要求信息是规范且诚恳礼貌的，符合社会道德规范。

　　其次，建设性沟通在于通过沟通解决实际问题，并进而巩固沟通双方的关系，在沟通者代表组织的情况下，巩固组织双方之间的关系。因此，要对沟通进行合理定位。

　　（1）使用问题导向的沟通。组织沟通中的信息应该尽量客观中性，就事论事，关注问题和事实本身，而不涉及人身评判，即进行"对事不对人"的事实导向的沟通。

　　如果在沟通中忽视问题本身而着眼于对方的动机或人格，上纲上线，由沟通的问题推导至性格缺陷，就可能变成人身攻击，导致对方反感，进而恶化沟通双方的关系。这样就变成了人身导向的沟通。人身导向的沟通表达有："你怎么这么蠢？""你真幼稚！""你有脑子没有？"那么，正向的人身评判是否就可以随便用而产生积极效果呢？一般来说，人们对自身是比较认可的，正向的人身评判会给人以好感，

如 "你很聪明!" "你很优秀!" 但是,如果这个正向的评判没有与一定的行为和事实结合起来,就可能变成虚假的表扬,甚至被怀疑为讽刺。当然,在不涉及具体问题的一般交往和人际沟通中,要尽量使用正向沟通语言。在欧美国家,人们在交往中总是不断地赞美人。这与组织中的沟通不同。

人身导向的沟通与事实导向的沟通对比如表1-3所示。

表1-3　　　　　　　　人身导向的沟通与事实导向的沟通对比

人身导向的沟通	事实导向的沟通
以个人喜好为标准	以客观标准为标准
没有具体指向的人身评判	具体指向问题的发生、发展
没有解决措施	有解决措施
对方产生防御心理	对方接受
恶化人际关系	巩固人际关系

前者判断问题从个人喜好出发,个人喜好是没有标准的,让别人琢磨不透;后者以客观标准作为判断标准,这些客观标准可能是组织制度、法律规范,也可能是公共道德和共同的习俗礼仪等。前者沟通时语言没有具体指向问题和事实,而是简单的人身评判;后者具体指向问题,描述问题的发生、发展情况。前者在沟通中忽略问题怎么解决;后者关注问题的解决,并尽可能提供解决措施。前者让对方认为不是为了解决问题而是为了发泄,从而产生防御心理,抵制信息,进一步恶化人际关系;后者让对方感受到诚意,接受信息并积极解决问题,进一步巩固人际关系。

小案例1-5　　　　　　　　　　**问题导向的沟通**

某贸易公司小李,工作做得不错,但化妆总是很出格,这周涂个大红指甲,下周又换成黑指甲。主管忍了很多次,觉得要与她进行沟通。

情景一

"小李,你的化妆很出格,个性太张扬,我不喜欢!"

小李会如何反应?

情景二

"小李,你工作干得不错,大家有目共睹。如果把妆化得淡一些,会让我们的客户感觉更好。毕竟,工作的时候我们的着装和仪表还是庄重保守为好。你说呢?"

小李会如何反应?

在情景一中，主管使用的是人身导向的沟通，小李不知道自己错在哪里。情景二中，主管用提出期望的方式委婉指出小李的错误，告诉小李怎样改正错误并描述改正的好处，这些描述都建立在职场着装基本原则上，因而小李容易接受意见。情景二中，主管还使用了其他沟通策略：批评前先表扬；用征询对方看法的方式结尾，表示商议而不是指令。

（2）使用描述性沟通。要使沟通信息客观中性，还要尽量使用描述性沟通，不使用评价性沟通。描述性沟通即描述事实，提出解决方案。评价性沟通着重对事情及相关人作价值判断。

实施描述性沟通的步骤是：

第一步，描述需要改进的事情或行为，避免指控，列出数据或证据。比如："小李，上午有顾客反映你服务不够热情，怎么回事？"

第二步，描述对行为或结果的反应和感受，描述已发生或将要发生的客观结果。比如："顾客有抱怨，就有可能流失。我很担心，如果我们不改进服务，顾客会越来越少。"

第三步，关注解决问题的方案，避免讨论谁对谁错，提出建议和方案。

小案例 1-6　　　　　　　　　　　　**描述性沟通**

主管李静正关注员工小王如何向顾客介绍产品，她说话语速很快，像背台词，李静决定与她沟通。

情景一

"小王，你介绍产品时像在应付差事，一点都不敬业，职业素养太差。"

小王会怎样反应？

情景二

"小王，我正在关注你与顾客的交谈。我注意到你讲话的速度相当快，我担心有些顾客可能很难理解你所说的，毕竟顾客没有你了解我们的产品。向顾客介绍产品时语速尽量慢一些，并时常与他们交流感受，他们可能会更明白我们的产品。"

小王如何反应？

情景一中，李静使用评价性沟通，而且判断小王不敬业和职业素养低，小王可能会很委屈：只是说话方式问题，怎么说成是态度问题？心理的反感是：你以为你职业素养高啊？在情景二中，李静使用描述性沟通，描述小王需要改进的方面——讲话速度太快，描述可能的结果——顾客会听不明白，没有指责小王，而是告诉她怎么改进。这样，小王就容易接受主管的意见，改进工作。

1.4　管理沟通的教学与研究

　　　　　　　　　　　　美国的沟通教育

　　欧美国家大多数大学都把沟通技能课程列入基础教育课程的核心部分。英语写作（法律写作）、组织沟通、管理报告、商业沟通、英语修辞、商务英语、有效演讲、沟通基础、面谈技术等多种多样。1991年，一位学者对美国中部地区13个州的908所高等教育学院进行了一次调查，发现565所院校有沟通专业。其中，560所（占99%）院校开设了至少一门沟通课程。最普遍的课程是公共演讲，94%的学校都开设了这门课；其次是人际沟通，占总数的68%。调查还表明，在71%的学校，有些基础沟通课是所有学生的必修课，而不是只面向主修生。78%的学校要求所有学生必修公共演讲课。其他人际沟通的必修课还包括小组沟通、面谈技术、关系处理以及领导技能等。这是20世纪60年代强调人际沟通趋势的延续，而且这种人际沟通课程的开设率（68%）已超过修辞课（54%）。42%的学校给参加辩论活动的学生学分，这说明这些学校强调辩论比赛；31%的学校开设了组织沟通课程；22%的院校开设了跨文化沟通课程。有些较大的院校甚至开设了诸如健康沟通、家庭沟通和性别沟通等课程。71%的院校要求学生主修的核心课程中有一门基础演讲课。

　　除了开设沟通课程外，美国大学还采取许多其他措施培养学生的沟通能力。例如，鼓励学生在课堂上发言、提问、参加讨论。发言很多时候没有对错之分，关键是发表不同的意见。为鼓励学生在课堂上积极发言，一般教师都在每学期开学时发给学生的教学计划中明确指出，课堂发言将是期末成绩评估的一部分，有的还制定了明确的百分比。在教学上，教师经常注意提高学生的表达能力、组织材料的能力，使他们撰写的报告生动、有趣，吸引听众，使听众既感受到乐趣，又真正学到知识。这些报告可能是读书报告，让学生对所读文章作出自己的评论并讨论，也可能是问题解决方案，让学生在课堂上作报告或示范。通常这样的报告用时5～10分钟，长的也可能达到20分钟左右，每学期有3～5次。这样的课堂报告在一门课的期末成绩评估中通常占相当大的比例。此外，美国大学的教师也鼓励学生单独找他们提问、对教学提建议或讨论一些教学问题，这样有利于提高学生的人际沟通能力。还有一种形式是小组讨论。有时教师把学生分成几个小组，选定一个负责人，组织讨论问题或做活动。这种形式也常用于课外作业，即几个学生集体做一项作业，共同写一份报告，然后在课堂上由一个人或每个小组成员分工作报告。这些教学形式都有利于培养学生的沟通、组织和领导能力。

　　管理沟通研究一直伴随着企业理论研究的历史，但是由于时代、经济背景不同，在以往的管理理论和实践中，管理沟通一直没有得到独立的和显著的研究与关注。管理沟通作为一个独立的学科分支是在 20 世纪六七十年代确立的。20 世纪 70 年代，欧美发达国家的一些管理学者从组织行为学研究和社会心理学研究中引申出组织沟通研究，进而创造和发展出基本的管理沟通概念，并逐步细化研究，形成了沟通的一些初步理论。从 20 世纪 90 年代开始，信息学的出现和发展极大地改变了沟通学的理论框架。因此，真正的管理沟通学作为一门完全独立的管理学科出现在现代管理理论丛林中，至今仍只是刚刚开始。

关于管理沟通的研究主要分为功能学派和社会文化学派。功能学派认为管理沟通属于组织管理的一部分，其研究目的在于了解和控制组织，提高组织的功能和效率，以此来达到组织的目的，研究重点是沟通与组织效率的因果关系，研究方法偏重于管理学理论。社会文化学派认为组织沟通研究属于社会文化的范畴，组织不过是社会文化的一个细胞，社会由无数的细胞组成，沟通就像神经网络一样把这些细胞有机地组合成完整的社会文化体系，因而，其研究重点放在组织沟通对社会文化的促进作用上，主要运用文化、社会学的一些理论。

1.管理沟通研究的历史和现状

管理沟通一直存在于人们的各种管理实践中，管理沟通理论也一直以其他的名词或方式或明或暗地存在于以往的各种管理思想、理论中，大量渗透和潜伏在管理的其他结构、功能元素中，如在控制、领导、激励、员工关系、客户关系、企业文化之中。在美国，最早的管理沟通论述出现在 20 世纪 70 年代以后。比较有代表性的著作有：由 Gerad M. Phillips 所著的《组织沟通》；由 Richard C. Huseman 等人所著的《商务沟通——战略和技能》。在国内，以管理沟通为研究中心的出版物出现的时间更晚，而且一直以译著和编著为主。迄今为止，管理学界在管理沟通研究上已经取得了一些积极成果，包括：初步探讨和定义了沟通的原理、定义、类型及模式；初步阐述了沟通在企业或组织管理中的意义；区分了人际沟通与组织沟通，分别进行了一些研究；对沟通的一些基本的和具体的途径、方式进行了详尽、细致、深入的研究，如近年来对于倾听的研究，以往已经取得丰硕成果的对于阅读、演讲、谈判、会见、面试、访谈、会议、写作、身体语言、服饰、电话等多种主要沟通方式的研究，这也是取得成就最大的领域；由于 20 世纪 80 年代以来信息技术和电子技术的空前发展，信息、科技时代的概念深入人心，对电子沟通与网络沟通给予了一定的关注；由于近年来团队研究的深化，有不少管理沟通研究者出版了团队沟通的专著，从任何管理机构均可以被理解为大小不同的团队的意义上来讲，团队沟通研究也是管理沟通研究取得的一个有意义、有价值的进步。

关于组织沟通，国外的研究主要集中在以下几个方面：组织对沟通信息的控制；组织沟通与工作满意度；冲突与组织沟通等。

2.21 世纪组织沟通研究的发展趋势

总体来讲，管理沟通的研究主要是以传统的组织架构为前提的，仍滞后于现代企业理论研究的进展。研究方法和框架本身也需要创新：在研究框架上，还比较缺乏传播学理论和方法的支持；比较片面地研究一些具体的沟通手段，缺乏宏观和战略上的研究，如企业沟通战略。组织沟通研究的发展趋势，可以归纳为以下几个方面：

（1）跨文化组织沟通的研究越来越重要。随着经济全球化的深入、跨国公司的蓬勃发展，文化在组织沟通中的作用日益凸显。跨国公司内部如何实行多元化人力资源管理、如何适应东道国的文化、外派人员如何融入当地文化、如何进行跨文化沟通培训等都是需要进一步研究的问题，尤其是对跨国公司新拓展的重要市场，包括中国，理论研究还没跟上实践的发展。

（2）新技术对组织沟通产生的影响。以计算机、互联网为代表的新技术，使组织沟通的内容、手段、方式等都发生了深刻变革，它对组织沟通的积极作用和消极作用、对组织结构设计的新要求等命题还在研究之中。

（3）工作场所人际关系对组织沟通的影响。人际关系一直是管理心理学的研究重点，由于组织自身的不断发展和人力资源呈现出的新特点，这方面也有很多的问题需要深入探讨：员工自我意识、自我揭示、自我接受，沟通风格，信任度，上下级关系，管理风格对组织沟通的影响；个体沟通与职业生涯；有效的人际沟通技巧等。实质上，这些问题说到底就是如何通过沟通实现人本化管理的问题。

（4）团队沟通越来越受到人们的重视。近二三十年来，由于团队在组织中的重要性得到提升，国外对团队沟通、团队决策、团队冲突等有大量的研究，但对一些新的命题，如组织沟通在建立学习型组织（团队）中的作用、如何通过组织沟通建立共同愿景、组织沟通与团队活力、虚拟团队的沟通模式等的研究尚未深入。信息技术的发展，为虚拟团队的产生提供了技术环境，从而大大促进了虚拟团队的组建和使用。这种趋势在西方发达国家尤为明显。虚拟团队对组织沟通提出了较高的要求：如何使团队成员实现高度的"快速信任"；如何通过多种沟通渠道增加虚拟团队成员之间互动的深度和广度；如何弥补员工因为缺乏面对面的沟通而削弱的对于团队凝聚力的感觉以及对互动的满意程度；虚拟团队成员如何应对社交孤立、信息泛滥以及被来自其他成员的电子信息所主宰等问题。到目前为止，尚缺乏一种系统、实用的方法来长期而有效地管理虚拟团队。

（5）组织沟通中的性别差异、种族差异。虽然这并不是一个新课题，但由于性别特点近年来变化非常快、人力资源呈多种族化趋势，所以对它们的研究需要不断更新。而且，由于21世纪的管理更强调个体差异、性别差异、种族差异及其互动，对组织沟通影响的研究就具有较强的实用性。

（6）组织沟通将成为实现组织目标和个人发展的手段。组织沟通既使组织实现对员工的控制，又使员工的创造性、自主性得到发挥，这是管理的较高境界，但目前实现的并不多。对其理论和操作方法的研究将是趋势之一。

对我国企业而言，沟通问题已经成为企业管理的重大问题。建立起由现代化技术支撑的、通畅有效的沟通网络已成为建立现代企业制度不可缺少的组成部分。因此，研究我国企业的管理沟通，既具有学科建设的长远意义，又具有一定的现实紧迫性。①

本章小结

管理的问题就是沟通的问题，沟通已越来越受到人们的重视。沟通活动贯穿于管理者角色的每一项活动中，沟通是管理者实现其角色的基础性手段之一。沟通在管理中的作用表现在：首先，沟通传递企业信息，促使企业各项工作顺利运行。其次，沟通满足员工的心理需求，激发员工的工作热情。再次，沟通促使团队和谐，改善组织人际关系。最后，沟通使企业获得内外全面客观的信息，有利于科学决策。

沟通就是信息发送者凭借一定渠道（也称媒介或通道），将信息发送给既定对象（信息接收者），并寻求反馈以达到相互理解的过程。有许多因素影响沟通过程，包括编码及解码、通道、反馈、噪声、物理和心理背景。

如何进行有效沟通，达到沟通目的，获得双赢？成功沟通要遵循的原则有：诚恳开放地沟通；换位思考；建设性沟通；尽量使信息简单明晰，客观中性；使用问题导向的沟通和描述性沟通。

管理沟通是一门年轻的学科，20世纪80年代美国出版了专门的研究著作，此后，管理沟通的研究和教学蓬勃发展。迄今，美国高校基本上都开设了沟通课程。21世纪以来，随着沟通工具、团队管理和跨国经营的发展，关于沟通的研究新课题和新成果不断涌现。

复习思考题

1.请联系实际谈谈沟通在管理中有哪些作用。

2.如何理解沟通过程及沟通的基本要素？

3.成功沟通的原则有哪些？请结合实际谈谈体会。

▷ 案例分析　　公交车上扔垃圾，不听劝告还骂乘客，结果被拘

2019年8月30日，一名女乘客乘坐北京345路公交车时，将用过的餐巾纸随意扔在地上，坐在她对面的男乘客指着垃圾说："捡起来。"女子多次说："这是你家的吗？不捡。"在看到男乘客拍摄视频后，女乘客站起来指着他喊："你敢拍我一下试试？"视频显示，随后，女乘客踹了男乘客的腿，并试图抢夺手机。在此过程中，男乘客未还手，并几次说"捡起来""你扔的垃圾就该捡起来"。还有多位乘客谴责女乘客的行为，男乘客喊来安全员，并要求其帮助报警，但安全员未报警，而是劝了几句，把垃圾捡了起来。之后该视频在网上流传。9月1日上午，北京朝阳警方通报此事：8月30日，郝某某（女，28岁）在乘坐345路公交车时，在车上丢

---

① 关于"1.4 管理沟通的教学与研究"的写作参考了很多文献，其中主要有：①周欣.《商务与管理沟通》的教学研究［J］.经济管理，2001（17）.②张伟.浅析管理沟通之研究现状［J］.科技信息，2008（17）.

弃杂物，被身边乘客劝阻后，不捡拾，辱骂、踢踹提醒她的乘客。郝某某已被朝阳公安分局依法行政拘留。

　　资料来源　张静雅. 北京一女子公交车上扔垃圾，不听劝告还骂乘客被拘［N］. 新京报，2019-09-01.

　　讨论题：

　　该女乘客的沟通方式有何不妥？该男乘客的沟通方式需要改进吗？

学习目标

- 掌握沟通的一般策略，包括沟通者策略、听众策略、信息策略、渠道策略、反馈策略、文化策略
- 在组织沟通中运用这些策略，提高沟通技能

▶ 引例　L为何沟通失败

L任省道1814线主任工程师（技术负责人）。从交通学校分到项目部4个实习生，实习期为一年，工资400元/月，包食宿。4个实习生刚到工地，实践经验不足，L指派了老施工员方师傅带他们工作。半年后4个实习生已经熟练地掌握了工程技术，对工作也非常认真，对方师傅也很感激，只是对工资只有400元/月有不少抱怨。方师傅由于带出了几个徒弟，工作上就不上心了，事情基本交给实习生们做，自己天天打麻将去了。对此L心里很不满意，但不好与方师傅发生正面冲突，一直没有说他。年底项目经理让L就每个员工的表现评分。L根据考勤把方师傅的分打得很低，实习生的分打得很高，想为实习生多拿点奖金作为补偿，同时也是对方师傅提出警告。奖金发下来后，方师傅非常气愤，激动地对L说："我施工的地段无论进度和质量都是全线最好的，为什么把我的分打那么低？你是不是早对我有意见了？""不是的，"L说，"方师傅，你每天泡在麻将里，这个分对你够客气了，你施工的地段之所以好都是那四个实习生的功劳，你自己想想吧。"方师傅也软了下来："实习生干得好也是我带出来的呀，不能喝水忘了挖井人吧。"L不客气地对方师傅说："我现在是就事论事，干得好的人终究不是你，总不能让干得好的人吃亏吧。现在不是'大锅饭'年代，你没别的事就请回吧。"

方师傅回去后确实改进了不少，但他与四个徒弟之间的关系却越来越差。一个月后4个实习生来找L。实习生小刘说："我知道你对我们很好，但是我们还是想提前结束实习，你帮我们签个字吧。""为什么？"L惊讶地说，"你们的待遇不是提高了吗？""但是我们和师傅的关系也搞僵了呀，其实我们只是来实习，工资不是最主要的，人际关系坏了，又学不到什么东西才不顺心，还是早点走算了，你就帮我们把实习表签了吧。"L哑然而立……

问题：L的沟通存在什么问题？

根据沟通过程，我们知道沟通有几个重要的因素：沟通者即信息发送者、听众即信息接收者、信息、沟通渠道、反馈、文化背景。因此，我们将沟通的一般策略概括为沟通者策略、听众策略、信息策略、渠道策略、反馈策略、文化策略。表2-1列举了一个沟通分析实例。

表2-1　　　　　　　　　　　　　　　沟通分析实例

你想到××大学读MBA，希望上司及单位在时间和学费上支持你	
沟通者	你是一位卓越的/优秀的/一般的/平庸的下属 你是高级/中级/初级职员
听众	主要听众——你的上司，他与你关系远/近，友好/不友好，随意/严格 次要听众——你上司的上司；你的同事、下属或客户；其他可能受此结果影响的人
沟通目标	获得上司及组织的支持、给予学习的时间及报销学费
背景	工作繁忙 你是部门的次要/关键人物 你以前曾经/没有要求过特殊的待遇 有/没有先例 其他人提出/没提出过同样的要求
信息	读MBA对你十分重要 会将工作在周一至周五处理好，以便周末加班时请假 其他人被给予过同样的待遇 我会报答这个恩惠 学习对我有益，对公司也有益
渠道	个别谈话 电话 备忘录 会议 电子沟通 上述中的几种
反馈信息	听众可能是支持性的/表示接受的/无所谓的/含敌意的 他们可能会提出你意想不到的问题

这是一个简单的沟通实例。即使如此，我们也发现需要在沟通之前对涉及的各项因素给予充分考虑，绝不能不甚了了。信息资源、背景以及听众的多样化左右着我们对信息内容及渠道形式的取舍。我们要根据实际情况，向不同的受众传递不同的信息。在反复权衡利弊之后，沟通者也许会放弃该项要求。

2.1　沟通者策略

沟通者即信息发送者是沟通主体，是决定沟通成功的关键因素。要使沟通顺利进行，沟通者需要明确几个问题：沟通是必要的吗？沟通目标是什么？用什么方式沟通能实现目标？我是合适的沟通发起者吗？

2.1.1　沟通目标

沟通者在发起沟通前应认真思考沟通目标，这样沟通才能达到高效。组织的沟通目标有时可能不明晰，有时可能很大，因此，沟通者要先分析沟通目标。如何分析沟通目标呢？

首先，沟通者明确沟通目标之后，可以细分目标，使其从一般到具体，即明确总体目标、分目标、子目标分别是什么，然后从具体目标开始谋划沟通。

总体目标是综合目的，是对沟通者所希望实现的目标的概括性陈述。分目标是指导沟通者走向总体目标的具体的、可度量的并有时限的步骤。子目标更具体，它以沟通者的行动目标为基础，明确决定沟通者希望沟通对象对沟通作何反应。例如，沟通者通过具体的一份报告、一封邮件、一次交谈、一个电话等，想让沟通对象了解什么信息，进而怎么行动。表 2-2 列举了一个沟通目标分层实例。

表 2-2　　　　　　　　　　　　　沟通目标分层实例

总体目标	分目标	子目标
加强各部门工作情况沟通	每季度召开两次部门沟通会议	本次沟通会我将让上司及其他部门了解本部门研发工作的进展及需要的支持
扩大顾客群	每星期发展 20 位新顾客	读完此信后客户将签订合同
建立良好的财务基础	保持不超过××的年度资产负债率	读完这封邮件后会计将为我的报告提供季度支持信息 这份报告的结果是董事会将同意我的建议
增加女设计员人数	在年底前雇用 30 名女设计员	通过这次会议，制定一项实现这一目标的策略 通过这次校园宣讲，吸引至少 20 位优秀女大学生加入公司人才储备库
保持市场份额	在某日之前达到××数量	通过这一备忘录，我的上司将同意我的市场计划 通过这次演讲，销售代表们将了解我们产品的发展

资料来源　蒙特，汉密尔顿. 管理沟通指南［M］. 钱小军，张洁，译. 10版. 北京：清华大学出版社，2014：7.

其次，沟通者明确沟通目标之后，要对沟通目标进行环境检测，看组织环境能否支持沟通目标的实现。这个环境包括沟通者在组织中的地位、可获取的资源、组织的传统及价值观、个人人际关系、上司的态度倾向、沟通渠道、组织的经营状况与竞争者经营状况的对比、总体的文化氛围等。

检测沟通目标的环境时可以问这样一些关键问题：

（1）我的目标是否符合伦理？

（2）对于这一建议，我是不是一个合适的传达者？

（3）是否有足够的资源可供我实现沟通意图？

（4）我能否争取到相关人员配合、支持我的目标？

（5）我的目标是否与其他同等重要的目标相冲突？

（6）在内部与外部都存在竞争的环境中，我的目标能否占有合理的机会？

（7）成功的结果是什么？我和我的组织在实现这些目标之后境遇是否会更好些？

如果对上述问题的回答都是肯定的，那么沟通目标就有了可靠的环境支持。

小案例2-1　　　　　　　古井贡酒集团致消费者的公开信

1998年1月27日，除夕夜，正当三晋大地的大同市、朔州市千家万户欢聚在电视机前，收看中央台春节晚会时，荧屏下方突然出现一行小字——"紧急通知：我市近日流入清徐、文水、孝义生产的散装白酒，已造成严重后果，望广大市民不要饮用此酒。"1月31日，一份紧急材料送进了中南海，送到了江泽民总书记面前：春节前后，山西省朔州市发现有数百群众因饮用含有过量甲醇的散装白酒而中毒，其中已死亡20余人。

文水县农民王青华用34吨甲醇加水后勾兑成散装白酒57.5吨，出售给个体批发商王晓东、杨万才、刘世春等人。这些人明知道这些散装白酒甲醇含量严重超标（后来经测定，每升含甲醇361克，超过国家标准902倍），但为了牟取暴利，铤而走险，置广大乡亲生命于不顾，造成27人丧生。山西文水县造假酒早在20世纪80年代已经"闻名"全国，曾有人形容"文水除了刘胡兰是真的，其他都是假的"。

中央对此恶性案件高度重视，加大惩处力度。1998年3月9日，王青华等6名犯罪分子被判处死刑。

假酒案给白酒销售带来了严重危机，一场在全国范围内查封"山西酒"的运动迅速展开。山西杏花村汾酒集团在这次假酒案中深受其害，全国各地查封了不少汾酒集团的名优酒，在春节前后两个月的销售旺季里，仅卖出了1 200吨白酒，直接经济损失达800万元。面对危机，汾酒集团立刻召集全国各地媒体把汾酒不是朔州假酒的信息传播出去，紧接着邀请山西省技术监督局召开"汾酒系列产品质量检查信息发布会"，向社会宣告汾酒集团无假酒，质量过硬。

安徽古井集团远在千里之外，借势振臂一挥，展开宣传攻势，在《经济日报》头版报眼显著位置刊登《古井贡酒集团致消费者的公开信》，呼吁白酒业应当立法，倡议设立"中国打击假酒专项基金"，并伸出仁义之手，向朔州假酒案中的死难者家属无偿捐助27万元抚恤金。

古井贡酒集团致消费者的公开信

尊敬的消费者：

1997 年除夕之夜，悲剧在山西朔州悄然发生。27 条无辜生命，因饮用不法之徒兑制的工业酒精酒而中毒，相继含冤离开人世。这是继 1996 年云南假酒大案以来，第二例全国罕见的特大的假酒毒死人命案。

山西假酒大案，举国闻之再次震惊。江总书记心情激愤，亲自过问此事，要求有关部门依法严办不法之徒。人命关天，造假者却利欲熏心、草菅人命，天理难容，国法难容。其罪当剐！

痛定思痛，我们古井贡作为中国白酒的排头兵之一，作为中国老八大名酒厂家，本着对广大消费者高度负责的态度，有责任、有义务振臂高呼：白酒当立法，国家有关职能部门才能更好地依法整顿白酒生产及销售市场，杜绝假酒源头，彻底防止类似云南、山西的悲剧重演。同时，为了更好地配合国家有关职能部门依法监督管理白酒市场，使消费者有一个更加安全可信的饮酒环境，我们古井贡还大力倡议：以中国老八大名酒厂家的名义成立"中国打击假酒专项基金"，以此捍卫中国白酒的尊严！

酒无罪，饮者亦无罪，罪在造假、售假者。故此，我们强烈呼吁，此法不立，民无宁日，市场不平，行业不兴。

这次山西朔州 27 人命丧劣质假酒，我们古井贡人仰天悲愤，深恶痛绝贪财枉法不义之徒。然死者已矣，生者悲矣。为了抚恤死难家属，我们古井贡酒股份有限公司董事会决定无偿捐助抚恤金 27 万元，以尽我们绵薄之力，给生者以新的希望。

血的代价足以警醒人心，长痛之余，我们古井贡再次郑重敬告广大消费者：购买饮用白酒时，千万要认明白酒品牌、质量和厂家，切忌盲目购买。

我们古井贡酒，是安徽唯一中国名酒。古井贡酒自 1963 年被评为中国名酒以来，连续四次蝉联"中国名酒"称号，被国家评委誉为"酒中牡丹"。所有荣誉的取得，都是广大消费者百倍呵护与关爱之结果。无论市场风云几经变化，我们古井贡过去是、现在是、将来仍是视"消费者为衣食父母"，"宁愿消费者负我，我不负消费者"。

我们古井贡再次郑重承诺，"提高广大人民的生活质量""摘取消费者心目中的金牌"，始终是我们古井贡最高的经营理念和永远的追求。我们必将一贯坚持"质量是生命"的酿酒方针，精益求精、锲而不舍地酿造每一滴好酒奉献给我们的"衣食父母"。

此致

敬礼！

安徽省古井贡酒股份有限公司

1998 年 2 月 8 日

思考题：

（1）该信要表达的沟通目的有哪些？

（2）你认为有修改的地方吗？怎样改？

背景信息

安徽古井集团有限责任公司是中国老八大名酒企业之一、中国制造业500强企业，是以中国第一家同时发行A、B两只股票的白酒类上市公司——安徽古井贡酒股份有限公司——为核心的国家大型一档企业，坐落在历史名人曹操与华佗故里、世界十大烈酒产区之一的安徽省亳州市。公司的前身为起源于明代正德十年（公元1515年）的公兴槽坊，1959年转制为国营亳县古井酒厂。1992年集团公司成立，1996年古井贡股票上市。2008年，古井酒文化博览园成为中国白酒业第一家AAAA景区。2013年，古井贡酒酿造遗址荣列全国重点文物单位。2016年，古井集团成为"全国企业文化示范基地"，荣获中国酒业"社会责任突出贡献奖"。2019年，在"华樽杯"中国酒类品牌价值评议活动中，"古井贡"以1 469.8亿元的品牌价值位列安徽省酒企第一名，中国白酒第四名。目前公司拥有正式员工10 000多名，以白酒为主业，商旅业、类金融业等为辅业。

2.1.2　沟通者的可信度

沟通开始前，沟通者还要考虑自己的可信度，即信息接收者对自己的信赖和接受程度。沟通者可信度越高，越有利于信息被接收。

按费伦奇（French）、雷文（Raven）以及科特（Kotter）的理论，有五大因素影响可信度，即身份地位、良好意愿、专业知识、外表形象、共同价值，具体内容见表2-3。

可信度可以分为初始可信度和后天可信度。

初始可信度指开始沟通前，即听众或读者在倾听或阅读你要表达的内容之前对你的看法。比如，一个顾客从未进过肯德基店，也从未吃过肯德基快餐，但他从肯德基的广告、媒体报道、肯德基店的外观、人们关于肯德基的言论等方面获得了肯德基的信息，这些构成该顾客对肯德基的初始可信度。

后天可信度指听众或读者在倾听或阅读了你要表达的内容之后，对你所形成的看法。比如上述的那位顾客，在肯德基消费一次，或者没消费但直接与肯德基有过一次接触之后，通过这次体验会获得一些关于肯德基的信息，这些构成他对肯德基的后天可信度。

初始可信度与后天可信度紧密相关，初始可信度好比沟通者给信息接收者发的一张信用卡，只要开户就有了一定的信用额度。后天可信度是沟通者对信用卡的使用，如果使用效果很好，信用额度就会增加；如果使用效果不好，就如同信用卡透支太多，导致信用丧失。

表2-3 影响可信度的因素和使用技巧

因素	建立于	对初始可信度的强调	对后天可信度的加强
身份地位	等级权力	强调你的头衔或地位	将你与地位高的某人联系起来或引用高地位人物的话（如共同署名或请他写推荐信）
良好意愿	个人关系、"长期记录"值得信赖	涉及关系或"长期记录"	通过强调听众利益来建立良好意愿
		承认利益上的冲突，作出合理的评估	
专业知识	知识、能力	包括经历或简历 分享你的专业知识 介绍你获得专业知识的方法和途径	将你自己与听众认为是专家的人联系起来或引用他的话语
外表形象	吸引力，听众喜欢你	强调听众认为有吸引力的特质	通过认同你的听众的利益来建立你的形象，运用听众认为活泼的语言及非语言表达方式
共同价值	共同价值观、共同问题和需要	在开始就建立共同点和相似点，将信息与共同价值结合起来	

资料来源　蒙特，汉密尔顿. 管理沟通指南［M］. 钱小军，张洁，译. 10版，北京：清华大学出版社，2014：9-10.

费伦奇和雷文提出的权力基础理论也有启发意义。费伦奇和雷文将权力基础定义为一方对另外一方施加权力的源泉或根源，他们列举了5种权力基础：奖励权、强制权、合法权、指导权和参考权。

（1）奖励权。奖励权就是管理中的正激励，如分配奖金、提薪、升职、赞扬、安排理想的工作和提供其他任何令人愉悦的东西的权力。奖励权引导下属成员往管理者期待的方向发展。奖励权在和下属的个人目标相重叠的时候，就可以产生"拉"的动力，管理者能够施展影响下属成员的能力。但是，如果管理者的奖励权低于下属的预期或者下属怀疑奖励是否会落实，抑或奖励不是下属感兴趣的，那么管理者实施的影响极有可能无效。

（2）强制权。强制权能够保证下属遵循管理者的指挥，使管理者的指令得到最低限度的执行。这是一种"推"的力量，和奖励权正相反，具体表现为采取扣发工资奖金、降职、批评、分配较差的工作，甚至开除等惩罚性措施的权力。强制权的运用依赖于组织的等级制度。如果没有触犯外部法律等制约因素，等级高的管理者至少可以在短期内支配下属成员。需要指出的是，在特定的组织中，有时候处于优势的团队，比如技术团队、运营团队等，可能会抵抗这样的强制权，以维护小团队的利益。

（3）合法权。这种权力来源于企业内部的条例，它规定管理者有权力去影响哪些成员，这些成员有义务接受这种影响。合法权也指组织内各领导职位所固有的合法的、正式的权力。在跨组织的系统中，特别是大型企业中，合法权非常重要，可保证矩阵式组织结构的运行。并且，在大型企业中，合法权非常普遍，而且能够按常规被接受。事实上，如果没有这种权力，组织运营将非常困难。只有执行指令的组织承认上一层级拥有合法权，自己也有义务接受指令，指令才能够被执行。只有在合法权覆盖范围内，管理者才可以行使权力，施加影响。如果在权力覆盖范围外，管理者就需要采用权力外的其他管理方式，施加影响。管理者如果需要对一些组织或成员施加影响，就需要通过修改企业内部条例、授权、变更组织结构等方式，使合法权涵盖这些组织或成员。

（4）指导权。指导权有时也称专家权，来源于某些特定领域，是管理者或者某个成员因具有某种专业知识和特殊技能而产生的权力，并因此而赢得同事和下级的尊敬和服从。指导权在企业运作中普遍存在。有时候这种权力在业务流程中体现为，次关节点的人员要接受主控点的人的影响，主控点的人要持续指导、控制次关节点的人员。指导权对于流程的运作特别重要，能够保证被影响的人员愿意得到知识和技能的指导。指导权也类似于现代管理中的教练式领导，对帮助下属成长、影响下属有序实现企业目标有积极的作用。

（5）参考权。参考权也称感召权，是一个管理者的品质、魅力、经历、背景或工作风格等，让其他成员产生共鸣、认同和敬佩而产生的一种影响力。追随人员因为这种影响力的存在而自觉接受管理者的影响，这样就形成了权力的基础。在企业内部，感召权和其他权力混合存在，有时候不能明确区分，但在企业外部，宗教和政治的参考权表现得更为明显。

以上五种权力中，合法权是出自组织的，指导权和参考权是出自个人的，奖励权和强制权是出自组织和个人的。管理者要提高在组织中的可信度，就要合理运用这五种权力。

亚里士多德的《修辞学》被认为是最早的沟通著作，该书提出了沟通的三个基本特征：理性、感情、道德品质。后来美国的沟通研究者将其引申为影响沟通成功的基本因素：来源的可信度（source credibility），即沟通者的身份、信誉、品格、形象等；情感诉求（emotional appeal），即沟通者与听众进入某种情感；逻辑论证（logical argument），即沟通者信息准确、逻辑清晰、表达简洁。

2.1.3 沟通形式

沟通者确定沟通目标后，就要选择合适的沟通形式传达信息，以实现沟通目标。根据沟通者对信息的控制程度和听众的参与程度，可以将沟通形式分为叙说、说服、征询、参与，如图 2-1 所示。

叙说是指在沟通时，沟通者掌控信息，需要听众了解已掌控的信息。这时沟通者主要向听众叙说和解释信息及要求，目的是让听众接受信息并按照信息要求行动。比如，管理者宣布一项常规程序，要求下属执行。

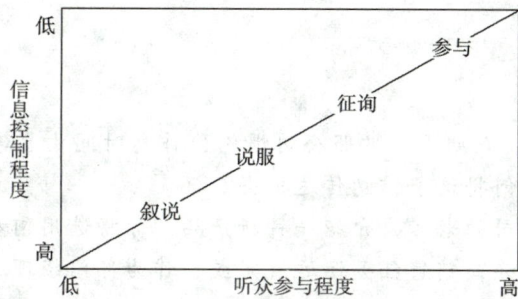

图 2-1 沟通形式

说服是指在沟通时，沟通者需要听众采纳自己的建议或改变看法。这时沟通者在掌握信息方面处于主导地位，但决定权在听众。因此，沟通者要向听众进行说服，提出建议，供听众选择。说服的最典型例子是推销产品。

征询是指沟通者就某项建议、方案与听众达成共识，以获得听众的支持或共同商议后达到某个目的。这时，沟通者掌握部分信息，但更需要听众的信息。例如，部门主管提出部门考勤改革方案草案，全体同事讨论怎样修改草案，并上交公司。

参与是指沟通者不掌握信息，需要听众集思广益、提供广泛的信息，如头脑风暴会议，主持人提出主题之后，与会者畅所欲言。参与是最大限度的合作，沟通者是为了获得全面的信息。表 2-4 列举了一些沟通目标与沟通形式实例。

表 2-4　　　　　　　　　　　　沟通目标与沟通形式实例

沟通目标	沟通形式
通过阅读这一备忘录，员工们将了解公司现有的福利项目 这次演讲后我的老板将了解我这个部门本月的成绩	叙说：在这些情况下，你是在讲授或解释。你需要你的听众（读者）学习和了解新的内容。你不需要他们的意见
读完这封信，我的客户将签署附在信中的合同 通过这次演讲，委员会将同意我的预算建议	说服：在这些情况下，你是在说服。你要使你的听众（读者）改变他们的做法。为了让他们这么做，你需要听众进行一定的参与
读完这份调查表，员工们将通过回答问题来作出反应 这个答疑会的结果是让我的员工讲出他们对新政策的疑惑，并得到对这些疑惑的解释	征询：在这些情况下，你是在商议。你有付出，也有收获。你既要向听众学习，又要对互动有一定的控制
读完这封电子邮件，小组成员将会来参加会议并准备就这一问题提出他们的想法 通过这一头脑风暴会议，小组成员将找到这一问题的解决办法	参与：在这些情况下，你是在协作。你和你的听众共同努力挖掘内容

资料来源　哈特斯利，麦克詹妮特. 管理沟通［M］. 李布，赵宇平，等译. 北京：机械工业出版社，2000：11.

思考以下情景：

情景一："十一"假期后，按照公司惯例，作息时间由夏季作息时间调整为冬季作息时间，请问如何将这条信息传达出去？

情景二：要向公司的老客户介绍一种新产品，你将选用何种形式？

情景三：临近年终，销售任务还远没完成，作为部门经理，你想召集全体下属探讨如何冲刺，你将使用哪种沟通形式？

情景四：部门团队合作不好，你想广泛听取意见，用哪种沟通形式较好？

在叙说、说服中，沟通者需要听众较多地学习，此时，沟通者有足够的信息，较少需要听他人的意见，想要自己控制信息内容。在征询、参与中，沟通者需要向听众学习，这时沟通者可能没有足够的信息，需要听他人的意见，想要听众全心投入。通常，前二者叫作指导性策略，后二者叫作咨询性策略。

小案例2-2　　　　　　　　该怎样选择沟通策略

王刚是某汽车零部件生产企业的总经理。销售公司经理张明工作很勤奋，但他所领导的公司销售水平总上不去，每月的报告也总是晚交。王刚早就想找他谈一次话。这天一早，王刚打电话和他约好，并如期来到他的办公室，但他不在。因为有人向他报告，销售二部几个业务员无故迟到，二部经理的批评他们不听，正在吵架，他赶去处理。王刚在他办公室等了15分钟他才回来。

李玫刚从某名牌大学获得MBA学位来到公司，在财务部负责财务计划小组工作。工作一段时间后，有人反映小李态度傲慢，经常指责同事，而且她对权力和声誉的追求很强烈，同事关系弄得较糟糕。王刚决定和她谈一谈。

思考题：王刚该怎样选择与张明、李玫的沟通策略？

分析案例前，我们先了解一个原理：情景领导模型（situational leadership model）。情景领导模型又称为情景管理模型，是由美国管理学者保罗·赫塞（Paul Heresy）和肯尼斯·布兰查德（Kenneth Blanchard）1969年在其合著的《组织行为学》中提出的。该模型的基本理念是，要根据下属的成熟度水平来选择有效的领导方式。成熟度指的是下属完成工作所表现出来的能力和意愿水平，它包括工作成熟度和心理成熟度。工作成熟度是下属完成工作时具有的相关技能和知识水平，心理成熟度是下属完成工作时的意愿和积极性。心理成熟度高的下属不需要太多的外部鼓励，他们主要靠自身内在的动机激励。情景领导模型根据员工能力与意愿的高低程度的不同组合，把下属的成熟度划分为四种不同的水平（见图2-2）。[①]

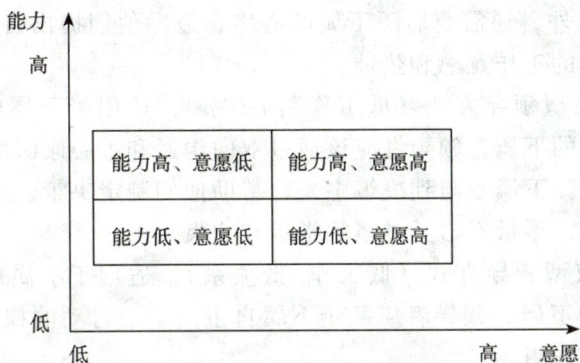

图 2-2 员工成熟度

成熟度一：能力低、意愿低。这些人对于承担某种工作任务既无能力又不情愿。

成熟度二：能力低、意愿高。这些人目前缺乏能力，但愿意承担必要的工作任务。

成熟度三：能力高、意愿低。这些人有能力却不愿意干领导者希望他们做的工作。

成熟度四：能力高、意愿高。这些人既有能力又愿意干领导者希望他们做的工作。

情景领导模型使用的两个领导维度是工作行为和关系行为，通过工作行为与关系行为的高低组合，可将领导方式划分为四种类型，分别适用于不同成熟度的下属，如图2-3所示。

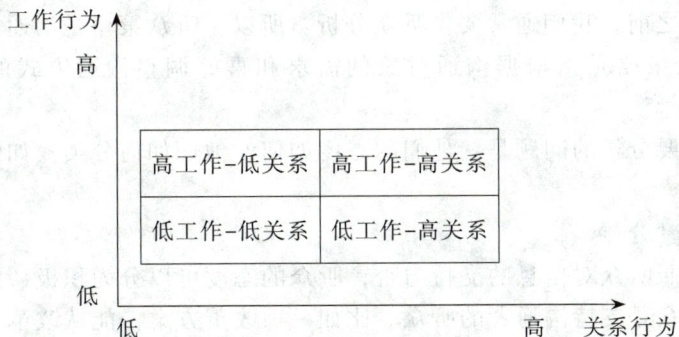

图 2-3 领导方式

类型一：指示型领导方式（高工作-低关系），适用于下属成熟度一的情况。对这种成熟度低的下属，领导者应该采取单向沟通形式，指示下属执行工作任务，告诉他们干什么、怎么干以及何时何地去干。

类型二：教练型领导方式（高工作-高关系），适用于下属成熟度二的情况。

对这种成熟度较低的下属，领导者除了依旧要给予下属明确的工作指示、较多的指导，促使他们成长外，还需要聆听下属的心声，鼓励他们提出自己的想法和建议，从心理上增强他们的工作意愿和热情。

类型三：参与型领导方式（低工作-高关系），适用于下属成熟度三的情况。对这种成熟度较高的下属，领导者应该通过双向沟通和悉心倾听的方式与下属进行充分的信息交流，让下属参与到决策中来，帮助他们制定决策，支持他们按自己的想法发挥工作能力，尽量不给予过多的指示和约束。

类型四：授权型领导方式（低工作-低关系），适用于下属成熟度四的情况。对这种成熟度高下属，领导者应赋予下属自主决策、行动的权力和更多的责任，领导者只起监督的作用。

在上述案例中，张明属于成熟度二的员工，王刚应该给予他指导，在管理方法和团队建设方面多培训他，与他分享自己的管理经验，向他提出改进工作的建议。因此，对张明应该使用指导性策略，即以叙说和说服的方式为主。

李玫看上去是成熟度四的员工，但她有明显的性格缺点，这些问题源于个性及心理。对待这种个性及心理一般使用咨询性策略，即给对方提供咨询意见，通过共同讨论，使对方认识到问题。

2.2 听众策略

一秀才上街买柴，曰："荷薪者过来。"卖柴者因"过来"二字明白，即把柴担挑到他面前。秀才问："其价如何？"因"价"字明白，对方说了价钱。秀才又曰："外实而内虚，烟多而焰少，请损之。"卖柴者不知所云，便挑担而去……

沟通是要说给对象听、写给对象读，根据对象的需求来沟通是沟通顺利进行的关键。在沟通之前，我们通常要作听众分析。所以，听众策略是沟通策略中最重要的策略。听众策略是指根据沟通对象的需求和喜好调整沟通方式的所有艺术和技巧。

听众策略要分析的问题是：他们的态度如何？他们如何分类？如何说服他们？

2.2.1 听众态度分析

首先，按照听众对信息的支持与否，听众的态度可以分为积极、中立、敌意。

积极的听众是支持沟通者的听众。比如一项改革方案，能从改革中受益的群体就是改革方案的积极听众。对积极的听众，沟通时需要激发他们的兴趣并告知他们行动计划，让他们知道他们的重要性及他们能做什么，尽可能地使他们的工作容易进行并有回报。

分析听众态度时，沟通者必须特别注意个人和群体的动机。一些人之所以支持沟通者，只因他们是沟通者的朋友，与沟通者想法的是非曲直并不相关。沟通者绝不能因此对其他听众的态度产生错误的安全感。其他人支持沟通者的动机可能与沟通者自己认为的动机毫不相干。因此，沟通者要确信支持者的动机是什么，这样才能在改革方案中考虑到他们。

中立的听众在沟通前可能对沟通者的信息没有态度倾向，而且这些听众易受理性说服方法的影响。因此，沟通时使他们参与到事件中来，有利于说服他们。

敌意的听众在沟通前就可能对沟通者有某种偏见，甚至可能永远不会积极支持沟通者。沟通者在沟通时表明自己理解他们的观点，并解释为什么仍相信自己的方案，有可能使敌意听众变为中立听众。具体的技巧有：①令这些听众认识到问题确实存在，然后解决问题。②列出听众可能同意的几个观点，他们赞成的观点越多，同意整体方案的可能性就越大；若赞成其中几个核心观点，接受整体方案就相对容易。③将要求限制到尽可能小的范围和程度，比如先试点方案的某一个部分，或先在一个部门试点。④对预期的反对意见作出评论，即预先驳斥反对意见。

还有一些特殊的反对者（或敌意听众）：有时沟通者的同事反对他仅仅是因为他的成功会使他们付出一定代价；上司也许不想让沟通者更加光芒四射；同事也许害怕沟通者的工作表现会树立起一个迫使他们更加努力的工作标准；下属和沟通者也许存在意识形态上的分歧，也许仅仅是不喜欢沟通者。这些是最难克服的反对，因为这些听众不太可能承认他们反对的真正原因。这可能促使他们提出一些非常具有创造性的理由来反对沟通者的方案。在此种情况下，要考虑以下两种策略：第一，给反对者一条退路——接纳他们的建议、分享荣誉，或在一个必须成功的事件中支持他们；第二，争取那些拥有更高权威的人的支持。

有时候听众中的关键成员会根据沟通者建议的是非曲直提出反对意见，他们有合理的理由相信这个建议不能奏效或不是最好的方式。不管在哪种情形下，沟通者最好坦诚地说出自己的想法，表达自己对反对者的担忧及认可他们意见的优点。

其次，按照听众对沟通信息的感兴趣程度，可以将听众分为兴趣高的听众和兴趣低的听众；根据听众对信息的了解程度，还可以将听众分为掌握背景信息的听众和未掌握背景信息的听众。

对于兴趣高的听众，沟通时可以直奔主题，不必花太多时间去唤起听众兴趣。对于兴趣低的听众，则要使用征询和参与的方法，让听众参与讨论、分享控制权，以激发他们的兴趣。此外，要使信息简单明了，易于接收。

对于掌握背景信息的听众，沟通时可以快速进入核心信息的交流；对于未掌握背景信息的听众，则要花较多的时间先作背景介绍，间接切入主题。

最后，要分析听众的偏好，即听众在沟通风格、渠道、方式上更偏向于哪一种。

其实，不同的企业有不同的沟通偏好，比如外资企业的 E-mail 文化、报表文化，国有企业的会议文化等。

2.2.2　听众群体分类

当传递信息的对象是一个群体时，就要对这个群体进行分析，比如分析他们的年龄、职业、受教育程度、社会地位、文化风格、价值观等，尽可能地了解他们的特征，并根据这些特征调整信息传递方式。

　　一个群体中还有不同的听众：有的是关键听众，即决策者；有的是一般听众，不参与决策，但决策者也要考虑他们的意见；有的是意见领袖，不参与决策，但影响决策。对不同角色的听众分析得越清楚，越有利于沟通目标的实现。

小案例2-3　　维西尔公司沟通中抓住主要听众反败为胜

　　普发集团是一家大型国企，需要购买企业管理软件（下文称为普发项目）。美国ICE公司和科曼公司都与普发集团有了半年的接触，奠定了很好的基础。尤其是ICE公司，已与普发集团的柳副总（主管公司的人事和财务）建立了很好的关系。维西尔公司在北方市场的力量一直薄弱，对普发项目的跟进由年轻的业务经理菲比负责。菲比与普发集团接触了几个月，接触的人员也只限于普发集团的中层管理者，如办公室孙主任。洪钧上任维西尔公司北方销售片区经理后，立刻重视普发项目的开发，用谈共同爱好——明史研究——的方法迅速取得普发集团研发中心主任姚工的好感，接着又拜见周副总（主管市场）。洪钧认为，要想击败强大的竞争对手ICE公司，维西尔公司只有想办法接触普发集团的更高层——董事长金总，但一直没有机会。

　　这一天，在普发集团总部最大的会议室里，维西尔公司的软件方案介绍会就快开始了。这是参与竞标的软件厂商在投标截止之前的最后一轮介绍会，之后就再也没有机会了。ICE、科曼、维西尔三家软件公司每家用一个上午的时间，像走马灯似地连着作介绍，安排得既紧凑又公平。洪钧本来希望维西尔能被安排在头一个讲，为此还分别给孙主任和姚工都打了招呼，结果还是被安排在了最后。他和菲比站在会议室门口，和每位进来的人都打招呼，李龙伟（维西尔公司普发项目的投标经理）在讲台上调试投影仪，肖彬（业务员）在台下的座位中间分发资料。快到9点了，会议室里稀稀拉拉地坐了不到一半人，还不时有人不慌不忙地踱着步子向会议室走来。孙主任从会议室里走出来，笑着对洪钧说："洪总，时间差不多了，怎么样？要不你们也进去吧？然后咱们就开始。"

　　洪钧也笑着随口问了一句："你们金总不来呀？"又开着玩笑："我一直想拜见你们的董事长呢，这次又没机会了，看来只能等签合同的时候再见了。"

　　孙主任似笑非笑地应付着："有机会，有机会。金总太忙了，这个会就没去请他参加，前两家来讲的时候，金总也都没听，很公平的。"

　　洪钧面带微笑，但并没有挪动脚步，他不急于进会议室。洪钧故意向走廊的另一头张望着，像是自言自语地说："也不知道金总今天在不在。"

　　正好，姚工也从会议室里走了出来，一听洪钧的这句话，就立刻说："在呢，在呢，我看见金总的车停在楼下呢，他又没出差，肯定在。"

　　话音刚落，洪钧就看见远处一间办公室的门开了，从里面走出来两个人，他们正往与会议室遥遥相对的金总的办公室走去。姚工也看见了，立刻说："那不就是金总吗？是刚从柳副总的办公室出来吧？哎，柳副总应该来听这个会的呀。"

洪钧迅速地对孙主任和姚工说了一句："我去打个招呼。"不等他们反应过来，就把他们俩和菲比都甩在一旁，大步朝走廊的另一端走去。

远处那两个人在走到金总的办公室大门前面时，停了下来，面对面站着说着什么。洪钧一边走一边想"天助我也"，他就怕自己还没走到的时候他们就进了办公室又关上了门，洪钧就只得硬着头皮敲门，那可就远不如这种路上"偶遇"来得自然了。洪钧拼命迈开大步，并把频率加到最大，但他绝不能跑起来，哪怕是小跑也不行，不然就成了送快递的了。

那两个人说着话，肯定听见一阵脚步声由远而近，两人眼角的余光也都能看到一个身影正大步朝这边走来。他们不约而同地转过头，看见一个中等身材、西装革履的人走了过来，便下意识地不再说话，而是注视着洪钧。

洪钧看到他们发现了自己，心里轻松了许多，他放心了，因为他们不会甩下他走进办公室。洪钧脸上立刻浮现出笑容，一边继续大步走着，一边迅速打量着这两个人：一高一矮，一胖一瘦，一老一少。他猜测那个老一点、胖一点、矮一点的应该是金总，又回忆了一下在一楼前厅墙上张贴着的金总的相片，他确定了目标。

洪钧在离两个人还有三四米的地方就向金总伸出了右手，他走到金总面前站定，对金总说："金总您好，我是维西尔软件公司的，我姓洪，我们今天来介绍一下为普发做的软件方案，见到您很荣幸。"

金总虽然觉得有些意外，但出于礼貌还是把手也伸出来和洪钧的手握了一下。洪钧看了一眼金总旁边的人，年纪似乎比自己稍微年轻一些，就也伸出手，对他说："您好，我是洪钧，维西尔公司的，请问您是？"

那个人边和洪钧握手边回答："我姓韩，韩湘，是金总的助理。"

洪钧又转向金总，双手递上自己的名片，韩湘在金总接过洪钧的名片正翻看着的时候说："他们几家都是软件厂商，都想参与咱们的软件项目，今天应该是维西尔公司来讲他们的方案。"

洪钧在旁边笑着说："是，我就是专门过来，想请金总也去听听，就听一部分也好。"说完，又向韩湘递上自己的名片，韩湘也从兜里掏出名片，和洪钧交换了。

金总面带微笑，看着洪钧说："好，欢迎啊，欢迎你们把国际先进的管理思想带给我们，也谢谢你们支持我们的工作。"然后，稍微沉吟了一下，面露难色地说："嗯，我下面正好还有个会，就不过去听你们介绍了。"

洪钧不等韩湘和金总挪动脚步就紧接着说："金总，我直接过来和您打招呼就已经够冒昧的了，那我就干脆斗胆再冒昧一下，我想请问，普发这次的软件项目，是要解决面子问题呢还是解决肚子问题呢？"

金总愣了，韩湘也愣了，洪钧不慌不忙地笑着解释："我这是打了一个不太恰当的比喻，面子问题，就是花钱买套软件，装装门面，也无所谓真正用得怎么样；肚子问题，就是真要用软件提高普发的管理水平，创造效益，让普发在以后更激烈的市场竞争中能够一直吃饱吃好，能够生存和发展。"

金总耐心地听洪钧说完，微微一笑，韩湘也随着笑了一下，金总看着洪钧的眼睛说："那你是怎么看的？"

洪钧迎着金总的目光，平静地说："我希望普发能选对软件，更要用好软件，我相信普发上软件项目是下决心要获得回报、取得成功的，因此您的参与就非常关键，所以我来请您。如果只是为了解决面子问题，那项目就太容易做了，您也没有必要在这个项目上花太多时间了。"金总也很平静，两只眼睛一动不动地盯着洪钧，韩湘看一眼洪钧，又看一眼金总，刚想对洪钧说句什么，金总忽然开口说话了："小韩，你去把我桌上的本子拿上，我先去听听。"

韩湘立刻笑着答应了一声，又注视了洪钧一眼，转身走进了金总的大办公室。

金总冲洪钧抬了下手，示意和他一起去会议室。

洪钧早已喜出望外，这下更是兴奋得差一点跳了起来。他刚才看见金总的身影就过来请金总去听维西尔的介绍会，完全是抓住时机搏一把，没想到金总这么痛快地答应了，而且主动和洪钧一起并肩走到会议室，这种举动向大家传递的信息太丰富了。

金总的突然驾到更让大家觉得紧张。孙主任忙把金总领进会议室，会议室里立刻产生了一阵骚动，坐在第一排的几个副总级别的人都站了起来，挪着桌上的东西给金总腾出最中间的位置，后面有些人忙拿起手机拨着号码，还有的干脆跑出了会议室，洪钧偷着乐了，他知道这些人都正忙着招呼人来呢，金总都到了，下面的头头脑脑还不赶紧来？

孙主任走到讲台前面，扫视了一下转眼之间已经坐得满满的会议室。

洪钧已经在刚才短短的几分钟里临时改变了介绍的顺序和内容。原先的安排是由菲比首先介绍一下维西尔公司，然后李龙伟介绍维西尔为普发集团做的软件方案和项目计划，最后由洪钧收尾，讲讲维西尔对普发项目的重视和承诺，肖彬没有任务，他就是来打杂和充数的。由于金总的到来，洪钧先讲。他开场不谈自己的软件，而是根据自己十多年做软件的经验，谈企业如何使用软件，深深地吸引了金总。

洪钧的胆识、机敏、谈吐、对软件的深刻认识及设身处地为购买软件企业着想的思维方式打动了金总。之后，金总支持维西尔的投标方案，任命韩湘作为普发软件项目负责人，购买了维西尔公司的软件，维西尔公司在北方市场打了个翻身仗。

资料来源　王强.圈子圈套1［M］.北京：清华大学出版社，2006.

沟通者要注意：沟通不是为了传达内容，而是为了传达利益。有力的沟通远远不只是意味着宣布一个清晰锐利的分析结果，它还意味着要解释你的建议与听众的担心、利益和观点的关系。顾客可能对你充分了解的一种新的管理信息系统的技术毫无兴趣，但他们会对这种系统能否使他们省钱、省时非常感兴趣。因此，设计沟通信息的首要原则是：不要问为什么你认为你的想法很伟大，而要问，要使听众支持你，他们需要知道或相信什么。洪钧正好抓住了这一点：金总担心所有软件都是花架子，他关心的不是你的软件如何好，而是你的软件怎样对他的企业有利。洪钧根据自己从业十多年的经验，先讲述企业怎样使用软件提高效率而不弄成花架子，然后介绍自己的软件。洪钧还抓住了普发集团的关键听众——金总。洪钧的听众分析和沟通策略使维西尔公司赢得了北方最大的客户，使公司和自己的地位由弱势转变成强势。

2.3 信息策略

信息策略包含很多内容，这里主要强调几个问题：如何组织信息？何时强调信息？如何传达负面信息？

2.3.1 组织信息策略

接收信息是一个艰难的过程，大多数信息不可能被接收者完全理解、接受。所以，信息发送者要组织好信息：在发送信息前，要整理好自己的思路；要在思维理清之后去沟通，不能在思维过程中去沟通，如图2-4所示。

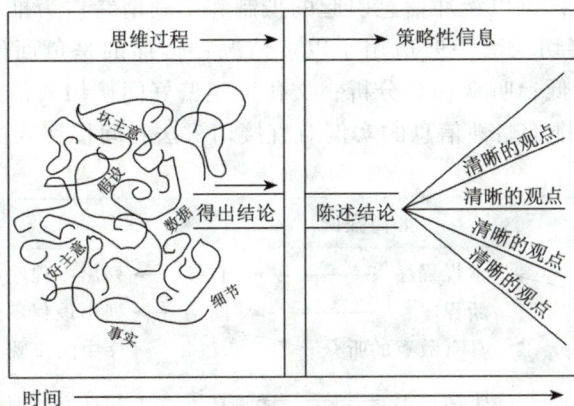

图2-4 思维过程与策略性信息

当要说服对方时，要组织详细信息，列出事实和数据；当与上司沟通时，要列出可选择的方案，列出可能的结果，即让上司做"选择题"而不是做"填空题"。

2.3.2 听众记忆曲线

研究表明，人们在接收信息时，不同的时段有不同的兴奋度。刚开始沟通时，人们接收信息处于最佳状态，快要结束时又处于接收信息的最佳状态，如图2-5所示。

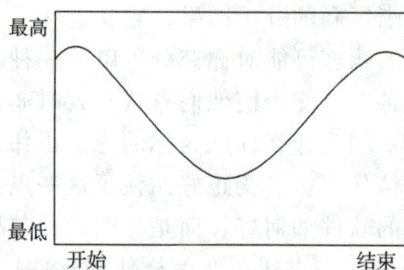

图 2-5　听众记忆曲线

根据这一心理规律，沟通时要注意：

（1）要将重要信息放在开头和结尾，比如，在会议开始时运用好开场白，陈述会议的主题和主要内容，在结束时强调行动方案。

有的信息适合直接切入，要将重要内容放在开头，比如："公司准备提高员工福利，拟采取以下政策：第一……第二……第三……原因在于：第一……第二……第三……"这样的沟通方式有利于节省时间，也有利于听众准确快速地接收主要信息。当传递正面信息或中性信息时，或听众更关注结论时，或沟通者具有很高的可信度时，使用直接切入法有较好的效果。

有的信息适合间接切入，要将重要内容、主要结论放在最后，比如："受金融危机的影响，公司利润锐减……但成本上升……所以，公司决定降低员工福利，措施有：第一……第二……第三……"这种传递方式的好处是：说服力强；循序渐进地让听众接收信息，可以缓冲信息引起的抵制和不满情绪；为推出自己的观点找到理由和依据。间接切入法一般适用于以下情况：传递的是负面信息；听众带有偏见；沟通者可信度低；听众喜欢分析；文化传统偏好间接切入信息。

表2-5通过安排策略性信息的实例对直接切入法和间接切入法进行了比较。

表 2-5　安排策略性信息实例

沟通目标	如何强调	如何组织
雇员遵循程序	常规程序 → 直接	列出该程序中的步骤
	新程序 / 具有敌意的听众 → 间接	列出该程序的益处，随后列出程序中的步骤
老板批准建议	听众很忙 / 你的可信度较高 → 直接	建议后面加上理由
	听众喜欢分析 / 你的可信度较低 → 间接	由理由导出建议
顾客使用我们的服务	听众注重结果，不在乎偏见 → 直接	介绍你们的服务，随后提出这一服务能给听众带来的益处
	听众带有否定性的偏见 → 间接	列出你们服务的益处和你们的竞争者在服务中存在的问题，随后推荐你们的服务

（2）当听众处于"中间地带"时，接收信息处于低谷状态，此时要充分运用沟通策略和艺术，提高听众的兴奋度。当听众处于"中间地带"时，适合讲述事实、对比论证、引用案例，使信息充实、丰满而不枯燥；同时，运用演说技巧刺激听众神经兴奋度，使下滑的曲线变成波浪形。

2.3.3 传递负面信息策略

由于选择性知觉心理规律的存在，人们在接收负面信息时会有更大的障碍，因此沟通者更需要重视信息策略。

向对方传递负面信息时，要注意：（1）及时，即在传闻出来之前公布信息，对批评性信息不要秋后算账。（2）一致性，即尽可能确保所有的听众获得一样的信息，上下口径一致。（3）私下而非公开，"扬善于公庭，规过于私室"。（4）选择个人化的沟通媒介，沟通媒介越个人化，信息越容易被听众接受。（5）反馈，即确保有合适的机制让听众反馈，提出他们的问题和意见。（6）尽快实施贯彻。

向客户传递拒绝信息时，要注意：（1）以委婉或中性方式切入。（2）描述问题本身。（3）说出拒绝的理由——公司政策，而且这个理由应该是无懈可击的。（4）对否定的信息只清楚地表述一次。（5）介绍一些解决问题或妥协的办法。（6）使用积极和富有前瞻性的结语。

小案例2-4　　　　　　　　　　**拒绝信贷**

佳家公司是经营家具的大型商场，李××是管理信贷的主任。张先生是该公司的顾客，收入中上等，想申请佳家公司的购物信用卡。他有三张不同银行的信用卡，全都享用较高的信贷额度，但过去三个月他只部分偿还了信贷。所以，李××要写信拒绝他的信用卡申请。请比较以下三封信的区别：

一

亲爱的张先生：

您申请获得佳家公司的购物信用卡说明您很有眼光，因为我们公司的确是一家十分出色的商场。

虽然您的收入水平还可以，但您的财务记录显示，您的3张信用卡都有最大限度的信贷额待偿还。另外，最近两个月您都没有及时偿还贷款。假如您在我们商场开立信用账户，同时大量消费，在偿还能力上您会有困难，特别是有意外花费或您的收入下降时，情况会更尴尬。我们不希望看到您陷入如此境地，您自己也不应该将自己置于这样的境遇中。

6个月后欢迎您再申请。

佳家公司信贷部　李××

二

亲爱的张先生：

您不能开立佳家公司的信用账户，至少现在不行。请先将您的财务状况理清再申请。

所幸的是，您还有另外一个选择。

您可以利用预约购买的方式在我们商场买东西。您想要的家具我们为您留着，每周或每个月您只需要付一定的款项就可以了。

祝您在佳家买到称心的家具！

佳家公司信贷部　李××

三

亲爱的张先生：

根据公司的规定，开立信用账户者只能是及时偿付贷款的人，但您最近两个月都没有按时偿还贷款，所以我们现在不能授予您我们商场的信贷购物服务。6个月后，如果您能证明您一直在准时偿还所有的债务，我们再为您办理。

您可以利用预约购买的方式在我们商场买东西。每次预付50元，我们就可以为您预留您想要的家具，余款总共分6个月付清，没有利息。

您可能会对我们公司每月第一个周六举行的讲座感兴趣。每月第一个周六上午11点，我们的销售助理会就某一主题作专题讲座，如家具购买常识或室内装修知识。最近3场讲座的主题是：

2月5日，房间壁纸的选择；

3月6日，装饰布的选择；

4月2日，波斯地毯的保养和清洗。

祝您愉快！

佳家公司信贷部　李××

2.4　渠道策略

渠道即信息传播的媒介。对媒介的种类，可以用"语言–非语言"和"有声–无声"两个维度进行划分（见图2-6）。

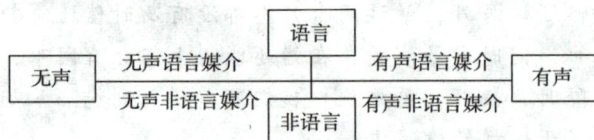

图2-6　媒介分类

2.4.1　沟通渠道分类

有声语言就是自然语言、口头语言。它是沟通中运用频率最高的媒介，其特点是传播速度快、容易引起人际互动、传播费用低、形式和场合灵活多样，但经常会出现语言不通的情况。

无声语言是有声语言的文字符号形式。文字媒介的主要特点是便于斟酌，并要进一步借助实物载体才能传播，因而易于保存和跨越时空，但信息传播与反馈速度不如口头语言，还可能存在口头语言与文字语言的差异。实物载体主要是印刷品，如书本、杂志和报纸等，但包装、建筑物、汽车等都可以负载文字。谈判决议、会议纪要、社交书信、调查报告、电文、海报、简讯、宣传小册子等都要使用无声语言。

有声非语言，也就是"类语言"。它是沟通过程中一种有声而不分音节的语言，常见的形式有说话时的重读、语调、笑声和掌声等。有声非语言媒介的特点是：第一，无具体的音节可分，其信息在一定的语言环境中得以传播；第二，同一形式的语义并不是固定不变的，比如同是以笑声为媒介，有的可能负载着正面信息，有的可能负载着负面信息，又如掌声这种媒介，既可以传递欢迎、赞成、高兴等信息，也可以传递一种礼貌的否定等。

无声非语言，指的是各种人体语言。它是一种以人的动作、表情和界域等传递信息的无声伴随语言。在公共关系传播中，无声非语言是一种被广泛运用的重要沟通方式，表现在视觉方面，又可分为动态的和静态的两类。

传统的企业沟通渠道主要是书面语言和口头语言，现代企业增加了电子语言等新的沟通渠道，如电子邮件、电子公告牌（BBS）、互联网网页、电视电话会议、博客、微博、微信等。

2.4.2　沟通渠道选择策略

选择沟通渠道时要考虑这样几个问题：（1）是否需要永久记录？（2）采用正式还是非正式渠道？（3）需要听众作出即时反应还是要控制信息的接收程度？（4）传递信息的方式是私下的还是公开的？（5）听众是个体还是群体，是分散的还是集中的？（6）需要听众参与度高还是低？

传统的书面语言可以永久记录，比口头语言更正式，信息发送者可以控制信息及其传递范围，但使用书面语言的渠道，听众参与度低，不能及时收集和回应听众的反馈，而且需要时间准备和写作，要求写作信息准确、讲究规范。

口头语言方便快捷，可以及时收到听众的反馈，可以建立与听众的感情。正因为如此，虽然现代沟通渠道越来越多，但面对面的交流还是最好的渠道，尤其是解决难题时。口头传递的缺点是不够正式，还可能由于准备不充分而使表达不到位，具有随意性。

电话沟通渠道便捷，可以跨地域，也可以获得听众的反馈信息，但没有面对面沟通那样的非语言信息。有的企业规定，对复杂问题进行沟通时，凡是步行能到的地方就要用面对面的沟通，而不用电话。

电子邮件也是一种文字传递渠道，但它比传统的书面渠道更自由、更具创造性，传递更快捷，而且可以送达很多人，可以永久留存，可以避免正面冲突，但是可能有发泄情绪和不负责任的邮件而阻碍沟通。另外，由于操作简单便捷，垃圾邮件泛滥，员工疲于应付。

电子公告牌（BBS）的优点是信息内容丰富、发布和接收信息方便、信息公开透明，缺点是保密性差、谣言或不真实信息会迅速传播。电子公告牌适合在需要向员工或其他相关人员公告信息和需要讨论、征集意见时使用。

互联网网页的优点是信息量大、传播范围广，但保密性差、无确定主体、反馈具有不确定性。互联网网页适合在需要公开地、大范围地传播信息时使用。

电视电话会议沟通即时、反馈无须等待、内容清晰、话题丰富、保密性好，可以节省差旅费，但没有非语言的辅助，可能比较沉闷。电视电话会议适合情况紧急、需要当即回复、内容简短、容易表达清楚的信息沟通。

博客可以传播沟通者的思想，便于受众阅读，但它是最不具有私人化和隐秘性特征的文字渠道。

微博作为一个综合媒体、社交、娱乐、阅读等多重属性的基础互联网服务平台，其"语录体"的即时表述方式更符合现代人的生活节奏，应用更为广泛。微博属于社交平台，每个账号都与其他用户保持一定的关系，企业恰当运用消费者资源，就可以通过粉丝影响更多的消费者。此外，在微博上，每个人既是信息的接收者，又是下一次传播的源头，每个用户都有自己的粉丝，层层传递下去就增大了用户的覆盖面。

微信作为集语音短信、视频、图片和文字发送以及多人群聊等功能于一体的智能手机客户端应用软件，已经成为人们日常沟通的主要工具之一。它具有很多沟通优势：信息多元，信息量大；反馈快，时效性强；可以点对点也可以点对面，沟通方式灵活；能扩大人们的社交圈，拉近人际距离，增进感情；通过滚雪球的方式，快速传播信息。但是，微信传播也有缺点：使信息碎片化；难以保证信息的真实性；受传播介质限制，局限于熟人社交。

很多企业与时俱进，特别注重新媒体的运用。例如，互联网传播与股票交易同步，坐在办公室里就可以关注股价波动。在互联网时代，企业还随时关注3种人（及其微博）：经济评论员、财经记者；同行；其他领域的意见领袖，包括公司大客户、名人，还有特别关注公众话题、愿意去评论的那些人。企业还要做好自己的官方微博，有了官方微博，就相当于有了一个自己的媒体。在传统媒体时代，企业及时通报信息的方式是给媒体发通稿或开新闻发布会，而现在可以通过微博、微信公众号滚动进行即时公告。微信成为社交媒体的主要沟通工具之后，一些企业及时运用微信做传播工具。例如，可口可乐的以"我们在乎"为主题的可持续发展报告席卷微信朋友圈，报告用H5形式，选取部分核心数据，用15页的画面直观展现可口可乐所作的努力，这种适应微信传播特点、移动端观看及分享需求的形式广受受众喜爱。

2020年，面对新冠肺炎疫情，许多企业使用各种远程办公软件，加速了企业的数字化建设。高校也开展远程教学，停课不停学。各种互联网沟通工具为组织和人际沟通提供了便利。

小案例2-5　　　　　　　　　　　"邮件门"事件中的沟通

2006年网络上盛传的"邮件门"事件，曾一度引起轩然大波，被称为2006年人力资源界的三大丑闻事件之一。细看事件根源，发现都是"沟通不当惹的祸"。

事件回顾：2006年4月7日晚，EMC大中华区总裁陆纯初（Loke Soon Choo）回办公室取东西，到门口才发现自己没带钥匙。此时，他的私人秘书瑞贝卡已经下班，陆纯初没有联系到瑞贝卡。数小时后，陆纯初还是难抑怒火，于是在4月8日凌晨1点通过内部电子邮件系统用英文给瑞贝卡发了一封措辞严厉且语气生硬的谴责信：

I just told you not to assume or take things for granted on Tuesday and you locked me out of my office this evening when all my things are all still in the office because you assume I have my office key on my person.

With immediate effect，you do not leave the office until you have checked with all the managers you support. This is for the lunch hour as well as at end of day，OK？

这封信翻译成中文如下：

我星期二曾告诉过你，想东西、做事情不要想当然！结果今天晚上你就把我锁在门外，我要取的东西都还在办公室里。问题在于你自以为是地认为我随身带了钥匙。

从现在起，无论是午餐时段还是晚上下班后，你要跟你服务的每一名经理都确认无事后才能离开办公室，明白了吗？

英文原信的口气比上述译文要严重得多。向瑞贝卡发送这封邮件时，陆纯初同时传给了公司几位高管。

面对大中华区总裁的责备，两天后，秘书回了一封更加咄咄逼人的邮件。她在邮件中用中文回复。原文如下：

第一，我做这件事是完全正确的，我锁门是从安全角度上考虑的，一旦丢了东西，我无法承担这个责任。

第二，你有钥匙，你自己忘了带，还说别人不对。造成这件事的主要原因是你自己，不要把自己的错误转移到别人的身上。

第三，你无权干涉和控制我的私人时间，我一天就8个小时工作时间，请你记住中午和晚上下班的时间都是我的私人时间。

第四，从到EMC的第一天到现在为止，我工作尽职尽责，也加过很多次班，我也没有任何怨言，但是如果你要求我加班是为了工作以外的事情，我无法做到。

第五，虽然咱们是上下级的关系，但也请你注重一下你说话的语气，这是做人最基本的礼貌问题。

第六，我要在这强调一下，我并没有猜想或者假定什么，因为我没有这个时间也没有这个必要。

本来，这封咄咄逼人的回信已经够令人吃惊了，而瑞贝卡选择了更加过火的做法。她回信的对象选择了"EMC（北京）、EMC（成都）、EMC（广州）、EMC（上海）"。这样一来，EMC中国公司的所有人都收到了这封邮件。

在瑞贝卡回邮件后不久，这封"女秘书PK老板"的火爆邮件被数千外企白领接收和转发，几乎每个人都不止一次收到过邮件，很多人还在邮件上留下诸如"真牛""解气""骂得好"之类的点评。其中，流传最广的版本居然署名达1 000多个，而这只是无数转发邮件中的一个而已。

作为"邮件门"事件的直接后果，瑞贝卡很快辞职，不久陆纯初也由于此事件被EMC调离原任。

备注：陆纯初的任职资料：EMC大中华区总裁，拥有新加坡国立大学工商管理硕士学位，统管EMC设在中国的运营业务。陆纯初在IT领域拥有20年以上的经验，曾任职于IBM、西门子、甲骨文公司，具有丰富的高层管理经验。

"邮件门"事件中，陆纯初和瑞贝卡各自有什么做得不妥的地方？在沟通工具选择上有何教训？

2.5 反馈策略

在沟通中，反馈影响沟通过程和结果，决定沟通能否实现既定目标。因此，沟通双方都要讲究反馈策略。

反馈策略要求：第一，反馈及时；第二，对反馈信息进行加工整理；第三，反馈渠道畅通；第四，对由下而上的反馈一定要给予答复。

小案例 2-6　　　　某公司物资设备质量的反馈制度

物资设备的质量直接关系到企业生产经营的好坏，因而，物资设备采购是每个企业都非常关注和重视的工作。铁通系统大多数物资设备由省分公司集中采购，由供货商直接运送到地市分公司，由地市分公司负责验收、管理和使用。省分公司物资部门在采购时，均对所采购的物资设备提出了质量要求，并对出现质量问题的物资设备，根据要求由供应商无条件更换或维修。

某省分公司物资部门每年都会收到几次反映物资设备存在质量问题的反馈。有的是通过地市分公司物资部门反馈，有的是通过建设等部门反馈，还有少数单位领导反馈。这些反馈的信息有的来自现场，有的是道听途说，有的是同一事件多人反馈。反馈的渠道分别是省分公司总经理会议、电视电话会议、相关部门，也有向省分公司物资部门反馈的，还有少数直接向省分公司领导反馈的，所有反馈的质量问题最终集中到物资部门。由于对物资设备存在质量问题的信息反馈渠道繁杂、涉及面广且来源不一，对物资部门的影响较大，物资部门也因此受到了相应的批评和指责。

针对反映物资设备质量问题的信息，物资部门或是深入现场进行调查，或是进行电话了解，综合归纳出其原因有：一是运用部门使用不当；二是供货商误发产品；三是产品质量存在缺陷或服务不到位；四是运用部门习惯使用某产品，对新产品出现抵触情绪，因而以产品有质量问题为由不予使用。

调查发现，省分公司物资部门收到关于物资设备质量问题的反馈时都没见到具体的实物。有的单位从发现质量问题到最终将问题反馈到省分公司物资部门之间存在一定的时间差，省分公司与供货商交涉时，也因时间长和无实物而无法要求供货商进行处理，从而影响了企业的生产经营。还有的情况是，省分公司物资部门接到质量反馈后，处理不及时，或者对供货商提出了要求，但没有督促其落实，导致地市分公司意见较大，最后由领导出面反馈。

为何地市分公司要多渠道反馈物资质量问题？一是没有明确质量归口反馈部门；二是没有明确质量反馈渠道；三是没有建立完善的质量反馈制度；四是省分公司物资部门对质量问题的反馈重视不够；五是少数地市分公司对集团公司、省分公司物资设备管理制度和流程了解不够。

为了及时为地市分公司生产经营提供良好物资支撑，同时及时处理发现的质量问题，省分公司物资部门针对以上情况进行了分析，并有针对性地开展工作。

积极向地市分公司宣传、介绍集团公司和省分公司关于物资集中采购和管理的规定、流程以及文件要求，同时，要求各地市分公司物资部门组织相关部门学习，让大家了解公司的相关规定和流程，希望大家共同遵守。

与地市分公司领导和物资部门进行沟通，希望大家理解和支持省分公司物资部门、按规定开展工作。同时，对地市分公司提出的不符合规定的要求，请他们换位思考，并分析违规可能导致的问题。

通过办公网和相关物资会议，听取地市分公司对物资工作的意见和建议，在相互理解和认同的基础上，完善省分公司相关规章和制度，并明确要求大家遵守。

通过物资办公系统设立"问题反馈"信息栏，专供地市分公司反馈意见或建议，省分公司物资部门指定专人每日查阅，对反馈的意见或建议建立督办制度。

制定"物资设备质量反馈制度"。要求地市分公司物资部门参与相关会议，定期与物资使用部门沟通，由物资部门归口收集参会部门和使用部门对物资设备的质量意见，并于收到意见之日起，在规定时间内到达现场封存、收回有质量问题反馈的物资设备，并在规定的时间内书面报送省分公司物资部门。对质量信息反馈不及时的地市分公司物资部门或绕开物资部门上报质量意见的单位进行批评或通过一定方式进行考核。

　　每年年初下发"物资设备质量调查表"，征求地市分公司相关部门对集中采购物资设备质量的意见或建议。

　　对反映的质量问题，经调查属实的，省分公司物资部门表示歉意，同时限时与供货商进行沟通，并按规定的流程对供应商及所供物资设备进行处理，消除因此带来的影响，同时限时向地市分公司反馈处理的情况。省分公司物资部门处理延时或处理不当的，对责任人进行考核，同时，也支持地市分公司向省分公司领导反映问题。

　　省分公司物资部门工作人员分片包保，包保人每月至少与地市分公司电话沟通一次，了解物资设备质量等问题，对了解、掌握的质量问题立即进行调查，对属实的立即采取措施进行处理和沟通，对误传的进行分析，表示理解。对不主动了解、被动接收质量反馈信息的包保人进行考核。

　　通过一定途径向省分公司领导汇报地市分公司反映的质量问题、处理过程及原因分析，同时也积极与省分公司相关部门沟通，让它们了解所反映质量问题的真正原因。有时为了说明现象，可列举个案进行说明。

　　通过以上方式与地市分公司沟通后，地市分公司反映的物资质量问题逐步减少，尤其是在省分公司各类会议上，反映物资部门问题的意见明显减少。对确有质量问题的，省分公司物资部门的处理速度也得到了提高，少数单位对省分公司采购的物资设备也能平静接受，各地市分公司对省分公司物资部门的评价由过去的经常抱怨变为现在的相对满意。

　　资料来源　根据湖南大学 MBA 学员童斌的案例作业改编。

2.6　文化策略

　　任何沟通都是在一定文化背景下进行的，文化影响沟通中的各个因素。

1. 文化影响沟通者策略

　　不同文化背景下的沟通者对沟通形式的喜好和接受度不同。在团体观念强的文化背景下，沟通者喜欢采用征询和参与的沟通方式；在个人观念强的文化背景下，沟通者喜欢采用叙说和说服的沟通方式。在专制文化背景下，沟通者偏好单向沟通；在民主文化背景下，沟通者倾向于双向沟通。

　　文化背景还影响可信度。在重人际关系的文化中，良好意愿的可信度备受重视；在重事实的文化中，专家的可信度更高。在人治文化中，传统权威更有可信度；在法治文化中，技术权威和法定权威有更高的可信度。

2. 文化影响听众策略

　　在专制文化背景下，地位决定谁为主要听众；在民主文化背景下，主要听众的范围更广。不同的文化背景还影响激励听众的方式。在重物质的文化背景下，强调财富更能激励听众；在重精神的文化背景下，强调团队、关系更能被听众接受。

3. 文化影响信息策略

在慢节奏的文化背景下，采用间接切入主题的方式更合适；在快节奏的文化背景下，更多采用直接切入主题的沟通方式。在权威文化背景下，更多的是自上而下的沟通；在开放文化中，自下而上的沟通更多。

4. 文化影响渠道策略

在重个人信义的文化中，口头沟通有效；在重事实与效率的文化中，偏好书面沟通。

5. 文化对沟通其他方面的影响

文化还对沟通风格、语言、非文字信息如形体与声音、空间与实物、问候与好客程度等都有影响。

本章小结

从沟通的过程，我们知道沟通有几个重要的因素：沟通者即信息发送者、听众即信息接收者、信息、沟通渠道、反馈、背景文化。因此，我们将沟通的一般策略概括为沟通者策略、听众策略、信息策略、渠道策略、反馈策略、文化策略。

沟通者即信息发送者，是沟通主体，是决定沟通成功的关键因素。沟通者策略要求首先明确沟通目标；其次提高沟通者的可信度；最后根据实际情况采用不同的沟通形式：叙说、说服、征询、参与。

听众策略首先要分析听众的个体态度。按照听众对信息的支持与否，听众可以分为积极的听众、中立的听众、敌意的听众；按照听众对信息的感兴趣程度，听众可以分为兴趣高的听众和兴趣低的听众；根据听众对信息的了解程度，听众还可以分为掌握背景信息的听众和未掌握背景信息的听众。其次，要分析听众的偏好，即听众在沟通风格、渠道、方式上更偏向于哪一种。当面对一个群体传递信息时，就要对这个群体进行分析，比如分析他们的年龄、职业、受教育程度、社会地位、文化风格、价值观等，尽可能地了解他们的特征，根据这些特征调整信息传递方式。在一个群体中，还有不同的听众，有的是关键听众，即决策者；有的是一般听众，不参与决策，但决策者也要考虑他们的意见；有的是意见领袖，不参与决策，但影响决策。对不同角色的听众分析得越清楚，越有利于沟通目标的实现。

信息策略包含：如何组织信息？何时强调信息？如何传达负面信息？信息发送者要组织好信息。在发送信息前，要整理好自己的思路；要在思维理清之后去沟通，不能在思维过程中去沟通。听众记忆曲线表明，人们在接收信息时，不同的时段有不同的兴奋度。刚开始沟通时，人们接收信息处于最佳状态；快要结束时又处于接收信息的最佳状态。有的信息适合直接切入，将重要内容放在开头；有的信息适合间接切入，将重要内容、主要结论放在最后。由于选择性知觉心理规律的存在，人们接收负面信息时会有更大的障碍，沟通者要注意选择信息策略。

渠道策略要考虑这样几个问题：是否需要永久记录？采用正式还是非正式渠道？需要听众作出即时反应还是要控制信息的接收程度？传递信息的方式是私下的

还是公开的？听众是个体还是群体，是分散的还是集中的？需要听众参与度高还是低？在互联网时代，沟通渠道多、新、便捷，企业需要跟上时代变化，充分合理运用。

反馈策略要求：第一，反馈及时；第二，对反馈信息进行加工整理；第三，反馈渠道畅通；第四，对由下而上的反馈一定要给予答复。

任何沟通都是在一定文化背景下进行的，文化影响沟通中的各个因素。

复习思考题

1.沟通者的目标策略包括哪些内容？
2.怎样提高沟通者的可信度？
3.在日常工作中怎样合理运用沟通形式？
4.传递负面信息时有哪些策略？
5.企业应该如何运用新的网络沟通工具？

☑ 看电影学沟通

观看电影《在云端》（Up in the Air），谈谈企业裁员中的沟通艺术。

▶ 案例分析　　　　　R汽车配件公司人事制度改革

R汽车配件公司为了深化企业改革，决定对公司的人事制度进行重大改革：一是对富余人员实行下岗分流；二是提高公司员工的工资和福利水平。公司决定向全体员工传达这两个信息时，却面临一种尴尬的境地，因为这个决定对大部分员工来说是一个好消息，但对小部分员工来说是一个坏消息，这很可能会导致公司人心产生很大的波动。当董事长和助手们在讨论这件事时，他们意识到向全体成员传达信息将面临一个熟悉但艰难的问题，并且，可能需要对向员工传达信息方面的某些传统做法进行重新评价。

1.好消息和坏消息

好消息是公司近期将全面提高员工的工资和福利水平，其中退休补贴、假期、医疗保险、人寿保险和内部职工股的权益都将有不同程度的提高。这些变化主要源于法律规定和公司人力资源制度。通常情况下，这些变化是通过公司文件、公告和内部定期出版的刊物向全体员工传达的。在内部出版刊物中，《R汽配新闻》面向正式员工，《家庭》面向临时工。

坏消息是公司近期将有一部分员工要下岗，包括正式员工和临时工。汽车配件工业是一个成熟的行业，R公司不能灵活地应付来自国内外同行的竞争，预计在未来的18个月内，R公司的业务将下降25%。与此同时，公司需要大量的资金。为了与国内的汽配公司以及欧洲和日本的企业竞争，公司需要引进和装备新的生产流水线。另外，公司还需要更好地应对国家日益严格的污染防治法规。因此，在接下来的 5 年中，公司的资金需求将达到每年 20 亿元。为此，公司急需在各方面提高效率、节约开支以降低成本。

近几年来，R 公司已经想方设法采取措施不断降低生产成本和管理成本，如撤销了几个规模小、效率低的设备和生产线；搁置了一些不符合环境要求的项目；限制加班和临时工的使用；采取招投标等方式降低原材料采购成本；压缩产品销售成本，如控制出差及其相关费用；只要可能，会议都在公司内举行。尽管采取了这些措施，但还不能达到预期的效果。现在，R 公司不得不考虑裁员的问题。公司并没有规定裁员的具体数量，但希望将裁员的数量保持在尽可能低的水平，有大约 2 000 名员工将受到影响。通过员工提早退休和职位调动两项措施，能削减其中半数的人员，但还有约 1 000 名员工不得不下岗。

2. 正式员工和临时工

R 公司的正式职员从一般职员到高级经理分为 18 级不同的岗位。1~10 级包括服务人员、维修工人、办公室文书人员、生产组长、普通工头、生产主管、普通工程师。从 11 级开始包括高级工程师和管理者。裁员将覆盖基层员工与高层管理者，而且二者比例相当，没有哪个级别的员工因为比其他级别的员工更为重要而减少裁员的幅度。在公司工作了 1 年以上的正式职员在被解雇时，会得到公司支付的一笔生活费；同时，他们将获得一笔依据工龄计算的补偿费（根据员工实际工龄计算费用）。在下岗后，其保险的期限将持续半年；并且，如果他们愿意支付一笔较为合理的费用，保险的期限可以继续延长。同时，公司领导层考虑到，这次下岗的部分正式员工在再就业方面将会遇到较大的麻烦，因此打算尽其所能去帮助下岗的正式职员找到一份新的工作。

对于临时工（他们中的 1 000 名在 11 月 30 日前由于合同到期而被解雇），公司将根据最新制定的《临时工权益保障制度》给予补偿。

3. 如何传达这些信息

按照惯例，公司一般不向全体员工公开宣布减员的计划和原因。有关主管只是将个别员工叫到办公室，通知他的职务被撤销了，或公司已不需要他的服务了，把他调离一个岗位，或直接通知其下岗。

张明渊是负责人事工作的副经理，他建议在这种特殊情形下，董事长重新考虑信息传达的方法。张明渊认为，若按传统的方法去操作会使局面进一步恶化，谣言将会四起。与其这样，他觉得公司还不如告诉员工全部事实。他强烈要求董事长向全体员工解释公司作出这项决定的原因，尽量使风波平息下来。

9 月中旬，当助手们讨论这件事时，张明渊的观点被广泛接受，但当这个决定开始执行时又出现了几个问题：（1）提高工资福利水平和裁员这两则消息是放在同一个文件中向职员传达还是放在不同的文件中？（2）如何安排好常规渠道（《R 汽配新闻》《家庭》）的传达和特殊渠道的传达？（3）由谁签署命令——是执行副总裁、人事部经理还是董事长自己？（4）公司是否应召开一次会议作出书面说明或录像声明？（5）该用什么方法与外界进行最有效的沟通？

4.助手们的讨论

这些问题引发了激烈的讨论。人事部经理李虹主张只需要一份文件，而张明渊认为需要两份文件来说明。他认为，不管如何解释，这两个消息看起来是相互冲突的，因为担心被解雇而产生的焦急和愤怒情绪将抵消由提升工资福利带来的喜悦情绪。董事长则同意人事部经理的观点，认为一份文件就足够了。然而，他强调员工和大众传播媒体都应该作为关键要素来考虑。一位助手认为不应该向员工强调任何文件或备忘录。张明渊认为应该告诉员工来自汽车配件工业普遍衰退的冲击和公司将要采取的降低成本的方法，并且，他认为应该明确告诉员工谁将要下岗。

李虹试图小心谨慎地说明公司面临的局面，她觉得员工的这种情绪对信息传达是十分棘手的，对员工来说这么做似乎是虚伪的，因为他们会认为公司欺骗了他们。

助手们同时讨论了特殊传达方式的对象和应由谁签署文件的问题。一些人极力主张发表由董事长签署的"全体性"公告，另外一些人觉得应由主管人事的李虹签署，但每个人都认为时间非常重要：在新闻披露以前，公司应该告诉员工公司的计划。他们同时达成共识，认为一旦计划实行，员工和新闻界将会提出各种各样的问题，公司急需成立一个机构来应付此类事件。

明天，董事长将启程前往日本，他觉得该是对助手们的讨论作出决定的时候了。张明渊同意起草一份行动计划，准备必需的材料。

资料来源 哈特斯利，麦克詹妮特. 管理沟通［M］. 李布，赵宇平，等译. 北京：机械工业出版社，2000.

讨论题：

（1）R汽车配件公司传递好消息和坏消息时，哪些人是应该考虑的关键对象？

（2）请设计出好消息和坏消息的沟通过程，特别是裁员消息的传递过程。

（3）假定你是董事长的助手，请起草向员工传达好消息和坏消息的讲话稿。

（4）裁员面谈的步骤有哪些？

第 2 篇

组织内外部沟通

第3章　组织内部沟通

学习目标

- 了解组织内部沟通的影响因素，从而对症下药，促进组织内部沟通
- 了解组织内部沟通渠道及其建设方法
- 掌握组织内部纵向沟通的基本策略
- 掌握组织内部横向沟通的基本策略
- 了解团队沟通的艺术
- 了解冲突的含义及产生的原因
- 掌握冲突沟通策略

▶ 引例　跨国公司的沟通制度

在惠普（中国）公司有这样一种现象，企业办公桌的数量永远比员工的数量要少，企业鼓励员工带着便携电脑在办公室以外的其他地方比如家中办公。而且，由于办公桌总是比员工人数少，所以办公桌总是处于公用的状态，并非归个人独自专用。所以，实际上员工的办公地点并不固定，员工总是处于流动的办公状态。企业的管理者也遵循这一规则，在公司并没有专用的办公区间。惠普的这种做法显然是基于其强大的内部网络基础。正是由于内部网的支撑，惠普才真正实现了其梦寐以求的无纸化办公。我们发现，这种规则的实行，除了对惠普直接产生了高效、节能的功用之外，对惠普企业文化的建设也产生了新的推动作用。比如，惠普提倡成员之间坦诚相见，提倡"沟通"。由于员工的办公地点并不固定，因此他办公桌的邻居也是不固定的，今天他的邻居是A部门的，明天也许就是B部门的。这种状态使得成员之间的沟通变得十分有意义，换言之，成员之间面对面的沟通不再局限于本部门，即便是与公司管理层的沟通也不再是困难的事情。

素以创意闻名的迪士尼公司善于激发员工的创新精神，允许员工发展自己的兴趣并且及时与他们沟通，从而获得员工的创新成果。公司每年举办三次"员工献宝"大赛，允许不同级别的员工向总裁推销创意成果。迪士尼公司也从中获得了丰厚的收益。这也是沟通机制创新的方式。与此相似的还有户外拓展训练及团队建设的培训项目。

戴尔公司流传着戴尔的一句话：能从错误中重整旗鼓的最重要的工具之一就是沟通。

IBM公司的高层领导经常深入基层，与普通员工亲切交谈，了解他们的切身感受；同时，鼓励员工向上级，甚至直接向公司总裁反映问题，在公司内部形成平等的工作氛围。公司专门设立了意见箱，为了避免流于形式，意见箱由专人负责整理并把意见转交给相关的负责人，每年公司都能够收到数十万张意见卡。

美国GE公司前任执行总裁杰克·韦尔奇被誉为"20世纪最伟大的企业领导人"之一，在他上任之初，GE公司内部等级制度森严、结构臃肿，韦尔奇通过大刀阔斧的改革，在公司内部引入非正式沟通的管理理念。韦尔奇经常亲自给员工留便条或打电话通知员工有关事宜。在他看来，沟通是随心所欲的，他努力使公司的所有员工都保持一种近乎家庭式的亲友关系。一位GE公司的经理曾这样生动地描述韦尔奇："他会追着你满屋子团团转，不断地和你争论，反对你的想法，而你必须要不断地反击，直到说服他同意你的思路为止——而这时，你可以确信这件事你一定能成功。"

福特公司每年都要制订一个全年的"员工参与计划"，动员员工参与企业管理。此举引发了员工对企业的"知遇之恩"，员工投入感、合作性不断提高，合理化建议越来越多，生产成本大大减少。

资料来源　作者根据公开资料整理。

3.1　影响组织内部沟通的因素

尽管很多企业已经认识到沟通的重要性，但是组织内部沟通效果并不理想，因为有许多因素影响组织内部沟通的效果。

3.1.1　组织内部沟通效果

组织内部沟通是使组织顺利运行的工具，对于提高组织效率、改善员工工作态度、振奋员工士气有着十分重要的作用，但多种研究表明，组织内部沟通效果不佳。

美国加利福尼亚州立大学一项研究显示，来自领导层的信息只有20%～25%被下级知道并正确理解，下级向上级反馈的信息中不超过10%被上级清楚知晓，平级之间交流的效率则可达到90%以上。

托马斯、佩里思、福斯等咨询公司联合发起了对26家美国和加拿大企业的调查，得出大致相同的结论：员工们从"小道消息"获得的信息量仅次于顶头上司，90%的人都希望顶头上司成为"优先信息源"。研究还指出，如果顶头上司和经理等正式沟通网络不能完全满足员工的信息需要，则不受控制的、非正式的沟通网络将会成为有关企业经营方针与发展方向的基本信息源。

国内的一些研究也表明，组织内部信息的传递效率有层层递减的效果。高层的信息被中层接收和理解的比例为60%～80%，被基层接收和理解的比例为40%～

50%，被操作层接收和理解的比例为 20%～30%。常常听到经理们抱怨员工不能跟上思维。

为何组织内部沟通效果不佳？沟通本身就存在漏斗效应。所谓沟通漏斗，是指沟通中信息依次递减的规律。沟通前，一个人心里想的是 100% 的信息，但表达出来的只有 80%；对方听到的只有 60%，而理解接受的只有 40%；三天以后对方还能记住 20%；三个月以后只能记住 5%。沟通的漏斗效应如图 3-1 所示。

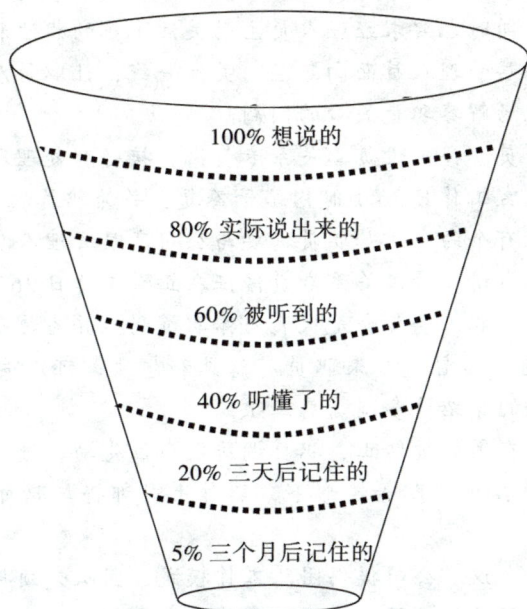

图 3-1　沟通的漏斗效应

除沟通本身的影响因素外，还有许多因素影响组织的沟通。

3.1.2　影响组织内部沟通的主要因素

影响组织内部沟通的因素有很多，如沟通渠道建设情况、组织对沟通的重视程度、领导风格、组织的氛围等。

1.沟通渠道建设

沟通好比开车，开车需要道路，沟通渠道就是沟通的道路。组织的沟通渠道是否完备，是决定沟通效果的首要因素。

我国企业主要使用的沟通渠道有：内部简报或刊物；会议；意见箱与投诉站；领导见面会或群众座谈会；个别交流；内部网络等。根据钱小军等人的研究，国有企业沟通渠道按使用频率高低顺序排列依次是会议、领导见面会、内部简报、个别交流、意见箱与投诉站、内部网络，而民营企业依次是会议、个别交流、内部网络、领导见面会、内部简报、意见箱与投诉站；国有企业沟通渠道按使用效率高低顺序排列依次是领导见面会、会议、个别交流、内部简报、内部网络、意见箱与投诉站，民营企业依次为会议、内部简报、个别交流、领导见面会、内部网络、意见箱与投诉站。[①]

成功之道 3-1

万科的十二条沟通渠道

（1）（上级经理）门户开放。公司倡议所有经理人员"门户开放"，欢迎职员直接提出想法和疑问，同时也要求经理人员主动关注下属的想法和情绪。

（2）吹风会。高层管理人员面向基层，关注一线，让职员及时了解公司业务发展方向及动态，并现场解答职员关心的问题。

（3）员工关系专员。公司设员工关系专员岗，接受和处理职员表达的想法、意见和建议，保证在正常工作日 36 小时内给予答复，并为职员的身份保密。

（4）我与总经理有个约会。如职员需要与公司高层管理人员单独面谈，可以通过员工关系专员提出申请，员工关系专员保证在正常工作日 36 小时内给予答复。

（5）职工委员会。职工委员会是代表全体职员利益并为之服务的机构，它的基本职能是参与、沟通、监督。如果职员有意见和想法，可以向职工委员会委员反映。有关职工委员会的介绍请参阅《员工组织》。

（6）工作面谈。在新职员转正、职员调薪或岗位变动、进行工作评估、制订职业发展规划以及职员提出辞职等情形下，职员上司都将与职员进行面谈，了解情况，听取意见。

（7）工作讨论和会议。公司提倡团队工作模式，团队必须拥有共同的工作目标和共享的价值观。公司的绩效管理体系倡导管理者在制定目标的时候通过工作讨论和会议倾听团队的意见，共同分享愿景。

（8）给任何人发 E-mail。当面对面的交流不适合时，职员可以给任何人发送邮件，以迅速反映问题或解决工作中的疑惑。电子邮件应简洁明了，并只发给真正需要联系的人员。

（9）网上论坛。如职员有任何意见和建议，或希望能与其他同事交流、分享观点，均可通过内部网论坛直接发表。

（10）职员申诉通道。职员认为个人利益受到侵犯，或需要检举揭发其他职员违反《职员职务行为准则》的行为时，可以通过申诉通道进行投诉和检举揭发（参阅所附的申诉程序）。

（11）员工满意度调查。公司通过定期的不记名意见调查向职员征询对公司业务、管理等方面的意见，了解职员对工作环境的整体满意程度，职员可按照自己的真实想法反馈而无须有任何顾虑。

（12）公司的信息发布渠道。公司有网站、周刊、业务简报、公告板等多种形式的信息发布渠道，职员可以方便、快捷地了解业界动态、公司业务发展动态和重

---

① 钱小军，赵航.国企与民企内部沟通状况差异性实证研究［J］.经济论坛，2005（5）:78-80.

要事件、通知。

附：申诉程序

（1）原则上，职员的各层管理人员直至集团人力资源部、职工委员会甚至集团总经理或董事长均是申诉对象。

（2）当职员认为个人利益受到侵犯，或对公司的经营管理措施有不同意见，或发现其他职员有违反公司各项规定的行为时，可选择适当的申诉渠道向公司申诉：

①公司鼓励职员逐级反映情况，或者直接向部门负责人或所在公司总经理申诉；

②当职员认为不方便通过申诉渠道①申诉时，也可通过职工委员会申诉；

③从解决问题的角度考虑，公司不提倡任何事情都直接向集团总经理或董事长申诉，但当职员坚持认为有必要时，仍可直接向集团总经理或董事长申诉。

（3）申诉方式可选用面谈和书面两种形式，如选用书面方式，申诉书必须具名，否则不予受理。

（4）各级责任人或责任部门在接到职员申诉后，将在申诉事件涉及的相关当事人中进行调查，并根据调查结果尽快作出处理决定。处理决定将通过书面或电子邮件的形式通报给申诉者、公司总经理及集团人力资源部，职员如果对处理决定不满意可继续向更高一级经理或部门申诉。

2.组织对沟通的重视程度

西方文化重沟通，因此，那些总结欧美跨国公司成功经验的研究，无不提到沟通是促使其成功的重要因素，欧美公司的各种沟通案例散见于各种管理学书籍中。

成功之道 3-2

柯达公司的员工建议制度

从1881年1月创立到现在，柯达公司已走过100多年的历程。公司从照相感光材料发迹，依次开发关联产品。柯达生产的产品有照相软片、感光纸、照相用化学制品及合成纤维等，全部产品达2.5万种以上，生产的软片约有200种，感光纸有325种以上，照相用化学制品约有350种。一年当中生产的软片长度达80万英里（约合128.7万千米），大于从地球到月球往返的长度。柯达的业绩，得益于先进的管理理念和企业文化，其中最为独特的当属建议奖励制。

早在1889年前，柯达的创始人乔治·伊斯曼收到一份普通工人的建议书，呼吁生产部门将玻璃窗擦干净。这虽然是小得不能再小的一件事情，伊斯曼却看出了其中的意义所在，他认为这是员工积极性的表现，立即公开表彰，发给奖金，从此建立起"柯达建议制度"。或许，伊斯曼也没有意识到，这个偶发的擦玻璃窗事件所引起的建议制度会一直坚持到现在，并得到了不断的改善。伊斯曼更不会想到，他所建立的"柯达建议制度"会成为其他企业纷纷效仿的对象。

在柯达公司的走廊里，每个员工随手都能将建议表丢入任何一个信箱，建议表都能送到专职的"建议秘书"手中，专职秘书负责及时将建议送给有关部门审议，作出评价，建议者随时可以直接打电话询问建议的下落；公司设有专门委员会，负责审核、批准、发奖。对不采纳的建议，也要用口头或书面的方式提出理由，如果建议人要求试验，可由厂方协助进行试验，以鉴明该建议有无价值。该公司员工因提出建议而得到的奖金，每年都在数百万美元以上。1983年、1984年两年，该公司因采纳合理建议而节约资金 1 850 万美元，公司拿出 370 万美元奖励建议者。对公司来说，这种建议制度在降低产品成本、提高产品质量、改进制造方法和保障生产安全等方面起了很大的作用。瑞·迪穆林升任柯达公司专业摄影部经理后，决定直接收集市场对柯达产品的反应，于是亲自拜访客户。在陪同一位新闻摄影记者进行采访工作时，他注意到摄影记者无法一手拿相机，一手打开柯达胶卷盒。迪穆林回到公司，立刻建议开发一种单手易开的胶卷盒。这项开发工作不仅要投入大笔资金，重新铸模和更换生产设备，同时也不可能在短期内收回投资，然而柯达还是展开开发工作。结果开发出来的成果，深受新闻摄影从业人员的喜爱。

柯达公司认为，这种制度不但对产品开发起到了举足轻重的作用，还起到了增进上下级关系的作用，因为每一个员工提出一条建议时，即使他的建议未被采纳，也会达到两个目的：一是管理人员了解到这个员工在想什么，从而使企业保持了一条上情下达、下情上知的通道；二是建议人在得知他的建议受到重视时，会产生满足感、受尊重感，从而激发出经久不衰的创造力。更为重要的是，在知识经济时代，这种建议制度的实施，有利于知识在企业内部的传播。知识同其他有形资产不同，知识的价值不会因共享和使用而减少，反而会在使用过程中得到进一步升华和增值。显然，如果两人交流知识，双方都能增加信息和经验；在共享新知识之后，分享者会结合自己已有的知识进行充实和修正。员工建议制度无疑为企业知识流动开辟了第二渠道。

将员工建议制度与产品开发结合起来，是柯达公司的特色。因为柯达是靠开发新产品起家的，同时也是靠不断地开发新产品而发展的，所以柯达非常重视新产品的开发，注意在新产品开发中发挥每个员工的聪明才智，从而使员工建议制度更为生动、充实。柯达每年花在科研上的经费达近 6 亿美元，平均每 3 天就有一项新发明问世。

柯达公司的科学家将比人的头发更薄的软片感光乳剂作为上层，使胶片比过去薄了 1/3，感光更为敏锐。这一改良曾迫使当时雄心勃勃的世界化工王国杜邦公司中止产销计划，暂时放弃向柯达挑战。柯达的做法是，将产品开发过程明确化，以专案管理的方式，成立专案小组，来从事各项产品的开发工作。而专案小组的成员则包括研究开发、生产、营销等部门的有关人员。不过，小组的成员与组长随着产品开发工作的进行而有所改变。同时，公司还鼓励员工在各部门间流动。这就使员工的才能有了用武之地，从而使建议制度建立在扎实基础之上。

为了使这项制度更为深入有效，柯达公司在实行员工建议制度时，注意了以下几方面：

（1）所有管理人员，特别是第一线的领班，必须重视这一制度。显然，如果第一线领班们对下属员工提出的建议反应冷淡，那么这种建议制度就不能得到员工们的支持。

（2）必须建立专门的组织机构来实行这一制度。建议办公室和专职秘书必须及时地处理员工的建议，公平地解决奖金的分配问题，耐心地向建议人解释建议不能被采纳的原因和定期公布该制度的实施情况。

（3）简化建议制度的程序。每当公司员工想出一条建议时，他们随手就可以拿到建议表，并填上自己的建议。员工们可以将建议表投到工厂的信箱中，也可以投到工厂特设的建议收集箱内。如果员工不愿披露姓名，他们也可以采取匿名方式提出建议，然后通过建议表上的号码与厂方进行联系，打电话查询该号码的建议是否已被采纳。建议办公室把被采纳的建议列成表格，定期在公司出版的报纸上公布，或张贴在公司的布告栏上。

（4）对每项建议都要进行认真处理。负责收集建议的秘书及时把各项建议提交给各有关管理人员和科室，必要时，可把建议付诸试验。有关管理人员和科室对建议作出采纳或不采纳的决议后，必须将决定后的材料送进建议办公室，由负责建议工作的秘书提交给本部门的建议委员会审批。对未被采纳的建议，必须向建议人发送一份详细的材料，说明该建议未被采纳的原因。如果建议人仍认为他的建议有采用的价值，他可向建议办公室提供更多的依据。在这种情况下，有些未被采纳的建议，最后可能会被采纳。

（5）重视对员工建议制度的宣传和对建议人的奖励。在柯达公司，每一个新员工都会领到一本关于员工建议制度及奖励办法的小册子，这本小册子能使员工很快熟悉建议制度的内容。每周的员工周报辟有专栏对建议被采纳的情况进行报道。该公司根据长期的经验，制定了一套标准的方法，用以确定所采纳的建议的价值及建议人应得到的奖金数额。发奖金的办法是，由负责建议工作的秘书将奖金支票分发给各单位主管，单位主管把奖金支票授给得奖人。

柯达的员工建议制度被美国和其他一些国家的企业广为采用，同时也成为企业管理学和组织行为学研究的对象。这是因为从管理角度讲，管理者应该为员工创造宽松的环境，包括物质环境和心理环境两部分。心理环境的建设往往是管理者容易忽视的部分，而这部分内容对员工能否出色地完成任务、能否从工作中得到满足感起着关键的作用。一名优秀的管理者应该对员工表现出信任，并且重视员工的建议和尊重员工的工作过程，不要随意干涉其具体工作，另外还需要不断地鼓励和赞扬员工，以提高工作士气。正如美国管理学家德鲁克所指出的，要调动员工的积极性，重要的是使员工能发现自己所从事的工作的乐趣和价值，能从工作中享受到一种满足感。这样员工个人的目标和欲望达到了，整个企业的目标也同时达到了，"作业"与"人性"两个方面就得到了统一。柯达的员工建议制度正是一种能使管理达到这一境界的好形式。

人际管理理论强调将人当作"社会人"而不是机器，强调通过发挥人的潜能而不是加强对人的控制来提高生产率。西方企业在管理实践中先后提出了员工参与、员工建议系统、质量管理小组、利润共享、劳资共决、团队合作等管理模式和组织形式，用"团队作业"、精益生产取代了传统泰勒主义。[①]

国内不少企业也重视员工沟通，建立合理化建议制度，但效果并不佳。其原因在于合理化建议流于形式，得不到真正的贯彻与实施。试想，如果员工们怀着满腔热情，费尽心思琢磨出的好主意、好办法，一到管理层就杳无音信，谁还去重视这种建议制度。根深蒂固的是管理理念的差异。传统的企业总是倾向于采取自上而下的方式，将指令、信息、知识推到需要的地方。而成功企业则鼓励员工寻找、共享和创造知识。柯达的员工建议制度就是企业内部共享知识的有效途径。

沟通方式不对，也可能阻碍员工建言。例如，领导说："你们要多提意见啊，只要是好的意见，我都会听。"头脑风暴会上主持人冷不丁说："大家严肃点，讨论问题可以，不要乱开玩笑。"或者说："这个问题你想得太简单了。"

领导者首先应该认识到，只有不适合采纳的意见，没有坏的意见；要鼓励甚至奖励提意见的员工，让员工觉得提一个没被采纳的意见永远好过一言不发，才能创造畅所欲言的氛围。其次，领导者要向员工解释不采纳意见的真实原因，消除员工的被忽略感。

3.组织氛围

沟通是以平等、尊重为基础的。在强调权威管理的组织氛围中，以自上而下的沟通为主，自下而上的沟通和平行沟通比较少。而在强调民主的管理文化中，沟通的效果更好。

成功之道3-3

沃尔玛的文化

沃尔玛被美国管理界誉为以企业文化取胜的公司。沃尔玛实行低成本管理，员工的薪酬并不高，但公司平等、尊重、开放的文化氛围给予员工很高的满意度。沃尔玛的三项基本信仰为"尊重个人""服务顾客""追求卓越"。

直呼其名：为消除等级观念，在沃尔玛，所有员工之间一律直呼其名。这有助于营造一种顾客与同事都希望得到的温暖、友好的氛围，为大家提供一个愉快的工作环境。

多元化：尊重有不同文化背景和价值观的员工，不容许任何就业歧视；尊重有不同能力的员工，给他们提供均等的机会。

公仆领导：经理们被看作"公仆领导"。山姆·沃尔顿说："如果你想事业有成，那么你必须让你的同事感觉到你是在为他们工作——而不是他们在为你工作。"

---

① 谢玉华，何包钢.西方工业民主和员工参与研究述评［J］.经济与社会体制比较，2007（2）:138–146.

员工教练：管理者还被视为员工教练。公司要求管理者进行现场指导，用心聆听员工的心声，传授自己所掌握的知识，给予员工反馈并辅导跟进。公司主张管理者应该注重培养员工，"让他们做得比我们更好"。

门户开放：如果员工有任何想法或者问题，可以直接和上司（教练）商谈，而不必担心受到报复，也可以越级商谈，甚至可以直接和总裁沟通。

草根调查和基层会议：公司每年请第三方管理咨询公司作员工满意度的草根调查，调查结果向员工公布，也作为管理者改进的决策参考。每个财政年度，公司各地的同事汇聚一堂，召开员工大会，探讨公司的问题，提出建议。

鼓励员工：公司认为，"如果我们把机会、鼓舞和奖励给予那些平凡而普通的同事，以使他们尽最大努力，他们的成就绝对是无可限量的"。

点子大王：公司认为，"最好的点子来自我们的员工""在你的机构内将责任下放，促使同事提出好的点子并加以采纳。你必须听取同事试图对你讲的话"。

相互信任：公司认为，"我们与员工之间的关系是一种彼此信任的合作关系。这是我们公司能不断超越竞争对手，甚至超乎我们自己期望的根本原因"。

快乐工作：公司提倡"工作中吹口哨"哲学；反映其文化特征的沃尔玛欢呼是快乐、热情理念的体现。

沃尔玛的十条成功经营之道：

规则一：敬业（Commit to your business）。

规则二：与所有同事分享你的利润（Share your profits with all your associates）。

规则三：激励你的同事（Motivate your partners）。

规则四：尽可能地与你的同事沟通（Communicate everything you possibly can to your partners）。

规则五：感激你的同事为公司做的每一件事（Appreciate everything your associates do for the business）。

规则六：成功要大肆庆祝（Celebrate your success）。

规则七：倾听公司中每一位员工的意见（Listen to everyone in your company）。

规则八：超出顾客的期望（Exceed your customers' expectations）。

规则九：比竞争对手更好地控制费用（Control your expenses better than your competitors）。

规则十：逆流而上，另辟蹊径（创新）（Swim up stream）。

4.领导风格

领导风格影响组织沟通，这是与组织氛围一脉相承的问题。领导风格的类型有很多，比如命令型、指导型、扶持型、委托型（如图3-2所示）。扶持型、指导型的领导与员工的沟通多；命令型、委托型的领导与员工的沟通少。

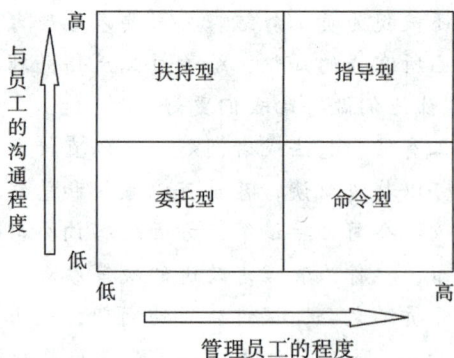

图 3-2　领导风格与沟通

情景思考3-1

对以下两个事例，你通常采取哪项行动，请作出选择：

1. 你的一名女雇员工作热情和工作效率一直都很高，每次都能圆满地完成工作指标，你对她的工作十分放心，不必予以监督。最近你给她分配了一项新的工作，认为她完全有能力胜任这项工作，但她的工作情况却令人失望，而且她还经常请病假，占用了很多工作时间。你怎么办？

（1）明确地告诉她去做什么，并密切注视她的工作。

（2）告诉她去做什么，怎样去做，并设法查明她的问题出在哪里。

（3）安慰她，帮她解决问题。

（4）让她自己找出应对新工作的方法。

2. 你刚刚晋升为车间主任，在你被提升以前，生产平稳发展，但现在产量下降，因而你想改变工作程序和任务分配。但是，你的员工不但不予配合，反而不断地抱怨说他们的前任主任在位时情况是如何如何地好。你怎么办？

（1）实施变更，密切注视工作情况。

（2）告诉他们你为什么要作出改变，说明改变将会给他们带来的利益，并倾听他们所关心的问题。

（3）同他们讨论打算改变的工作计划，向他们征求提高生产能力的建议。

情景思考答案

（4）让他们自己找出完成生产指标的办法。

当然，领导有可能在不同的情景中体现不同的领导风格。

另外一种分类是领导风格和老板风格（见表3-1）。

表 3-1 领导与老板

领　导	老　板
指导员工	驾驭员工
力量来自善意	力量来自权力
激发热情	令人畏惧
领导说："我们……"	老板说："我……"
树立榜样	指派工作
领导提前来	老板说："按时来……"
提出建议	发号施令
遇到问题领导解决	遇到问题老板责备
领导演示如何去做	老板懂得如何去做
领导说服员工	老板驱使员工
领导使人合作	老板使人服从
领导说："我们一起干……"	老板说："开始干……"
领导塑造人	老板塑造机器
……	……

有的公司利用盖洛普Q12问卷（良好工作环境的12个条件）来作管理者敬业度调查，以期使管理者为企业创造良好的工作氛围（见表3-2）。

表 3-2 盖洛普Q12问卷——良好工作环境的12个条件

评分请给整数，10分为最好		
序号	问　题	评分 (0～10)
1	我给员工明确的工作要求	
2	我与员工分享信息，向他们提供充足的资源	
3	我的员工每天都有机会做最擅长的事	
4	在过去的7天里，我对工作出色的员工进行过表扬	
5	我很关心员工的个人情况	
6	我会鼓励员工发展自我	
7	我对员工的意见和建议给予高度重视	
8	公司的使命让我的员工觉得他们的工作重要	
9	我和我的员工一起致力于高质量的工作	
10	每一个员工在公司都有一个可信赖的朋友	
11	在过去的6个月内，我与每一位员工谈及他们的进步	
12	在过去一年里，我令员工在工作中有机会学习和成长	
总分		

影响组织沟通的因素还有很多，比如组织的架构、工作流程等。

总之，国内企业沟通效果不佳，有硬环境的影响，即沟通渠道不完善；更主要的是软环境的因素，即对沟通的重视不够，强调权威管理的组织氛围使领导风格倾向于指挥、控制，而不是沟通、分享信息。国内企业不断引进西方先进的管理制度（包括沟通制度），但这些制度多少都有些像淮南之橘，其根本原因就在于注重权威管理的传统文化。因此，管理者要改善组织的沟通，应该从我做起，倡导民主、平等、开放、尊重的文化。

3.2 组织内部纵向沟通艺术

组织内部沟通可以分为很多种类，如正式沟通和非正式沟通、纵向沟通与横向沟通等，本章着重从纵向沟通与横向沟通角度来概述沟通艺术。

组织内部沟通大有完善的空间。余世维将大部分企业内的沟通状况概括为：向上沟通没有胆，水平沟通没有肺，向下沟通没有心。

组织的纵向沟通是最重要的沟通形式，它决定组织指令的传达、民意的反映，是组织顺利运行的基本保障，决定组织绩效。纵向沟通主要有下属对上司的沟通即向上沟通、上司对下属的沟通即向下沟通。

3.2.1 纵向沟通障碍

为何说"向上沟通没有胆""向下沟通没有心"？从心理学上说，上下级存在位差效应，即地位的不同使人形成上位心理（优越感）和下位心理（自卑感）。上司有上位心理，下属存在下位心理。

- 上位心理者的自我感觉能力=实际能力+上位助力
- 下位心理者的自我感觉能力=实际能力+下位减力

具体分析沟通障碍，从上司方面来说，可能出现的情况是：第一，认为组织有规章制度，大家照章办事就行，没必要沟通，或者认为天天沟通、事事沟通效率低。第二，习惯于单向沟通，"我命令你服从"。第三，害怕沟通过多失去威望。第四，将主要精力用于组织对外事务及组织的战略、经营等大事，没有时间与下属沟通。第五，对下级不信任，或者认为下属幼稚，只考虑局部利益，沟通没意义。第六，沟通多少与关系远近相联系，与关系亲近的下属沟通多，反之沟通少。

从下级方面来说，可能出现的情况是：第一，害怕打扰上司，不敢沟通；第二，习惯于听从上司的命令，被动沟通；第三，揣摩、逢迎上司，或者吹捧，或者有意见也不提；第四，夸大或隐瞒事实，或报喜不报忧，或报忧不报喜；第五，事不关己，不主动沟通。

上下级沟通不畅的原因还在于：第一，上司与下级关注的问题、考虑问题的角度不同；第二，上下级掌握的信息不对称。所以，上下级经常有局部和全面的冲突。

彼得·圣吉在《第五项修炼——学习型组织的艺术和实践》中写道："一个组织是否伟大的标志，是坏消息向上传递的速度有多快。"一个健康的正常的组织，能够做到上情下达和下情上达。一个病态的不正常的组织，则增加了一个滤网，好消息能够上传，而坏消息就被过滤掉，甚至有的高度病态的组织，还会进化出高度变态的滤网，将坏消息变成好消息，再传递到上层。

3.2.2 向下沟通艺术

上司应重视组织内部沟通，多与下属交流，用心与下属沟通，讲究沟通技巧：关心、信任下属并经常传达这种信任及对下属的期望；将下属目标与组织目标结合；经常表达对下属的满意之情；经常询问下属是否有好的建议；积极倾听下属的想法。

"如果你拥有了某种权力，那不算什么；如果你拥有一颗富于同情的心，那你就会获得许多权力所无法获得的人心。"[①]

能否留住下属在于满意度和忠诚度。满意度往往和物质获得有关，而忠诚度则和精神体验有关。激动人心的事业和崇高的人格从来都是领导者用来维护下属忠诚度的最佳手段。

让聪明下属安心的简单办法就是在下属提出一个超值建议的时候，首先肯定下属的忠诚，然后再赞赏下属的智慧和眼光。[②]

下面介绍几种具体的向下沟通艺术。

1.下达指令

上司向下属下达指令时，要注意：激发下属完成任务的意愿；确保下属理解；尽量为下属提供完成任务所需的条件；相应地授权；让下属提出疑问，尽量帮助他解决疑问；口吻平等；关心其工作进度，既要关注结果也要关注过程。

小案例 3-1 　　　　　　　　**罚款被取消**

某机械设备有限公司是某省一家从事工程机械产品代理（含营销、服务、配件、维修）的四位一体的公司，主要代理国内某著名工程机械品牌。公司于2007年1月注册，并在全省各地级市建立网点，公司总部位于省会城市。从2015年3月开始，公司导入一套全新的信息管理系统，但在系统完全建立前，并没有对相关人员进行系统的培训，也没有详细的使用说明。公司有相关的日常管理制度：从公司营销部到每个地级市办事处，再到营销人员，逐级进行汇报，上级对下级进行日常监管；营销人员要完成日报（每天客户拜访情况）、周报（每周工作计划及总结）。3月15日，公司导入并试运行信息管理系统，准备将日报、周报通过信息管理系统递交，以便公司总部及时了解各处业务进展情况，加强对下属营销人员日常工作的监管。主管营销的副总通过信息管理系统下发了以下通知：

① 卡耐基.人性的弱点 ［M］. 路茫，缩写.上海:上海文化出版社，1986.
② 赵玉平.梁山政治 ［M］. 北京:清华大学出版社，2005.

公司各部门、各办事处：

从本月15日起，公司导入信息管理系统。请营销经理、办事处主任监管好营销人员，通过信息管理系统按时、按量上交每日工作日报及周工作报表，公司将及时进行考核，并进行相关奖惩。从即日起执行！

××机械设备有限公司

2015年3月15日

通知下发后一个星期，负责该系统数据整理的小张查看系统数据，发现系统内只有几份日报、周报，大多数没有报上来。小张立即打电话向营销副总汇报。副总很生气，不明白为何营销经理和办事处主任们不执行这项指令，立即要求助手打电话质问各处营销经理和办事处主任。反馈结果是，有的经理、主任看到了通知，但他们以为还像以前一样由上司检查，就没有在系统上上报；有的说根本没看到该通知。副总又通过信息管理系统发了以下通知：

公司各部门、各办事处：

鉴于公司信息管理系统运作半个月来，没有受到营销人员的重视，营销人员也没有按要求上报相关数据及内容，现对营销部经理处罚1 000元，各办事处主任处罚500元，各营销人员处罚200元，相关人员要于下周内提交解释说明报告。

××机械设备有限公司

2015年3月30日

消息一经发出，经理、主任及营销人员一片哗然，纷纷抱怨处罚不公，还告状至总经理处。最终，公司取消了此次处罚。

资料来源　根据湖南大学MBA学员邱建强的作业改编。

思考题：主管营销的副总下达指令时有哪些失误？

2.听取汇报

听取下属汇报时，上司应集中精力，充分运用倾听技巧；耐心听完全部信息，不要急于下结论；对下属的汇报给予评价。

美国著名的主持人林克莱特在一期节目上访问了一位小朋友，问他："你长大了想当什么呀？"小朋友天真地回答："我要当飞机驾驶员！"林克莱特接着说："如果有一天你的飞机飞到太平洋上空时，飞机所有的引擎都熄火了，你会怎么办？"小朋友想了想："我先告诉飞机上所有的人绑好安全带，然后我系上降落伞，先跳下去。"当现场的观众笑得东倒西歪时，林克莱特继续注视着孩子。没想到，接着孩子的两行热泪夺眶而出，于是林克莱特问他："为什么要这么做？"他的回答透露出一个孩子真挚的想法："我要去拿燃料，我还要回来！还要回来！"

可见，没有耐心听取信息就贸然下结论，可能误解沟通者的信息。

小案例3-2　　　　　　　　　　汇报的改进

　　A公司是国内燃油喷射系统及其零部件主要的专业生产厂家之一，在行业内举足轻重，同时还涉足发动机铝铸件产品。公司的发展目标是：成为行业的领导者；3年内出口业务必须达到50%以上。鉴于公司发展目标及国内行业环境，一方面加快产品出口对公司的发展具有十分深远的意义，另一方面寻求良好的合作伙伴更是十分关键。

　　此时，某国际知名公司对A公司进行了潜在供应商审核，而该国际公司在燃油发动机领域里具有很大影响力，尤其是其符合欧洲排放标准的产品更是处于市场领先地位。无论是对A公司的出口业务还是对A公司的技术发展水平与方向而言，能与该公司达成合作都显得尤为重要，而通过潜在供应商的审核是合作的前提与基础。审核后该国际公司提出了相应的整改要求，待整改完成时，由A公司提请现场回访，作整改确认现场审核。于是，整改计划以及整改效果跟踪便成了A公司质量控制部门该时期的重要工作内容之一。

　　为及时了解公司产品生产质量状况，A公司每周五早上召开质量例会，已经形成了惯例。

　　会议参加者为：公司各相关副总，如技术副总、生产副总、采购副总、营销副总，以及与产品质量有关的主要职能部门主管、各生产车间技术主任，公司总经理有时也会参与。

　　例会内容：通报公司一周来主要质量信息、近期市场反馈的主要质量信息、外协件质量状况、前阶段主要质量问题的解决情况、解决质量问题所需要的资源与沟通障碍等。

　　为节约时间、提高工作效率，例会往往提出的都是些负面的信息，以及存在并需要得到解决的问题，甚至一些负面的批评。

　　根据职责，质量控制部负责对与质量、技术以及质量体系有关的整改进行跟踪考核。部门主管必须及时了解所涉及的各方面的信息与改进状况，并有责任通过各种方式通报整改要求及整改状况。因此，除出差外，质量控制部部长每次会议都会按时到场。其一，质量例会本身是一个较好的通报平台，因相关公司高层在场，通过这种渠道，能充分利用领导资源，及时得到高层的有力支持，以便更好地推进各项整改工作；其二，能更及时、有效地获取各种信息。

　　针对整改落实情况，质量控制部在不同阶段通过电子邮件以及相应的场合向相关部门及公司领导（包括总经理）通报跟踪结果，并于前一次例会中就阶段进展情况进行简要通报，及时指出整改中出现的一些普遍现象，提出纠偏建议。同时，主管副总也提出了一些具体改进要求，强调由质量控制部在下周例会中再次通报整改落实与纠正情况。

　　大多数情况下总经理没有参加例会。

　　本周五例会，很少出席例会的总经理出席会议。根据上次会议要求，质量控制部部长对上周改进动态进行了分类评比，分别就整改进度要求与具体实施情况进行了通报。按进度要求，13个整改项目中已完成2项，未完成的11项也正在整改落实中。参加此次会议的总经理听到只完成2项时，立刻表示对整改效果很不满意，认为相关责任部门与有关生产车间整改力度不够，质量控制部跟踪监督不到位。当时质量控制部部长解释道："按进度计划，有11项还没有到整改完成期限，我们已经与整改责任部门就整改事项进行了多次沟通，明确了整改进度与整改措施。"总经理严肃地批评道："多次沟通怎么还会有这么多没整改到位的？整改重在过程监控，如果只关注结果，那么当结果达不到要求时已经来不及弥补了。"

其实，质量控制部接受整改任务之后，一直非常认真地监控整改过程并参与整个整改过程，其他部门和车间也在努力地执行改进，但得到的结果是公司领导的严厉批评。

资料来源　根据湖南大学MBA学员刘月林的作业改编。

思考题：总经理听取汇报有哪些失误？质量控制部部长的汇报需要改进吗？

3.商讨问题

与下属商讨问题时，上司要注意多发问和使用鼓励性的言辞，诱导下属讲出自己的真实想法；不要轻易作指示和评价，让下属来下结论，或者整理归纳，以使下属对自己更有信心，同时把问题当成自己的问题，有归属感；事先制定好商讨问题的原则，比如"不扣帽子、不挥棒子""对事不对人"；还要围绕问题进行商讨，充分利用时间，防止跑题，提高沟通的效率。

小案例3-3　　　　　　　　　　**市场部的溃散**

某日下午，××公司市场部经理姚×召开了例行性的部门工作总结会议。会议结束时，姚×想起一个问题："各位如果有需要我向公司高层反映的一些问题，可以向我提出来，我在下周一的部门经理例会上反馈给总经理。"

负责文案工作的王洁马上应声说："我一直觉得公司财务部付款时间拖得太长，每次付款从拿到报销单起，至少要拖上半个月才正式付款。我的几个客户意见特别大。我觉得财务应该提高工作效率，否则我们做工作太被动了。"王洁的话匣子一打开，大家都把平时的不满发泄出来，有抱怨食堂菜谱太单调的，有抱怨客户服务部提供客户反馈意见非常不及时的，有因薪酬远低于竞争对手而发牢骚的，还有埋怨公司对市场推广计划管得过死的，更有员工质疑总经理的经营思路，甚至拿一些部门经理开起了玩笑……

姚×认真地一一作了记录："我一定会给大家一个满意的答复。"出于安慰员工的情绪的需要，姚×在散会时作出了这样的承诺。

星期一上午，姚×在经理会议上，逐条把部门员工反映的问题提了出来。姚×的陈述引来了其他部门的不满，行政部经理反诘市场部的员工因何如此挑剔，第一次听到员工对食堂菜谱有意见。财务部经理则指责他们不了解财务程序，一味强烈要求顺从客户，却不考虑财务部的工作量。客户服务部经理干脆说不如让市场部的员工来客户服务部换岗几天，看他们提供客户反馈意见有多快……

一直没有吭声的总经理非常生气地说："市场部人员提出的所有问题都不是问题，问题出在他们自己身上，没有摆正自己的位置，也没有理解公司的发展战略。"一见惹了众怒，姚×没有再说话，总经理最后要他到总经理办公室一起单独商谈一些工作。

当天下午，在例行的市场部通报会上，姚×避而不谈上周五反映的问题。尽管他竭力掩饰，但显然大家都从他失落的表情上知道了他们提出的问题没有任何结果。

一周后，参加完项目组会议的黄灿回到办公室，黑着脸一声不吭地写了份辞职报告，一言不发地递给了姚×，姚×非常意外。"我希望公司尽快批准我的离职。"黄灿说完，掉头就走。

由于黄灿的能力强，所在职位很难找到合适的替代者，公司派人力资源部经理李玫与黄灿进行挽留面谈。黄灿非常坦率地告诉李玫，之所以突然离职，是因为对部门经理不满，并且对他的处事方式感到不屑。"当时，我们大家的确发了很多牢骚。我们的出发点是好的，都希望得到改善后能提高我们的工作效率，"黄灿愤愤不平地说，"所以，周一的时候他没有给我们提供任何反馈，我们也没追究。但我想不明白，作为一个部门经理，听了员工的抱怨，会把一些不该转述的话都告诉总经理。刚才项目组会议上总经理含沙射影地说公司有些员工不懂公司的经营思路。"黄灿越说越气，脸涨得通红。黄灿的观点是，部门经理这样做，使他已经无法对经理再有任何信任感。"我以后还敢说什么？说不准我刚说完，一会儿总经理就找我谈话了。"在李玫的一再劝说下，黄灿没有离职，但在其坚决要求下，调离了市场部。

很快，市场部的其他员工都知道了黄灿离开市场部的原因，挨个找人力资源部谈话，都对姚×的做法表达了不安。尽管李玫一再声明总经理不会找他们事后算账，但是员工依旧失去了对姚×的信任。以后在部门会议上，大家都在姚×面前不再轻易表态，沟通会议上大多只是他一个人发言。越来越觉得无趣的姚×最后提出了离职。市场部在成立不到4个月后重组。姚×也非常委屈。尤其是黄灿提到的公司经营战略问题，他也有同感。他的出发点是希望公司了解到市场部工作的难处，提高部门的工作效率。那么究竟谁该为此负责任呢？一个本来很好的改善管理的机会，反而成为一个部门彻底解体的诱因。

资料来源　根据湖南大学MBA学员荀豫敏的作业改编。

思考题：总经理在听取汇报时有哪些失误？下属姚×在汇报时有哪些失误？

4.传达负面信息

向下属传达负面信息时，上司应采取私下的、个人化的沟通方式；注意针对具体的事和行为，采用描述性的语言而不是评价性的语言，尤其不能指向人格；及时传达，不要秋后算账；传达批评性信息是为了让下属改进，因此应包含如何改进的信息，而且确保下属理解，以防重犯错误；容许下属陈述意见。

小案例3-4　　　　　　　　　　处罚唐司机

某日，L公司汽车司机唐瑞彪中途溜岗，影响了分公司的货物运输。经营部沈部长按生产经理要求，根据分公司的规章制度，给予唐瑞彪经济处罚50元。

唐瑞彪其人：技术不错，言语不多，肯吃苦，能按时出车，但性格内向，思维比较僵化，40岁还未成家，行为有些古怪。唐瑞彪被处罚后对管理人员心怀不满，自此以后经常查沈部长等管理人员的岗。

有一天下午，沈部长上班迟到。唐瑞彪随即告知人力资源部，并要求分公司给予沈部长处罚。人力资源部回答，首先要落实沈部长是否请假，需调出打卡机档案，确认其迟到后才能给予处罚。唐瑞彪认为公司在故意拖延时间，袒护沈部长，语言比较粗鲁，行为比较放肆，并冲到沈部长面前质问。沈部长担心其动手打人，随手把唐瑞彪指到脸上的手挥开。而唐瑞彪认为沈部长打他，马上挥拳打了沈部长两拳，把沈部长（女同志）打得倒退5步，倒在椅子上。旁边的李书记快速起身，阻止唐瑞彪进一步打人。集团公司公共安全部人员巡视经过，阻止事态进一步扩大，并送沈部长到医院进行检查和治疗，共花去医疗费490多元。

第二天，分公司组织召开分公司领导会议，根据事情双方和见证人核实的情况及分公司管理制度的规定，经过讨论，决定给予唐瑞彪以下处罚：（1）当面向沈部长赔礼道歉；（2）在班组长会议上作书面检讨；（3）全额赔偿沈部长的医疗费；（4）罚款400元。公司欲通过处理该事件达到教育员工的目的，维护分公司的生产经营秩序，加强制度的执行力。

第二天下午4点钟，李书记与唐瑞彪进行面谈。唐瑞彪到办公室后，李书记发现他情绪不稳定，就先让他喝茶、抽烟，询问他目前的生活状况，对他在工作中能按公司规定程序出车、积极缴纳相关费用等进行表扬与肯定。唐瑞彪的情绪由抵抗变成合作。李书记又帮他分析：你的待遇在集团公司是超过平均水平的，你的生活质量应该比他人更好。目前社会就业形势并不乐观，珍惜工作岗位对每一个员工都非常重要。李书记举例说明他以前由于思想爱钻牛角尖，易冲动，造成了不必要的损失，如果能客观对待，就不会发生损失，这都得到了他的认同。这时李书记要求他对昨天发生的事情进行反思，找出自己在哪些方面做错了。他立即承认自己报复管理人员并打人是错误的。李书记说，沈部长违反公司管理制度一事已核实，按规定罚款20元并张榜公布。李书记接着述说打人的错误，一个男同志打一个女同志，于情于理都不应该。公司的制度必须由相关职能部门按程序执行，欢迎员工监督，但员工也只能监督，并向相关部门反映问题。

唐瑞彪终于承认了自己的错误，承认查沈部长的岗是自己对她不服气，以致冲动打人，表示愿意承担一切因此造成的后果。李书记并没有马上告诉唐瑞彪公司讨论的处罚结果，而是先向他阐述了分公司的相关制度——《有关扰乱生产经营秩序行为的处理办法》和《关于员工违纪违法等行为的处罚办法》，说明按规定，对在上班时间打架的行为最高可处以下岗1～3个月的惩罚，下岗期间只发生活费。唐瑞彪听后没有发表意见。李书记随后向他传达了分公司的4条处罚决定。唐瑞彪听后，愿意接受第1、2条，勉强接受第3条，认为第4条处罚太重，拒不接受，采取讨价还价方式，要求折半执行。为维护制度的严肃性，李书记拒绝了他的要求，说明分公司是按制度底线执行的。如果他拒不接受分公司的处罚决定，将会逼迫分公司将问题上交总公司，总公司依制度将采取的处罚措施是：下岗1～3个月，交出汽车钥匙。在他下岗期间分公司重新招聘司机上岗，他将失去岗位，下岗期满需要选择新的岗位，进行技能学习，学习合格后方可上岗。李书记希望唐瑞彪慎重考虑。如果唐瑞彪不接受分公司的处罚，可以上诉到集团公司有关部门，但处罚将会更重（举出例证）。

唐瑞彪表示接受处罚。李书记随后带唐瑞彪到沈部长面前赔礼道歉。

第三天，分公司公示对唐瑞彪的处罚决定，他的书面检讨在班组长会上公布。以此为契机，分公司要求全体班组长向全体员工传达：遵守分公司的制度、顾大局、识大体，为公司的发展作出贡献。

此后，李书记跟踪观察唐司机的表现，常勉励他，对他的改进给予表扬。唐瑞彪由衷信服李书记，工作表现改善了许多。

资料来源　根据湖南大学MBA学员肖宁的作业改编。

思考题：李书记向唐瑞彪传达负面信息时讲究了什么策略？李书记是怎样做到将处罚员工转变为帮助教育员工，促使其改进的？

上司经常要向下属传达负面信息、批判性信息。如果讲究艺术，下属不但会接受批评，甚至会认为上司是为了帮助自己；反之，如果不讲究艺术，甚至为批评而批评，为发泄而批评，下属不但不接受批评，而且会认为上司对自己有偏见、有私仇，进而恶化与上司的关系。常见的现象是，上司根据制度处罚下属，由于传达技巧没掌握好，下属认为不是制度处罚了他，而是上司处罚了他。

上司批评下属时可以采取以下步骤：第一步，肯定以前的成绩（赞扬）。第二步，"这次事情如果这样做会有更好的结果"（良性改进意见）。第三步，"我相信你如果多加思考，肯定能把这件事做得非常出色"（对受批评者给予期望与鼓励及暗中施加压力）。第四步，"如果需要我的帮助随时告诉我"（告诉受批评者你对他的所作所为是善意的，是为他着想）。

下面列举一些针对同一问题的两种批评方式，其效果截然不同：

（1）我们部门除了你之外，别人都取得了业绩，你有什么想解释的吗？（让下属感觉具有侵略性和不安全感）

我知道你很努力，并且也一直在尝试找到更好的工作方法，这种创新的意识难能可贵……目前，我们部门几乎每个人都取得了业绩，接下来我希望看到你也带给我更多的惊喜。你近来遇到了什么困难吗？（暗示是否工作方法出现了问题）

（2）你怎么又出错了？就不能认真点吗？为什么总是这样？（这种责备和发怒的语气，会让下属急于辩解，甚至引发争吵，或者直接哭出来）

你的工作效率很高，这是非常令人高兴的……不知为什么这次又出错了？是马虎了吗，还是什么其他原因？以后你想怎么改进？（重点是找到原因，而非责备）

（3）看着你现在的表现，我很失望，希望你可以成长得再快一点。（让下属感觉辩解也没有意义，甚至会让他产生自我否定）

你今年的确有不小的进步，这是大家有目共睹的……我相信你还可以成长得更快一些，一定不会让我失望的，是吗？（期望效应的力量是无穷的）

（4）这个创意并不适合我们的客户定位，你为什么没有从全局的视角来考虑呢？（指责下属）

这真是一个不可多得的精彩创意，一定会吸引很多顾客的注意力，不过，对某某和某某客户来说，可能把另外一些观点加进去会更好，比如……再改进一下，然后把方案给我。（提出建议和期望，并且表示出持续的关注，给下属以信心）

卡耐基培训中的"提不同意见三部曲"值得借鉴："你的观点很有价值""受你的启发，结合我的理解（实际情况的变化）……"（注意，第二步为转折，不说"但是""不过"等转折词）"我提出以下建议……"[①]

总之，上司与下属沟通时，将"上下级"的观念换成"伙伴""同事"（沃尔玛的理念）的观念，以开阔的心境、关爱的态度、关怀的口吻来与下属沟通，效果可能大大改善。

上司与下属沟通的要领是：（1）多说小话，少说大话。大道理、空话是大话；亲切、具体、生动、实际的话是小话。（2）不急着说，先听听看。多听下属意见，鼓励下属说出想法。（3）不说他人短长，不伤和气。不要在A下属面前说B下属的缺点；不要在下属面前意气用事。（4）广开言路，接纳意见。（5）下属有错，私下规劝。（6）态度明朗，语言亲切。[②]

3.2.3　向上沟通艺术

下属应积极主动与上司沟通，争取上司对工作的支持；由于上司很忙，下属要抓住时机与上司沟通；了解、认识上司，按上司的期望、模式处事和沟通；站在全局的角度（上司的角度）沟通；沟通时不要只提问题而要同时提方案，即不要上司做问答题而要上司做选择题；提不同意见时使用间接切入法，先肯定后建议；受其

---

① 根据卡耐基培训笔记整理。
② 曾仕强，刘君政.人际关系与沟通［M］.北京：清华大学出版社，2006.

批评时先听后说；注意场合，永远维护上司尊严。

畅销书摘3-1

如果你是对的，就要试着温和地、有技巧地让对方同意你；如果你错了，就要迅速而热诚地承认。这要比为自己争辩有效和有趣得多。

——《人性的弱点》

不明白为什么有人那么害怕向老板（上司）汇报。在洪钧看来，向老板（上司）汇报的过程，就是一个引导老板（上司）提出问题，好把自己想说的话变成老板（上司）想听的话，再通过老板（上司）的耳朵放到他心里的过程。

——《圈子圈套1》

下面从接受指令、汇报工作、商讨问题、提不同意见四个方面来概述向上沟通艺术。

1.接受指令

接受上司的指令时，下属应认真倾听，如果可以，用笔记录；适当反馈，针对不清楚的问题提问，以确保理解；认真完成任务，提高执行力，同时适当向上司汇报，以确保任务执行不走样。

小案例3-5　　　　　　　　为何任务被耽搁

某建设银行支行行长在建行内部网上接到一封邮件，内容是关于中国人民银行将在各金融机构开展单位结算账户的清理工作的通知。邮件要求各支行立即行动起来，组织进行该项工作，并要求此工作务必在9月6日之前圆满结束。对于到9月6日仍未办理账户清理的单位，将在此时限后停止为其办理结算业务。

当时，该行的各项工作都十分繁忙，而这件事又十分紧急，马上要着手进行，于是行长考虑把这一工作分配给两个部门进行。首先，他找来分管会计业务的副行长，要求他组织会计人员向该行的开户单位传达通知，并负责收集单位有关资料，进行账户清理。接着，又找来分管客户的副行长，要求她组织客户经理们将有关资料送到中国人民银行进行审核，并进行电脑录入。

这项工作布置了几天后，行长到客户组了解工作进展，结果发现客户经理们都在干与这项工作无关的事。一问情况，他们说：到目前还没有拿到一份客户的开户资料，当然也就无法进行下一步的工作。行长又到会计部门了解情况，发现会计部门已经收集了一部分客户的开户资料，但数量很少，达不到进度要求，原因是平时这些客户主要是与客户经理打交道，他们与这些客户的联系不多，所以找起来很困难，办事也不顺利。行长追问为什么不把已有开户资料及时送到客户组去，他们回答，他们接到的工作任务就是负责收集资料，并不清楚下一步的安排,所以想把资料全部收齐之后再进行请示。面对这种情况,行长十分着急,因为本来就很紧张的时间又被无谓地浪费了几天。行长下达指令存在哪些问题?副行长及其下属接收指令存在哪些问题?

首先,行长在沟通渠道的选择上有问题。由于事情很急,所以行长就直接找分管领导布置工作。这样面对面、一对一的沟通虽然效率高,但中国人民银行的单位结算账户清理工作是一件大事,不但需要几个部门和多人共同进行,而且整个工作的时间跨度较长,涉及面广,对今后业务发展影响大。对这样涉及面广、影响大的任务应该以会议形式下达,同时辅以文字指令如文件、邮件,列出时间进程表。如果任务艰巨,行长还要隆重地授权给下属,以提高他们完成任务的责任感和荣誉感。

其次,行长情急之下,将任务布置反了。平时与开户单位打交道的基本上是客户经理,而与中国人民银行联系紧密的是会计部门。这次的工作安排却恰恰忽视了这点,让两个部门分别去与自己不熟悉的领域沟通,造成效率低下,影响进展。

最后,下属在接收指令时很被动,没有认真倾听,也没有反馈信息,更没有发现任务布置的交叉点。下属的心态也许是:烦,又多了个任务,所以没有接收指令的高度意识,没有思考任务是什么、为何要做、怎样做等问题。副行长责任意识不强,只是简单地将指令再传达出去,使经办人员接到的信息再次打折扣。在完成任务的过程中,两个部门没有交流,下属也没有及时汇报,以致工作脱节。

幸好行长及时发现问题并进行调整:其一,召开专题会议,要求分管领导、部门负责人和相关经办人参加。在会上,行长强调了这一工作的重要性和时间、质量要求,要求两位分管领导对前一阶段的工作进度进行总结,请与会人员提出工作中的问题和困难,并鼓励大家多为此事贡献建议。其二,重新分配工作。在会议上明确分工:由客户经理负责通知客户并收集账户资料,同时,会计部门进行适当协助(因为客户经常来会计部门办业务,可以由会计人员代收资料);由会计部门负责到中国人民银行核准资料并做好电脑信息录入工作。其三,建立有效的横向信息沟通机制。要求两个部门的负责人每天把当天拟进行清理的账户名单交给对方部门,并就工作中存在的问题互相交流,对要求协助办理的事项每一周整理一次交给对方。由分管会计业务的副行长每周向行长通报一次账户清理的进度情况。其四,保证这项工作在规定时限前顺利完成。

资料来源　根据湖南大学MBA学员邹致师的作业改编。

2.汇报工作

向上司汇报工作时,下属应把握好时机且事先约定;准备充分,有理有据,思路清晰,逻辑清楚,简明扼要;表述客观,不带有突出个人、自我评价的色彩,以避免引起上司的反感;关注上司的期望,汇报的内容与上司原定计划和原有期望相对应;注意上司的反馈。

小案例3-6　　　　　　　　　　杜拉拉的汇报艺术

　　拉拉（中层经理）指使海伦（下属员工）取得上海办行政报告（拉拉的直接上司玫瑰曾负责的区域）的格式，经研究确认大致适合广州办使用后，她就直接采用上海办的格式取代了广州办原先的报告格式。

　　这一举措果然讨得玫瑰的欢心。拉拉使用了她惯用的格式，使得她在查阅数据时方便了很多，也让她获得被追随的满足感。

　　对拉拉来说，玫瑰自然不会挑剔一套她本人推崇的格式，因此拉拉也就规避了因报告格式不合玫瑰心意而挨骂的风险。

　　拉拉一眼瞧出海伦腹诽自己，于是把海伦叫到自己座位边，问她："如果你是玫瑰，你是愿意让几个办事处每个月的报告各有各的格式，还是更希望大家用统一的格式呢？"

　　海伦不假思索地说："那当然是统一的格式方便啦。"

　　拉拉说："既然得统一，你是喜欢用你自己用熟了的格式呢，还是更愿意用你不熟悉的格式呢？"

　　海伦说："肯定选自己用熟了的格式啦。"

　　拉拉继续说道："那不结了，玫瑰也会喜欢用自己熟悉的格式嘛。"

　　海伦无话可说了，憋了半天又不服气道："我们原来的格式没有什么不好。现在这一换，要多花好多时间去熟悉表格。"

　　拉拉憋住笑，摆出循循善诱、诲人不倦的架势说："那你就多努力，早日获得提升，当你更重要的时候，你的下级就会以你为主，和你建立一致性啦。谁叫现在经理是玫瑰不是你呢？"

　　拉拉在向上级领导汇报时，换位思考，采用上司更为熟悉、更加方便阅读的汇报格式，使上司查阅数据时方便了很多，同时让上司看到了拉拉工作的用心。

　　不仅如此，拉拉经过一番努力，与玫瑰在接下来的工作中实现了有效沟通。为了更好地与上级领导进行沟通，拉拉除了和玫瑰建立一致性之外，还：

　　（1）认真研究了玫瑰主要控制的方面，找出规律后，拉拉就明白了哪些事情要向玫瑰请示，并且一定要按玫瑰的意思去做，只要玫瑰的主意不会让自己犯错并成为替罪羊，她便绝不多嘴，坚决执行。

　　（2）对于那些玫瑰不关心的没有价值的小事，拉拉就自己处理好而不去烦玫瑰。

　　（3）还有些事情是玫瑰要牢牢抓在手里的，但是拉拉可以提供自己的建议，拉拉就积极提供些善意的信息，供玫瑰作决定时参考用。

　　几个回合下来，拉拉就基本不再接到玫瑰那些令她惴惴不安的电话了。

　　资料来源　李可.杜拉拉升职记［M］.西安：陕西师范大学出版社，2008.

3.商讨问题

与上司商讨问题时，下属要注意重大问题事先约定，上司不愿意讨论时不要勉强；自己对事情有较深入的思考后再与上司去商讨；坚持对事不对人的原则；注意当场形成的决议的严密性，同时对重要决议事后要确认。

小案例3-7   **谁当副总经理**

情景一

人物：某国有企业王董事长，56岁；企业分厂刘总经理，39岁。

地点：董事长办公室

王董事长：小刘，你升任总经理后，副总经理的人选我考虑了一下，想调公司人力资源部副部长老马（50岁）到你们厂担任副总经理，你有什么意见没有？

刘总经理：我觉得马部长不合适。他年纪太大，身体不好，而且又不熟悉业务。

王董事长：不过，我想来想去也找不到比老马更合适的人选了。

刘总经理：王董事长，您别总是把眼睛盯在老伙伴堆里，年轻人中，人才多的是。

王董事长：（不高兴）小刘，你少年得志，可别瞧不起我们这些老人哟！老马和我一起创立了这家公司，当了10多年的处级管理者，当总经理也够资格了，更不要说你们那个小小的副总经理了。正因为他年纪大，才让他当副手，你挑大梁。

刘总经理：王董事长，我们那儿是生产第一线，不是养老院。要给马部长升职，在公司里找个闲职也行。我们厂的副总经理必须到处跑，把马处长拖垮了，我可担当不起。所以，我说要找个年轻的，不是不尊重您的老伙伴。

王董事长：看来你有更合适的人选了？

刘总经理：我推荐我厂人力资源部经理小张。第一，他年轻力壮，身体比老马强；第二，他当了5年的人力资源部经理，熟悉业务；第三，他是本厂的人，比老马了解厂里的情况，人熟好管理；第四，小张是个开拓型的人才，我们现在要改制，正需要这种人才担任主管人事和行政的厂领导，而老马比较保守。

王董事长：（小怒）好了好了，小张的情况我不如你熟，可是老马的情况我比你更了解。

刘总经理：副总经理是与我合作的，当然最好是我了解的人。

王董事长：（不耐烦）好吧！将老马和小张都提交董事会讨论，最后由他们决定。

情景二

人物、地点不变。

王董事长：小刘，你升任总经理后，副总经理的人选我考虑了一下，想调公司人力资源部副部长老马到你们厂担任副总经理，你有什么意见没有？

刘总经理：王董事长，这个问题最近我也在考虑，而且与许多同志交换了意见，并在群众中摸了底，我正想向您报告。

王董事长：（感兴趣）是吗？这么说你已经有了合适的人选？谁呀？

刘总经理：我们厂人力资源部经理张平，您认不认识？

王董事长：知道知道。小张，挺年轻的嘛，据反映挺能干。不过实际的情况我就不太清楚了。过去我身体好，常在厂里跑，厂里的人我都很熟，可是现在老了，跑不动了，全靠老马他们向我……

刘总经理：（打断）王董事长，我是不是可以向您报告一下小张的情况以及我们的想法？

王董事长：好啊，谈谈吧！

刘总经理：按我们厂的分工，我全面负责，重点抓生产和技术创新。两个副总经理，一个全面负责采购和市场；另一个管理人事、财务及日常事务。现在缺位的副总经理，就是要以人事、财务、行政为主的。按董事会的指示，今年企业管理要上新台阶，财务管理要使用新系统，企业人事制度要进行改革，所以这个副总经理必须是一个十分得力的人，他需要符合以下条件：第一，要具有改革开拓的作风；第二，要熟悉业务，熟悉财务、行政、人力资源管理各环节，要有较强的沟通能力、亲和力；第三，要有好的身体，胜任高强度、常加班的工作；第四，要有一定的群众基础，在年轻、知识型员工中有号召力。我们觉得小张恰恰符合这4个条件。他是财经院校会计专业本科毕业生，在工厂财务部干了3年，在人力资源部当经理5年，当经理的这些年，在招聘、培训、绩效薪酬改革、团队建设方面有很多成绩，使我厂的人力资源管理水平在总公司名列前茅。您都表扬过我们厂好几回了。

王董事长：（大笑）年轻人，不错。关于小张，你能不能写一份书面报告？

刘总经理：我已经写好了（递上报告）。我们的意见可供董事会参考。如果董事会有更合适的人选，还可以商量。不过我希望这个人选能符合上面的几个条件。

王董事长：这个张平可以考虑，多大年纪？

刘总经理：38岁。王董事长，我知道您一向支持年轻干部，我就是您一手培养的，干脆成全一下，好事成双嘛！

王董事长：（笑）我说了还不能算，会上通过了就算。下星期一我提交董事会讨论，怎么样？

董事会最后通过了小张任分厂副总经理的方案。

在"情景二"中，下属刘总经理与上司王董事长商讨人事问题，有备而来，方案成熟，说服上司接受小张作为副总经理人选的理由全都从工作出发，没有个人感情和利益因素，同时运用了动员舆论法（在群众中摸了底）等艺术，所以沟通很成功。

4.提不同意见

向上司提不同意见时，下属自己应该有详尽的方案；按"提问—倾听—赞美—建议"的顺序提不同意见，即就上司原有的方案提问，以了解上司决策的背景和原因，之后仔细倾听，并对上司的决策表示赞美，再提出自己的建议；尽量在轻松愉快时以间接方式私下提意见。

小案例 3-8　　　　　　　　　　**怎样安排旅游**

年底，某公司为了奖励市场部的员工，制订了一项海南旅游计划，名额限定为 10 人，可是 13 名员工都想去，部门经理需要再向上级领导申请 3 个名额。如果你是部门经理，你会如何与上级领导沟通呢？

情景一

部门经理向上级领导说："朱总，我们部门 13 个人都想去海南，可只有 10 个名额，剩余的 3 个人会有意见，能不能再给 3 个名额？"

朱总说："筛选一下不就完了吗？公司能拿出 10 个名额就花费不少了，你们怎么不多为公司考虑？你们呀，就是得寸进尺，不让你们去旅游就好了，谁也没意见。我看这样吧，你们 3 个做部门经理的，姿态高一点，明年再去，这不就解决了吗？"

情景二

部门经理："朱总，大家今天听说要去旅游，非常高兴，也非常感兴趣，觉得公司越来越重视员工了。领导不忘员工，真是让员工感动。朱总，这事是你们突然给大家的惊喜，不知当时你们是如何想出此妙意的？"

朱总："真的是想给大家一个惊喜，这一年公司效益不错，都是大家的功劳，大家辛苦一年，年终了，第一，是该轻松轻松了；第二，放松后，才能更好地工作；第三，能增强公司的凝聚力。大家高兴，我们的目的就达到了，我们就是想让大家高兴。"

部门经理："也许是计划太好了，大家都在争这 10 个名额。"

朱总："当时决定 10 个名额是因为觉得你们部门有几个人工作不够积极。你们评选一下，不够格的就不安排了，就算是对他们的一个提醒吧。"

部门经理："其实我也同意领导的想法，有几个人的态度与其他人比起来是不够积极，不过他们可能有一些生活中的原因，这与我们部门经理对他们缺乏了解、没有及时调整都有关系。责任在我，如果不让他们去，对他们打击会不会太大？如果这种消极因素传播开来，影响可能不好吧。公司花了这么多钱，要是因为这 3 个名额降低了效果那就太可惜了。我知道公司每一笔开支都要精打细算。如果公司能拿出这 3 个名额的费用，让他们有所感悟，促进他们来年改进，那么他们多给公司带来的利益要远远大于这部分支出的费用。不知道我说的有没有道理，公司如果能再考虑一下，让他们去，我会尽力与其他两位部门经理沟通好，在这次旅途中每个人带一个，帮助他们放下包袱，树立有益于公司的积极的工作态度。朱总您能不能考虑一下我的建议？"

朱总点头同意。

思考题：情景二与情景一相比，沟通有哪些不同？

在情景二中，下属运用了以下沟通技巧：①提问——了解上司（对方）为何这样决策；②倾听——了解上司（对方）的决策动机；③赞美——对上司（对方）的决策意图（目的）加以引申并赞美（出发点是好的）；④建议——为了达到上司（对方）的决策目的做补充建议。以"提问—倾听—赞美—建议"的方式提意见，沟通成功的可能性更大。

总之，下属与上司沟通时要摆正心态——"上司比自己优秀"；敬业，多动手动脑，少动口抱怨；争事而不争名，即为做好工作与上司争论问题是可以的，但不要斤斤计较、争名争利；在给上司展示漂亮的结果的同时巧汇报，让上司产生好感。

畅销书摘3-2

英国19世纪政治家查士德菲尔爵士曾告诫他的儿子："要比别人聪明，但不要告诉人家你比他更聪明。"

用若无其事的方式提醒别人，提醒他不知道的，好像是提醒他忘记了的。

——《人性的弱点》

抱怨无助于问题解决，只会在原地打圈或倒退。正视问题、积极解决问题才是向前走的方法。做个积极快乐的工作者。一个在办公室播洒阳光和喜乐的人，一定深得上司和同事的爱戴。

——《不抱怨的世界》

3.3　组织内部横向沟通艺术

现代组织机构的设置一般遵循分权制衡的原则，组织内部各部门既分工又相互依赖，既需要相互合作又存在相互监督。平行部门间没有奖与罚的权力，所以更需要良好的沟通和团队合作意识。

3.3.1　横向沟通的障碍

横向沟通的障碍有很多，有意识问题，也有技巧问题，具体包括：（1）高估自己部门的价值；（2）不直接沟通而背后抱怨；（3）人性的弱点——推卸责任、妒忌；（4）机构设置不合理，权责不清；（5）组织合作氛围不好；（6）无强制权；（7）未及时处理冲突，使矛盾积累。

部门认同差异是横向沟通的第一个障碍，业务部门等强势部门常常以老大自居，而弱势部门更不容其他部门小看自己，表3-3举例说明了这一问题。

表3-3　　　　　　　　　　　　　　　　部门认同差异

生产部门心目中的自我	其他部门对生产部门的看法
我们从事生产工作，每天很辛苦，工作环境又不好，公司的产品是由我们生产出来的，市场部门和财务部门的人却常常来找我们的麻烦，他们不体谅我们的困难。我们任劳任怨地工作，却没有得到应有的肯定。毕竟有了我们，才有了产品；如果没有我们，公司又如何做生意呢	他们喜欢起哄、诉苦，又做不好事情，他们封闭在以自我为中心的世界中洋洋自得，根本不去关心顾客真正的需求。他们非常短视，只看重产品，而不了解公司的生存必须依靠全体部门的共同努力。他们一天到晚就知道交货期限、生产日程、原料、品质管理，真不知道他们还懂些什么
市场部门心目中的自我	其他部门对市场部门的看法
公司的前途都靠我们，我们看得准市场的方向，能够制定出明确的决策，并且带领公司走向成功。我们还有很好的眼光来应对市场变化，并策划出未来的成长路径。即便如此，在公司内部，我们还必须与那些狭隘短视的财务人员、生产人员打交道。幸好有我们在，公司的未来才不会出现问题	他们是一群不切实际的幻想家，只是仰望着天上的星星，却看不见脚下的陷阱；他们与日常作业实务相脱节，却忙着规划公司的未来；他们不应当好高骛远，而应当脚踏实地，好好地做些正经事
财务部门心目中的自我	其他部门对财务部门的看法
我们是公司资金的守护神。我们控制成本以确保利润。我们做事小心谨慎，能够防止公司发生重大错误。如果让生产部门的主张实现，他们会买更多、更昂贵的机器设备而浪费资金，减少利润；至于市场部门，如果放手让他们去干，他们可能会做太多无益的广告	他们只是一群在例行作业上埋头苦干的人。他们缺乏远见，太过小心，斤斤计较，只会用数字来衡量事情；他们只知道要控制成本，却无法创造利润

3.3.2　横向沟通的艺术

横向沟通的影响因素有很多，要促进组织的横向沟通，需要做到以下几点：

首先，要使组织结构合理、权责清晰。横向沟通顺畅是建立在组织结构合理、权责清晰的基础上的，如果组织内部机构设置不合理、权力职责不清楚，就要先进行结构调整。

其次，培育团队合作文化，建立内部供应商与客户关系，主动帮助他人和其他部门。文化的培育需要持续地灌输、培训、演练，将理念转化为制度，进而使其转化为员工行为。

再次，树立积极的横向沟通理念。①别人的任何行为都是值得尊重和思考的；②双方的目的是共同的，即把工作做好；③遇到冲突先想想是否有双赢的解决办法；④换位思考。

最后，讲究沟通技巧。①少以"我"、多以"我们"作为一句话的开头；②多倾听、询问对方的想法、意见和期望；③区别事实与意见，对事不对人；④遇到问题，先主动与对方直接沟通，不背后议论，解决不了再借助上司的力量。

小案例3-9 部门合作为何失败

　　2018年，A公司国际业务不断扩大。英国JCB公司不满意原柴油机进气管的供应商对产品提价及改变三包业务政策，寻求与A公司的合作，让A公司开发、生产柴油机进气管。由于时间紧迫，JCB公司要求A公司赶在JCB公司与原供应商合同到期前生产出合格产品。A公司如果能生产出符合JCB公司要求的产品，业务量将扩大一倍，公司发展也将上一个新台阶。因此，A公司上下非常重视这项工作。总经理下达死命令必须按期、按质、按量给JCB公司提供合格产品，并任命出口部王部长为项目组主任，全面统筹柴油机进气管的开发生产。

　　由于开发时间非常紧迫，从接到图纸到交付产品只有不到两个月时间，公司从上到下感到压力非常大。出口部在接到图纸的第三天组织各业务部门召开新产品试制及生产策划会议，按计划，工艺部门立即组织人员绘制模具图纸，采购部门立即寻找模具供应商开发、生产模具，生产部门做好试生产的工装、夹具、刀具的准备工作。根据会议布置，各部门工作有条不紊地进行着，工艺人员甚至前往模具厂帮助制造模具。大约40天后模具到达公司。生产部门立即组织试生产。这时离交付产品的时间只剩下20天，其间还要进行毛坯铸造、模具检验、产品机加工、产品检验等，时间非常紧迫。

　　生产部门根据生产现状及新产品试制程序，决定一边进行毛坯生产一边进行模具检验。生产进行到第二阶段时，质量控制部检验员及主管技术员通知车间：模具存在尺寸上的问题，要求停止生产。车间管理人员于是决定停产修改模具。不久，出口部王部长到现场督察工作，发现现场根本没生产，非常生气，立即命令操作工人恢复生产，并指责车间生产组织不力。车间解释说模具存在问题，但王部长认为该尺寸不影响产品性能，客户能够接受，坚决要求继续生产。车间则认为，质量问题只能由质量控制部说了算，坚决不同意生产。双方争执不下，最终不欢而散。

　　第二天，王部长将此事状告到总经理那里，指责生产制造部生产组织不力。总经理将生产制造部李部长召至办公室一顿批评训斥。李部长因当时不在现场不了解情况，对突如其来的批评只好忍气吞声。了解事情真相后，李部长心中不服，认为王部长不遵循流程办事，乱汇报情况；而王部长认为他是项目主管，他有权拍板决定，是生产制造部不配合、不支持，与李部长据理力争、相互指责。最后，两人均拂袖而去。在以后的工作中两人互不服气，不配合，工作关系非常紧张。

　　思考题：部门合作为何失败？

3.4 团队沟通的意义和艺术

团队管理理念几乎已经被所有组织认同。80%的《财富》世界500强企业，有一半以上的员工在团队中工作。68%的美国小型制造企业在其生产管理中采用团队的工作方式。

3.4.1 团队沟通的意义

企业要想实现永续经营的目标，取得未来竞争优势，必须有一种强大的、独特的企业文化作为支撑，在这种文化下建立的团队精神，对企业的经营和发展有着深远的影响。[①]

松下幸之助的用人之道是：用最熟悉企业理念、企业文化的人，而不是智商最高的人。具有敬业精神的人，可以把好的企业文化传遍几千人、几万人的组织。他们建立起富有团队精神的组织，代表着高涨的士气、高昂的斗志、坚强的意志和顽强的品质，凭着大家的诚心和信仰，共同努力，在实现组织目标的同时，体现个人价值。[②]

要维持团队运作，必须有良好的沟通。《哈佛商业评论》2016年1月份发布的研究报告显示，在过去20年间，经理人与雇员协同工作时间激增了50%以上。在许多公司中，员工每天有3/4的时间花在与同事交流沟通上。麻省理工学院人类动力学实验室的亚历克斯·彭特兰（Alex Pentland）教授带领一群研究人员，通过研究不同团队如创新团队、医院的术后护理团队、银行客服团队、电影的幕后操作团队、呼叫中心团队等得出结论：良好的沟通对于打造成功团队至关重要的作用。该研究表明：团队成员在正式会议之外表现出的活跃度（energy）和参与度（engagement）是预测团队生产率最有效的两项指标，这两项加在一起能解释各小组间产值差异的1/3。

3.4.2 团队沟通艺术

为何有的团队让人筋疲力尽，有的团队让人精力旺盛？研究表明，这与团队的规范有关。

2008年，来自卡内基-梅隆大学和麻省理工学院的心理学家试图研究团队是否存在集体智力。研究项目负责人安妮塔·沃利（Anita Woolley）指出："有些团队只有少数聪明人，他们可以平均分配工作。有些团队的成员能力比较平均，他们知道如何发挥每个人的长处。有些团队拥有强势领导者，其他团队的权力则相对分散，每个人都可承担领导者角色。"

研究人员最终得出结论，成功团队与失败团队之间的差别在于：团队成员如何对待彼此。换句话说，正确规范能够提高群体智力，而错误规范则会阻碍团队取得

[①] 柯林斯，波拉斯. 基业长青——企业永续经营的准则［M］. 真如，译. 北京：中信出版社，2002.
[②] 可致一. 松下幸之助用人之道［M］. 北京：北京燕山出版社，2007.

成功，即使这个团队的所有成员都非常聪明。

研究人员在研究过程中还注意到所有好的团队共享的2个行为模式：第一，在好的团队中，成员发言的机会均等，研究人员称这种现象为"发言机会分配均等性"。沃利说："只要每个人都有机会发言，团队的表现就会不错。如果总是只有一个人或少数人发言，群体智力就会下降。"第二，好的团队"平均社交敏感性"更高。也就是说，他们善于从其他人的语调、表情以及其他非言语暗示中，体会到其他人的感受。在成功的团队中，当有人感到不安或被忽视时，团队成员就会发觉；而在效率低下的团队中，他们似乎对同伴的心情不太敏感。"发言机会分配均等性"与"平均社交敏感性"统称为心理安全感。心理安全感是一种信任感，团队成员不会因为发言而感到尴尬或受到排斥及惩罚。它可用于描述互相信任、互相尊重的团队气氛，身处其中，团队成员可以很舒服地展现自我。

2012年，谷歌着手进行"亚里士多德项目"（Project Aristotle），对数以百计的谷歌团队进行研究，找出为何有些团队磕磕绊绊，而有的团队却能精诚合作并激情飞扬。研究人员发现，在最好的团队中，成员互相倾听，对情感和需求极为敏感，甚至每个人都能坦诚地说出自己的焦虑、不快，相互信任并在情感上相互依赖。

因此，团队沟通适合采取轮式沟通与全方位式沟通相结合的方式。轮式沟通是指最初发信者直接将信息同步辐射式发送给最终收信者。轮式沟通过程中有一个明显的主导者，如图3-3所示。而全方位式沟通恰好相反，没有中心，每个人都可以自由地与组织成员沟通交流，如图3-4所示。轮式沟通保证团队的领导，而全方位式沟通保证团队成员的自由交流。

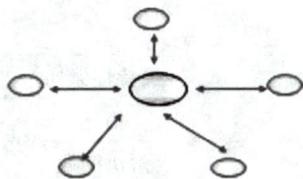

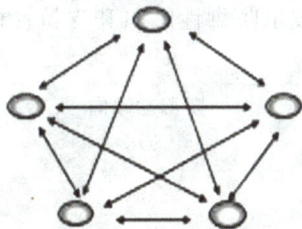

图 3-3　轮式沟通　　　　　图 3-4　全方位式沟通

在团队沟通中，要对团队目标进行充分沟通，并将目标分解为每个成员的具体目标，还要充分分享团队信息，鼓励团队成员参与决策，营造相互信任的工作氛围。

3.5　组织的冲突沟通

工作和生活中难免有冲突，直面冲突，正确解决冲突，可以使组织发现问题，进而改进，获得更好的发展。美国管理协会的一项调查显示，经理人员平均花在处理冲突上的时间占工作时间的20%。处理冲突的能力成为很多企业考查管理者管理能力的重要指标。

3.5.1 冲突的含义及产生原因

冲突是指两种目标之间互不相容或相互排斥、相互对立。它表现为由于观点、需求、欲望、利益的不相容而引起的一种激烈争斗。

行为科学家杜布林提出了产生冲突的8个原因：（1）人的个性；（2）对有限资源的争夺；（3）价值观的差异；（4）角色冲突；（5）追逐权力；（6）职责范围不清；（7）组织的变化；（8）组织风气不正。

组织中可能经常出现这种现象：由于晋升、晋级、奖励名额有限，同事甚至好朋友顷刻间成为竞争对手。如果"空降兵"抢了老员工的职位，加上性格差异，冲突会升级。由于老团队对新人的排斥、人们倾向同情弱者等心理现象，这样的冲突可能升级，变成新人与全员的冲突。这里还涉及上任沟通。新官上任需要迅速了解情况，熟悉业务，用业绩来获得上司的信任，树立自己在团队中的威望，同时，要迅速融入团队，为团队成员争取利益。如果是自己抢了同事的晋升机会，应主动与同事沟通，如果可能，想办法弥补同事失去的利益。

对引起冲突的一些原因，个人可能无法改变，但沟通可以化解冲突。而且，研究表明，许多冲突就是由沟通不当、信息不充分导致误解而引起的。尤其当一方针对另一方的言论或行为来进行自我保护时，防御性沟通就会发生，导致冲突产生。例如：

老师："这是我看过的最差的论文。"

学生（想）："你是我见过的最差的老师。"（防御性沟通）

因此，要防止沟通中出现防御性沟通而使冲突升级，要尽量使用支持性沟通。表3-4比较了防御性倾向和支持性倾向的特点。

表3-4　　　　　　　　防御性倾向和支持性倾向的特点比较

防御性倾向	支持性倾向
评价	描述
控制	解决问题
策略	自发性
中立	感情移入
优越	平等
确信	开放

小案例3-10　　　　　　　防御性对话与支持性对话

实例1：防御性对话

老板：你迟到了一个小时，如果要在这里工作，就必须准时。（优越、控制）

下属：我的汽车发动不起来了。

老板：这不是迟到的理由。（确信、评价）你应该打电话。（评价）

下属：我是想打，但……

老板：工作从早上8点开始，你必须在早上8点到这里。（优越、控制）如果你做不到，你应该另找一份工作。（优越、控制、确信）如果你再迟到，就麻烦你不要来上班了。（优越、控制、策略）

实例2：支持性对话

上司：你迟到了一小时，发生什么事了？（描述、平等）

下属：我的车发动不起来了。

上司：你的附近没有电话吗？（仍然没有评价）

下属：我每次打电话时总是占线，最后决定走到这里，这可能比等着打电话更快些。

上司：当有人不能按时到这里时，我总是担心我们不能按时完成工作。（自发性）没有任何办法让我知道发生了什么事吗？（解决问题）

下属：噢，我猜自己太惊慌了。我应该让我妹妹不停地打电话以便让你知道发生了什么。如果再发生这种事，那就这样做。

上司：好，现在开始工作吧，眼下有许多事要做……

3.5.2　冲突的类型及作用

冲突可以分为建设性冲突和破坏性冲突两种。建设性冲突表现为：双方对实现共同目标给予关心；乐于了解对方的观点和意见；以争论问题为中心，输赢为次；双方交换意见的情况不断增加。破坏性冲突表现为：不愿意听取对方的观点或意见；由意见或观点的争论转变为人身攻击；对赢得观点的胜利最为关心；双方互相交换意见的情况减少，以致完全停止。当然，建设性冲突与破坏性冲突很难截然分开，有时破坏性冲突借建设性冲突来表达，即借争论方案来掩盖利益之争。

"在企业中，如果两个人总是意见一致，那么其中一个人肯定是不必要的。"冲突的积极作用是：第一，暴露矛盾和问题；第二，便于改进和创新；第三，提倡直率而不是虚伪的氛围。其消极作用也是明显的：第一，加深了矛盾；第二，影响到团队和谐和员工士气；第三，如果冲突解决不好，可能产生很严重的后果。

小案例3-11　　　　　**GE等公司激发良性冲突**

管理者要在企业中大力倡导良性冲突，引入良性冲突机制，对那些敢于向现状挑战、倡议新观念、提出不同看法和进行独立思考的个体大力给予奖励，如晋升、加薪或采用其他手段。杰克·韦尔奇担任GE的CEO时，建立了新的价值观，良性冲突备受重视。公司经常安排员工与公司高层领导进行对话，韦尔奇本人也经常参加这样的面对面沟通，与员工进行辩论，通过真诚的沟通直接诱发与员工的良性冲突，从而为改进企业的管理作出决策。在运用沟通激发冲突时要特别注意运用非正式沟通来激发良性冲突。盛田昭夫就是这么做的。如在一次与中下级主管共进晚餐时他发现一位小伙子心神不宁，于是鼓励他说出心中的话来，几杯酒下肚后，小伙子诉说了公司人力资源管理中存在的诸多问题，盛田昭夫听后马上在企业内部进行了相应的改革，使企业的人力资源管理步入良性轨道。

3.5.3 冲突的沟通策略

美国行为科学家托马斯提出了解决冲突的二维模式。托马斯认为，冲突发生后，可以从两个主要维度衡量冲突参与者的反应：坚持己见性和合作性。坚持己见性表示冲突参与者在追求个人利益过程中的坚持程度；合作性表示冲突参与者在追求个人利益过程中与他人合作的程度。根据这两个维度，可以得出5种处理冲突的策略：回避、迁就、折中、强制、合作，如图3-5所示。

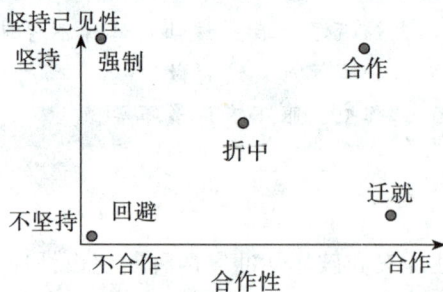

图3-5 冲突的处理模式

回避策略是既不合作又不坚持，忽视双方的差异或保持中立，将自己置身于冲突之外。这种方法可以避免问题扩大，回避紧张和挫折局面。当冲突对个人利益影响不大时，或者当采取行动可能对自己伤害更大时，都可使用回避策略，但回避策略可能积累矛盾，长期使用效果不好。

迁就策略是合作程度很高而坚持己见程度很低的策略，即牺牲自己而满足他人的策略，在己方弱于对方很多时或为了长远利益换取对方合作时使用。采用迁就策略可以获得暂时的合作局面，但大多数冲突者不愿意接受，长期使用也会给人产生懦弱的印象。

折中策略在合作性和坚持己见性两个维度上处于中间，即双方各让一步，最后达成一个部分满足双方要求的方案。这是比较常用的冲突处理方法，能为冲突双方所接受。

强制策略是高度坚持己见而不合作的策略，即为了自己的利益牺牲对方的利益。当己方占绝对优势、对方无足轻重时，一般使用这种策略，但该策略会招来对方的憎恨。

小案例 3-12　　　　　董事长是如何解决冲突的

　　某企业的董事长和总经理是母子关系。周二，母亲作为董事长要求总经理（儿子）安排一位部门经理在下周一之前完成一项任务。结果，董事长在规定时间找到该部门经理询问任务的结果时，发现部门经理没有做，并被告知"总经理没有告诉我，我不知道"，董事长的回应是"总经理不可能不告诉的"，双方还发生了争辩。董事长便立刻叫来总经理，要总经理解雇该部门经理。事后，母亲对儿子说：其实，我清楚肯定是你忘记了，但在当时的情况下，你必须这样做，因为你是总经理，你不能错，要树立你的权威。

　　思考题：董事长用什么策略解决冲突？这种方式会带来什么结果？

　　合作策略是合作和坚持己见程度最高的策略。这种策略的目的在于找到能获得双赢的最佳方案，使双方满意。

小案例 3-13　　　　　邓汶和喻威的冲突处理

　　邓汶从清华大学毕业后，去美国留学，博士毕业后在美国一家企业做软件开发工作。房子、票子、车子、位子都有了，过着中产阶级的生活，但他觉得有股干事业的激情没处发挥。一次，在美国信息科技展览会上，邓汶遇到了大学同窗好友、美国软件企业 VCL 中国区总裁洪钧。畅谈之后，洪钧鼓动邓汶回国寻找更广的发展舞台，之后将邓汶推荐给美国另一家软件公司 ICE。ICE 是 VCL 的竞争对手，洪钧就是由于一个大项目的失败从 ICE 中国区总裁离职的，接替洪钧的是他昔日的好友、今日的死对头喻威。洪钧得知 ICE 将成立中国研发中心，级别和 ICE 中国公司（主管市场）一样，便将邓汶推荐给了 ICE 主管技术的全球副总裁卡彭特，卡彭特也是洪钧的朋友。洪钧认为，邓汶做技术、研发是把好手，而且研发中心与 ICE 中国公司是平行关系，只要邓汶不告诉别人是洪钧推荐来的，喻威就不会对邓汶不友好。

　　邓汶回国工作几个月后，一切顺利，但卡彭特来中国考察，无意中向喻威透露了邓汶是洪钧推荐的，要感谢洪钧。喻威大惊，认为洪钧有意安插自己的朋友在竞争对手公司，好得到消息击败 ICE 和自己（洪钧绝无此意，因为卡彭特苦苦寻觅一个合适的研发中心负责人两年而未果，邓汶为自己没有更高的平台发挥才干而苦闷，两人又都是自己的朋友，洪钧便做了这个于两个朋友有益，同时于己无害的推荐）。于是，喻威伙同助手苏珊设局，借口喻威抽不开身且英文没有邓汶好，请邓汶帮助苏珊一起去谈一个大项目（美资公司埃兰德），并约定与客户会谈时，苏珊谈商务问题，邓汶谈技术问题，苏珊主谈，邓汶协助。邓汶很高兴，终于有机会接触客户，了解他们的想法，但又有些紧张，担心自己不懂商务而不会谈，所以要求喻威和苏珊给他介绍客户的背景及相关商务信息。喻威和苏珊都说，要他在场主要是表达重视，有个高级别的人参加谈判，而且此次会谈不会是实质性的，对邓汶的要求敷衍过去。

会谈开始前几分钟，苏珊突然说自己感觉不舒服让邓汶主谈。会谈中，客户问到价格问题：为何ICE给我们美国总公司的报价比给中国公司的报价要低？苏珊故意不接话题。邓汶并不很懂商务，为了不冷场，简单解释说是汇率问题、关税问题，而这是明显的漏洞，对方不满意答复。

对方又问："我还想和你讨论一下有关软件产品的版本问题。据我所知，ICE软件的8.0版本马上就要正式发布了……"

"8月底。"邓汶禁不住插了一句。

"OK，我想知道，8.0版本的简体中文版什么时间可以推出？8.0版相对于目前的7.6.2版本都有哪些大的变化？"

邓汶一见话题终于绕到他的专业上来，顿时有种如鱼得水的感觉，他兴奋地坐直身体，又清了清嗓子，朗朗地答道："ICE总部派我来中国建立研发中心，我的第一项任务正在于此。ICE以往的中文版本都是在硅谷由华人工程师做的，对一些专用名词的翻译非常别扭，很多地方不符合中国客户的使用习惯和业务规范，影响客户的使用效果和满意度，所以总部才下了决心大力投资。总部派我来中国建立本地的研发中心，这充分显示出ICE对中国市场和中国客户的重视与承诺。我们的研发中心新址已经全部就绪，我们已经招聘到了很多非常优秀的软件人才，我们也已经和国内好几家有实力的软件公司建立了技术合作伙伴关系。我很高兴地告诉你，8.0版本的简体中文版很快就会推出，肯定不会晚于今年年底，我对这个新版本的及时推出很有信心。"邓汶喝了口水，马上又继续眉飞色舞地说："8.0版本相对于以往的老版本而言，其优势是非常多的。8.0版本不是一个简单的升级版或补丁版，正相反，从技术体系架构到软件工程方法，从业务应用流程到用户界面的友好程度，都有革命性的创新。8.0版本是完全面向当今的互联网技术浪潮的，而且结合了众多优秀客户在业务流程上的最佳实践，我可以毫不夸张地说，8.0版本的简体中文版绝不会让任何期待它的客户觉得失望。"

邓汶一口气说完，仍然迟迟不能平静，他被自己的言语打动了。谈判对方敲着键盘，生怕漏掉邓汶提到的每一个字。邓汶忽然觉察到刚才还一直响个不停的某种声音消失了，他转过脸，看到苏珊已经把签字笔摆在记事本上，正对着自己灿烂地笑着，看来，苏珊也被他的一席话感染了。

在回公司的路上，邓汶的感觉得到了证实，他今天的表现很好，不是一般的好，而是相当好，会议完全达到了预期的效果，甚至还有意外收获。这些都是苏珊在车里不停地夸赞他的原话，在会上一直保持沉默的苏珊终于爆发了，向他倾诉景仰和感激之情。邓汶知道苏珊的嘴一向是很甜的，但他觉得苏珊赞颂他的这番话并不含什么水分，基本上客观反映了实际情况，他相信，自己代表ICE中国公司出席的首次客户会晤取得了圆满的成功。

第二天，邓汶接到卡彭特转发给他的一封邮件。原件是苏珊和喻威写的，并抄送给喻威的上司、ICE主管市场的皮特，卡彭特，还有公司其他高层。邮件陈述了此次谈判中邓汶的不是：

第一条，越权干预销售人员的项目（明明是他们请我去帮忙的嘛）。

第二条，事前拒绝销售人员对项目背景和应注意事项进行介绍（事实上我一再要求他们给我作介绍，明明是他们敷衍了事的嘛）。

第三条，面对客户，无视事先商定的角色分工，在对ICE价格政策等商务环节一无所知的情况下，胡乱解释报价体系，漏洞百出、前后矛盾，严重损害了客户对ICE的信任（明明是那个苏珊缩在后面死活不肯回答，没有办法我才替她说了几句嘛，而且肯定是由于他们销售漫天要价，这才让埃兰德怀疑的嘛）。

第四条，无视事先商定的会议目标，过分强调新的8.0版本的优越性，随意承诺中文版的推出时间，直接导致客户为了等待新版本而决定将购买计划推迟至明年第一季度以后，使ICE中国彻底失去了在今年赢得埃兰德项目的机会……

邓汶读完邮件暴跳如雷，准备回邮件反击，并抄送卡彭特、皮特及相关高层，告诉大家事情的原委，让大家明白是喻威和苏珊陷害自己。

洪钧知道后，给邓汶出主意。

洪钧对邓汶说："如果你反击，那你就真掉进人家给你设的圈套里了，连自己怎么死的都不知道。你在ICE中国负责的是研发中心，某一个具体项目的成败得失，都不会对你构成太大的影响。埃兰德这个项目，即便总部的那个项目经理要追究，卡彭特也会替你挡了，他把这封邮件转发给你，只是想让你知道这事。只有在一种情况下，卡彭特才会不得不把你请走，就是当他确信你在中国已无法继续开展工作了。而你刚才说的那些'反击'，正是在把你自己往那条绝路上送。"洪钧接着说："喻威的E-mail，即使通篇是在捏造事实，也只是对事不对人，没有提到对你个人有任何成见。你要写E-mail找皮特和卡彭特评理，声称喻威是在对你蓄意陷害，揭发喻威是小人，你这么做就等于向所有人宣布，你和喻威是无法共事的，你们之间的矛盾是不可调和的。你想一想，你和喻威是ICE在中国级别最高的两个人，你们两人之间的关系竟然到了不共戴天的地步，ICE的高层能不如临大敌吗？能不采取果断行动吗？要么一方走人，要么双方都走人。在这种情况下，最英明的老板在决策的时候，也不会考虑你和喻威之间究竟谁对谁错、谁君子谁小人，他们只会考虑一条，就是：让谁走，对ICE在中国的业务影响最小？你觉得他们会选择留下谁、干掉谁呢？喻威这招，狠就狠在这里。埃兰德只是个引子，苏珊只是个配角，到目前为止所发生的一切都还只是整个阴谋的前奏曲，下面才是真正的陷阱，喻威就是要趁你立足未稳的时候，用激将法激你跳出来，让你用自己的行动向所有人表明你和他是势不两立的，他在等着你自寻死路。"

洪钧一席话终于让邓汶如梦方醒，邓汶定了定神，把目光重新聚焦到洪钧的脸上，喃喃地问道："总不至于，我就这么完了吧？"

"不会，只要你不上他激将法的当。喻威也罢，苏珊也罢，不管他们再做什么你也要沉住气，按兵不动，甚至是皮特出面了，你也不要正面与皮特理论，你只需要关注一个人，就是卡彭特，你只需要做一件事，就是给卡彭特打电话，不要发 E-mail，一定要打电话。"洪钧特意强调了一下，又接着说，"你在电话中向他解释，你是出于帮助 sales team 赢得项目的动机去做的，可能由于事先与 sales team 沟通不够，也可能由于你和客户打交道的经验不足，项目的进程受到一些影响，你已经知道今后应该怎么做了。就说这些，不要辩解太多，也不要说喻威和苏珊的坏话，最好根本不提他们的名字，只说是 sales team。卡彭特听了就会心中有数，不管是皮特还是总部负责埃兰德项目的人跑到卡彭特面前去告你的状，他都会帮你灭火的，事情慢慢也就了结了。"

资料来源　王强.圈子圈套2［M］.武汉：长江文艺出版社，2010.

思考题：洪钧用的是什么冲突处理策略？

解决冲突（矛盾）有7个注意事项：（1）矛盾不积累，及时解决；（2）正视矛盾，不回避矛盾；（3）面对复杂矛盾不急躁，善于等待；（4）单一矛盾不扩大，个别解决；（5）内部矛盾不扩散，内部解决；（6）一般矛盾不上交，自己解决；（7）矛盾僵持，不硬解。

总之，冲突发生时，应采取的沟通策略是：控制情绪，理性分析；将人和问题分开；寻找共同点，求同存异；运用谈判艺术，合理解决。

当组织中发生冲突时，通常需要进行调解，但要注意选择合适的调解策略，否则冲突可能升级。

调解冲突的效果与冲突的情景有关：（1）如果冲突不严重，并且双方都意识到处于对峙状态对双方都会造成伤害，因而有达成协议的动机，那么调解一般有效。（2）如果冲突双方势均力敌，并不缺乏资源，且同意调解，那么调解往往有效。（3）如果双方都认为调解更有效，而且若调解不成，就由第三方作出裁决并强制执行，这会对双方更不利，那么调解一般有效。（4）如果双方希望在第三方的帮助下作出让步且不失尊严，那么调解是有效的。（4）如果冲突双方很有经验，知道调解不会使他们受到损害，那么在这种情况下调解也会有效。

调解冲突的效果还与调解者有关。例如，调解者信誉度的高低，是否具有为冲突者所欣赏的品质特征，是否与冲突者有很大程度的相似性（如生活背景、受教育水平、思维方式、宗教信仰等），都会影响调解效果。

本章小结

多种研究表明，组织内部沟通效果不佳。有许多影响组织内部顺畅沟通的障碍，比如：组织内部沟通渠道建设情况；对沟通的重视程度；领导风格；组织的氛围等。

组织内部的沟通主要包括纵向沟通和横向沟通。纵向沟通是组织最重要的沟通形式，主要有下属对上司的沟通即向上沟通、上司对下属的沟通即向下沟通。纵向沟通的障碍主要是位差心理的影响，从而产生"向上沟通没有胆""向下沟通没有心"等问题。

纵向沟通的形式包括下达（接收）指令、听取汇报、商讨问题、传达负面信息等。上司向下属下达指令时，要激发下属意愿，确保其理解，并相应授权，既要关注结果，也要关注过程。下属接收上司指令时，应认真倾听，适当反馈，确保理解，并及时向上司汇报，以确保任务执行不走样。

上司听取下属汇报时，应注意倾听，不急于下结论，并对下属的汇报给予评价。下属向上司汇报工作时，应把握好时机，准备充分，关注上司的期望。

上司与下属商讨问题时，应使用鼓励性的言辞，不要轻易作出指示和评价，并遵守商讨规则。下属与上司商讨问题时，应事先约定，并注意决议的严密性。

上司向下属传达负面信息时，应私下、及时进行描述性而非评价性沟通，包含如何改进的信息，允许下属陈述意见。下属向上司提不同意见时，应按照"提问—倾听—赞美—建议"的顺序进行。

横向沟通的影响因素有很多，要促进组织的横向沟通，就要做到：组织内部结构合理、权责清晰；培育团队合作文化；建立内部供应商与客户关系，主动帮助他人和其他部门；树立积极的横向沟通理念；讲究沟通技巧。

沟通是团队合作的基本要素。团队平等沟通可以使团队成员获得心理安全感，而这是团队紧密合作的基础。团队沟通可以采取轮式沟通和全方位式沟通相结合的方式。团队沟通要分享团队目标和信息、共同决策。

冲突是指两种目标之间互不相容或相互排斥、相互对立。它表现为由于观点、需求、欲望、利益的不相容而引起的一种激烈争斗。冲突产生的原因有：人的个性；对有限资源的争夺；价值观的差异；角色冲突；追逐权力；职责范围不清；组织的变化；组织风气不正。冲突可以分为建设性冲突和破坏性冲突两种。建设性冲突表现为：双方对实现共同目标给予关心；乐于了解对方的观点和意见；以争论问题为中心，输赢为次；双方交换意见的情况日益增加。破坏性冲突表现为：不愿意听取对方的观点或意见；由意见或观点的争论转变为人身攻击；对赢得观点的胜利最为关心；双方互相交换意见的情况减少，以致完全停止。冲突既有积极作用又有消极作用。当组织被一团和气包围时，激发冲突是必要的。托马斯提出了解决冲突的二维模式。处理冲突的策略包括回避、迁就、折中、强制、合作。当冲突发生时，可采取的沟通策略包括：控制情绪，理性分析；将人和问题分开；寻找共同点，求同存异；运用谈判艺术，合理解决。组织发生冲突时，需要调解。冲突调解的效果与冲突情景和调解者有关。

复习思考题

1.影响企业内部沟通的因素有哪些？

2.纵向沟通的障碍主要有哪些？

3. 分别陈述上下级在指令、汇报、商讨、提不同意见方面的沟通策略。

4. 横向沟通为何困难？怎样做好横向沟通？

5. 读《智取生辰纲》故事，分析：杨志团队和晁盖团队的沟通有何差异？杨志的团队为何失败？

6. 为何说很多冲突是由沟通不畅引起的？结合自己与同学发生过的冲突，反思冲突产生的原因，并思考用不同的策略解决冲突的条件。

▷▷ 案例分析　　　　　　　　小周错在哪里

　　小周大学毕业后到一家汽车客运公司工作。客运公司是一家老国有企业，职工的学历普遍不高，公司也有意把她放在基层锻炼，于是小周在票房当上了一名普通的售票员。

　　刚去上班的那段时间，小周心情坏透了，工作情绪极低，自己身为大学生却做着普通工人的工作，而且与所学的管理专业毫无关系，她觉得理想与现实的差距实在太大了。同时，其他员工也在冷眼旁观，都想看看这个大学生能做点什么事。大家碰面都觉得比较尴尬。班长看到了这一现象，主动找小周谈话，询问她的家庭状况、学习情况，并且详细介绍了公司的情况及工作流程和要求，还问及是否有需要帮助的地方等。班长的一席话，让小周感觉到了组织的关心，于是主动融入班组，虚心向老职工学业务，主动帮助他人，积极参加公司的各项活动，经常投稿发表文章，很快就得到了大家的认可，也被车站李站长看中，认为她是很有前途的年轻人。

　　一年半以后，小周被提拔当了票房的班长。她一如既往地与票房的姐妹们愉快地工作，直到发生了这样一件事。吴丽最近因家庭矛盾，上班有点心不在焉，一连打错了几张电脑车票，如果报到站里，这个月的奖金就泡汤了，她急得不得了。班长小周得知这件事后，也替她惋惜，这时有人说只要班长到主机房说明是机器故障，便可大事化小。小周在售票员岗位做了一年多，知道在这个岗位工作辛苦，工资本来不高，如果还扣除奖金，收入就更低了。于是，小周从宽容的角度出发，想第一次就这样算了，给吴丽一次改过的机会，便自作主张到主机房跟值班的小李讲了事情的缘由，希望她不要记载，也不要告知当班的站长。

　　当天下午，李站长就把小周叫去谈话，原来是主机房的小李怕承担责任，转身就向领导汇报了。李站长严厉地批评了小周这种瞒报、谎报的行为，认为这样做无视纪律，易导致售票员与车主勾结玩花样的行为，后果很严重。李站长甚至说小周辜负了自己的期望，这样太不诚实。小周一心想着不让自己的员工受罚，却没想到这里面还有许多门道。回到班组，吴丽也责怪小周不该这样做，害得她被站长问话，不但要扣奖金，还引来非议，她甚至认为小周在站长面前说了她的坏话。小周这下哑口无言了，原本是一番好意，结果费力不讨好，两边都得罪了。

　　以后的工作可想而知，站长不信任，姐妹们也信不过，不久，小周被调离了。

　　讨论题：

　　小周的沟通有何不妥？小周应该怎样处理吴丽的问题？

☑ 沟通游戏　　　　　　　迷失丛林

将全班同学分成若干个小组（每组 8 ～ 10 人）。第一步，进行个人决策，每位同学不与任何人商量，对下列游戏中所列 14 种物品（见表 3-5）进行排序，最重要的为 "1"，最不重要的为 "14"，把答案写在第 3 列。第二步，每个小组进行讨论并排序，把答案写在第 4 列。第三步，小组成员把专家排序填入第 5 列。第四步，计算出个人得分和小组得分。

你是一名飞行员，但你驾驶的飞机在飞越非洲丛林上空时突然失事，这时你必须跳伞。与你一同落在非洲丛林中的还有 14 样物品，这时你必须为生存作出一些决定。

表 3-5　　　　　　　　　　　　　物品排序表

1	2	3	4	5	6	7
序号	物品清单	个人排序	小组排序	专家排序	个人和专家比较（第3列数字减去第5列数字，差取绝对值）	小组与专家比较（第4列数字减去第5列数字，差取绝对值）
1	药箱					
2	手提收音机					
3	打火机					
4	三只高尔夫球杆					
5	七个大的绿色垃圾袋					
6	指南针					
7	蜡烛					
8	手枪					
9	一瓶驱虫剂					
10	大砍刀					
11	蛇咬药箱					
12	一盒轻便食物					
13	一张防水毛毯					
14	一个热水瓶					
					加总本列数字得出个人得分	加总本列数字得出小组得分

专家排序与沟通
游戏结果评价

第4章 组织的变革沟通

学习目标

- 了解变革沟通的意义
- 掌握变革沟通的步骤和沟通策略

▶ 引例 任正非谈公司变革

华为心声社区2019年10月23日发布了任正非在公司组织变革思路讨论会上的讲话。任正非认为公司组织变革的主要目的是避免官僚主义产生，增强作战能力。企业的变革可通过优化作战队形、优化作战序列来加快组织新陈代谢。

他还认为，改革应该需要3~5年才能完成：代表处组织结构改革可能需要两三年，地区部组织改革再往后也要两三年。当它们运作有序后，就可以推动后方改革了。

以下是任正非讲话的全部内容：

一、为什么要变革？

公司组织变革的主要目的是避免官僚主义产生，增强作战能力。

随着公司规模的增长，高级干部越来越集中在后方，前方面向客户的就剩下低职级人员。如果审批权力集中在上层，这带来的后果是什么？官僚主义的产生。我曾去过土库曼斯坦办事处，当年它的纯利有几千万元，办事处主任只有14级。我去过拉萨办事处，西藏通信设施少，座谈时下面黑压压坐了一大片人，办事处主任只有17级，我对徐直军说，能不能对拉萨办事处试行改革，拉萨办事处没有必要对齐每个专业。我去过蒙古国代表处，这么小的国家市场，有线、无线分工太细，后来我们强调系统部要围绕作战实现端到端全流程打通。约旦代表处连续3年亏损，当时我去座谈，下面也是黑压压一大片，有位HR来了3年，居然没有一天下过基层。有个代表处的一位员工热情奔放、谦虚可人，16年工龄，16级，而且跨几个地区部工作过，这个人内部公关能力强，就是没有作战成绩，各级领导又喜马屁，人用错了地方。如果他选择到国际会议中心作接待经理，也许不至于被淘汰，选错了岗位难免被淘汰。现在实行代表处改革，内部公关作用不大了……

如果华为公司按照这个体制运作下去，前途堪忧，我才有了改革动机，希望能调整过来。我们不能一直躺在胜利的功劳簿上，否则就有可能会输掉。今年外部的打压把大家敲醒了，我们正在被激活，借这股东风对作战组织和机制进行调整。

第一，希望做强作战"弹头部"，要选拔一批在前线作战有成功经验的人，提拔起来，让他们担负授权的指挥责任。这样的将军多了，后方流程就不需要这么长；高职级的机关干部要敢于下"连队"当兵，在战火中接受检验，重新争取自己的职位。当然，并不是说现有"前线"岗位人员原地涨级，而是提高岗位任职标准，按照新的标准去选拔能担负职务的人，现岗位人员要多努力，你们有优先被选拔权。优秀"弹头"，不只是指最尖上的系统部的铁三角，还包括"弹药"在内的客户黏性和网络黏性岗位。当一大批"将军"、优秀专家在前线作战的时候，后方很多流程实际上都不需要这么复杂，这样倒逼机关大幅度精简。

第二，目前 AT（administrative team，行政管理团队）是由高层任命的，基层员工对其没有制约措施，将来能否改革试点：高层只有提名权，按岗位数量差额提名 150%，再由各相关部门打分，由下面员工评议再产生？老百姓有发言权，可能会让管理者有所畏惧。同理，对地区部的投票，代表处要参加；对机关的投票，"前线"人员要参加。

第三，我曾听到有人通过远程电话指挥合同签署，结果发现他连合同原本都没有看过，他如何能正确指挥？没在前线看过地形，如何能打胜仗呢？所以，机关高级干部三年中必须要有一年在基层，如果无法一整年都待在基层，至少每年要去一两个月。总体来说，我们尽可能不要产生官僚主义，要有作战能力，就是这个原则。我们要允许不能流动的干部逐渐转向职员岗位。

二、如何变革？

优化作战队形，优化作战序列，加快组织新陈代谢。

1. 组织：先从代表处和代表处 CNBG（Carrier Network Business Group，运营商网络事业部）系统部基层启动变革，第二层到地区部有关能力中心、资源中心的建设，第三层到 CNBG 机关，用三至五年时间逐步完成整个公司的组织变革。

我们现在没有条件全面改革，因为有的"树"没有长大，长大的"树"在灾难时期也不敢改革。目前只有 CNBG 基本稳定了，改革才能焕发能量。

我认为，改革应该需要三至五年才能完成：代表处组织结构改革可能需要两三年，地区部组织改革再往后也要两三年。当它们运作有序后，就可以推动后方改革了。

第一，CNBG 的改革预计明年（2020 年）底会有些眉目。今年（2019 年）展开第二批 16 个中小代表处的改革试点和提出 3 个大代表处的试点方案，明年上半年完成从小代表处到中代表处、大代表处的改革模型，明年底再对试点地区部改革模板给出结论意见，接下来改革 CNBG 机关。CNBG 改革成熟以后，再改其他几块业务，但是 CNBG 的改革现在可以广而告之，让大家知道 CNBG 在做什么，以此借鉴思考自己的管理模式。地区部只改革 CNBG 这部分，其他部分先按原来方式操作，新办法管新的，旧办法管旧的，下次改到其他模块时，再并进改革模块。

第二，研发组织还没有进行改革，因为他们正在紧张地补洞攻关。一是，我们强调研发组织要增强活力，这也是一种改革。研发组织每年必须输出几千人到市场、供应、生产及其他体系，才能补充相应的新生力量。这样其他体系的大部分补充人员无须从大学里招聘，可以直接在研发人员中招聘，具有研发基础的人员还更好。二是，研发要聚焦，不要乱扩展项目。

2.干部与人才：坚持对管理者的末位淘汰制，建议增加员工对干部的评议约束机制；专家通过考核与循环考试筛选人才，以考促训，以贡献结果评价员工；建立清晰、稳定的专业岗位队伍；精简的编余人员撤退到地区部、公司机关的战略预备队，培训考试合格后再上战场。

如何划分专业类岗位？长期做确定性工作的岗位可以先列为专业类岗位，逐步覆盖。我们强调的专业类岗位是高度稳定、实行岗位责任制、无年龄限制、不需要循环流动、所获待遇也能提供稳定的生活保障的岗位。当然，如果想多挣钱，就上战场冲锋去，英勇冲锋才有被破格提拔的机会。而且，有些岗位不需要本科生，大专生也能胜任。这样专业队列就逐步清晰了，当然，对于不好划分的岗位也别硬划分。

为什么先从代表处改起？代表处的富余人员可以向地区部或公司预备队输送，经过训练以后，还有可能重返作战岗位。接着改革地区部，最后改革机关。将来机关一定会定岗、定编、定员，随着我们的经验越来越丰富，管理工具越来越强，机关的作用越来越小，不需要聚集这么多"将军"。所以，对一线的人员首先是关怀，敞开战略预备队的门，欢迎精简下来的员工接受训练后，再选择岗位。

我暂时还没有思考如何选拔领袖型人才，当前考虑的是，组织改革最后精简出来的编余人员如何妥善安置？不是清理以后就"草菅人命"，也要有人情，还是要为员工曾经做出的历史贡献和他们的生存环境考虑，让努力工作的编余人员向地区部、公司机关战略预备队撤退，"输血"培训后再上战场，做出成绩再定级。当然，对不努力工作、吊儿郎当的干部可以直接在当地裁撤。

以后我们再讲组织性（比如AT）的考核应该怎么做，一步步来。这样整改下来，可能10年以后公司的组织结构和人才结构就会逐渐走向稳定状态。

三、组织变革管理如何运作？

第一，公司正在进行3个变革项目：合同在代表处审结、人才差异化管理、干部管理，特别是流程和边界性问题。丁耘对CNBG以及代表处改革已有深入认识，可以继续抓下去。等代表处展开多个BG（business group，事业部）改革后，胡总主要从行政角度看问题，考虑CBG（Consumer Business Group，消费者事业部）的改革并加进来。

你们的"火"从阿根廷合同审结和莫斯科的专业岗位改革开始燃烧起来,燃到泰国代表处模型的变革、拉美地区部中台的变革,逐渐扩大被卷进去改革的队伍,火越烧越大,最后是行政改革(组织结构、管理方法)。与代表处有关的会战,如合同在代表处审结、人才差异化管理、地区部平台变革这三块,现在是各自为战,到一定程度以后要进行会战。变革打通以后,从下慢慢往上走,看中间、基层还有哪些变革,把新的开发起来,一层层往外走。

第二,在CNBG的改革过程中,会产生一批改革人才。大国代表处改革工作组由吴伟涛担任组长,当他把泰国代表处改明白以后,允许全球的代表处与他PK,改革要与当地实践结合起来。

地区部中台的改革由邹志磊担任组长,把地区部改革的意见综合起来,形成模型,然后试点。

资料来源 木棉.任正非谈公司变革:变革目的是为了增强作战能力,需三至五年才能完成〔EB/OL〕.〔2020-07-22〕. https://laoyaoba.com/html/news/newsdetail?news_id=736619&source=pc.

一本《谁动了我的奶酪》风靡全球,许多跨国公司将该书作为教材发给员工。这本薄薄的小册子就讲了一个主题——变化,陈述人们面对变化的不同态度。社会每天都在发生变化,企业必须顺应这些变化,作出应对。变革是推动企业不断向前发展的车轮。

变革研究者发现,沟通是促使变革成功的主要因素。

4.1 变革沟通的意义

如果组织对下列问题大部分或全部回答"是",那么组织需要变革:

(1)管理者是否被"点头称是的人们"所包围?

(2)下属是否害怕向上司承认自己的无知和疑问?

(3)决策者是否过于偏重折中方案以至于忽略了价值观、长远目标和组织福利?

(4)管理者是否认为,他们的最大乐趣是不惜代价维持组织的和平和合作效果?

(5)决策者是否过于注重不伤害他人感情的决策?

(6)管理者是否认为在奖励方面,德高望重比有能力和高绩效更重要?

(7)管理者是否过分注重获得决策意见的一致?

(8)员工是否对变革表现出异乎寻常的抵制?

(9)是否缺乏新思想?

(10)员工的离职率是否异常低?

变革为何需要沟通呢?因为人们对变革存在心理障碍,这些障碍表现在:第一，习惯。习惯培育一种安全感，变革则是对安全的威胁。第二，时间限制。担心变革打乱现有秩序，使人更忙碌。第三，结果的不可预见性。第四，如果对变革缺乏足够的沟通，管理者不理解员工的想法和问题，员工不知道变革的理由、行动方案，对变革方案缺乏风险评估，后续工作很难巩固改革成果等，变革的障碍将更大，员工可能产生心理恐惧，制造对抗性消息和谣言，反对变革。由于人们的心理障碍，在变革时期，效率的降低是显著的。有的研究认为，在企业的并购变革中，劳动生产率的降低幅度为50%~70%。所以，变革需要沟通，需要稳定人心。

小案例4-1　　　　　　　"告状局"的沟通改革

　　X县是H省有名的贫困县，一直很难完成税收预算任务。该县税务局有个不好的习惯：告状。员工有一点小事就告到省局去。X县税务局局长换了几任，都没改变。大家谈X色变，没人愿去该局任职。

　　W是省局重点培养的对象。他是某财经大学硕士毕业生，已有6年税务工作经历。省局出于培养人才的考虑，决定派W去X县任局长。W上任第一件事是想找出员工告状的原因，他发现该局存在明显的管理漏洞：考核、晋升没有规章，凭关系、走后门之风盛行；员工有意见无处可提，提了还可能遭到打击报复。于是，W开始了改革。

　　首先，广开言路：倡导平等、开放的管理作风，要求领导与下属形成介于同志和兄妹之间的关系；领导的门始终对员工开放，任何员工可以直接推门进来与任何级别的领导交流；每个季度第一个月的1—8日，各税务所所长都要同自己的手下进行一次职业发展的对话，还要检查手下是否感觉受到了尊重。同时，为员工准备了9种表达意见的途径：

　　①"我建议"：以书面形式提出对分局的意见和建议，实行"全面参与管理"。

　　②投诉：员工可以就任何问题提出意见和投诉，应诉人必须在5天内对隐去姓名的投诉信给予答复，再由投诉处理人按投诉人要求的方式反馈给投诉人，全过程必须在10天内完成。

　　③座谈会：每周四下午召开座谈会，员工可以畅所欲言。大部分问题当场答复，不能当场答复的7日内给予反馈。

　　④内部刊物：创办《家》，员工可以自由投稿，主要信息及时在此发布。

　　⑤教育日：每年10月第一个星期五为教育日，此日学习或宣讲税收法规政策、历史等。

　　⑥墙报：及时更新内容。

　　⑦热线电话：昼夜值班，员工和纳税人都可以随时拨打。

　　⑧局长信箱：办公室主任掌管钥匙，每周开三次。

　　⑨员工大会：对重要信息、重要活动召开全局员工大会公布。

　　其次，在广开言路、收集大量信息的基础上，改革考核、晋升制度，提高考核、晋升透明度。新的考核方案经过多次讨论、反馈，提交省局备案，获得上司支持、员工理解，改革顺利进行。

W 还以身作则，不以权谋私，树立清廉公正的作风。

一年后，W 的改革收到了很好的效果，"告状局"变成了全省的先进局。

问题：W 的变革为何从沟通入手？

4.2　变革沟通的策略

研究变革的专家科特认为变革是一个过程，需要经过 8 个步骤：

第一步，建立危机感。

第二步，建立有力的领导变革的班子。

第三步，制定远景及实现远景的战略。

第四步，广泛宣传远景及战略，让成员参与和共享；领导班子积极参与变革，以身作则。

第五步，充分授权下属实施远景规划，鼓励下属消除变革障碍和敢冒变革风险。

第六步，对取得的任何一点改革成就都予以肯定、奖励。

第七步，推出新的更大的改革项目，巩固改革成果。

第八步，宣传变革带来的成功；将变革领导成员推到更高的领导职位，以使改革成果制度化。

如果是中层推动的变革，成功的策略还包括：（1）确信你是变革的最佳人选：你有变革的权威和信任度；如果没有，找一个上司支持你。（2）将变革项目和公司的战略结合起来，这比节约成本、提高效率等单纯目标更能让上司青睐、认同。（3）获得人力资源管理者和技术专家的支持，因为变革涉及人事和技术。（4）保持乐观的环境：向你的合作者和员工强调他们将从变革中获得什么利益，说明为什么这个改革方案比其他的好，促使他人对你的成功"下注"，使他们振奋、关注结果。

成功的变革要求变革者做好变革消息的传播和沟通工作，告诉员工：（1）为什么不得不变革；（2）变革怎样节约他们的时间；（3）为什么反对的观点是错误的；（4）如果不变革将会发生什么；（5）参与变革的工具、方法有哪些；（6）管理者理解他们的状况；（7）怎样评估新的绩效（包括改革绩效）。[①]

总之，许多优秀的变革项目在实践中夭折，是因为缺乏变革沟通。变革时期比正常时期更需要沟通。变革需要有焦点，有耐心，需要有后续巩固活动和措施。不管是自上而下的变革还是自下而上的变革，要确保变革成功，都要求员工广泛的参与。

---

① 哈特斯利，麦克詹妮特.管理沟通［M］.李布，赵宇平，等译.北京：机械工业出版社，2000.

4.3 变革不同时期的沟通策略

勒温（K. Lewin）认为，成功的组织变革要经过3个步骤：解冻、变革、再冻结。解冻是指打破组织成员对组织现有状态的认识，让人们认识到，组织现行的某些方面已不适应新环境，如果不进行变革，组织将面临衰退或死亡。现状好比一块坚冰，需要解冻。解冻期主要是激发变革。激发变革的方法有很多：第一，改变组织文化，如倡议革新观念，给勇于独创和挑战的员工以激励。第二，重新建构组织，改变决策过于集中或过于分散的状态，这又称为机构术。第三，引进外人，如引进背景、价值观、态度或管理风格与当前群体成员不相同的个体，产生鲶鱼效应。第四，提升或任命一名"挑刺"者，发出创新的信号。

解冻期主要的沟通在于营造变革氛围，说明变革的必要性，同时制定变革的远景，使人们参与而不是抵制变革。

变革期的沟通重点在于：制订沟通计划；确定沟通渠道；将变革内容广泛传递；宣传变革成果。

再冻结是指通过制定制度，使改革措施得到巩固，以防止遇到阻力而后退。这时变革沟通的重点是树立典型，表彰变革的部门和个人，执行新的制度。

本章小结

在瞬息万变的社会，组织也必须跟随变化，变革是一个组织生存和发展的根本。沟通是影响组织变革是否成功的重要因素。因为人们对变革存在许多心理障碍，所以需要沟通，消除这些障碍。变革沟通是要告诉人们为何要变革、变革有何好处、不变革有何坏处、怎样参与变革。如果是中层推动的变革，变革者更应该与上司、下属、同事广泛沟通，取得各方支持。

在变革的不同阶段，变革沟通的侧重点不同。

复习思考题

1.如何检测组织的变革需要？
2.为何变革需要沟通？变革沟通的策略有哪些？
3.中层推动变革的策略有哪些？

▷案例分析　　　　　　左手社交电商　右手传统文化

——天然工坊新聘大学生如何融入企业文化？①

2018年4月12日晚上10点，小郝对为他因拓展训练不小心摔伤而住院的事忙碌了一整天的苏路江、黄振宇说："明天能否把电脑带来，我要写代码。"回家路上，苏路江、黄振宇感慨万千，想起一年前小郝面试时说"难得回家一次、难得给

---

① 本案例是谢玉华撰写的第十届（2019年）"全国百篇优秀管理案例（微案例）"之一。案例记录的是湖南天然工坊电子商务有限公司的真实故事。

妈妈打个电话"，他们据此认为小郝不符合公司"孝亲尊师"的价值观，但小郝的诚实让他们觉得不妨让他留下来试试。一年后小郝变化很大，不但工作成绩斐然，而且成为公司文化的践行者。

1. 思索人生道路

看到小郝的变化，苏路江回想起这三年艰辛的创业历程，觉得很值。苏路江出生于1982年，从小有美术天赋，初中毕业直接上了中专学习服装设计，2000年毕业后即在广州、东莞、深圳等地的服装厂打工，从一线工人干到一家国内著名服装公司的副总，年薪60万元。事业达到了顶峰，苏路江却很迷茫，做服装设计，见到的是一个物欲横流的社会，这让他时常思索人生的意义。2012年，苏路江看到公司老板卷入高利贷风波、资金链断裂，同时因生活奢靡而致妻离子散，恍然醒悟，并决定要创业，做自己愿意做的、于己于人都有益的事情。

苏路江的创业道路与刘国栋有很大关系。与苏路江经历类似的刘国栋2000年毕业于南昌师范学院，做过电商、环保公益、新农人，对中国传统文化有深入钻研。2002年苏路江与刘国栋成为同事，工作之余，两人经常一起探讨人生、宇宙等问题，很是投缘。随着传统文化学习的深入，他们越来越明白自己想要怎样的生活。两人的人际圈中基本上都是学习传统文化和崇尚环保的人，他们开始在自己的生活中践行环保、天然、健康、纯朴的理念。

如果说刘国栋是苏路江创业的"智多星"，黄振宇就是苏路江的黄金搭档和"大内总管"。黄振宇是那种靠谱青年，从小学习好、为人踏实诚恳，深得老师、领导喜欢，19岁便成为中专学校的唯一学生党员。黄振宇在安徽六安国有纺织厂工作5年后，不满足于按部就班的生活，停薪留职去上海学习电脑设计，先后在上海、东莞、深圳等地做服装设计，2012年回安徽做童装销售。2006年苏路江与黄振宇成为同事，一见如故。

2. 创业

2013年苏路江便在长沙谋划创业，刘国栋也在不断尝试做电商。2014年黄振宇来到长沙，苏、黄吸纳曾经的同事汪健、任露加入，苏路江还引入自己的哥哥苏路峰及做销售的朋友老曾，黄振宇邀请做软件开发的朋友蒋运金加入，组成了8个人的创业团队。这一年，8个人几乎天天头脑风暴，想把天然、健康、环保、实惠的好产品送进千家万户，最后决定做一个天然健康生活用品平台。创业团队成员没有工资，各自花光了积蓄。苏路江卖掉顺德的房子，维持团队运营及团队成员的基本家庭生活。2015年春节，苏路江在吃饭时看到餐厅的漂白纸巾产生灵感：销售环保本色纸（不漂白、不添加，用可再生的竹纤维作原料）！创业团队迅速对市场进行调研，发现本色纸市场占比还不到1%，而生活用纸按销售额算有2 000亿元规模。于是团队商定做本色纸的网络分销代理商，8个人同一时间在各自朋友圈发送图片推介，经过一个多月的测试，竟然积累了1 200名种子会员。2015年4月10日成立公司——长沙微乐购日用品贸易有限公司，采购本色纸，租仓库，8个人既做线上接待和结算工作，又做装运工，吃住都在仓库，同时紧急开发系统，准备正式线上运营；当时商定创始团队8人平均分配股份。原计划5月20日系统上线，18日系统开发商却告知系统还没开发好。苏路江急得临时在天猫上花6 000元买了个系统。15万会员上线后，这个买来的系统却崩溃了，所有会员资料丢失。绝望至极的苏路江与团队商议，大家一致认为："我们可以放弃创业、承认失败、再去打工，但会员的钱货都还没算清，不能没有交代。"于是他们找来20个大学生兼职工，加上自己的人员，给会员一个个打电话，重新建立会员数据。

一波刚平一波又起，重新运营后公司发展迅猛，本色纸品牌厂家的线下销售受到冲击，导致品牌商断货。吸取这次教训后，创业团队开始多品类规划，产品增加到几十个品种，全部是纯天然健康的产品，市场反应都好，但供应链跟不上，售后服务也跟不上，用户体验感不好，品质很难把控。痛定思痛，2015年9月，他们砍掉所有产品，重新定位：专注做竹纤维本色纸巾，并注册自己的商标（竹妃）。10月，公司引入湖南卓航教育咨询公司的投资270万元。卓航认为，公司的股份不能平均分配，否则责任不明，必须有为主的，以便有效控制公司运营。于是8人商议，大家都要让出股份给苏路江，最后苏路江拍板，根据贡献和付出将股份分成三个等级：2∶1.5∶1（苏路江占40%；黄振宇和老曾占30%；其他人为20%；预留10%根据未来情况分配）。卓航对8个人半小时就能解决这么重大的利益问题而惊叹不已，由此认定这是一个值得信赖的团队。引入投资后，公司更名为湖南天然工坊电子商务有限公司，于11月搬至长沙高新区芯城科技园。2015年12月16日，公司自己研发的系统重新启动，40天会员就达到了100万；2016年会员迅速增加，会员复购率达到70%；至2019年，会员达到3 100万，年销售额达5亿元。

3.打造幸福企业

苏路江认为，企业文化不能仅仅停留在"上墙"做宣导上，更应该"化人"，提炼心性，形成价值观。创业团队在创业之初就提出几个约定：诚信，做好产品，决不负债经营，百分百纳税。公司成立后，确定了两条生命线——坚守诚信与坚守产品品质；底线——不传播负能量；行为规范——不给别人添麻烦。随着业务的迅速发展，员工队伍不断扩大，公司开始引入中国传统文化，提出"打造幸福企业"的目标，让每个员工都能拥有幸福人生，以《弟子规》作为行为规范律己待人。创业团队一边创业一边学习传统文化，基于自身的感受认为，教育可以提炼心性，自己可以做幸福人生的主宰。苏路江和黄振宇经过反复商讨，确定了企业的学习教育体系。

首先，高管团队自我学习。高管团队大部分成员都学习传统文化多年，创业稳定之后，继续坚持学习，每天早课学习《弟子规》和企业文化，结合工作反思（共30分钟）。更关键的是，高管团队在日常管理及生活中践行传统文化，坚持正己化人。

其次，员工全员学习传统文化。新进员工都到广西传统文化道德促进会下的仁爱家园进行5天封闭式"幸福人生"学习，课程内容包括孝道文化、家庭伦理、健康心态、科学饮食等。这个培训只是让员工对传统文化入了门，以后还要通过各种学习巩固深化。每月全公司有一次传统文化与稻盛和夫管理培训（通常为1~2

天），全员轮流参加；每周三下午为员工学习传统文化的时间。员工培训全部带薪。

再次，通过义工活动践行企业文化。公司支持腾讯"99公益日"活动（拯救江豚）；支持两个非政府组织，一个是推广"零污染村庄"建设的醉道孝道团队，该团队已参与河南6个"零污染村庄"的建设，公司员工自愿参加义工活动；另一个是广西传统文化道德促进会（其下的仁爱家园定期举办传统文化公益教育），为其提供经费赞助、物品赞助，还定期派公司员工队伍去仁爱家园做义工。公司建立了员工志愿者团队，160名员工中有近一半是志愿者。公司成立了公益部，每个月组织一次志愿者活动（通常利用周末），而且人人都是义工，公司没有清洁工，每个员工看见卫生间、楼道、办公室有脏污，就会及时打扫。

4.挑战

公司快速发展、员工迅速增加，如何让新进员工尤其是校招大学生快速融入团队？苏路江决定请王燚解决企业文化落地问题，打造一支有强大的文化支撑力的团队。王燚曾任北京和君咨询集团人才评价与发展中心的负责人和两家独角兽企业的首席运营官（COO），拥有心理学学科背景，注重人的柔性管理理念，他与苏路江一聊便很投缘。王燚在承担天然工坊管理咨询项目近一年后，于2018年10月正式加入天然工坊，担任主管运营、人力资源及企业文化的副总。

王燚一上任就着手建设企业文化，小郝的话给他留下了深刻印象。小郝回顾近两年的心路历程，很庆幸来到天然工坊工作。来天然工坊之前，他在三家公司工作过，那些公司没人关心员工的身心健康和家庭幸福。而身处长沙的天然工坊，员工的薪酬相当于北、上、广、深一线城市的水平，还有孝心工资（直接发给员工父母）、孝心旅游金（每年发3 000元带父母旅游）、生日礼物（员工生日送父母礼物，150元/（人·年））、免费健康午餐、强制午休、每周健康训练课程等。更重要的是，在天然工坊，人人平等、相互尊重、互爱互助，这种氛围是年轻人最喜欢的。小郝经常与同事们交流，发现大家都有同样的感受：来天然工坊工作后，更注重健康环保的生活，更关爱家人、友爱亲朋，更注重个人心性修炼，更幸福快乐了。然而，与他们这些有过工作经历的人不同，小郝带的团队中，校招的95后大学生对公司文化的接受速度要慢得多，个别还有一段时间的抵触。王燚在与校招大学生的沟通中同样感受到了这一点，这也是苏路江、黄振宇一直忧虑的问题。此外，对员工进行"孝亲尊师"的传统文化教育需要环境的支持，如何向员工家属、亲朋延伸传统文化和幸福人生教育？更进一步，如何向千万会员传授圣贤文化，使他们的人生更幸福？这是摆在担任"组织部长兼军师"的王燚面前的迫切任务。

湖南天然工坊电子商务有限公司背景信息：

1.人力资源情况

至2020年7月，公司共有员工158人，其中品牌中心、IT部、客服部员工最多。高级管理层共有4人，平均年龄为39.2岁；公司所有员工的平均年龄为29.6岁；女性员工多，男女比例为0.58∶1；本科及以上学历员工占57.2%。

2.产品及销售情况

天然工坊成立4年多时间,至2020年7月粉丝突破3 100万,目前拥有两家全资子公司,即竹妃纸业有限公司、长沙酵丽生物技术有限公司,以及湖南有品先生电子商务有限公司等多家生态链公司。

爆款产品:竹妃竹浆纸巾,产品采用100%天然慈竹竹浆生产,不漂白,无有害添加,通过欧美食品级标准检测。

其他明星产品:酵丽酵素洗护系列,有品先生无痕内裤。

商业模式:F2C(从工厂到消费者),即消费者线上下单,工厂直发。

作为社交电商,公司70%的用户为宝妈,产品复购率达70%。

运用内容营销,聚焦引起粉丝共鸣的话题。

致力传播传统文化:开创以《弟子规》为原型的育儿音频故事,全网播放量已超过1 000万,熊猫小妃IP形象深入人心,微信公众号和抖音号垂直传播传统文化,倡导更美好的生活方式。

运用全网新媒体矩阵——抖音、企鹅号、百家号、新浪微博、博客、大鱼号等,品牌影响力遍布全网。

3.企业文化

使命:弘扬传统文化,共创美好生活。

愿景:把健康环保的生活方式带给千家万户。

价值观:厚德,高效,创新,共赢。

团队理念:事业共同体,利益共同体,精神共同体,命运共同体。

客户观:用心服务到客户感动。

产品观:天然,健康,环保,实惠。

人才观:德才兼备。

生命线:坚守诚信,坚守产品品质。

道德规范:孝亲尊师。

行为规范:不给别人添麻烦。

底线:不传播负能量。

讨论题:

1.如何认识天然工坊依托传统文化进行企业文化建设?一方面是时尚的社交电商,另一方面是传统文化,你觉得二者可以很好地融合吗?

2.面对新聘大学生员工,天然工坊要进行怎样的变革以使其企业文化传播成功?

- 认识跨文化沟通的重要性
- 了解东西方沟通文化的差异
- 掌握跨文化沟通策略

▶ 引例　对新生代员工上班玩电子游戏问题的处理

近 5 年来，某国有企业分厂技术部门新参加工作的技术员中，新生代的大学生约占该部门总人数的 60%。由于该企业对员工的业绩考核力度不大，并且技术人员整体工资收入与同行业的同类人员相比处于较低水平，因而部门年轻员工工作表现不尽如人意：工作积极性不高，执行力较差，工作 3～5 年的技术人员流失达 15%；更严重的是，上班时间有部分年轻技术人员沉迷于玩电子游戏。部门领导由于业务繁忙，上班时间各种会议占用时间较多，一直没有把上班玩电子游戏的事当作大事来抓，以至于上班玩电游的人员日益增加，已到了影响工作的程度。为此，部门领导班子决定着手研究解决这一问题。

首先，部门领导班子利用业余时间走访年轻技术人员所住的集体宿舍，了解他们业余文化生活的情况。走访发现，员工对宿舍硬件虽然满意，但宿舍内员工交流较少。几乎每个技术人员都自己买了一台电脑，并自费连接了互联网，8 小时工作时间之外的业余生活大部分花在上网玩电子游戏、上网找工作、上网听歌等方面。

其次，部门领导班子组织团支部发起了一次玩电子游戏原因的无记名问卷调查。发出问卷 50 份，收回问卷 42 份。统计分析的结果表明，玩电子游戏的原因有：①大学时玩惯了，有瘾；②业余生活单调，没有啥好玩的活动；③集体活动很难组织，不如上网玩电子游戏容易实现；④工资收入低，除掉必要的生活开支外所剩无几，上网玩游戏是最便宜的选择；⑤上班没有成就感，而玩电子游戏有挑战性和成就感，还可以相互间切磋技艺，大家交流起来都津津乐道，很有意思；⑥工作上吃"大锅饭"，干多干少、干好干坏在月收入上没有明显区别，反正得过且过，别人玩而自己不玩感觉另类；⑦上班工作累了，玩游戏放松放松；⑧上班没事干，玩游戏打发时间等。针对问卷结果，团支部随后又组织了一次座谈会，参加人员有部分年轻技术人员、部门主要领导。与会人员针对调查结果，结合自身的理解，运用头脑风暴法针对玩电子游戏的主要原因展开了热烈的讨论，最后归纳出主要原因是上述⑥⑤④③条。

完成以上调查后，部门领导班子经研究，采取了以下措施：

第一，每月评选出3名工作业绩好的员工，在每月的部门工作总结会上进行表彰（包括奖励证书及现金若干），提高技术人员工作的成就感；

第二，每月评选出1个最佳专业班组，在每月的部门工作总结会上进行表彰（包括奖励证书及现金若干），增强技术人员的团队协作精神及集体荣誉感；

第三，由部门工会出面，组织各种文体活动，丰富职工的业余文化生活，如单位出钱联系好固定活动场地，每周定一个晚上组织住集体宿舍的年轻技术员打排球及羽毛球；

第四，给部门团支部下拨一定活动经费，由团支部自行开展业余文化活动，如郊游、会餐、文体比赛等；

第五，针对年轻技术人员都是新生代的大学毕业生，具有参加工作时间短、多为独生子女、自尊心强、独立生活自理能力较差、相互间不愿沟通等特点，部门行政拨款购置了一些做人做事、团队协作、班组管理、心理健康等方面的书籍，供员工自愿借阅，以达到潜移默化地教育的效果；

第六，部门领导与年轻技术员谈心，了解他们的意见和困难，改进领导班子的工作方法及作风；

第七，部门领导向公司领导汇报年轻技术员的一些想法及收入偏低、队伍不稳定的情况，获得上级领导的理解和支持，设法改善和提高技术人员的待遇，如争取项目开发奖励等；

第八，再次在部门大会上明确上班时间不允许玩电子游戏，技术人员使用的电脑里不允许保存电子游戏软件，如有违反，一律罚款500元/例，从当月工资中直接扣除，并通报批评；

第九，各科室合理安排工作，最大限度地减少忙闲不均。

采取以上措施后，上班玩电子游戏的现象大幅减少，但据反映，仍有少部分技术人员的电脑里装有电子游戏软件，且采取较隐蔽的方式继续玩。为此，部门领导班子再次研究分析原因，发现有另外两个原因不容忽视：一是虽然反复强调上班不许玩电子游戏，但从未真正处罚过任何一个玩游戏的人，职工认为反正无所谓；二是收入问题，除了收入水平整体偏低外，该部门同等条件的技术人员的月收入比车间工艺员要低50%左右，因为车间为了留住这些技术人员采取了额外的补贴措施，从而该部门的技术人员感到同工不同酬，非常不公平，因此情绪消极，得过且过。

基于这种情况，部门领导决定采取主动"进攻"措施，一方面以最后通牒的形式限本部门全体职工在当月15日前自行删除本人工作电脑中的所有游戏软件，当月15日后将请专业计算机保密技术员进行检查，如检查发现还有游戏软件存在，不管是否玩过，一律罚款500元/例，直接从当月工资中扣除，且从今往后电脑不允许存在当月 15 日后电子游戏软件的系统安装记录，发现一例，同等处罚。当月 18 日，部门领导组织保密办专业计算机保密技术员及部分职工代表，采取随机抓阄的形式对职工电脑进行突击检查，结果发现职工李×的电脑里有电子游戏软件，且最近一段时间有玩游戏的记录。进一步调查发现，这些记录基本上都是在该职工出差期间发生的，这意味着其他人在李×的电脑上玩过游戏。为此李×也来找部门领导，要求免于处罚，为了保持规章制度的严肃性，部门领导班子对该职工进行说服教育后仍决定对该职工罚款 500 元，从当月工资中扣除，并在部门大会上点名批评。职工震动很大。随后不久，由于技术人员流失严重，公司对技术人员薪酬体制进行改革，该部门技术人员的月收入大幅提高，与车间工艺员的收入差距明显缩小，大家的工作积极性明显提高，玩电子游戏的现象得到有效遏制。

资料来源　根据湖南大学 MBA 学员王太明提供的素材改编。

5.1　跨文化沟通的意义

世界经济一体化，加快了文化交融的步伐。跨国企业越来越多地进入中国经济的各个领域；越来越多的中国企业到世界各地投资，成为跨国公司，企业文化融合及跨文化沟通成为企业管理的重要问题。实际上，中国很多公司办公室已接近"联合国"形式，聚集了世界各国的员工。很多跨国企业将"尊重不同能力和背景的人"作为员工考核的一个重要指标。在中国企业的跨国兼并重组和跨国投资中，文化融合已成为与战略决策同等重要的问题。有许多研究成果表明了文化融合和跨文化沟通的作用。

• 83% 的跨国公司合并没能产生经济效益，人们一般归结为决策错误或对市场判断错误，实则为文化冲突引致失败。

• Olie 的研究表明，跨国公司的合并成功率为 40%~60%。

• Muller 研究 8 000 家合并案例后，认为只有 15% 的赢家。文化融合是主要问题。

• Kitching 的研究认为，文化融合不当而产生的管理失败占所有公司失败的 1/3。

• 2019 年全球已完成的并购交易规模已达到 3.8 万亿美元，美国并购市场尤其突出。但跨国并购最难的环节在于跨文化融合。

跨文化沟通不仅指跨国公司的文化沟通，还包括不同年龄、性别、民族、地域等的人们之间的沟通。在中国企业中，代际的文化差异越来越明显。引例中的管理者就很好地进行了代际沟通，站在年轻员工的角度，解决年轻员工的问题。

5.2　东西方沟通文化的差异

关于东西方管理文化的差异，有许多研究。

首先，权力距离不同。从1967年到1973年，Hofstede（1980）用20种语言从态度和价值观方面，在收集了40个国家（地区），包括从工人到博士和高层管理人员在内的共116 000份问卷调查数据的基础上，提出了权力距离、个人主义/集体主义、男性化/女性化、不确定性规避四个文化维度。根据他的研究，东方权力距离大于西方。在偏好权力跨度大的文化中，员工对上司专制式的管理方式采取较为宽容的态度；而在倾向于权力跨度小的文化中，组织中的上下级关系表现较为亲密、融洽。

其次，人伦关系不同。费孝通的差序格局和团体格局理论认为，西方社会以个人为本位，人与人之间的关系好像是一捆柴，几根成一把，几把成一扎，几扎成一捆，条理清楚，成团体状态；中国乡土社会以宗法群体为本位，人与人之间的关系是以亲属关系为主轴的网络关系，是一种差序格局。在差序格局下，每个人都以自己为中心结成网络。这就像把一块石头扔到湖水里，以这个石头（个人）为中心点，在四周形成一圈一圈的波纹，波纹的远近可以标示社会关系的亲疏。中国文化中的人伦成分较重，表现在中国人注重关系，区分圈子内成员与圈子外成员，内外有别、厚此薄彼。中国人看重感情，陷于"人情困境"。人情演化为对待熟人的社交规范，导致人们在社会交往中缺乏决断性；人情作为社会交换中的"货币"，表现之一是递增式的回报，强化了关系主义；关系和人情相互加强，腐蚀制度和公正，导致组织规则多元化，少数人受益，多数人不满。①

最后，领导行为不同。是人治还是法治，是英雄领导、家长作风还是团队合作？东方社会重人治和英雄领导，带领企业走向成功的领导者被视为英雄；领导者倾向于通过多种方式维护自己的英雄地位和形象；英雄式领导者进一步导致高度人治的管理，表现在决策高度集权、以个人好恶管理企业、高估自己和企业的能力、排斥持不同意见的人、不培养接班人、企业的命运完全系于领导者个人身上。家长作风表现在立威、施恩、树德上。西方企业讲究规范，倡导团队合作。

东方文化弊端阻碍企业的规范化、制度化、透明化，但是中国不少企业在顽强地探索。

小案例5-1　　　　　　　　　　**万科的职委会**

　　万科某分公司营业总额占整个公司的20%以上，分公司总经理、副总经理、销售部经理均为由总部派出的骨干人员，顶着巨大压力、不辞劳苦为公司业务奔波，利润指标完成极好。1997年，销售部经理与一位本地销售主管（他的下级）因为工作问题发生了激烈的冲突，工作无法继续开展下去，销售部经理当场表示要辞退该名主管。当天下班之后，销售部经理向分公司副总经理汇报这个员工不

---

① 资料来源：①张志学.企业文化的两面性［J］.北大商业评论，2006（2）.②程原，等.中国企业家缺乏什么领导风格？［J］.商业评论，2006（4）.③张志学.华人企业家长式领导产生的成因究竟是什么？［J］.本土心理学研究，2000（13）.

服从领导，很难继续共事下去。万科《职员手册》规定：当上司与下属因工作发生冲突，无法达成共识时，下属应该首先服从上司的决定遵照执行，由此而带来的风险和后果由上司承担，但下属保留越级上诉的权利。而该名主管不服从安排，造成工作无法继续，违反了公司的制度，造成了公司利益的损失，应该予以辞退。副总在征得分公司总经理的同意后，决定辞退该名销售主管。该名主管收到了公司发出的辞退决定，觉得不可接受，飞抵深圳找到公司总部投诉。

公司总部人力资源部开始调查此事。分公司坚持认为该员工不服从管理，应该予以辞退，销售部经理也表示，如果总部要撤销辞退决定，他立刻辞职。人力资源部认为按照规定，基层管理者如果在工作上犯了错误，首先应该是降职，如果降职后仍然表现不好，才将其辞退。仅凭这位主管因工作问题与上司发生冲突，并不足以将其辞退。另外，公司《职员手册》明确规定，要辞退一个员工必须在征得分公司老总和总部人力资源部共同同意，并征询职委会意见的情况下方可进行。所以，分公司的做法不符合程序，但考虑到已经出了公告，为了维护管理层的权威和尊严，决定维持原判，但说明下不为例，并将此意见反馈给职委会。职委会收到事件调查报告后提出异议，认为既然《职员手册》是公司的规章大法，为什么不遵照执行？如果开了这样的先例，是不是今后任何一个部门经理只要对员工不满都可以随意辞退？员工的利益还如何得到保障？职委会对辞退该名员工表示反对，认为这样的先例不能开。

人力资源部和职委会的意见分歧集中汇总到集团的最高决策层——集团总经理。总经理经过研究，认为《职员手册》的制定就是为了使公司步入更规范的管理模式中，既然该分公司没有按照《职员手册》办事，处理方法明显不妥，总部就有责任来对此进行修正。总经理最终裁定：撤销辞退决定。销售部主管返回公司上班，并受到了降职降薪的处分，而过后不久销售部经理就辞职离开了公司。

备注：万科的职委会是代表全体职员的利益并为之服务的机构，其工作宗旨是"维护员工合法权益、倡导健康文体生活、促进企业顺利运行"。职委会的委员分布在集团各所属单位，由职员投票选举产生。集团职委会由一名主席、七名执行委员组成，均为兼职；设专员和秘书各一名，负责日常工作。专员办公室设在集团总部。集团所属单位组建的职委会作为集团职委会的分会。职委会的基本职能是：参与——参与公司有关职工利益的制度或政策的制定；沟通——在公司内部、管理层与员工之间、集团总部与一线公司之间，发挥沟通渠道的作用，使一些行政渠道不能及时准确传递的信息，通过职委会的沟通得到传达；监督——职委会作为广大员工的代表，有权对违反国家和公司规定而侵害职员权益和公司利益的行为进行监察、批评，并监督改正。集团职委会的日常工作主要包括：(1) 受理职员申诉，维护职员利益；(2) 收集职员意见，向公司管理层反映；(3) 开展经常性的文娱体育活动，丰富职员业余生活；(4) 管理"万科职员共济会"；(5) 管理"万科职员证券投资互助会"；(6) 管理"万科职员公积金"。

中外比较 5-1　　　　　　　　东西方沟通文化的比较[1]

一、东方重礼仪，多委婉；西方重坦诚，喜直接。

二、东方重心领神会，多自我交流；西方重沟通交流。

三、东方和谐重于说理；西方说理重于和谐。

四、东方重情感沟通；西方重事实沟通。

五、东方喜中间人调停；西方喜直面冲突，以竞争解决冲突。

六、东方喜欢谦虚；西方喜欢赞美。

七、东方喜欢以拉家常开始沟通；西方喜欢直接切入主题。

5.3　亚文化与亚群体

亚文化（subculture）是具有能在更大的社会范围内或宏观文化中使自己有别于他人特点的人群所形成的文化，与亚文化相联系的是亚群体。比如美国的宏观文化是由白种人形成的，其最大的亚文化群体是西班牙裔，其次为非洲裔、亚洲裔、原住民等。此外还可以根据年龄、宗教信仰等进行分类，如美国的"Y代""千禧一代"。

是否称得上亚文化，要看是否满足三条标准：

第一，群体成员是自我识别的，即群体成员想要被认为是群体的一部分。

第二，群体成员表现出来的行为能代表整个群体的特征。

第三，宏观文化承认群体文化作为一种亚文化并给了一个名称。

跨文化沟通包括同一个文化中不同群体和亚文化之间的沟通。中国企业管理中一个突出的现象就是新生代员工的管理与沟通。学者的研究表明，自我情感因素、物质环境因素、人际关系因素、革新特征因素共同构建了新生代员工的工作价值观。新生代员工的工作价值观既以自我为导向、尊重内心世界，又能相对理性地面对职场环境、着眼个人长远发展。新生代员工更看重人际的公平和民主、平等，渴望得到尊重理解，获取领导重视，拥有舒心的工作氛围，但是，他们张扬自由的个性往往缺乏对企业的忠诚度、责任感和自律性。同时，追求生活多样性的新生代员工，喜欢新鲜感，对于新事物、新知识有较强的接受能力，注重网络信息获取，具有典型的网络化特征，这造就了新生代员工易有新颖独到的想法构思和创新的思路，具备较强的创造力和想象力。

小案例 5-2　　　　　　　　　　奔涌吧，后浪

2020年五四青年节的前一个晚上（5月3日），B站（哔哩哔哩弹幕网）献给新一代的青年宣言片《后浪》在央视一套播出，并登陆《新闻联播》前黄金时段。国家一级演员何冰走上舞台，以青年宣言《后浪》为词，认可、赞美并寄语

---

①　黄铁鹰，梁钧平. 北大经典实战案例之万科篇 [M]. 北京：中国科学文化音像出版社，2001.

年轻一代。演讲全文如下：

那些口口声声

一代不如一代的人

应该看着你们

像我一样

我看着你们

满怀羡慕

人类积攒了几千年的财富

所有的知识、见识、智慧和艺术

像是专门为你们准备的礼物

科技繁荣、文化繁茂、城市繁华

现代文明的成果被层层打开

可以尽情地享用

自由学习一门语言

学习一门手艺

欣赏一部电影

去遥远的地方旅行

很多人

从小你们就在自由探索自己的兴趣

很多人在童年就进入了不惑之年

不惑于自己喜欢什么

不喜欢什么

人与人之间的壁垒被打破

你们只凭相同的爱好

就能结交千万个值得干杯的朋友

你们拥有了我们曾经梦寐以求的权利

选择的权利

你所热爱的就是你的生活

你们有幸

遇见这样的时代

但是时代更有幸，遇见这样的你们

我看着你们

满怀敬意

向你们的专业态度致敬

你们正在把传统的变成现代的

把经典的变成流行的

把学术的变成大众的
把民族的变成世界的
你们把自己的热爱变成了一个
和成千上万的人分享快乐的事业
向你们的自信致敬
弱小的人才习惯嘲讽与否定
内心强大的人从不吝啬赞美与鼓励
向你们的大气致敬
小人同而不和
君子美美与共 和而不同
更年轻的身体
容得下更多元的文化、审美和价值观
有一天我终于发现
不只是我们在教你们如何生活
你们也在启发我们
怎样去更好地生活
那些抱怨一代不如一代的人
应该看看你们
就像我一样
我看着你们 满怀感激
因为你们
这个世界会更喜欢中国
因为一个国家最好看的风景
就是这个国家的年轻人
因为你们
这世上的小说、音乐、电影所表现的青春
就不再是忧伤、迷茫
而是善良、勇敢、无私、无所畏惧
是心里有火、眼里有光
不用活成我们想象中的样子
我们这一代人的想象力不足以想象你们的未来
如果你们依然需要我的祝福
那么
奔涌吧，后浪
我们在同一条奔涌的河流
视频发布后，"前浪"（年轻人的父辈）们大量转发。
你如何看待这个演讲？

5.4　跨文化沟通策略

跨文化沟通首先需要管理者树立文化包容的理念，这样才能尊重有不同文化背景和价值观的人。其次，需要具备多元文化知识，了解不同文化的差异，熟悉不同文化背景的历史、政治、经济、社会及风俗习惯。最后，掌握不同文化的语言，包括语言和非语言工具。

跨文化沟通在并购整合中非常重要。企业并购的成功不直接表现在并购本身，而在于并购后的文化整合。企业文化整合就是协调不同企业文化间的差异与冲突，以促成相互间的融合，达到整体认同一致的过程；以原有企业文化为基础进行扬弃、创新、再造和重塑，形成符合企业变化和发展的新文化的过程。在跨文化整合中，建立跨文化沟通机制就十分重要。

根据并购企业以及被并购企业在文化方面的改变程度，企业文化整合可分为以下四种模式。

"吸纳式"是指当并购方拥有较强势的企业控制权时，被并购方常常被要求彻底丢掉其原有的价值体系和基本假设，完全遵从对方的企业文化。

"渗透式"是指当并购双方对自身文化都拥有较强的认同感，且对对方的文化也比较欣赏时，可以将双方的优质文化进行渗透融合，达到取长补短的目的。

"分离式"是指当并购双方对自身文化都拥有较强的认同感，但对对方的文化比较抵触时，可以保持彼此的独立，避免文化冲突。

"消亡式"是指被并购方既不接纳并购企业的文化，又放弃了自己的原有文化，使得企业文化处于混沌状态。

跨国并购中的跨文化融合，也有"全球标准化""地方本土化""全球地方化"等模式。"全球标准化"即将并购公司的文化覆盖被并购公司，实行母公司统一的文化。"地方本土化"是指被并购公司保持相对独立又根据并购公司（或母公司）要求相应调整。"全球地方化"是指被并购企业吸纳并购企业（或母公司）文化，并购企业（或母公司）也吸纳被并购企业文化，相互渗透融合。在这种情况下，被并购企业一般处在并购企业（或母公司）主营业务的上游或下游，同时又面对着极强的地方竞争压力。

小案例 5-3　　　曹德旺讲述《美国工厂》幕后故事

2019 年 9 月，随着纪录片《美国工厂》的播放，曹德旺和他的美国工厂引发了国内外的热议。这部历时四年多的纪录片记录了中国企业家曹德旺在美国俄亥俄州代顿市开办工厂，遭遇了一系列文化和制度差异引发的冲突。正如《美国工厂》中，一个美国工人所言："We are a big planet, a world somehow get divided, but we are one"。

《美国工厂》中最受关注的是工会设立中双方的角力。8月30日，曹德旺在接受《新京报》记者专访谈到这一话题时声音明显提高："在美国，有工会就不会有工厂生产效率的提高！中国企业走出去遇到工会，扭头就走，碰都别碰！"

在曹德旺看来，欧美的工会制度已经不适合制造业的发展，美国制造业的衰败就是由工会引起的。"奥巴马为什么要买这个片子？我认为他就是发现了这个问题。"

实际上，从奥巴马到特朗普，近年来美国试图恢复制造业大国的地位。"除了工会制度，20世纪70年代美国推行的去工业化战略也导致美国制造业的衰落。恢复制造业大国的地位的过程很艰难，美国也确实需要再经过几年。但我们必须警醒了，美国已经在行动了。"

曹德旺同时提醒，中国前些年学习美国的去工业化，大量的资金都流向了房地产等，制造业被边缘化了。"随着制造业成本不断提高，中国制造业产品可能会失去竞争力，也可能会引起国家竞争力下降，这必须引起中国人的警惕。"

"劳动力成本太高，经济就艰难。经济艰难，问题还是在房地产。要削减不应该、虚假的投资，不要搞那么多的房地产。"曹德旺建议。

"希望让美国人了解中国工厂"

新京报：当时《美国工厂》导演是怎样找到你，纪录片的来龙去脉是怎样的？

曹德旺：2010年，美国通用汽车公司和福耀签订了战略合作协议，福耀承诺在2016年12月31号之前在美国的工厂建成。2014年10月，我选中了通用汽车在俄亥俄州代顿市用来安装皮卡车的工厂，厂房面积18万平方米，相当于中国的600多亩地，加上占地大概有八九百亩地，才卖我1 500万美元。（我买厂房的）消息出去后，当地的老百姓认为中国人是忽悠："什么人能够拿出这么多钱买通用汽车厂的厂房？"大家都怀疑这个事情，商会就组织了一个party，邀请我参加。在这个party上，他们都很热情，但不乏质疑之声，有人提出要到我的中国工厂参观，此时我意识到要想在这里搞好关系，首先要让他们对我了解，我就答应他们到中国工厂参观。

时隔几个月，我们正式接管美国工厂后，俄亥俄州招商局官员 Kristi Tanner 和我提到，在代顿郊区住着一个导演，之前拍过这个厂房的纪录片《最后一部卡车》，讲述了通用汽车工厂关闭的故事，还获得奥斯卡提名，导演希望这一次记录一下厂房的悲剧如何变喜剧，再来拍一部纪录片。

在 Kristi 介绍下，我见到了导演史蒂文·博格纳尔、朱莉娅·赖克特夫妇。导演提出拍摄的过程安排——每一次我到美国来，他从我飞机旁边跟到厂房来，记录我怎么开办美国的这个工厂，看到什么就拍什么。我说这个没问题，不要断章取义就行，我做什么你就拍什么，我在美国和中国的工厂都可以向你公开，我想让美国人相信——中国人那些工厂不是他们想象的那样，公开我的行为，也有利于增进两个国家文化相互了解。

纪录片从 2015 年过完春节的 2 月份开拍，一直拍到今年上半年，他（导演）边拍边剪，包括在中国、美国的拍摄，有 1 320 个小时的资料片。中间我给他提过好几次我要版权，他不答应我，说要先拿去评奥斯卡奖。

新京报：镜头一直跟着你，习惯吗？

曹德旺：很适应，因为我们光明磊落！我跟员工开会，跟谁讲话，他（导演）都可以参加，就在那边拍。而且我有个习惯，上项目我要亲自到场，三番五次下（工厂）去现场看。他三四个人（拍摄团队）跟在旁边，我想弄了一个不要出钱的保镖也不错（笑）。

新京报：那你为什么愿意接受拍摄这个纪录片？

曹德旺：因为我认为，如果用我们的嘴巴去跟美国人介绍福耀，要花很大代价，也根本做不到，正好这个纪录片可以让美国人了解福耀和中国工厂。当初签约仪式上，我做演讲也很自豪地说，我是来自中国的工厂，是私人企业，可以自信地说还代表着中国的制造业。美国距离中国很远，如果你们想要了解中国的工厂和制造业，可以到我的工厂来参观。现在我在美国的工厂每个月有一天对外界开放，让当地市民来参观。

新京报：奥巴马是怎么和这部纪录片有交集的？

曹德旺：他（导演）怎么和奥巴马总统联系上的，我就不清楚了。我猜测奥巴马夫妇应该在去年（2018 年）年初买了这部纪录片（的版权）。为什么呢？因为在去年年初的一天，导演夫妇突然说要请我吃饭。我那天到了吃饭地点一看，我在美国这么长时间都没有去过这么好的吃饭地方！那天晚上吃饭花了不少钱，我要求买单，导演说不行，我请你吃饭我买单，因为片子卖了！我问他卖了几块钱——因为我相信不会卖很多钱，但导演只透露买家公司挺有实力，没和我讲买主是谁，直到最近纪录片播出后我才知道奥巴马总统是纪录片的出品人。

纪录片名字也是奥巴马总统定的，我不知道他怎么想的。我跟导演讲，你拿到中国，可以改名《曹德旺的美国工厂》。

新京报：我以为在纪录片拍摄中，你和奥巴马已有所接触。

曹德旺：没有，一直到现在我都没有接触过（奥巴马）。因为我的习惯是，我很喜欢做企业，但很不习惯跟官员打交道，和官员打交道时我不知道该讲什么。

新京报：在纪录片的开场你提到，希望外国人改变对中国人的看法。在你看来，美国人对中国是什么看法，现在看法改变了？

曹德旺：起码他们对曹德旺很尊重，我这一点很自豪。作为一个中国人，我是一个合格的中国人！

新京报：你第一次看完《美国工厂》什么感受？

曹德旺：我的管理层跟我一起去看，他们吓得不行，担心纪录片会引起工会的纠纷，还有人说曹总太善良，被美国人利用了。我后来跟他讲，你过度解读了，你看不懂它在讲什么。

新京报：你觉得导演在讲什么？

曹德旺：导演在讲中国的繁荣是中国人干出来的，不是吹（牛）出来的。

"有些镜头丑化了我的工厂"

新京报：纪录片中也反映出了一些福耀负面的现象，你如何看？

曹德旺：有些纪录片的镜头丑化了我的工厂。比如，一个在抹玻璃膜的女工说每天工作12小时，一年回老家两次。实际上，不只是在我的工厂，很多公务员、公司人员在外地工作，把孩子放在老家由父母带，一年也就回家两次。这在全中国都是一样的，但是美国人不能理解，这是文化的差异。

纪录片还拍到有工人捡玻璃没有戴专用手套，我们公司包括玻璃在内的垃圾处理都是外包公司在做，那两位捡玻璃的工人不算是我们公司的员工。但在我们公司拍到了这种现象，中国也确实存在这种现象，拍就拍了。

《美国工厂》中提到了工人加班的问题，其实我们的工厂每年加班工作10小时的次数，也就5到7次，而且主要是因为订单要得太急，难以短时间招聘足够人手。而且，我们都会加倍付给工人加班费。

作为纪录片，我还是很感谢他，导演还没有更多丑化我。我能够接受这部纪录片，因为答应了导演你看到的都可以拍，你拍到了拿去播就播呗。

新京报：看到网上评论了吗？

曹德旺：看了一点，有说好，有说坏的。有人说我是资本家，那是他的观点。他们忽视了一点，我是荣获世界级企业家荣誉——安永全球企业家大奖——的唯一中国人。

新京报：有评论说，纪录片呈现了一个复杂的曹德旺：一方面，曹德旺是中国首善，另一方面是比如刚提到的资本家形象。

曹德旺：其实我一点也不复杂。我信佛，佛教的六度——施度、戒度、忍度、精进度、禅度、慧度，我都做到了。我按照规矩去做事，奋斗不息，我一直在发展。我也想为国家多做一些事情，去很努力地工作，有时候也会想：我有没有为国家做出什么事情？

（沉默几秒钟）以前我还是小孩子的时候，走出家门就能听到蛙叫蝉鸣，春天的季节很舒服，但现在看不到这些了。现在走出家门就是密密麻麻的房子，我认为是我们这些贪得无厌的人造成的。

新京报：会有罪过的感觉？

曹德旺：（沉默了几秒钟）我认为，最起码我参与了。

新京报：后来做慈善和这个有关系吗？

曹德旺：我认为也是有关系的。我捐钱做慈善想证明，我不只是为了赚钱而赚钱，我是为了让国家更兴旺更发达。因此，我不做房地产，不做金融产品。

"美国企业劳资双方的矛盾是政党之间主张的矛盾"

新京报：纪录片也记录了一些冲突，比如工会与福耀发生冲突时，有想过要中断拍摄吗？

曹德旺：没有！你拍就拍嘛！我怎么样，就怎样拍！工会提出成立工会，这是工会的权利。我作为老板，我也有提出反对工会成立的权利。我很明确地告诉他们，如果工会成立的话，我就（把）工厂关了，我就不做了。因为那个（工会）没有希望，通用怎么倒掉的？通用就是"死"在工会上面！

新京报：你怎么看待美国的工会制度？

曹德旺：我们曾经研判过美国的工会。美国的两个党派，共和党多为社会精英阶层，如工商业企业家、职业经理人、学校教职员工、银行及非银行金融机构白领组成，民主党的主要成员有中小工商业主、非主流精英，主要选票源于工会、工厂，民主党公开宣示代表劳工利益，要让民众即时分享红利。

本来作为厂商，要创造自身竞争力，要不断扩张壮大，形成规模，在市场上占领优势。厂商通过已建好（获取）的企业盈利作为后续发展的资本积累，通过培训工人实现（建立）因企业发展扩大所需的干部队伍，这时的厂商会把企业作为培养干部的学校。但因为两党政见不同，所以劳资诉求不同。工会为求自保，也提出要培养自己的骨干，这就导致了在以国家为单位来说是必不可少的竞争力（劳动力）的散失。如今美国企业劳资双方的矛盾实质是政党之间主张的矛盾，这对一个国家制造业发展的损害不亚于汇率扭曲。

我曾向美国政府官员提出来的观点是，美国的劳资双方应该向中国学习。在劳工劳资关系上，中国政府出台有《工会法》《劳动法》等法律，如果工人遇到问题时，可以和老板谈判。坚持以劳动法作为基础，检讨双方行为，谋求一致。而在美国，当劳资双方出现冲突、矛盾时，（生产被）破坏得很厉害，工厂根本做不起来。所以，中美两国应该相互学习，取长补短，这对世界都是好事儿。

"欧美工会的作用是变相保护了那些工作不努力的人"

新京报：生产效率提高和工人权利保障之间能否取得平衡？

曹德旺：不能平衡，在美国，有工会就不会有工厂生产效率的提高。我为什么那么反对美国的工会制度？大概四五年前，我在底特律看中一家工厂。第一次列席参加这家工厂的会议，我一看——这边一排是各个部门的总监，这边一排是工会派往各部门监督总监的工会干部，也就是说，一样的工作两个人来做、来管理，你说工厂的效率还能剩多少？分一下，也就剩两三成的效率，你工厂不"死"都不行。所以，工厂有工会，绝对不行！

第二，根据我开办工厂几十年的经验，我认为，企业的高效率源于员工的高效率，员工的高效率源于企业的高福利。我可以说，福耀员工的福利很好。比如，美国最时髦的福利是奥巴马险，员工出资30%，公司出资70%，员工家庭的嫡系家属的医疗费用由保险公司还。但我当初没有叫员工买奥巴马险，我是这样做的——福耀员工家庭的嫡系家属生了重病，费用由公司出，治疗员工家庭的孩子，我花百儿八十万的情况都有。这样的话，悬在员工头上那把威胁的剑，就被我们拿起来了，员工就可以安心工作了。因此，你看福耀的员工队伍很稳定、员工的精神状态很好，对企业的忠诚度很高。

工会和工厂不是对立的关系，是靠干部的支持、资金支持，福耀才有了快速发展。福耀的文化是——工厂作为企业为发展积累资本，工厂作为学校为发展培训干部。但美国就不一样了，在美国工人加入到工会之后就不能成为行政干部或者管理者了，这是一个致命伤。

新京报：福耀在美国的五家工厂都没有工会？

曹德旺：只有伊利诺伊州的工厂有工会。因为当初我们收购这家工厂的时候，工厂的工会正在和工厂的原老板打官司。五年官司，老板没有赢，还要继续打，老板一气之下将工厂卖给我，并要我遣散工人，他负责出遣散费。当时工会的人认为没有一个工厂老板是好人，我们再三做工作，（他们）才同意坐下来谈谈。第一次开会的时候，工会的人板着脸好像要打架，对我们很冷淡。我就说了几点：第一，工会打官司五年来，从来没提过罢工，我很欣赏你们。第二，工会因为要求月薪加2美元而与工厂打官司，我答应你，不要再打官司了，今后每年按照3%的幅度涨薪。第三，按照你们的要求，给员工买奥巴马险。总之，工会提出的条件我都答应，同时我告诉工会，我不是政府，福耀也不是大企业，我也不是大老板，你们必须要做到福耀提出的各项经济指标，他们也答应了。所以，一直到现在，伊利诺伊州（工厂）的工会和我们的工厂相安无事，相处得很好。

新京报：既然伊利诺伊州工厂的工会和工厂相处得很好，那你为什么还这么坚决反对工会？

曹德旺：工厂能没有工会，还是不要成立工会。因为一旦工厂有了工会之后，工厂就要用时间成本、法律成本来陪着它，一件事情我们都不能做主，都要通过工会！

我今年在欧洲的一家工厂重演了《美国工厂》中的那出戏，就和纪录片中遇到的情况差不多——在工厂工会登记的工人，高兴的时候就去工厂打卡刷个脸，算是买你领导的面子了！打完卡回去抽烟、吃饭，整天不干事。今天不来上班，昨天下班时也不会提前给（跟）你讲，你给他打电话，他才说今天有事，你还不能开除他。你工厂说什么，反对！欧美工会的作用其实是变相保护了那些工作不努力的人，形成了"大锅饭"。美国的工会制度已经不适合制造业发展了，可以说，美国制造业的衰败就是这样引起的。奥巴马为什么要买这个片子？我认为他就是发现了这个问题。

中国企业"走出去"要融进当地的文化，而国内外最大的文化差异是工会制度。但我不会接受美欧（工会制度）的！要有（工会）的话，我们马上就关掉，不要了！我们一次性损失或者少赚十亿百亿（元），也没有关系。如果像通用那样被工会折腾到每年亏损，那是很痛苦的事情，精神损失比金钱损失更厉害，我不会接受的。我建议，中国企业走出去遇到工会，就赶快跑掉，扭头就走，碰都不要碰。

"美国制造业的恢复还需要时间但已开始行动"

新京报：除了刚提到的工会制度，美国制造业衰落的原因还有哪些？

曹德旺：严格地说，我不认同美国制造业衰落的说法，没有衰落，只是当时去工业化战略决策的失误。20世纪70年代，美国提出去工业化，这是美国的主动战略选择，当时美国和以后的继任者认为，美国有强大的美元，美国人不需要做那么辛苦的事情，印钞票就行了。美国去工业化后去做什么呢？去做虚拟经济——金融、房地产、互联网、娱乐。

一方面，华尔街吸入全球资金，每天交易量相当于实物交易额的十倍。即便只有1%的利润，也会因其营业额巨大而收益颇丰。因为华尔街各个企业因自身高利润给员工支付的薪酬福利，高出了本国的各个行业，这就导致整个美国，不管是什么专业的精英，都卷起裤腿往华尔街跑，制造业基地底特律几乎成了空城。我在美国刚刚建厂时印象比较深的是，愿意在工厂工作的美国人，或者说投身制造业的美国人都是老年人，基本没有处于青壮年的年轻人。另一方面，美元坚挺使得美国的进口商品全部价格计算起来比本国工业制品成本还低。与此同时，除高科技企业以及高自动化制造业以外，美国劳工工资占成本比例45%左右，而成本中除工资以外，材料及其他成本很难控制在55%左右，厂商多亏损，使广大制造商投资的积极性受到伤害，导致产业的空心化。

美国制造业厂商失去投资信心，制造业多年没有投资进行技术改造与升级，技术与设备老化，从而又加剧劳资关系紧张。

新京报：如何看待美国制造业的未来？

曹德旺：我和美国的官员谈到美国制造业话题时的观点是，根据我开办工厂的经验，美国要恢复制造业大国的地位，必须解决几个问题。第一，美国现在缺乏产业投资者，缺老板。第二，去工业化导致年轻人去从事了金融、房地产等行业，制造业缺乏年轻的工人。富士康在美国的项目为什么停了？因为美国最便宜的是电、天然气等能源资源，最贵的就是劳工成本。富士康工厂属于劳动密集型产业，不像福耀是高耗能、笨重的产业，富士康到哪里去招那么多可以工作的工人？第三，工会制度的存在，劳资双方的紧张阻碍了美国制造业发展，这一难题很难处理。这是因为两党竞选机制与竞选纲领是劳资关系紧张的主要根源，这一问题短期内无法解决。

但美国已经意识到，原来推行的政策需要做调整或修正，虚拟经济不能长期推行。从奥巴马到特朗普，美国一直想要恢复制造业大国的地位，这个转型的过程很艰难，也确实需要再经过几年时间。但我们中国必须警醒了，美国人说做就做，已经在行动了。首先，现在美国政府及相关部门也在反思工会的角色和作用，过去美国的规定是每个企业都必须成立工会，但现在决定一个企业是否需要成立工会的权利交给了这个企业的工人。由这些工人自己投票决定，是否需要成立工会。第二，当我们还在大办大学教育的时候，美国的俄亥俄州已经出台政策，鼓励初中毕业的学生就读技术学校，并给予补贴，解决劳动力这个问题。等再过了三五年，这一代年轻的工人出来，中国就会碰到一个强势的美国制造业。此外，为了推动制造业回流，我们工厂所在的俄亥俄州代顿市莫瑞恩区政府和俄亥俄州政府都承诺，只要我们雇用的美国员工超过1 500人，政府就每年给福耀发几十万美元的补贴，原则是雇得越多发得越多。企业在当地的工厂用地也会被免去一部分产权税。

"去工业化之下，制造业被边缘化了"

新京报：美国制造业的衰落给我们什么启示？

曹德旺：我也考虑过这个问题。新中国成立后直至1978年改革开放前，中国在经济上学习苏联的计划经济。改革开放后，大批的中国留学生前往美国，学习西方经济。而在当时美国正在热火朝天地去工业化，今天看，我们学美国的去工业化学得很到位，现在我们的房地产业、金融业这些都做起来了。但我们忽视了一点——美国去工业化之前，已经走了很长一段工业化的道路，但中国还没有充分地工业化。而且，美国去工业化的前提是有强大的美元，我们的家底没有人家美国那么厚。

前些年我们学习了美国的去工业化之后，现在制造业当然就被边缘化了，大量的资金流向了房地产。当制造业企业去融资，财务报表一拿出来，负债率达到60%、70%，银行就不给贷款了。但房地产企业的负债率甚至可以达到120%、130%，既然房地产企业也是有限公司，以出资资本向社会负责，房地产企业的负债率都超过百分之百了，房地产企业还用什么向社会负责？我只是希望把制造业企业和房地产企业平等对待。

现在中国是全球第二大经济体，如果我们是依靠半导体芯片这样的高科技产业主导而产生了全球第二大GDP，这是值得夸耀的事情。所以，中国千万不要学习美国的去工业化。

新京报：当下的中国制造业面临哪些挑战？

曹德旺：对一个国家来说，与其他行业相比，制造业在国际竞争中的重要性更大。随着成本提高，中国制造业产品可能会失去竞争力。一方面，我们的人口红利在逐渐消失。过去三四十年的改革开放，中国经济GDP加权增速平均达到了10%左右，但人口增长只有1.7%左右。而美国过去三十年GDP增速不到2%，而人口平均增速是3.5%。GDP都是人做出来的，而中国的人就那么多，劳动力成本在上升。另一方面，房地产相关行业、互联网金融及一些服务业如今吸收了大量的年轻就业群体，人工费用也随之水涨船高，这也抬高了制造业的成本。现在建筑工地劳工一天的工资四五百元，一个月按照30天计算，工资就是15 000元，现在有大量的劳工流向了房地产行业。如果中国的制造业企业给劳工开出和房地产企业一样的工资，制造业企业几乎无利润可赚。

除了劳工成本，企业要缴纳的五险一金费、材料费等一些费用也使得企业成本有所提高。如果成本升高，中国企业生产的产品可能会逐渐失去竞争力，之后国家的竞争力可能就会下降，这个必须引起我们中国人的警惕。中国的工业基础本来就很差，企业搬走后我们还剩什么？对于产业链转移的现象，我们必须足够地重视，否则未来我们可能会后悔的。

"削减不应该的、虚假的投资，大批的劳动力就剩下来了"

新京报：在纪录片的结尾，很多人工被机器人替代，解决了劳动力的问题。

曹德旺：在人工成本很贵的情况下，只能去用机器人来替代人工了。我们早就可以用机器人了，直到后来国家鼓励用机器人，我们才用机器人替代人工。为什么？因为在国家鼓励之后，机器人使用的修理费、折旧费等就可以算进成本了，可以抵扣税了。而使用人工的话，费用是不能作为成本抵扣税的，相当于我要付双倍的钱。因此，出于成本考虑，以后能够用机器人替代的，我都会全部用机器人。

现在福耀机器人与人工的比例是1：10，从全球来看，这一数据都是领先的。未来如果中国继续大力发展房地产，人工成本继续被提高，我相信大多数的工厂都会改为使用机器人，而不是人工。

另一方面，现在很多年轻人宁愿做超市物业的保安、宁愿送外卖，也不愿意去工厂了，这也是中国制造业面临的一个困境。如果中国继续去工业化，年轻人养成了习惯，更不愿去工厂干事儿了。美国俄亥俄州用补贴鼓励学生入读技校的做法，我们中国应该马上去跟进，可以多办点技术学校。中国还没有工业化，不要学人家去工业化的那一套。

新京报：如何让更多的企业和企业家坚守在制造业？

曹德旺：这个问题很关键。中国要保持自己的优势，与发达国家进行竞争，制造业一定不能丢，必须把注意力放在如何巩固制造业优势上。

劳动力成本太高，经济就艰难。经济艰难，问题还是在房地产。如果房地产的问题不解决，还是盖那么多的房子，所有银行的资金、劳工资源等所有的资源都会流向房地产。我建议，削减不应该的、虚假的投资，不搞那么多的房地产，大批的劳动力就剩下来了。

新京报：企业是逐利的，寄希望于企业家高标准的道德是不是一种比较理想的状态？

曹德旺：不是理想状态，这是必需的。我已经把我一半的股票捐出去了，在河仁基金会那里。当年金融危机时，韩国人把首饰捐献出来给国家，希望我们中国人可以像当年的韩国人那样，在国家有困难的时候挺身而出。什么事情都以个人（角度）去讨论问题，国家就没有希望。

还是一句话，整个中国应该倡导以国家利益为重，中国是中国人的中国，发展中国，保卫中国，建设中国，这是每一个中国人的责任。如果我们有1/10的人能够有这种境界，国家就有大机会。

资料来源　侯润芳，程泽，徐子林.专访曹德旺：讲述《美国工厂》幕后故事［N］.新京报，2019-09-16.

思考题：

从访谈中看，福耀的美国工厂遇到哪些跨文化沟通的问题？

本章小结

世界经济一体化加快了文化融合的步伐，跨国公司在中国的本土化和中国公司进入世界市场兼并重组，都面临文化融合的问题。文化融合是否成功是决定跨国企业能否成功的关键。不仅如此，企业内还有不同年龄员工的代际文化融合、不同区域的文化融合等。

东西方管理文化的差异很多。东方企业内，权力距离比西方大，人伦关系较西方复杂，人治多于法治，西方企业则相反。在沟通上，东方重礼仪，多委婉；西方重坦诚，喜直接。东方重心领神会，多自我交流；西方重沟通交流。东方和谐重于说理；西方说理重于和谐。东方重情感沟通；西方重事实沟通。东方喜中间人调停；西方喜直面冲突，以竞争解决冲突。东方喜欢谦虚；西方喜欢赞美。东方喜欢以拉家常开始沟通；西方喜欢直接切入主题。组织内部也存在不同亚文化和亚群体的跨文化沟通，中国企业的新生代管理与沟通就是突出问题。

组织内文化融合要求树立文化包容理念；学习、了解多元文化，并掌握语言及沟通工具。

复习思考题

1.组织为何要实行跨文化沟通？

2.结合自己的理解，试述东西方管理文化、沟通文化的差异。

3.观看《美国工厂》影片，分析福耀美国工厂面临哪些跨文化沟通问题。你认为应该如何进行跨文化沟通？

4.中国企业越来越国际化，作为工商管理专业的大学生，你该怎样为这一趋势做准备？

- 能够全面地认识媒体
- 了解媒体内容产品与媒介渠道经营
- 重点掌握企业与媒体的日常沟通方法
- 了解媒体活动组织策划的方法
- 熟悉新闻发布会流程、新闻发言人选择的原理

引例　胡辛束：新媒体如何助力企业品牌升级

今天我演讲的主题是新媒体如何助力企业品牌升级。我自己说话比较接地气，跟大家分享的东西可能相对于执行层的要多一些。

一、新媒体时代、自媒体、品牌

我自己一直向我的受众传达的是少女心，包括我自己受众的比例，女性占80%以上。

我大三的时候在奥美广告实习，待的时间很短。后来去了环时互动，做了杜蕾斯的新媒体小编。这两段经历给我带来了意识上的很大提升，我对于广告是非常钟爱的状态。

在2015年年初的时候，我许过一个愿望：我希望今年能挣到很多钱，并且为我所喜欢的广告品牌做一次广告。后来这个愿望真的实现了，过去两年内，"胡辛束"这个公众号服务了超过500家一线的广告主。我们在跟这些品牌合作的过程中，为它们做了一些延伸广告。

从去年开始，我们发现普通的发公众号软文的方式已经有点过时了，所以我们为广告主做了更多的尝试。

很多人都提道："现在进入了一个新媒体时代，所有的品牌都要转型"，那么新媒体时代到底是什么？

我感觉有三点：

第一点，传统玩法失效。

以前在电视上打广告"恒源祥，羊羊羊"，重复一万遍，大家都记住了。以非常强烈的方式重复，这些东西都进入了观众的脑皮层。但是后来我们发现当"90后"和"95后"出现之后，大家不买账了。每次听到这些东西的时候，他们

的感觉是厌恶和反感，再也不向往这个品牌。越来越多的人开始进入所谓的"新媒体"平台。

第二点，很多更懂年轻人的品牌出现了。

一想到自拍，我们就会想到美颜相机和美图秀秀，但前段时间我做新书的签售时，我发现很多找我合影的小姑娘根本不用这些APP，觉得这些东西非常low。我发现自己落伍了，1992年出生的我已经明显被拍在沙滩上。三年一个代沟，1995年以后出生的人已经开始新的玩法。我发现这是非常可怕的一件事情，因为新兴的品牌不断把老一辈拍在沙滩上，更懂年轻人的品牌在不断出现，我们落后了。

第三点，做，会被遗忘；不做，势必会被淘汰。

碎片化和新媒体不断刺激大家，每个人记住的东西越来越少，迭代的速度越来越快，做了什么事都有可能被遗忘，更何况不做。

自媒体就是网红。网红是什么？她们天天发广告，发微博，赚一些钱，这对于品牌意味着什么？其实是有一些意义的。前一段时间我在虎嗅上做了一个辩题，说网红对于品牌而言，到底是毒药还是蜜糖。我说的是蜜糖，我胜利了。现在自媒体对于品牌而言是一座很有趣的桥梁，能够使品牌快速进入年轻人语境。

什么叫年轻人语境？以往我们去"骗"一些用户，会用大字报的方式或者喊口号。现在年轻人越来越聪明，这么做他们会觉得你在忽悠他。他们有三"感"：

第一个，认同感。我身边有很多喜欢罗永浩的人，他们对老罗的评价是："他为我们理想主义青年做了代言，他所做的所有事我们都很认同。并不是喜欢老罗的颜值，而是喜欢他散发出来的那种气质。"认同感是现在很多年轻人在追逐的一件事情。

第二个，参与感。大家一直在做UGC（用户原创内容）整合、用户调研。如果用户为你提过建议，为你做过一点事情，他对你这个品牌的亲切感就会加深。特别是你采用他提出的方法时，他就会特别爱你，会觉得你这个品牌的成功任何一点都跟他有关系。

第三个，荣誉感。我发现朋友圈里很多上海的朋友，只要买到了喜茶，一定会发朋友圈，她们觉得这很牛，完成了一件有荣誉感的事情。其实对她们而言，在朋友圈晒出来"跟我相关"的事情，就是满足自己的虚荣心——get, mark，完成一个任务，买了一个包。这些东西给她们带来了荣誉感，于是她们就愿意帮你做品牌的自传播。

其实对我们来说，自媒体不只是一个媒体。自媒体扮演什么样的角色？跟明星相比，我们肯定没有他们值钱，不可能像鹿晗一样一下子带来好几千万的量，刷了好几亿的回复。作为一个媒体，其实我们有更大的价值，因为帮你传播一件事情的同时，不同的品牌找了不同的自媒体，可以传达不同的气质，并且可以直达最核心的那一部分用户。

二、案例：回忆释放博物馆、救色主500色口红展

下面我分享两个我们跟品牌合作的事情。

第一个是回忆释放博物馆，我们跟费列罗在798艺术区联合做的一个线下活动。第二个是跟阿芙合作的救色主500色口红展。

回忆释放博物馆，不是为费列罗巧克力做传播，而是因为它的感恩节限量款。感恩节是一件中国民众非常不屑的事情。捧一束花跟你说"感谢你这一年对我很好，谢谢你爱我"，这不是中国人的习惯，大家很抗拒那种语言表达。其实任何的感谢都是与回忆相关的，都是为回忆里的人重新创造这样的感谢，所以我们当时创造了一个概念，就是让"回忆"二字释放。

我们在现场准备了四顶帐篷：第一顶帐篷是来交换回忆的，比如说前男友送的半瓶香水、异地恋的火车票，还有报废的信用卡，用这些交换了另外一些人的回忆。后来很多人在后台回复说这是非常有意义的活动。第二顶是情绪药丸帐篷，里面放了一些巧克力豆（有一定的标准，比如脂肪含量）、百忧解、速效救心丸，很多人通过这小小的巧克力豆或药丸来安慰自己，但是其实年轻人是不吃这一套的。还有费列罗的帐篷。此外就是跟大家聊聊天，操作过程非常简单，成本也非常低。在整个过程中我们发现"戳"到了用户的脸，当时我们在798艺术区年租了厂房，大爷大妈都来问：你们是不是发奖？798艺术区排了很长的队。这是让我们非常开心的事。

第二件事，2016年圣诞节的时候，我们联合阿芙在三里屯做了一个展。其实这件事对我们来讲还是第一次团队尝试，团队只有十几个人，相当于做了一次线上+线下的结合活动。在线下搭建场地，以及在这个场地做一些能够让用户有参与感的事情非常辛苦。口红对于女性而言是救世主般的存在，我们把场地上的8面墙分成了8种颜色，很多女孩在不同的地方试。究竟哪个区域的口红使用最快呢？我们发现蓝色和绿色一点不输正常的颜色，很多女孩一个个抹得跟鲤鱼精似的，非常开心。我们还在现场活动环节做了一些游戏。一个单纯的展览对于用户而言是有一些枯燥的，他们希望来到你这个地方后留下一些印记，并且拿走一些东西。我们在现场制造了一个这样的机会。口红展的前三天，我们发布了H5。我们团队首次跟技术接轨，H5的目的非常简单，就是一件事——让你猜色儿。

很多男性看这些图觉得没有区别，都一样。我们一共准备了15关。做题的人只能做到第7关的时候，他分享到朋友圈的链接有一句话，叫"少女送分题，直男送命题"。3个小时之内点击量就破了100万，之后点击量在3天内就破了1 600万。当时我正在生病，从床上一拍就坐起来了，觉得自己完成了一件特别幸运的使命。经常看到有人做H5，做了非常炫酷的视频或者做了一个特别厉害的互动效果，非常牛，但是我们分析刷屏的原因，会发现那只是行业内的刷屏，客户是看不懂的。我发现H5在行业里面是没有刷屏的，直到用户刷屏的时候，有一些行业人士会转发，说你们好像还挺厉害的。实际上在这一次H5做完之后，

我们感到，很多时候我们在做的事情，不是为了在行业里面自嗨。如果我们真的是为了帮助品牌去触达用户，起码会让用户觉得"你是一个有意思的品牌，你能做到触动我的事情"。我们的H5获得了超过1 600万的点击量，平均一个人玩过10次这个游戏，大众非常不愿意输给别人。这个东西也上了微博热搜，有一些程序员把后台代码扒下来，做了一个"你猜啥色"的官方标准答案。

之后我自己也梳理了一下。为什么H5可以获得大众的喜欢？主要有三个原因：

第一个，建立游戏机制。很多时候大家会做中心化的事情，比如办一个展，很多人来看。真正最牛的事情是去中心化的事，可以让很多人扮演"上帝"的角色来制定一个游戏规则。让你的用户作为你的参与者，他可以发起一个东西，同时完成一个东西。

第二个，攀比心理。我们会发现其实任何人都有自尊心，都非常愿意去跟别人比较，大家会有竞争，这个时候会刺激大家参与你的游戏。

第三个，时下热点。我感谢YSL星辰口红，把大众对于色号和口红的热度挑起来了，我们在这之后做的很多事情都顺着前人的风口吹上去了，于是我们一不小心就成了风口上的猪。

总结以上我说的三点：

第一是认同感，让用户接受你的价值观，也认可你的价值观，并且效仿你的价值观。

第二是参与感，用户愿意得到一些东西，并且付出一些东西。这个是重要的，因为对于任何一个品牌而言，它能得到用户的参与是很重要的一点。

第三是荣誉感，一旦用户发现在他的朋友圈晒出你的品牌的任何东西都觉得特别爽，那这种荣誉感就达成了。

以上就是我的分享，谢谢大家！

资料来源 胡辛束. 进入年轻人的语境，创造更大的商业势能 [EB/OL]. [2017-06-28]. http://t.qianzhan.com/daka/detail/170427-09a413bc.html.

6.1 认识媒体

随着传媒业的迅速发展，媒体传播的方式已不局限于传统的电视、报纸、杂志、广播，互联网技术的成熟和其他新兴媒体的不断涌现，使新闻传播的速度已能眨眼间传遍全球。无论平民百姓生活中的民生故事，还是全球各地的重大事件，人们都可以通过各种媒体传播渠道了解、关注；无论你是否愿意，媒体都已成为个人生活和各组织发展中不可缺少的一部分。传媒业的日渐强大，在改变了我们生活方式的同时，也使得企业处于全球新闻透明化的包围中。企业的生存与发展，离不开媒体的支持。

当今社会，有很多企业老板和经理都不大愿意接近媒体，不愿接受媒体采访，更有甚者还打出了"防火防盗防记者"的标语。可见，企业对与媒体交往是有顾虑、有误会的，由于害怕记者采访、害怕记者曝光，而把企业与媒体之间看成"防备"关系。可害怕与媒体打交道，不愿和媒体打交道，并不代表企业不用和媒体打交道。无论是产品信息的发布，还是品牌知名度的建设，抑或危机（事件）公关的处理，间接或直接地与媒体打交道不可避免。

企业要永续经营，必须借助媒体同公众沟通。与媒体交往更是企业工作中不可缺少的一部分。

6.1.1　媒体概述

1.媒体的概念

在《现代汉语词典》中，媒体是指交流、传播信息的工具，如报刊、广播等。这里的媒体，是指传播信息的介质，通俗地说就是宣传的载体或平台。至于媒体具体宣传的内容，会根据国家现行的有关政策，结合市场的实际需求不断更新，确保其客观性、时效性、可行性和适宜性。

由于大型媒体共同的运作方式都是一周工作7天，一天工作24小时，因此有"新闻媒体=7×24"的公式，比喻几乎分分秒秒都在工作的就是媒体。①

2.媒体的种类

了解媒体的概念，有助于我们利用媒体，打造企业的公众形象。不同的媒体组织，又有不同的内部结构和运作特点。日常接触较多的媒体类型包括：报纸、杂志、广播、电视、网络及自媒体。于企业而言，其熟悉各种媒体的组织结构和内设部门，能更准确、更有把握地与之合作，从而获得更多的公众理解与支持。下面将分别介绍几种典型的媒体：

（1）报纸。报纸是一种方便阅读且适合携带的媒体，一般分为日报（每天出版发行1期）和周报（每周出版发行1~2期）。报纸的最大特点是刊登"昨天的消息"。以常见的日报为例，其刊登体裁包括：硬性消息、新闻特写、新闻调查、纪实连载、评论、读者来信、软广告等。由于各媒体的办报风格、受众定位不一，其记者、编辑在处理新闻稿件时会在言论选择、图片处理中倾向性地融入本报宗旨。

比起广播、电视类的电子媒体，报纸刊载的新闻门类最齐全，关注的新闻热点也最细致。按照涉及的领域和范围划分，报纸有综合类报纸与行业类报纸之分；按照出版发行的地域划分，报纸又有全球性报纸、全国性报纸、区域性报纸和地方性报纸之分。

企业在与报社的交往中，最容易遇见的就是报社的新闻记者和部门主编。让我们来了解一下新闻从发生到见报的全过程。早上出售的报纸一般在前一天傍晚截稿，下午出售的报纸最迟当天中午截稿，因此，日报新闻记者的日程安排是十分紧凑的。比如，上海世博会开园发布会于4月30日下午3时召开，为了在傍晚7时前

---

① 李希光，孙静惟. 发言人教程［M］. 北京：清华大学出版社，2007：39.

将成稿交给编辑，新闻记者必须在 4 小时内完成发布会现场记录、背景资料筛选、重要与会人物专访、图片摄影编辑等一系列工作，最后撰写新闻稿件完成报道任务。有些日报记者一天需要完成 2~3 份这样的稿件。编辑则负责为记者上传的稿件把关，并排列版面。最重要的新闻，通常会以图文并重的形式在头版发表，其他稿件则按主题和内容的不同，划分到各常规版面中。

（2）杂志。杂志与报纸一样，是另一种纸质（平面）媒体，常见的有周刊、月刊和季刊。综合类杂志从社会焦点调查到专题策划报道，从财经评论到科教文卫，分成多个栏目。行业类杂志则有明确的目标受众群，报道某一领域内最新的潮流、前沿的研究成果、未来的发展趋势等，如时尚类杂志、房产类杂志、学术类期刊等。杂志通常有编辑年历，对一年中将要报道的话题提前规划，再由专职编辑统一部署，安排采访。

与报纸相比，杂志的采编周期更长、内容覆盖更广、报道更深入。杂志的封面犹如报纸的头版至关重要。杂志的封面图片通常是吸引读者目光的法宝，而在"内容为王"的阅读时代，靠独家的深度报道，以丰富的内容与独特的视角来赢得市场更是周刊性杂志的核心竞争力。周刊的特点是"每周一主题"，其报道风格通常是根据一个主题搜罗大量的资料，进行大量的调查。由于有不同的出版时间，周刊的截稿日期可以是一周里的任何一天。月刊和季刊则拥有更长的采编周期，可以更为详尽、全面地叙述主题，跟踪报道的时间也从一周到十几周不等，通常采用专题报道形式。

（3）广播电视。广播电视是通过无线电波或通过导线向广大地区播送音响、图像节目的传播媒介，统称为广播。只播送声音的，称为声音广播；播送图像和声音的，称为电视广播。狭义上讲，广播是利用无线电波和导线，只用声音传播内容的。广义上讲，广播包括我们平常认为的单有声音的广播及声音与图像并存的电视。

广播电视媒体按照传播技术的不同，可划分为卫星频道和有线频道；按照地域和影响力范围还可划分为全球性广播电视、全国性广播电视、区域性广播电视和地方性广播电视。

广播电视的特点是"报道今天的新闻"，有整点播报、现场直播、新闻调查、纪实报道、人物访谈等多种节目形式。广播电视的记者和编辑通常从报纸和通讯社网站中获得新闻线索，以能引起人们兴趣的音响效果和视觉图像为采编目标。尽管广播电视记者不能像平面媒体记者那样详尽深入地报道，但录音摄像设备成为他们的"眼睛"，再复杂的消息也能在一个压缩的短片里得到客观陈述。

（4）网络。随着互联网技术的迅猛发展，网络传播也得到了飞速发展。网络作为一种全新的现代化新媒体，有着与传统媒体截然不同的新特征，网络媒体给我们的时代提供了最快捷、最便利、最灵活的传播方式，其最大的特点是"发布上一秒的消息"。

网络作为多媒体传播中介，几乎没有外出采访的新闻记者，多是新闻编辑对报纸、杂志、广播电视等传统媒体中的焦点话题进行筛选、提炼、剪辑，以视频、图片、文字等多媒体形式传播于网络。网络新闻则注重标题醒目，在色彩缤纷的网络世界里，只有用大标题第一时间抓住受众眼球，才可能增加精彩文字的点击量。

网络媒体与受众之间的互动最为彻底，电子报刊、BBS论坛、网络聊天室、手机短信、电子邮件等是各大网媒的常规栏目。网络媒体如此强大的互动方式，于企业而言，一方面为组织获取和传递信息提供了便利，另一方面也在突发事件的处理中给组织带来巨大挑战。

（5）自媒体。自媒体又称公民媒体，谢因波曼与克里斯威理斯联合提出的"We Media"（自媒体）研究报告，将自媒体（"We Media"）定义为："是普通大众经由数字科技强化、与全球知识体系相连之后，一种开始理解如何提供与分享他们本身的事实、他们本身的新闻的途径。"简言之，自媒体即公民用以发布自己亲眼所见、亲耳所闻事件的载体。2009年新浪微博上线，引起社交平台自媒体风潮；2012年微信公众号上线，自媒体向移动端发展；2012—2014年门户网站、视频、电商平台等纷纷涉足自媒体领域，平台多元化；2015年至今，直播、短视频等形式成为自媒体内容创业新热点。[①]

自媒体具有平民化、圈群化、个性化、随性化、自发传播等特点（如图6-1所示），自媒体交互强、传播快，但良莠不齐、法制规范度低、可信度受质疑。

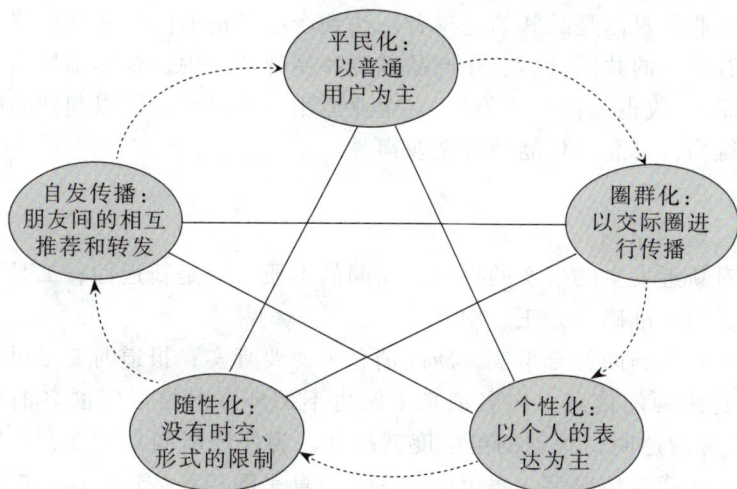

图6-1 自媒体特征

自媒体时代，给企业的传播既带来了机会，也带来了挑战。

3.媒体的功能

（1）于政府，媒体是政策的宣传者。"媒体是党和政府的喉舌机构"这句话有两层含义：其一，党和政府需要通过媒体的对外宣传树立良好的形象。国家形象是国家实力和民族精神的表现与象征，是主权国家最重要的无形资产，是国家的外部公众和内部公众对国家本身、国家行为、国家的各项活动及其成果所给予的总的评

---

① 白冰茜.自媒体的发展研究［J］.新媒体研究，2018（6）：109-110.

价和认定，具有极大的影响力、凝聚力。[1]其二，党和政府需要通过媒体宣传对内建立良好的沟通渠道。在中国改革与发展的进程中，国家政策不再只是简单地下达指令，而必须"把政策掰开了，揉碎了，跟公众完全沟通，双方共同使劲才能办好"。在这个政策传递的过程中，政府与公众要达到"完全沟通"，就必须由媒体来充当连线机构。

（2）于大众，媒体是舆论的守望者。舆论监督，是新闻媒体拥有的运用舆论的独特力量，帮助公众了解政府事务、社会事务和一切涉及公共利益的事务，并促使其沿着法治和社会生活公共准则的方向运作的一种社会行为的权利。在中国，新闻舆论监督是人民群众行使社会主义民主权利的有效形式，其主要监督方式有报道、评论、讨论、批评、发内参等，但其核心是在媒体上发表的公开报道和新闻评论。媒体作为舆论的守望者，要帮助大众实现监督权，需要落实两个环节：一是提供足够的舆论信息，即可以形成舆论的事实和情况，使人们对经济生活、政治生活及社会生活有充分的了解；二是在拥有信息的情况下，对各种政治、经济和文化等社会现象及相关人物进行理性的、坦率的客观评论。[2]在信息日益丰富的现代社会，媒体为大众守望舆论显得越来越重要，通过人们对普遍关心的问题进行探讨、辩驳乃至争论，即众多个体意见的充分互动，最终达到某种为一般人普遍赞同且能在心理上产生共鸣的一致性意见，从而推动人类社会的进步。

（3）于企业，媒体是品牌的建树者。达到产品畅销的同时建立消费者的品牌忠诚，这是所有企业的共同目标。在产品宣传和品牌建设中，媒体都担当了不可替代的角色。然而，"成也萧何败也萧何"，企业运用媒体得当，可以起到品牌建树的作用；运用不得当，可能毁坏品牌和企业声誉。

6.1.2　新闻报道的原则

新闻是对新近发生的事实的报道。新闻的本质：一是新近性；二是真实性。新闻报道要求真实、准确、公正、中立。

真实原则要求新闻符合事实。新闻消息来源要真实；报道时要尽可能具体、准确地交代消息来源的信息，匿名消息来源也不例外（严格限定匿名消息来源的使用）。消息来源越透明，报道的可信度就越高。为保证新闻真实性，一般要遵循多源核实原则，即通常情况下，报道应有多个消息来源相互佐证，而不应依靠单一消息来源做报道。新闻越重要、敏感、复杂，就越需要记者从更多的消息来源进行采访核实。采访的消息来源越多，新闻的可靠性往往就可能越高。

准确原则主要表现为新闻事实的准确性。新闻报道要用真实、准确的事实说话，寻找事实、求证事实是记者的使命。核实是保证新闻报道准确性的最重要方式，疏于核实是新闻报道失之准确的一个主要原因。为保证新闻报道准确，要求记者署名，以使记者对报道负责。记者采访时要记录，以确保消息的准确性。

① 管文虎. 国家形象论 [M]. 成都：成都科技大学出版社，2000：23.
② 奚洁人. 科学发展观百科辞典 [M]. 上海：上海辞书出版社，2007.

公正原则要求记者持公平无偏见之心来调查证据，权衡所有重要事实，并做到客观、公平地对待消息来源，不能偏袒或有偏见。记者要注意消息来源的平衡性，即一般情况下，争议双方或多方消息来源的数量要保持适当的平衡，不能只采访争议一方的消息来源，否则对事实的把握会有失偏颇。采访时明确说明自己的记者身份、工作单位和采访意图。西方许多媒体为保证公正，还标榜自己是"无国籍"的新闻机构。要求新闻和特写报道的一个至关重要的目标是非意识形态化。

中立原则指在报道冲突、指控、批评或争议时，要做到公正，记者必须站在中立的立场上，不偏向于任何一方。有的媒体还规定，记者不得在新闻报道中表达个人观点。一旦丧失中立立场，公正性就不复存在。因此，中立是公正报道的基础。

互联网条件下，网民特别需要注意遵守我国相关法律。我国《互联网信息服务管理办法》第十五条规定："互联网信息服务提供者不得制作、复制、发布、传播含有下列内容的信息：（一）反对宪法所确定的基本原则的；（二）危害国家安全，泄露国家秘密，颠覆国家政权，破坏国家统一的；（三）损害国家荣誉和利益的；（四）煽动民族仇恨、民族歧视，破坏民族团结的；（五）破坏国家宗教政策，宣扬邪教和封建迷信的；（六）散布谣言，扰乱社会秩序，破坏社会稳定的；（七）散布淫秽、色情、赌博、暴力、凶杀、恐怖或者教唆犯罪的；（八）侮辱或者诽谤他人，侵害他人合法权益的；（九）含有法律、行政法规禁止的其他内容的。"

6.2　企业与媒体的沟通

不管企业愿不愿意，在这个信息爆炸的时代，媒体的社会作用越来越大，而企业作为社会中的经济实体，总要和媒体发生千丝万缕的联系。企业的发展已经离不开媒体，企业不和媒体打交道几乎是不可能的。媒体对企业的正面作用着重体现在：企业产品的质量和服务需要媒体的报道；媒体能够为企业提供大量有助于决策的信息；媒体有助于营造企业良好的品牌形象，有助于企业战略空间的拓展和更高层次的发展等。而造成企业与媒体交往陷入恐慌误区的，也正是媒体对企业的负面报道。其实媒体作为社会的守望者，对企业进行负面的批评报道，是在履行自己的社会责任。作为企业，其只要能坦诚相待、积极配合，有正确应对负面报道的态度和措施，是完全可以与媒体达成合作意向的。"9·11"恐怖袭击事件发生后，纽约市市长面对媒体关于伤亡数字的追问，回答道："具体数字还在统计中，但无论什么样的数字都是我们无法接受的。"这样以诚动人的回答，赢得了舆论界的一致好评。应对棘手问题时的做法，更能体现企业的实力。换言之，与媒体交往应该成为企业日常工作的一种。

6.2.1　媒体活动的组织策划

1.策划新闻

策划新闻就是以创造性的思维指导、策划、组织、举办具有新闻价值的活动或事件，以吸引媒体和公众的注意和兴趣，创造报道传播的事实前提，并使组织成为新闻报道的主角，以达到提高组织知名度和美誉度的目的。策划新闻通常还是企业品牌宣传、营销推广的方法。

新闻也叫"消息"，指对国内外新近发生的具有一定社会价值的人和事实的简要而迅速的报道。新闻种类较多，有动态消息、评论消息、社会新闻、文教新闻、国际新闻等。这些真、实、强、短、快、活的新闻报道采编活动，是一种形式的媒体活动。

企业策划新闻，可能有着不同的目的与意图。但从新闻传播的角度来说，这类活动的共同点就是：在没有突发性、重大事件的时候，这类活动，使得媒体与公众继续关注企业；通过成功且有创意的活动，塑造企业在公众心目中的良好形象。

策划新闻要达到预期效果，就必须学会选择能赢得媒体注意力的主题及活动方式，需要满足媒体内容传播的要求。以下八大特点是一场媒体策划活动能成功的法宝：

（1）创新。与同类活动相比，有自己的独特之处。

（2）时空。在恰当的影响范围内，选择正确的时机。

（3）借势。寻找媒体正在关注的热点和焦点。

（4）权威。利用高级别、高职务人群的言论。

（5）名人。明星效应不可抵挡。

（6）情绪。要能够引起人们的情绪波动。

（7）娱乐。让参与者感到轻松愉悦。

（8）馈赠。以馈赠活动增强吸引力。

2.媒体活动的形式

新闻发布会又称记者招待会，是一个社会组织直接向新闻界发布有关组织信息、解释组织重大事件而举办的活动，也是最常见的媒体活动。除此之外，媒体活动还有大致5种形式：

（1）会议型，如就当下社会热点、焦点举行的听证会、研讨会等。这类媒体活动注重会议主题的鲜明性和与会代表发言的可取性、差异性。

（2）仪式型，如新书发行仪式、高铁开通仪式等。这类媒体活动注重出席者的知名度、权威性。

（3）庆典型，如年度评选揭晓、落成典礼等。这类媒体活动重视活动现场气氛，特别注重传播途径的选择，且多喜欢加入幸运抽奖、短信互动等环节。

（4）展览型，如车展、世博游园活动等。这类媒体活动的目标是聚集人气，利用人的流量来带动广告宣传效果。

（5）事件型，如通过一个事件来引起媒体的广泛报道，利用事件中"没有人做过，没有人说过"的新意招引媒体的持续关注。

3.媒体活动的组织流程

策划组织一次媒体活动需要经历4个阶段：项目调查、项目策划、项目实施、项目评估。

（1）项目调查是一个重要阶段。策划专家叶茂中认为，一个好的策划，80%源于腿，20%源于脑袋。调研是通过各种调查方式，比如现场访问、电话调查、拦截访问、网上调查、邮寄问卷等形式得到受访者的态度和意见，然后进行统计分析，研究事物总的特征。为媒体活动展开调研的目的是客观、系统地收集活动信息、研究数据，为决策活动提供材料。

（2）项目策划。在调研基础上撰写策划方案，正是借助科学的方法为决策、计划而构思、设计、制作策划方案的过程。策划写出来能让人觉得明了易懂就是最好的；写策划可以像写故事一样，写计划也可以带着各种情绪畅所欲言，但是唯独不能缺乏理性的逻辑判断。计划最后要报给上级主管审查，看是否合格。

（3）项目实施。在筹备阶段需要完成的工作有资料准备、来宾确认、会务安排、模拟彩排。与整场活动相关的资料，都需要列表备注，大到领导的发言稿，小到夹稿的回形针，统统属于资料准备的范畴。活动相关来宾的确认，包括联络、接待、食宿、开销、与会、送行的全过程。会务安排则是相当具体的工作，包括会前发送邀请函、会时现场安保等。模拟彩排是筹备中最重要的一个环节。彩排的模式有3种：一是完全按照活动程序做一遍，就像文艺演出的"走台"；二是对活动的核心环节进行演练，尽可能考虑到在策划中无法预计的情况，并且妥善处理；三是口头演练，将各部门的工作人员全部召集起来，把具体到时间、人物、地点、事件的各种事情一一交代清楚。口头演练是筹备活动模拟彩排环节的最低标准。在实施阶段所有的活动参与者都要做到集体按计划执行，服从现场监督，配合应急调整。

（4）项目评估。项目评估，一是跟踪媒体报道情况，包括发稿量、稿件反响；二是评估活动对企业品牌的影响，这需要更长的周期。

6.2.2 新闻发布会

新闻发布会是企业的媒体活动中最常见的形式，其传播对象直指媒体记者。新闻发布会以面对面的形式传递信息，为媒体提供高质量的情况介绍和采访机会。新闻发布会通常很高调，企业在执行的时候需要严格控制会场气氛和紧密关注媒体后续报道，以达到预期的效果。新闻发布会的举行时机也需要企业把握，恰当的时机需要配合合适的主题。企业在主动引导媒体为自己传达信息，以及回应公众疑惑、澄清事实这两种情况下，都是可以考虑举行新闻发布会的。

1.新闻发布会的策划

新闻发布会是企业也是媒体所期待的。在全国性的媒体调查中发现，媒体获得新闻最重要的一个途径就是新闻发布会，几乎100%的媒体将其列为最常参加的媒体活动。由于新闻发布会上人物、事件都比较集中，时效性又很强，参加发布会还免去了预约采访对象、采访时间的一些困扰，因此，通常情况下记者愿意出席。为了使新闻发布会能有所收获，精细策划不可忽视。

（1）新闻发布会的时间选择。上一节我们谈到过，多数平面媒体刊出新闻的时间是在获得信息的第二天，因此把发布会的时间安排在周一、二、三的下午为宜，会议时间保证在1小时左右，这样可以相对保证发布会的现场效果和会后见报效果。企业也可考虑以晚宴酒会的形式举行新闻发布会，邀请媒体记者出席，但应把新闻发布的内容安排在最初的阶段，确保记者的采访工作可以比较早地结束，让媒体次日发稿。企业在发布会时间的选择上还要避开重要的政治事件和社会事件，媒体对这些事件的大篇幅报道任务会冲淡企业新闻发布会的传播效果。

（2）新闻发布会的地点安排。场地可以选择户外（事件发生的现场，便于摄影记者拍照），也可以选择室内。根据发布会规模的大小，室内发布会可以直接安排在企业的办公场所或者酒店。酒店有不同的星级，从企业形象的角度来说，重要的发布会宜选择五星级或四星级酒店。酒店有不同的风格、不同的定位，要注意选择与发布会的内容相统一的酒店风格。企业在确定新闻发布会会场时，还必须考虑以下的问题：离主要媒体、重要人物的远近，交通是否便利，泊车是否方便；会议厅容纳人数，主席台的大小，投影设备、电源、布景、胸部麦克风、远程麦克风，住宿、酒品、食物、饮料的提供；发布会外围布景，如横幅、竖幅、飘空气球、拱形门等，酒店是否允许布置等。

（3）新闻发布会标题的确定。每个新闻发布会都会有一个主题，该主题将会以发布会标题的形式打印在请柬、会议资料、会场布景、纪念品等一系列物件上。在为新闻发布会命题时，需要注意：

①避免使用"新闻发布会"的字样，我国对新闻发布会的举办有严格的申报、审批程序，企业为避免烦琐的工作，大可把发布会的名字定义为"××信息发布会"或"××媒体沟通会"；

②标题最好能体现发布会的主旨内容，如"××公司2021新品信息发布会"；

③通常情况下，可以在发布会主标题下方，以稍小的字体，打出会议举办的时间、地点和主办单位。

2.新闻发布会的筹备

（1）新闻发布会的资料——提供给媒体的资料，一般以广告手提袋或文件袋的形式整理妥当，按顺序摆放，再在新闻发布会前发放给新闻媒体，顺序依次应为：①会议议程；②新闻通稿；③演讲发言稿；④发言人的背景资料介绍（应包括头衔、主要经历、取得成就等）；⑤公司宣传册；⑥产品说明资料（如果是关于新产品的新闻发布的话）；⑦有关图片；⑧纪念品（或纪念品领用券）；⑨企业新闻负责人名片（新闻发布后进一步采访、新闻发表后联络用）；⑩空白信笺、笔（方便记者记录）。

其中，特别需要强调的是新闻通稿的准备。新闻通稿，是企业在对外发布消息的时候，为了统一宣传口径组织的新闻稿件，以提供给有需要的新闻媒体。在新闻发布会中，新闻通稿基本都是模仿平面媒体的稿件形式来写的，按其基本的形式可分为消息稿和通讯稿。不论何种形式的通稿，都要求以事实说话，篇幅短小，语言精练，具有真实性、针对性和时效性。

一则新闻通稿，通常包含标题、导语、主体、背景、结语五个部分。标题包括正题、引题、副题，可用多行形式表示。正题，是标题的核心，用来概括新闻的主要事实；引题，多用来交代背景，点明中心；副题，用来揭示新闻的事实结果，或作为新闻的内容提要。多数新闻通稿都只有正题。导语是新闻的第一句话或第一段，大多是简明地概括报道事实或中心。主体是新闻的主干，是事实的叙述和展开。背景是指事实的环境、历史条件及原因，可以在主体中出现，也可以在结尾中出现。背景和结尾并非每条新闻都必须具备。

（2）确定主持人和发言人（身份、职务级别高低）：①主持人一般由企业的宣传负责人担任；②发言人一般由企业的主要负责人担任（级别高、有权威），组织如果设立了新闻发言人就由新闻发言人担任；③发言人旁边可配设助理人员，如律师、翻译等。

（3）确定邀请媒体的地域范围（国家级、地方级）、形式（平面、电子、网络）。尽管媒体乐于参与企业的新闻发布会，但是邀请记者的技巧依然很重要。既要吸引他们参加，又要他们传播企业最想发布的新闻。在邀请的媒体数量上，既不能过多，也不能过少。一般企业应该邀请与自己联系比较紧密的商业领域记者参加，必要时如事件现场气氛热烈，应邀请平面媒体记者与摄影记者一起前往。邀请的时间一般以提前3~5天为宜，发布会前一天可作适当的提醒。对联系比较多的媒体记者可以采取直接电话邀请的方式。对不是很熟悉的媒体或发布的内容比较严肃、庄重时可以采取书面邀请函的方式。

（4）新闻发布会的席位摆放方式：发布会的席位一般采用主席台加课桌的方式摆放。注意确定主席台人员，要摆放席卡，以方便记者记录发言人姓名。摆放原则是"职位高者靠前靠中，自己人靠边靠后"。现在很多会议采用主席台只有主持人位和发言席，贵宾坐于下面的第一排的方式。一些非正式的、讨论性质的会议采用圆桌摆放方式。注意席位的预留，一般在后面会准备一些无桌子的座席。

（5）经费预算：企业在新闻发布会筹划、举办、总结等各方面的收入、支出、现金流的总体计划。

3.新闻发布会流程

新闻发布会流程一般为：①迎宾签到；②分发资料；③正式开会；④会后活动；⑤效果评估；⑥通告注意事项。

在新闻发布会的举办过程中，企业尤其需要注意以下四个方面：

（1）做好会议签到。让记者和来宾在事先准备好的签到簿上签下自己的姓名、单位、联系方式等内容。签到后按事先的安排让记者及来宾就座。

（2）严格遵守程序。主持人应充分发挥主持者和组织者的作用，宣布会议的主要内容、提问范围以及把握会议进行的时间，最长不能超过两小时。主持人、发言人讲话时间不宜过长，以免影响记者提问；对记者所提的问题应逐一回答，不好正面回答的问题可委婉回避，不要与记者发生冲突；会议主持人要始终把握会议主题，维护好会场秩序。

（3）主持人和发言人注意相互配合。首先，主持人和发言人要明确分工，各司其职，不允许越俎代庖；其次，在发布会进行期间，主持人和发言人要保持口径一致，不允许公开顶牛、相互拆台；再次，当新闻记者提出的某些问题过于尖锐难以回答时，主持人要想方设法转移话题，帮助发言人解围；最后，主持人邀请记者提问时，发言人一般要给予适当的回答。

（4）态度真诚、主动配合。在新闻发布会上自始至终都要注意对待记者的态度，因为接待记者的态度如何，直接关系到新闻媒体发布消息的成败。一般而言，记者希望接待人员对其尊重、热情，并了解其所在的新闻媒体及其作品等；还希望接待人员提供工作上的方便，如一条有发布价值的消息、一个有利于拍到照片的角度等，总之对待记者一定要温文尔雅、彬彬有礼。

4.新闻发布会的操作技巧

（1）新闻发言人的确定。代表公司形象的新闻发言人对公众认知企业会产生重大作用，如表现不佳，企业形象将受影响。新闻发言人一般应具备以下几方面的条件：

①有良好的外形和表达能力。发言人的知识面要丰富，要有清晰明确的语言表达能力、倾听的能力及迅速反应的能力，外表要整洁、大方得体。

②有在执行原定计划的基础上加以灵活调整的能力。

③有现场调控能力，可以充分控制和调动发布会现场的气氛。

（2）新闻发言人答记者问的准备。新闻发布会上的记者提问环节，有助于通过双方的直接沟通，增强记者对整个新闻事件的理解以及对背景资料的掌握。亲和力强且有准备的发言人，可通过回答问题使新闻素材得到进一步的升华。记者提问一般由新闻发言人负责回答，如涉及专业性、针对性强的问题也可由他人辅助回答。发布会前，企业要准备答问备忘提纲，并在事先取得一致意见。在新闻发布会上，对于记者的提问要认真作答。对于无关提问则可以委婉地制止；对于涉及企业秘密的问题，可以直接礼貌地回复"这是企业机密"，也可委婉作答；对于较复杂且需要大量时间解释的问题，可以先回答要点，邀请其在会后再进一步探讨。为防止媒体问到尖锐、敏感的问题，也有企业事先为媒体安排提问提纲。总之，对任何问题都不宜采取"无可奉告"的方式。

5.新闻发布会的几个误区

误区之一：没有新闻的新闻发布会。有的企业，为了保持一定的影响力，证明自己的存在，在并没有重大的新闻时召开新闻发布会。这造成的后果是，企业花费不少精力、物力、财力，却没有成效。企业在新闻发布会的形式上挖空心思、绞尽脑汁，会场是热闹了，但宣传效果却不理想。如果媒体想要的新闻一直不出现，与会记者也可能对企业失去耐心，不再关注企业宣传。

误区之二：新闻发布的主题不清。有时候，企业希望借助媒体为自己做宣传，抓到发布会的机会就想要将企业艰难的创业过程、组织文化、未来发展宏图都一一传达，只顾告诉记者什么时候得了金奖、什么时候获得认证、什么时候做了慈善，却偏离了发布会的主题。还有时候，企业生怕在新闻发布会上暴露商业机密，凡涉及具体数据都含含糊糊，一谈到敏感话题就"顾左右而言他"，不是"无可奉告"就是"正在调查"。这样一来，媒体想知道的，企业没办法提供；媒体不想搭理的，企业又谈个不停。

小案例6-1　网球世界冠军李娜退役发布会　数度落泪真情告别

2014年9月21日下午，李娜退役新闻发布会在北京国家网球中心举行。发布会期间李娜数度流泪哽咽。以下是发布会的问答实录：

Q：对于任何现役TOP10球员来说，做出退役的决定都是非常艰难的。请问你是什么时候做出的这个决定？花了多长时间呢？

A：相信大家都会对这个问题感兴趣，毕竟很少有人在世界前十的时候选择退出。其实从今年3月份开始，我的左边膝盖就出现了问题，其实断断续续地有想过，今年7月份手术之后我一直努力在康复，非常希望，想回到球场上，因为在中国有这么大的比赛，特别是在武汉，第一次在我的家乡。第四次手术感觉和第一次完全不一样，包括年龄和身体感觉，虽然这个决定很艰难，可能比大满贯还要艰难，但我觉得现在也是最好的时间和大家说再见，身体已经承受不了高水平的比赛。我是在上周四周五左右自己做出的决定，然后通知了团队。

Q：大家都很关心你退役后的动向，你在告别信中也说到会开办网校，不知道时间和选址情况有没有定下来？会不会邀请卡洛斯来学院做教练？

A：毕竟网球是我热爱的事业，所以我会继续尽自己的所有能力来帮助更多小朋友。我们已经和有关部门有很深的接触，具体什么时候开办还要看事情的发展。卡洛斯对于我的职业生涯非常关键，帮助非常大，如果可以的话，我会非常真诚邀请他来到我的网球学校。

Q：你近期动向是？回归家庭还是投入新的工作当中？

A：大家都知道对于球员来说，时间是很宝贵的，尤其是和家人朋友在一起的时候。这么多年我最愧对的是朋友和家人，尤其是节假日的时候，我很少会和他们在一起。我会给自己时间调整和休息，这一两个月会尽可能多地陪伴朋友和家人。

Q：请你对自己的网球生涯做一个评价。

A：我非常满意自己的生涯，也感到自豪，现在退役是最好的时间，我没有遗憾和后悔，在做决定时我也会问自己会不会后悔，但是内心很坚强，我已经尽力了。

Q：有什么想对年轻人说的？

A：回想起来自己没有做什么伟大的事情，但旁边人会说，你很了不起，你有自己的梦想，为了梦想就应该坚持。

Q：那么你下一个梦想是什么呢？

A：下一个梦想我会尽自己最大能力帮助网球发展，尽量拥有自己的网校，帮助那些想打网球的小朋友。还有我会参加儿童乐益会，帮助更多的人，不仅仅是网球领域，还有比如像残障儿童等等更多的小朋友。

Q：中国未来网球会发展到什么情况？你退役之后看好谁来接班？

A：一直看好中国网球的发展，现在中国比赛有十几个，现在小朋友有更多机会面对面接触到高水平球员，甚至和他们对抗，我对中国网球未来一直有着美好的憧憬。在说到接班人问题的时候，我觉得没有可比性，每个人都有各自特点，发展路线都不一样，但我坚信她们都会为自己目标做出最大努力。

Q：你对单飞的制度有何看法？

A：我不太喜欢单飞这个词，这是媒体给的，我个人更喜欢职业化这个说法。退役信里写的都是我这些年真诚想感谢的，如果没有之前国家队一起训练的经历，也不会有平台可以去发展，到后来拥有自己的团队。

Q：什么时候能够看到第二个李娜？

A：我期待大家关注中国网球，相信下一个球员会做得比我更好。

Q：在公开信中你对很多人表示了感谢，有很多人都很理解你的决定，但也有人说这个决定是不管三七二十一做出来的，对此你有何看法？

A：每个人思想都不一样，不过（管）我做什么别人都会相信他们愿意相信的东西，所以不过（管）我怎么做都会有人站出来反对。但我所写的退役信是自己真心想感谢的人。

Q：今天开幕的武汉公开赛中很多选手都是你的老朋友，你想对她们说什么？想如何尽地主之谊呢？

A：很感谢有那么多高水平选手来参加首届武汉公开赛，我今晚就会回去，因为和她们私下都有联系，现在我有时间了，介绍武汉的名胜古迹可能比较困难，但是我可以为她们介绍一些武汉小吃，尽自己的地主之谊。

Q：职业生涯最快乐最享受的是哪个时间段？退役信发出来后社交媒体祝福铺天盖地，做何感想？扬科维奇说期待你回来组队参加双打，你会不会考虑这个提议？

A：最享受的是这两年，因为我从刚开始打球到喜欢上网球，我用了差不多15年，但也是在最近这两年开始慢慢理解自己，也理解网球这个项目，慢慢学会不去埋怨自己，这是我职业生涯最享受也是最开心的两年。打双打可能性不大，既然作出决定我会全身心投入下一阶段。多少有些意外能收到这些祝福，看来自己的人缘挺好的。

Q：很多名将都会在退役之后选择执教，比如张德培和辛吉斯。你有没有考虑过当教练来执教一两位中国小花，把她打造成下一个李娜？

A：我可能会将更多注意力放在网校，不会只带一名球员这样，我会更注重从基础开始，从启蒙开始。

Q：你如何处理没到期的赞助商合同？

A：很感谢赞助商，当他们听到我退役消息时还愿意继续合作下去。

Q：中国网球基础和欧洲相比有何不同？差距在何处？除了开办网球学校之外在网球培训方面还需要做哪些工作？

A：我觉得这不在自己能回答的范围之内，之前一直以球员身份出现在公共（众）视野当中，现在能做的是争取拥有自己的网校，从基层开始，把金字塔底部扩展得很好，只有金字塔的塔底做大，金字塔才会越来越高。

Q：今年是WTA总决赛第一次到亚太地区，很多球迷买票去支持，退役也很不舍，能不能对新加坡球迷说几句话？会不会以其他身份参加？比如元老赛？

A：我感到很高兴，毕竟这是WTA总决赛第一次到亚太地区举办。其实在拿到澳网（冠军）后我没想到这么早退役，我有准备要打新加坡年终总决赛，虽然现在宣布退役有些遗憾，但是我今年会去新加坡，以非球员身份出现，和新加坡球迷见面。

Q：在澳网庆功宴上你提到过自己的梦想是再拿一个大满贯和冲击世界第一，现在虽然你说没有遗憾，但这些梦想是不是还会留下（在）心里？日后回想起来会是什么感受？另外你刚才说自己做这个退役的决定没有遗憾，但我知道你一定有些不舍，能不能请你谈一下？

A：其实我一直以为这次发布会会在比较轻松愉快环境下完成，我知道大家都很关心，当然会有不舍，因为我是从8岁开始打网球，到现在经历了差不多24年的时间，我相信这段经历是没有人可以从头到尾跟我一起分享的。当拿到澳网时我说过期待下一个大满贯或是冲击世界第一，但说老实话我真的没有遗憾，因为自己真的是尽了100%努力，不会说因为自己没有努力而在几年后回想（起）来会怪自己应该加油，因为自己真的不能做到更好了，我已经付出了100%甚至更多，所以我才会在上周末决定退役。因为我想给自己更多时间和机会，但身体真的不能承受了。说老实话真的没有遗憾。

Q：打算定居在哪里？有没有生小孩的计划？

A：定居肯定会在中国，但具体在哪个城市还要看网校开在哪里，我会以网校为主。小孩是生活的一部分，肯定会有的。

Q：《独自上场》已经出了两部分，你会不会更新后面的部分？你拥有很多球迷，自己也很喜欢娜离子这个称号，你想对他们说些什么？

A：说老实话我昨晚有想过很多要说的东西，但来到这里我也不知道怎么开口。不过30号会有仪式，可以的话我希望亲口对球迷说。关于书目方面，我写的都是职业生涯的事情，生活方面我不会写进书里，因为个人隐私问题，我希望能保护自己的家。

新闻发布会后引起全球媒体深度报道、网民广泛关注。

资料来源　佚名.李娜退役发布会全程直击　数度落泪真情告别 [EB/OL]. [2020-07-22]. https://sports.qq.com/a/20140921/013688.htm.

思考题：该新闻发布会有什么特点？

6.2.3 新闻稿件撰写

撰写新闻稿件通常是企业媒体策划活动的组成部分，可以运用媒体就企业的策划活动与公众进行沟通，因此，学会撰写新闻稿是企业媒体策划人员的必要功课。

一篇新闻稿通常包含6个基本要素，也称6个W，即 who（何人）、what（何事）、when（何时）、where（何地）、why（何因）、how（何果）。

新闻（消息）一般由导语和主体两个部分组成，新闻中时常也要穿插一些背景材料，但由于它不是一个单独的组成部分，无固定地位可言，因而不能被看作新闻结构中的一个独立的层次。新闻的组成部分中有时还有个结尾，但对多数新闻来说，结尾不是非有不可的。

导语是新闻的开头，是以凝练的形式、简洁的文字表述新闻中心内容的一个单元或部分。导语的关键是个"导"字，它应当起到引导、诱导、前导的作用。也就是说，它应当用简洁的语言，写出最主要、最新鲜、最吸引人的事实，给读者留下深刻的印象。因此，导语写作要求开门见山、中心突出、简明扼要、生动有趣。

主体是新闻的躯干或主干部分，一般应当具备两部分内容：一是对导语提出的主要事实、问题或观点进行具体的阐述或回答，使导语部分的内容借助于一连串丰富的材料而得到进一步的说明和解释；二是用附加的次要材料来补充导语中没有涉及的新闻内容，提供新闻背景，说明事件的来龙去脉，使新闻内容充实饱满，主题更加突出。主体部分常见的结构形式有两种：（1）以事件的重要程度为序组织材料，即倒金字塔结构，这是一种常见的新闻写作方法，多用于动态新闻。主体部分的内容则依照重要性递减的顺序来安排：较重要的材料往前放，较次要的往后放，最次要的放在最后面。（2）以事件的时间先后为序组织材料。这种主体结构形式，通常是按事件发生的时间顺序来组织材料，事件的开始是新闻稿的开头，事件的结束为新闻稿的结尾。由于这种结构能够清楚地反映出新闻事件的来龙去脉、前因后果，使读者对它的全过程有一个鲜明的印象，所以它比较适用于内容较为复杂但线条单一的新闻的写作，如报道节日游行盛况、一些重大事件、一场灾祸、一次球赛等。

新闻背景是有关新闻事件的历史和环境的材料。新闻是对新鲜事物的报道，而人们对新的东西往往感觉很陌生，这就有必要对新闻中的基本事实进行解释和补充说明。只有适当地对事件的来龙去脉、它与周围事物的联系及相互影响进行"衬托性叙述"，才能显示出事件的意义，才能使生活在不同地区、工作和阅历各不相同的读者排除阅读障碍，对新闻产生兴趣。

在新闻的结构布局中，结尾并非占据着举足轻重的地位。有些消息有结尾，多数消息却是无所谓结不结尾的。一般来说，事实叙述清楚了，新闻稿的写作也就大功告成了。

小案例6-2　　　　　　京东港交所上市

京东挑了一个好日子。

"6·18"这天，一边，京东年中购物节又一次创下成交额纪录，另一边，京东正式挂牌港交所二次上市。过去几年，京东在营收规模、用户数量、经营效率、盈利能力等方面实现了全面增长。

京东如何从三年前的亏损泥潭迅速走出，并实现连续五个季度持续盈利？可以说，这是京东下沉、技术赋能、平台转型等一系列战略推进取得的成果。

业务全面增长，柳暗花明到来

京东的业务收入增幅令人瞩目。

2017—2019年，京东营收从3 623亿元增长到5 769亿元，高速增长背后是业务的多点开花。京东的业务基本可以分为两类，即自营业务和服务业务。其中自营收入主要包含电器收入和百货收入，服务收入主要包含平台广告收入和物流收入。

过去三年，京东自营收入的复合年均增长率为24.1%，得益于京东向全品类扩张。电器虽然客单价高，但消费频次低，而百货商品购买频次高，用户黏性大，从而带动购买支出的增加。

而平台广告增速同样飞快，2019年京东的广告收入在互联网公司中仅次于BAT（即互联网"三巨头"——百度公司、阿里巴巴集团、腾讯公司），位居第四。

值得关注的是，物流业务2017—2019年复合年均增长率为114%，增速远超其他业务，成为京东增长最重要的引擎。这得益于京东物流的对外开放，为电商领域之外的企业提供综合供应链和物流服务。

京东各项业务全面增长，说明了京东过去的打法取得了不错的成果。

业务全面开花，可以使公司的业务触角延伸至电商服务的各个环节，实现每一个环节的变现，提高收入的"天花板"。同时，不同的业务场景又可以相互赋能，实现协同效应，比如物流在时效性和体验性上提升用户购物体验，从而构建了京东的"护城河"，保证了自营收入的稳定性。

营收结构+运营效率，双引擎优化

这两年京东的盈利能力有了肉眼可见的提升，彻底摆脱了之前的亏损泥潭，主要得益于营收结构优化和运营效率改善。

营收结构方面，日用百货商品收入在自营商品收入中占比提升，比重由2017年的26.4%提高到2019年的31.5%，上升5.1个百分点；服务收入的占比也提升了3.1个百分点。

百货收入占比提升，说明京东由电器向全品类的扩张较为顺利。

参考零售企业，百货品类的超市毛利率普遍在20%以上，而目前京东为15.41%，不考虑平台业务的增长，仅自营业务中的品类转型，京东就有可能实现将近5个点的毛利提升。

同时，京东的运营效率也有了改善。公司的期间费用率由2017年的14.3%下降到2019年的13.7%。主要原因是物流效率提高、规模效应带来履约费用率下降，以及营销费用ROI提升。

物流效率提高使得京东的库存周转天数较2017年减少了3.1天，这得益于供应链技术对物流的赋能。比如，公司的供应链系统能够通过补货模型做出补货建议，帮助公司提升补货精准度，进而使库存使用效率得到提升。

此外，在订单的规模效应上，既可以摊薄仓储、运输工具等固定成本，又可以通过订单密度提升员工工作效率。因此，结合物流效率提高和订单的规模效应，京东的履约费用率较2017年下降了0.7个百分点。

京东营销费用ROI提升主要体现在两个方面。一方面，京东通过在下沉市场的"拼团"等社交营销的打法实现了低成本获客；另一方面，随着智能化营销工具的使用，可以在不影响用户体验的情况下，使营销费用ROI提升。营销费用ROI提高，也使京东的营销费用率较2017年下降了0.2个百分点。

综合来看，京东营收结构优化还能带来很大的毛利提升空间，另外，随着规模效应持续增加和技术对物流的持续性赋能，公司的期间费用率还有下降空间。一升一降，京东的盈利能力还有很大提升空间。

未来京东驶向何方？

京东的增长不局限在某一个环节，而是实现了营收规模、用户数量、运营效率、盈利能力等指标的全方位增长：下沉战略让京东找到了用户数量新的增长点；技术对零售的持续性赋能使得供应链、物流等运营环节效率持续提升，进而实现成本的降低；向平台转型则促使盈利能力持续提升。

随着京东战略的持续推进，这种高质量的增长还将持续。

我们有理由相信，重回港股的7 300亿港币高开市值只是一个起点，而京东在技术上的投入，将推动京东成为以供应链为基础的技术和服务公司，为行业、生态赋能创造更大的价值。

资料来源　佚名.市值高达7300亿，京东港交所上市：加注以供应链为基础的关键技术创新［EB/OL］.［2020-07-22］. http://www.fx116.com.cn/a/wangyikeji/2020/0619/94863.html.

思考题：该新闻稿的导语是什么？主体采用了何种写作方法？

6.3　企业与媒体的长期合作

企业与媒体之间，不应只是一次两次的短线交往，而应该建立长期稳固的合作关系。这就要求企业在将与媒体交往纳入日常工作规划的同时，还能和媒体负责人或是跑企业的专线记者之间建立良好的互动关系。保持长期合作的关系，会使企业与媒体之间有畅通的信息交流渠道，也有助于彼此工作的开展。

6.3.1　媒体沟通渠道的建立和维护

如果说企业是信息的制造商，那么媒体就是信息的供应商，媒体信息传播畅通与否，对新闻传播的效果有着至关重要的影响。那么，如何进行媒体沟通渠道的建立、维护乃至拓展呢？

第一，制度是企业与媒体沟通的基本保障。建立一条与媒体沟通的渠道并不难，难的是对信息渠道的维护和拓展。因此，企业有必要以制度的方式理性地对待与媒体的沟通。制度中应包含的要素有媒体档案的管理、媒体沟通机制、媒体记者的接待以及对媒体记者的奖励机制等。以档案管理为例，媒体档案并非单纯的联系方式，而要详细记载日常联络的媒体中对口记者的联系方式、该记者曾经发表过的作品及其写作风格等资料，以便于企业从各个层面与记者进行沟通。

第二，发现和培养值得信赖的媒体记者，也是提升媒体沟通质量与效率的重要途径。于企业而言，媒体可以大致区分为3类：一是常来常往的友好单位；二是偶尔造访的擦边单位；三是惹不起躲得起的不速之客。因此，企业要将主要精力投放到第一类记者身上，将与其沟通纳入办公室日常工作范围。

第三，定期举办媒体交流会或沟通会也是一个很好的方式。定期与媒体的编辑、广告等主要部门负责人沟通，甚为重要，他们是正式版面和时段的决策者。将企业年度工作计划中需要媒体宣传的内容提早汇总并交给媒体主编，也便于他们安排相关主题，及时推出宣传报道。

6.3.2　与媒体记者保持互动

许多企业在与记者沟通时总是"临时抱佛脚"，因此，记者写出来的稿件也都只说大概，缺乏神韵，无法通过文笔优势展现企业传播意图。想要得到低成本、高效率的新闻宣传，就必须与记者保持互动。

首先，要与记者建立常规的沟通机制，让记者感受到，在日常生活中，有家企业（一个员工）经常惦记着他们，而他们也通过这种方式，逐渐了解企业，并开始关注企业的发展。企业内部的报纸和杂志，也可以送给记者阅读，请他们给予指导。

其次，提高自身素养，成为行业的专家，让记者乐意与你进行沟通。企业与媒体之间的沟通者，应该熟练掌握市场营销、产品、技术、品牌、行业等相关知识，成为一个信息库和数据库。让记者觉得你有沟通的价值，能够给他的思路和文章提供一些借鉴和参考。

再次，善于借势，能够借助具有影响力的事件、人物、产品、故事、传说、影视作品、社会潮流等，策划出对自己企业有利的新闻事件。企业与媒体之间的联络人，在与记者的沟通过程中要有敏锐的新闻嗅觉，能够将记者手中的选题与企业的传播重点进行有机结合，从而创造宣传机会，提高新闻公信力。

最后，及时反馈。无论是正面还是负面的新闻报道，见刊后，企业要在第一时间给作者反馈。特别是对负面消息，要通过与记者及时沟通，挖掘其创作的意图和报道产生的原因，便于企业以最快的速度进行危机公关，从而化险为夷。

小案例 6-3　　　　红星二锅头"扎心"广告

——《没有酒，说不好故事》

从《2 000万人在北京假装生活》到新世相《逃离北上广》的刷屏事件，无不证明了"北漂人"的焦虑。2017年9月，红星二锅头将目标对准"北漂"青年，推出全新海报《没有酒，说不好故事》。你漂泊在外的孤独感或许无法言说，但一定会被看见。海报中的文字如下：

为了实现梦想，

有时候，

你得先放弃梦想。

不是害怕离开，

而是害怕再也不回来。

《十年》唱了十年，

我一个人，

还是一个人。

越是一无所有，

越是义无反顾。

以前什么都无所畏，

现在什么都无所谓。

待在北京的不开心，

也许只是一阵子。

离开北京的不甘心，

却是一辈子。

现实不可怕，

接受现实才可怕。

生活有多难，

酒就有多呛，

不如意事十有八酒。

一个个故乡里的孩子，

在北京拼着命长大。

《没有酒，说不好故事》海报

思考题：红星二锅头的这组广告文案被网友称为"扎心文案"，广受媒体、网民转载，原因是什么？

本章小结

对社会舆论有着强大影响力的媒体，是企业与一般公众进行沟通的最佳传播渠道，企业需要与之建立良好的沟通平台。本章通过对报纸、杂志、广播电视、网络、自媒体等媒体的具体描述，呈现各媒体不同的特点和采稿方式，以便于企业掌握媒体的运作规律，有利于企业了解新闻传播运作的理论基础，以更好地把握媒体的要求。企业要与媒体建立良好的沟通平台，媒体活动的组织与策划是企业需要纳入到日常工作中的重要内容；新闻发布会是最为常见的媒体活动。为使媒体能更深刻地认识企业，更长久地关注企业，企业应在建立媒体沟通机制的同时，与记者保持良好的沟通。

复习思考题

1.简析企业与媒体之间的关系。

2.简述媒体的种类和各自的特点。自媒体对传统媒体提出的挑战有哪些？

3.什么是新闻职业道德？我国新闻从业人员存在哪些职业道德问题？

4.什么是策划新闻？策划新闻的策略有哪些？

5.什么是新闻发布会？试联系实际分析新闻发布会的意义。

6.新闻发言人需要具备哪些品质？试说明其在新闻发布会中的作用。

7.简述企业如何与媒体建立长期有效的沟通机制，如何充分运用自媒体与公众沟通。

▷ 案例分析　　　　　　　"标准门"之争　谁的危机

2013年5月，农夫山泉桶装水北京的消费者王先生被告知不能给他送水了，农夫山泉宣布退出北京市场。原来自2013年4月10日以来，《京华时报》与农夫山泉进行了一场针锋相对的媒企之争，争论焦点在于农夫山泉生产的天然水是否低于国家饮用水标准。这场媒企之争引发水行业的又一次"地震"。

一、农夫山泉公司简介

农夫山泉股份有限公司（以下简称农夫山泉）原名千岛湖养生堂饮用水有限公司，成立于1996年9月26日，2001年6月27日改制成为股份有限公司，注册资本1.47亿元，为中国饮料工业"十强"之一。农夫山泉目前占据全国8大水源地，并在水源地周围建立了近20座饮用水和饮料生产基地。根据AC尼尔森市场调研报告，农夫山泉瓶装水市场占有率已经稳居第一。农夫山泉公司崇尚"三大理念"：

---

① 本案例由谢玉华、毛斑斑，在采访相关企业董事长及董事会秘书的基础上撰写而成，被评为"第五届全国百篇优秀管理案例"，收入中国管理案例共享中心案例库。为充分了解行业情况，笔者访问了饮用水行业协会；由于涉及媒体采访的相关制度，笔者还访问了两家传统媒体的数名记者；同时，笔者搜集了全部关于本案例的媒体报道、企业官网信息、主要论坛等间接资料，从2013年4月10日事件爆发一直跟踪事件的发展，对这些素材尽量运用内容分析法进行科学、客观的解读。本案例只供课堂讨论之用，并无意暗示或说明某种管理行为是否有效。

环保理念——从不使用城市自来水，每一滴农夫山泉都有它的源头；天然理念——坚持水源地建厂、水源地灌装；健康理念——天然的弱碱性水，不添加任何人工矿物质。

农夫山泉创始人、现任公司董事长兼总经理钟睒睒，1956年生人，早年在浙江省文联做基建管理工作，后在浙江省日报社当记者，1991年下海经商，1993年创办养生堂有限公司，推出养生堂龟鳖丸、朵而胶囊等品牌，1996年在杭州投资创立农夫山泉股份有限公司，自此踏入水行业。

农夫山泉擅长差异化营销，在口感上推出"农夫山泉有点甜"的口号，使用运动型包装，提出"天然水"和优质水源地"源头活水"概念；通过体育营销和事件营销，赋予其产品全新的富有亲和力和生命力的品牌内涵，打造高品质、高品位的中国饮用天然水"冠军"的形象。

二、竞争激烈的水行业

智研咨询集团提出，在21世纪中国最具发展前景的十大产业排序中，制水产业排在第六位，市场容量每年在1 000亿元以上。瓶装饮用水行业以40%左右的占比高居各类饮料之首。近20年是中国矿泉饮料业发展迅猛的时期。中商情报网研究显示，国内的矿泉水企业大约有1 200多家，而生产能力在万吨以上的企业仅占其中的10%左右。2000—2006年，我国矿泉饮料业发展迅猛，工业总产值持续快速上涨，年均增长率为33%，复合增长率为26.23%。[①]据2007—2009年的统计，中国矿泉水市场每年都以近20%的速度递增。2009年中国瓶装饮用水的产量达到了3 160万吨，同比增长近30%；2005—2009年中国瓶装饮用水产量的年均复合增长率达到了23%左右。瓶装水行业的这种高速增长趋势在2010—2015年依然持续，其复合增长率将维持在10%以上。但由于企业数量大，竞争激烈，全国1 000多家水企业中70%效益下降，效益好的不到20%。[②]水企业的产品功能、质量，规模大小和资金实力都决定其竞争地位。中国瓶装水行业集中度非常高，寡头垄断趋势非常明显。娃哈哈、康师傅、农夫山泉、怡宝是全国最大的4家瓶装饮用水生产企业，瓶装饮用水产量居全国前4位。娃哈哈和怡宝以纯净水为主要产品，农夫山泉以天然水为主要产品，康师傅以饮用矿物质水为主要产品。以强大的媒体广告尤其是电视广告为主的攻势结合有奖让利促销去争夺消费群体是瓶装饮用水生产企业采用的主要营销手法。同时，全国性品牌和区域性品牌在各区域市场大力争夺经销商，大多采取价格战和对通路加大投入（如送礼品、折扣、大回赠、销量提成奖等）的方式争夺市场。

市场研究公司AC尼尔森的数据显示，2012年，包装水市场销售份额如图6-2所示。

① 中商情报网. 2009—2012年中国饮用水市场调研与发展前景预测报告 [R]. 2009-07.
② 中商情报网. 2010—2015年中国瓶装饮用水市场趋势预测 [R]. 2010-04.

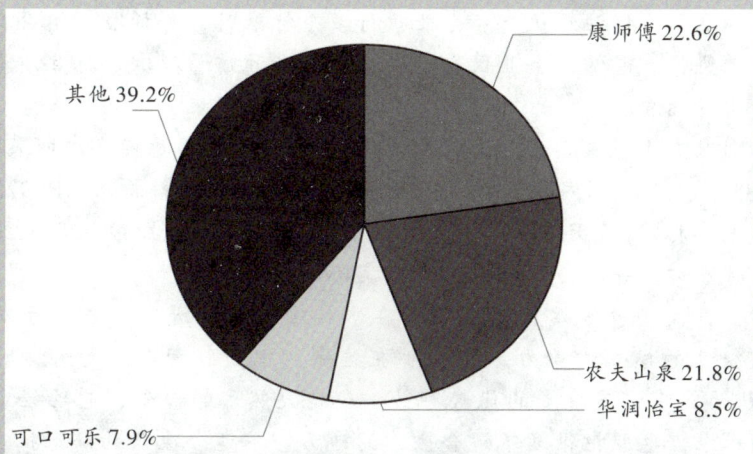

图6-2 2012年包装水市场销售份额图

三、包装饮用水标准

包装饮用水指采用瓶、桶包装的饮用水，按食品管理。GB/T 10789《饮料通则》根据水的来源、加工方式等特点，把包装饮用水分为饮用天然矿泉水、饮用纯净水、饮用天然泉水、其他天然饮用水、饮用矿物质水、其他包装饮用水共6类。

我国包装饮用水标准都是在《中华人民共和国食品安全法》颁布实施前制定的，涉及国家标准、地方标准，既有食品质量标准，也有食品卫生标准。

包装饮用水的国家标准有4项，分别是：

GB8537《饮用天然矿泉水》，规定了饮用天然矿泉水的质量和卫生要求，属于卫生标准。

GB17323《瓶装饮用纯净水》，规定了瓶装饮用纯净水的质量要求，属于质量标准。

GB17324《瓶（桶）装饮用纯净水卫生标准》，规定了瓶（桶）装饮用纯净水的卫生要求，属于卫生标准。

GB19298《瓶（桶）装饮用水卫生标准》，规定了除瓶（桶）装饮用纯净水之外的其他包装饮用水的卫生要求，属于卫生标准。2008年1月17日和2008年9月28日，国家标准化委员会先后两次下发修改单，对该标准中的浊度、砷、镉、总α放射性标准进行修改，并增加了溴酸盐限量标准。

以上国家标准的卫生安全要求基本涵盖所有包装饮用水。

地方标准：按照相关法律规定，没有国家标准或者行业标准的，各地可以制定地方标准。各地对除天然矿泉水和饮用纯净水之外的其他包装饮用水类制定了部分地方标准。例如，浙江省地方标准《瓶装饮用天然水》（DB33/383-2005），属于质量标准。

通常，地方标准的指标限值不得宽于国家标准。由于一些原因，浙江省地方政府没有及时对其地方标准《瓶装饮用天然水》的个别指标进行修改，从而导致该标准中砷、镉、溴酸盐等指标宽于国家标准的现象，但这并不影响企业的实际执行。

我国包装水存在"质量标准"与"食品卫生（安全）标准"并存的局面。

卫生（安全）标准是强制性标准，不论是否在产品上标注，均必须无条件执行。

质量标准则为标注后执行。企业执行多个标准时，如标准之间存在不一致的情况，从严者执行。通常，企业仅在产品包装上标注质量标准。标注质量标准不意味着只执行质量标准。

具体到农夫山泉，其在包装上标注了浙江省地方质量标准《瓶装饮用天然水》（DB33/383-2005），但同样必须无条件执行卫生（安全）标准GB19298《瓶（桶）装饮用水卫生标准》，且从严。因此，浙江省地方标准《瓶装饮用天然水》个别指标没有及时修订，并不会影响农夫山泉实际的执行标准。

实际上，大型包装水生产企业都在水标准基础上进行研发，开发出自己的标准，形成企业的核心竞争力。2005年在接受《中国经营报》的采访时钟睒睒也说道："我认为我有许多许多的优势。第一个是天然水的概念，它已经定了一个非常非常高的标准，也就把很多不适合生产的地方、不适合生产的厂家拦在门外了。行业的标准是以后用来展示竞争力的，那我相信尽管这个标准目前还是浙江省的标准，经过若干年的努力一定会成为一个行业标准，或者一个国家标准，老实说有些很低的标准是必须要废止的。"而且，大型企业的标准影响行业标准。

我国标准总体数量多，且存在标准间矛盾、交叉、重复，个别重要标准或重要指标缺失，部分标准科学性和合理性有待提高的问题。因此，当时国家卫生和计划生育委员会（以下简称国家卫计委）全面启动了近5 000项食品安全类标准以及行业标准的清理工作，并于2013年完成清理任务，于2016年完成现行食品标准整合工作。

四、农夫山泉"标准门"事件始末

持续时间长达近两个月的农夫山泉"标准门"事件，大致分为两个阶段：第一个阶段，2013年4月10日至5月7日，《京华时报》与农夫山泉进行了激烈交锋，并在5月6日新闻发布会上达到顶峰；第二阶段，5月7日后，事件持续演进，具体为农夫山泉进京举报《京华时报》、法院庭审农夫山泉与《京华时报》互诉案。

1.第一阶段：2013年4月10日至5月7日

这一阶段又可分为三个过程：

（1）4月9—18日

4月9—18日为第一个过程：《京华时报》指出农夫山泉标准不如自来水国家标准，农夫山泉四次公开回应其标准和质量均远高于国家标准，双方在平面、网络媒体上展开激烈交锋。

4月9日：华润怡宝在北京召开新闻发布会，主要内容涉及饮用水企业的水源保护责任和水源必须符合生活饮用水标准。《京华时报》记者参与此会。下午5时20分，《京华时报》向农夫山泉发去采访提纲，提纲未涉及其标准不如自来水的内容。农夫山泉于当晚7时左右简单回复了该采访（详见文后附录一）。

4月10日：《京华时报》发表题为《农夫山泉被指标准不如自来水》的报道，称农夫山泉饮用天然水执行的是浙江省地方标准DB33/383-2005《瓶装饮用水》，对比两个标准发现，农夫山泉执行的标准中关于有害物质的限量甚至宽松于自来水。

《文汇报》报道称，国家标准 GB19298-2003 出台后，地方标准比国家标准还要严苛。

在 21 世纪网最早曝出针对农夫山泉的一系列负面报道后，农夫山泉称此事件是"蓄意策划的，隐藏在幕后的就是国有控股饮用水企业——华润怡宝"。

4 月 11 日：农夫山泉通过微博公开发表声明，指出农夫山泉高于任何国家饮用水标准，针对农夫山泉的一系列报道是竞争对手怡宝推动的。

浙江省质监局食品监督管理处为农夫山泉正名，出示三份文件——国家标准 GB19298-2003《瓶（桶）装饮用水卫生标准》、浙江省标准 DB33/383-2005、广东省标准 DBS44/001-2011，并称这三份标准中微生物指标完全相同：菌落总数 50，大肠菌群 3，霉菌、酵母 10，致病菌不得检出。

华润怡宝（国有控股企业和上市公司）回应抹黑事件，表示保留对农夫山泉采取法律行动的一切权利，并发表声明称"我司从未以任何方式对农夫山泉声明中所提到的做法予以任何形式的参与"。

4 月 12 日：农夫山泉再发声明（详见文后附录二），称农夫山泉是天然水，同时满足 GB5749-2006《生活饮用水卫生标准》（即自来水标准）、GB19298-2003《瓶（桶）装饮用水卫生标准》、浙江省 DB33/383-2005《瓶装饮用天然水》，因此根本没有所谓农夫山泉执行标准低于自来水标准之说。声明对比几个标准，提出《京华时报》近日连发两篇报道指农夫山泉标准不如自来水标准、浙江标准低于广东标准或者国家标准，是不严谨、不科学的，"农夫山泉的产品品质远高于现在的国家标准、行业标准和地方标准"。

《京华时报》报道称，中国民族卫生协会健康饮水专业委员会确认农夫山泉标准低于自来水标准。同日，《京华时报》还报道称浙江省质监局袒护农夫山泉。

4 月 13 日：《京华时报》刊发《农夫山泉回应质疑避谈有害物质指标宽松》。

4 月 14 日：针对《京华时报》报道，农夫山泉再度发布声明，公布水质检测报告（详见文后附录三）。

4 月 15 日：农夫山泉第 3 次在官方微博上回复《京华时报》：第一，农夫山泉向来遵守最严格标准以保证产品品质。2011—2013 年，仅浙江省质监局就对农夫山泉天然水监督抽查共 13 批次，全部合格。第二，农夫山泉巴不得提高标准，因为农夫山泉有优质水源和先进生产设备，提高标准是农夫山泉获得竞争优势的最佳手段和方法。但是，如果国家制定一个仅有一两家企业才达得到的标准，那么标准也将形同虚设。第三，农夫山泉认为，《京华时报》拿整套标准中的几个指标来判定标准高低，不仅无知，而且强词夺理，使消费者迷失方向，同时称如提高标准九成企业会死（详见文后附录三）。

《京华时报》回应农夫山泉"标准面前谁也跑不掉"，继续质疑农夫山泉执行的水标准。同日，华润怡宝将农夫山泉告上法庭，深圳南山法院受理。广州消费者以"农夫山泉在广州销售的产品不执行广州地方标准"为由起诉农夫山泉。

4月16日：农夫山泉发布第4次声明，公布企业106项检测指标和31项内控指标，并称这137项指标的检测报告本属于企业机密，尤其31项内控指标是企业核心技术，为洗刷冤情，为了自救，不得不公布（详见文后附录四），这完全是被《京华时报》和华润怡宝所逼；农夫山泉产品全套检测结果全面优于GB5749-2006国家自来水标准，其中21项指标高于国家标准的12~1 000倍以上；上述报告由国家饮用水产品质量监督检验中心、浙江省饮用水质量检验中心、上海谱尼测试技术有限公司，分别于2013年1月和2月、2012年11月、2013年3月，对农夫山泉4处工厂的饮用天然水产品进行检测后出具；《京华时报》"就拿几个数据，由一个莫名其妙的协会信口雌黄几句话，是不可以判定标准高低的"；而且，《京华时报》记者未曾采访农夫山泉就发出《农夫山泉被指标准不如自来水》如此可以一击毙命的批评文章，是不负责任的。就此《京华时报》4月17日刊发《采访过程有证据》，称记者4月9日向农夫山泉媒体部工作人员发去采访提纲，但农夫山泉一直拒绝采访。负责人只简单回复"两个标准名称不一样"。

4月17日：《京华时报》发文《农夫山泉一日之内两次成被告》，报道了华润怡宝和广州消费者因"标准事件"状告农夫山泉的事件经过。

4月18日：《京华时报》刊发《10位专家联名敦促农夫山泉实行更高标准》《宽松地标6年未改 农夫山泉仍在用》。

中央电视台《东方时空》报道，农夫山泉在4年间接受浙江省质监局19次抽检，产品全部合格。

（2）4月19日—5月2日

4月19日—5月2日为第二个过程：《京华时报》报道农夫山泉标准应当立即废止，农夫山泉未予理睬，事后指其捏造国家行政主管部门意见。

4月19日，《京华时报》报道，中国民族卫生协会健康饮水专业委员会秘书长表示，协会多次与农夫山泉沟通，但农夫山泉态度傲慢，在网上公开指责该协会是"莫名其妙的协会""信口雌黄"。因此，协会作出决定，将农夫山泉从协会除名。《京华时报》还报道，经采访，国家卫计委表示，企业生产的包装饮用水应当符合国家标准规定，其执行的地方标准不应与国家标准相矛盾，且相应国家标准公布实施之后，地方标准即行废止。《京华时报》还报道农夫山泉有多种质量问题：水源地垃圾问题，试纸门，黑色不明物，自定标准允许霉菌存在。

在该阶段，农夫山泉没有直接公开回应《京华时报》的质疑。农夫山泉认为，《京华时报》预设了立场，因此不论农夫山泉如何回复，《京华时报》都不会进行客观报道。同时，4月20日发生了雅安地震，全国新闻焦点迅速转移。农夫山泉第一时间向灾区捐赠了500万元现金和500万瓶饮用水，公司全力投入抗震救灾，不愿与《京华时报》继续做无谓的论战。

（3）5月3—7日

5月3—7日为第三个过程，《京华时报》报道农夫山泉北京桶装水遭遇下架，农夫山泉召开新闻发布会，阐述标准，与《京华时报》当场激辩，事件发展达到顶峰。

5月3日：《京华时报》报道，北京市桶装饮用水销售行业协会下发《关于建议北京市桶装饮用水行业销售企业对"农夫山泉"品牌桶装水进行下架处理的通知》（详见文后附录五）。

5月4日：《京华时报》报道，北京多数桶装水站下架农夫山泉。

5月6日：《京华时报》报道，北京质监部门介入调查，暂时禁止委托公司生产农夫山泉桶装水，调查后将出台处理办法。[①]

同日下午，农夫山泉在北京就产品标准问题召开新闻发布会。除了上百家媒体外，农夫山泉还邀请了数十名自媒体意见领袖参加新闻发布会，并配备了全程网络直播。

在新闻发布会上，农夫山泉董事长钟睒睒首先就标准问题全面阐述农夫山泉的观点，介绍国家标准和省标准以及农夫山泉企业标准，称"农夫山泉执行地标，不等于只执行地标"，公司同时执行瓶装水国标GB19298、浙江地标DB33/383，并同时受自来水国标GB5749的管理，当同一指标有不同限值时，按最严格的标准执行；称自己的水标准高于任何国家标准和地方标准，为澄清问题，农夫山泉不惜公布了企业多年研究积累的代表自己核心竞争力的水标准，包括137项指标。接着，发布会对"农夫山泉标准不如自来水事件"过程进行回顾，称《京华时报》自4月10日至5月6日关于农夫山泉的67篇报道，开创了自改革开放以来一家媒体批评一家企业的新闻纪录。钟睒睒表示，农夫山泉绝对不向舆论暴力低头，也不会失去自己的尊严和颜面，宣布将停止现有在北京的桶装水生产线，并表示不会再在北京开工厂生产，"因为这样的环境不可能让一个企业正常生产"。《京华时报》记者接到发布会邀请后前往参加，期间数次打断农夫山泉的发言，并进行了激烈争执，会场一度混乱。

农夫山泉新闻发布会引起网民关注，当日在线观看直播人数最高时达到10万，相关视频点击收看数达到数千万，仅新浪财经视频的《农夫山泉新闻发布会8问8答》的点击数就达到150万。从该日开始，网上出现较多支持农夫山泉的舆论。

同日，《新京报》刊发报道《北京质监否认介入调查》。文章称，北京质监局并未介入调查农夫山泉。晚间，浙江省卫生厅和质监局发布联合说明，明确了"在国家包装饮用水通用安全标准出台之前，我省继续按照国标地标并行、就高标准原则执行"。

5月7日：《京华时报》再用6个版（包括头版）报道农夫山泉事件，包括《农夫拒绝弃用低标准》《执行标准绝不可含糊》《依法依规舆论监督，暴力大帽请勿乱扣》《北京欢迎负责任的企业》《请与我们一起追求更严标准》《农夫山泉避无可避的八大质疑》《农夫山泉水源水标准宽于自来水水源水标准》《一个水N种标准企业或浑水摸鱼》《新华社：山泉概念误导消费者》等。《京华时报》记者称从2013年4月16日到2013年5月6日，农夫山泉在全国10多个省市数十个渠道刊登含有谩骂《京华时报》内容的公告，1个月内超过120个版面。

---

① 北京市质监局接受《新京报》采访时否认介入对农夫山泉的调查，称知道停产之事，正在核实。引自郑道森，刘溪若，张玉学. 农夫山泉称起诉媒体索赔6 000万［N］. 新京报，2013-05-07.

此外，《人民日报》5月9日刊登了题为《农夫山泉抽查合格率100%》的文章。中央人民政府网站全文转载了该报道。《证券日报》5月17日刊发报道《桶装水协会：我们无权下架农夫山泉》。

2. 第二阶段：2013年5月7日之后

第二阶段：5月7日后，农夫山泉矫正因"标准门"事件造成的形象损失；双方提起诉讼；舆论较多倾向于农夫山泉，"标准门"事件逐渐平息，但并未结束。

2013年6—10月，农夫山泉先后多次组织全国上百家媒体、5 000多名消费者到其水源地探访，寻源见证其品质。

2013年11月4日，农夫山泉宣布派员上京举报《京华时报》虚假报道，称《京华时报》在2013年4月10日至5月7日间有预谋、有组织地持续28天连续发表76篇负面报道，对一家企业进行如此规模的批评报道，在中国新闻史上绝无仅有，并指责《京华时报》捏造国家行政主管单位意见（详见文后附录六）。为此，农夫山泉向国家新闻出版广电总局递交了举报信和相关证据材料，希望彻查此事。

11月20日，浙江省卫生厅、浙江省质监局发布《关于修改浙江省地方标准〈瓶装饮用天然水〉的通知》（浙卫发〔2013〕259号），对地方标准中低于国家《生活饮用水卫生标准》的总砷、镉等有害物质限量指标进行了修改，规定水源水质应符合相关国家标准和规定，对DB33/383-2005部分指标作如下修改：浑浊度/NTU≤1，总砷（As）/（mg/L）≤0.01，镉（Cd）/（mg/L）≤0.005，总α放射性/（Bq/L）≤0.5，溴酸盐/（μg/L）≤10。

11月28日，农夫山泉诉《京华时报》名誉侵权案第一次开庭。早在4月28日，农夫山泉就已向北京市第二中级人民法院提起诉讼，据当时已产生的损失向《京华时报》索赔6 000万元。此后，农夫山泉把起诉标的提高到了2.1亿元。

《京华时报》在北京市朝阳区人民法院反诉农夫山泉，称农夫山泉在公开声明中说《京华时报》"信口开河"，损坏了《京华时报》的名誉权。两起诉讼合并到一起，由北京市朝阳区人民法院受理。①

2014年4月17日，农夫山泉与《京华时报》互诉名誉侵权案在北京市朝阳区人民法院第二次开庭。双方就案情进行举证质证，当天质证没有完成。5月7、8日，该案第三次开庭，继续之前的举证质证环节。法庭没有当庭宣判。

---

① 农夫山泉起诉书称，2013年4月10日至5月7日期间，京华时报社在其主办的《京华时报》和"京华网"发布系列不实报道，降低了农夫山泉的社会评价，严重侵犯了其名誉权，给其造成了巨大的经济损失，要求判令京华时报社停止侵犯农夫山泉名誉权行为，删除相关系列报道，在《京华时报》和"京华网"连续30日书面公开赔礼道歉并赔偿经济损失2亿余元。京华时报社起诉书称，2013年4月《京华时报》刊登了有关农夫山泉适用标准的系列报道，农夫山泉即于2013年4月12日至4月19日在新浪微博和全国各大媒体发布消息，称京华时报社报道失实、缺失"新闻道德良心"，该行为严重侵害了京华时报社的名誉权，要求认定农夫山泉发布的信息公告侵犯了其名誉权，判令农夫山泉在各大媒体及门户网刊登道歉声明，为其恢复名誉、消除影响，赔偿经济损失1元等。2013年7月23日和8月6日，北京市朝阳区人民法院分别受理了京华时报社诉农夫山泉股份有限公司和农夫山泉股份有限公司诉京华时报社两起名誉纠纷案。（佚名.农夫山泉与京华时报互诉名誉侵权案合并开庭审理［EB/OL］.［2020-07-22］. http://legal.china.com.cn/2013-11/29/content_30747842.htm.）2017年6月13日，农夫山泉撤诉；北京市朝阳区人民法院也驳回原告京华时报社的诉讼请求。至此，历时4年多的名誉侵权纠纷案件终于落下了帷幕。（陈俊宏.农夫山泉撤诉与《京华时报》互诉案落幕［EB/OL］.［2020-07-22］. http://money.163.com/17/0621/20/CNG05DUA002580T4.html.）

五、农夫山泉"标准门"事件影响

2013年5月10—24日：农夫山泉退出北京市场，30%用户选择退桶，且影响瓶装水销售，导致销量下滑至少2/3以上；农夫山泉处理北京工厂的善后工作；退出北京市场殃及其他城市的销售，南京的销量出现明显下滑，而昆明、海口等地都有部分超市将农夫山泉下架。2013年11月，农夫山泉称，经会计师事务所等第三方评估机构评估，受"标准门"事件影响，从2013年4月份到5月底，农夫山泉销售损失约为20亿元，损失利润2亿多元。农夫山泉在法院起诉《京华时报》，修改后的起诉标的，正是以此为依据的。

"标准门"事件还连累了山泉水企业，一家广州花都的山泉水企业称其也被卷入"致癌门"谣言，导致不少大型订户"掉单"，原来每月桶装水销量约为45万桶，但4月起已有20家大型单位提出要"换水"。

六、尾声

近年来，包装饮用水行业一直保持着18%左右的增长率。"标准门"之前，农夫山泉的增长率一直高于行业水平。"标准门"之后，农夫山泉的增长率直线下降并低于行业水平，市场占有率亦从原先的约25%跌落至22%，下降趋势迟迟未得到有效遏制。"标准门"事件被评为2013年十大公共事件之一；媒体和网络有较多对《京华时报》的批评。企业和媒体都等待法庭审判的结果。

农夫山泉"标准门"事件引发思考：媒企之争，到底带给谁危机？

讨论题：

（1）从农夫山泉"标准门"事件分析，企业与媒体是什么关系，企业如何处理与媒体的关系。

（2）农夫山泉"标准门"事件反映行业竞争中的哪些问题？企业如何与行业协会及同行沟通以促进竞合关系的形成？

（3）在"标准门"事件中，自媒体起了哪些作用？企业应该如何运用自媒体？

附录一　《京华时报》4月9日发给农夫山泉的采访提纲及农夫山泉的答复

1.浙江省DB33/383-2005与广东省DB44/116-2000所说瓶装饮用天然净水定义相同，为什么农夫山泉在广州万绿湖取水点不采用广东的标准，而采用浙江的标准，对媒体质疑违规行为，企业怎么看？

2.2005年浙江地方标准进行了修改，对2002年制定的瓶装饮用天然水地方标准作了调整，如霉菌和酵母菌，新标准都降低了要求，作为新的标准制定方，当时为何要降低浙江省的地方标准？

3.对最近报道出的多个农夫山泉的质量事件，有何评价？

4.对农夫山泉此次的事件，公司是否认为系竞争对手幕后所为？

对《京华时报》的采访要求，农夫山泉回答："看了采访提纲，您仔细看看，这两个标准的名称和定义相同吗？"

附录二　农夫山泉关于质量与标准的声明——复《京华时报》

就媒体报道的质量与标准问题，我们声明如下：

GB5749-2006《生活饮用水卫生标准》是所有瓶装饮用水都必须符合的最低标准，如果农夫山泉连最低标准都无法符合，能生存至今吗？

（一）一个完整的标准体系必须具备两个维度。其一是行政维度，依次分为国家、行业、地方和企业四个级别，级别越高越具有强制性。其二是时间维度，即标准自然刷新，企业必须符合最新的标准。

农夫山泉饮用天然水自然遵守这一标准体系，产品必须同时满足GB5749-2006《生活饮用水卫生标准》（即自来水标准）、GB19298-2003《瓶（桶）装饮用水卫生标准》、浙江省DB33/383-2005《瓶装饮用天然水》。

因此，根本没有所谓农夫山泉执行标准低于自来水标准之说。

（二）《京华时报》近日连发两篇报道指农夫山泉标准不如自来水、浙江标准低于广东标准或者国家标准，是不严谨、不科学的。

事实上，浙江省DB33/383-2005《瓶装饮用天然水》规定甲苯含量≤0.1mg/L，GB5749-2006《生活饮用水卫生标准》规定甲苯含量≤0.7mg/L，而广东省DB44/116-2000《瓶装饮用天然净水》则未作规定；浙江省DB33/383-2005《瓶装饮用天然水》规定亚硝酸盐含量≤0.005mg/L（以NO_2计），广东省DB44/116-2000《瓶装饮用天然净水》规定亚硝酸盐含量≤0.002mg/L（以N计，相当于≤0.0065mg/L（以NO_2计）），而GB5749-2006《生活饮用水卫生标准》规定亚硝酸盐含量≤1mg/L（以NO_2计）。可见，凭一两项指标就判定整个标准谁高谁低是毫无法律依据的。

（三）推动制定科学可行的标准是标准参与者的责任。我们始终认为饮用水安全性原则必须遵循世界卫生组织提出的"终生饮用安全"原则，即按人均寿命70岁为基数，以每人每天2L计算，因饮水而患病的风险应低于1/1 000 000，即100万人中仅有1人患病。

我们再次声明：农夫山泉的产品品质远高于现在的国家标准、行业标准和地方标准。

农夫山泉股份有限公司

2013年4月12日

附录三　农夫山泉三复《京华时报》

2013年4月15日，《京华时报》报道称，浙江地方政府袒护农夫山泉，中国民族卫生协会严厉批评会员农夫山泉，并重申其执行标准不如自来水。随后，农夫山泉第三次回复《京华时报》：你跑不掉，也别想跑！

声明原文如下：

农夫山泉认为，产品品质一定是消费者要求的最终结果，也是最关心的结果。信口开河的时代已经过去了，《京华时报》你跑不掉，也别想跑！现在是讲法制、讲经济秩序的时候，是讲理的时代。今天，就你说的农夫山泉产品标准不如自来水的问题，必须给读者、给公众讲讲清楚。

现在，就你提出的标准宽松问题，我们再次答复如下：

农夫山泉向来遵守最严格标准以保证产品品质。2011—2013年间，仅浙江省质监局就对农夫山泉天然水监督抽查共13批次，全部合格。

农夫山泉巴不得提高标准，因为农夫山泉有优质水源和先进生产设备。提高标准是农夫山泉获得竞争优势的最佳手段和方法。但是，如果国家制定一个仅有一两家企业才达得到的标准，那么标准也将形同虚设。

农夫山泉认为，《京华时报》拿整套标准中的几个指标就判定标准高低，不仅无知，而且强词夺理，使消费者迷失方向。

另外，农夫山泉就《京华时报》所提的具体问题答复如下：

【京华时报原文】

世界卫生组织于2011年发布的《饮用水水质准则》第四版明确指出，砷、镉、溴酸盐在饮用水中的含量指导值分别为≤0.01mg/L、≤0.003mg/L和≤0.01mg/L，均低于农夫山泉所使用的浙江标准。

该准则还指出，砷、镉、硒等化学元素都会对人体产生不同程度的危害。世界卫生组织在中国的研究发现，长期接触含砷饮用水会增加皮肤癌、肺癌、膀胱癌和肾脏癌变的患病概率；而镉对人体具有明显的致癌性；溴酸盐在动物试验中已被证明有致癌性，不能排除对人体也有致癌性。

【农夫山泉的答复】

如果《京华时报》认为凭以上所提有害物质的指标就能代表产品品质的优劣。那我们现在就请《京华时报》竖起大拇指赞美农夫山泉，因为农夫山泉产品品质远优于任何相关的国家、行业和地方标准。

现将农夫山泉四处水源地（浙江千岛湖、广东万绿湖、吉林长白山、湖北丹江口）对应工厂产品的上述五项指标公布如下：

检测项目	浙江省天然水标准	瓶装水国家标准	自来水国家标准	浙江千岛湖南山工厂	吉林长白山靖宇工厂	广东万绿湖河源工厂	湖北丹江口工厂	备注
总砷 mg/L	≤0.05	≤0.01	≤0.01	<0.001	<0.001	0.0002	<0.0001	总砷优于国标10倍以上
镉 mg/L	≤0.01	≤0.005	≤0.005	<0.001	<0.0001	0.002	<0.002	镉优于国标2.5倍以上
硒 mg/L	≤0.05	无此项目	≤0.01	<0.001	<0.001	<0.0001	<0.0001	硒优于国标10倍以上
硝酸盐 mg/L	≤45（以NO₃⁻计）	无此项目	≤10（以N计）相当于≤44（以NO₃⁻计）	3.36	4	2.15	2.81	硝酸盐优于国标11倍以上
溴酸盐 μg/L	无此项目	≤10	≤10	<5 注1	<5 注1	<5 注1	<5 注1	溴酸盐优于国标2倍以上

由第三方检测机构提供检测数据。报告编号：浙江千岛湖124517WT344；广东万绿湖 HO3072037705D-1-1/2/3；湖北丹江口 W10232039905D。浙江省天然水

标准 DB33/383-2005，瓶装水国家标准 GB19298-2003，自来水国家标准 GB5749-2006（生活饮用水卫生标准）。

*注1：现有国标检测标准检出限值为 5μg/L。

（检验报告全文详见农夫山泉新浪官方微博）

【京华时报原文】

农夫山泉昨天的声明，仍然回避了其所执行的浙江标准中，重金属指标未达到自来水标准的问题。

我们看一个标准的高与低，重要的是关注其中对人体有害的指标，哪怕只有一项低于国家标准，这标准就不如国标。中国民族卫生协会秘书长马锦亚昨天指出，何况农夫山泉标准在砷、镉、硒、硝酸盐和溴酸盐 5 项对人体有害的关键指标上都不如自来水标准，特别是溴酸盐这项指标，农夫山泉执行的浙江标准中竟没有涉及。

【农夫山泉回复】

我们再次声明，不管是单一指标还是整体标准，农夫山泉品质均高于现行任何相关标准。

同时，我们同意《京华时报》提及的五种物质的危害性，而且我们特别注意到溴酸盐含量是行业乃至民众特别关注的指标。对此，我们采取了如下措施：

2008年5月，媒体报道部分瓶装水溴酸盐超标，农夫山泉立即送检，结果未检出。

2008年9月28日，国家标准化管理委员会下发《瓶（桶）装饮用水卫生标准（GB19298-2003）》第2号修改单，理化指标中增加"溴酸盐/（μg/L）≤10"的项目，强制执行。农夫山泉立即参照执行，在所有工厂配备溴酸盐检测设备，检测精度达到"溴酸盐/（μg/L）≤5"。

2010年6月23日，农夫山泉又将溴酸盐内控指标严格至强制标准的2倍。

【京华时报原文】

记者还发现，相对于农夫山泉从未从严修订标准的是，其从宽修订标准却显得非常积极。据了解，农夫山泉当前执行的地方标准"DB33/383-2005"为"DB33/383-2002"的替代品，后者为2002年制定，其中关于镉、霉菌、酵母菌等的限量规定都严于现行的2005年浙江标准。

【农夫山泉回复】

其一，生产好的产品，对产品承担责任，是企业的本分。农夫山泉一直在推动更高的标准，多次在行业协会中推动产品标准的进步升级。

其二，农夫山泉希望标准越高越好，因为农夫山泉有比别人更好的水源和更先进的生产设备。农夫山泉愿意提高标准，以取得相对竞争优势。但是，如果按照农夫山泉的意愿，将有百分之九十以上的中小瓶装水企业因标准过高而陷入困境。

诚如 GB5749-2006《生活饮用水卫生标准》所言：生活饮用水卫生标准要考虑符合国情，即要考虑到饮用水水质目标的可行性，而且要根据我国现有经济和技术条件下经过努力可以达到的目标。提出过高的要求需要支付巨额资金，技术或经济条件不可能达到的标准只能形同虚设。

　　以高标准的产品改善人们的生活水平，推动技术进步，促进标准提升，农夫山泉责无旁贷。而政府制定标准时考虑中小企业的技术水平和环境水平也是合情合理的。

　　因此，《京华时报》所谓的"相对于农夫山泉从未从严修订标准的是，其从宽修订标准却显得非常积极"完全是置事实于不顾，颠倒黑白。

农夫山泉股份有限公司

2013 年 4 月 14 日

附录四　农夫山泉公布检测报告

分类	序号	检测项目	自来水国家标准（GB 5749-2006 生活饮用水卫生标准）	浙江千岛湖湖南山工厂	湖北丹江口工厂	吉林长白山靖宇工厂	广东万绿湖河源工厂	备注
自来水国家标准水质常规指标	1	总大肠菌群/（MPN/100mL）	不得检出	<3（MPN/100mL）	<3（MPN/100mL）	<3（MPN/100mL）	<3（MPN/100mL）	按照GB 4789.3方法检测，<3低于检出出现，即未检出，符合国标
	2	耐热大肠菌群/（MPN/100mL）	不得检出	/	/	/	/	总大肠菌群未检出，无需检测
	3	大肠埃希氏菌/（MPN/100mL）	不得检出	/	/	/	/	总大肠菌群未检出，无需检测
	4	菌落总数/（CFU/mL）	≤100	<1	<1	<1	<1	优于国标100倍以上
	5	砷/（mg/L）	≤0.01	<0.001	<0.0001	<0.001	<0.0002	优于国标10倍以上
	6	镉/（mg/L）	≤0.005	<0.001	<0.002	<0.001	<0.001	优于国标5倍以上
	7	铬（六价）/（mg/L）	≤0.05	<0.004	<0.004	<0.004	<0.004	优于国标12倍以上
	8	铅/（mg/L）	≤0.01	<0.002	<0.0004	<0.001	0.0001	优于国标5倍以上
	9	汞/（mg/L）	≤0.001	<0.0002	<0.00002	<0.0001	<0.0001	优于国标5倍以上
	10	硒/（mg/L）	≤0.01	<0.01	<0.002	<0.001	<0.0001	优于国标10倍以上
	11	氰化物/（mg/L）	≤0.05	<0.1	<0.002	<0.1	<0.0001	优于国标25倍以上
	12	氟化物/（mg/L）	≤1.0	<0.1	0.04	<0.1	0.16	优于国标6倍以上
	13	硝酸盐/（mg/L）	≤10（以N计），相当于≤44（以NO₃⁻计）	3.30（以NO₃⁻计）	2.81（以NO₃⁻计）	4（以NO₃⁻计）	2.15（以NO₃⁻计）	优于国标11倍以上
	14	三氯甲烷/（mg/L）	≤0.06	<0.001	0.00022	<0.0006	<0.00003	优于国标60倍以上
	15	四氯化碳/（mg/L）	≤0.002	<0.001	0.000021	0.0004	<0.00001	优于国标2倍以上
	16	溴酸盐/（mg/L）	≤10	/	/	/	/	加工过程指标，成品水无需检测
	17	甲醛/（mg/L）	≤0.9	/	/	/	/	消毒副产物，通过水源水色度控制
	18	亚氯酸盐/（mg/L） ▲	≤0.7	<0.04	<0.04	0.0074	<0.04	加工过程指标，成品水无需检测
	19	氯酸盐/（mg/L）	≤0.7	<0.23	<0.23	<0.005	<0.23	加工过程指标，成品水无需检测
	20	色度/（铂钴色度单位）	≤15	<5	<5	<5	<5	优于国标3倍以上
	21	浑浊度/（NTU）	≤1（水源与净水技术条件受限时为3）	0.2	<0.1	0.3	<0.1	优于国标5倍以上
	22	臭和味	无异臭、异味	无	无	无异臭、异味	无	符合国标
	23	肉眼可见物	无	未检出	无	未检出	无	符合国标
	24	pH	不小于6.5且不大于8.5	7.5	7.43	7.3	7.72	符合国标
	25	铝/（mg/L）	≤0.2	<0.008	<0.025	<0.01	<0.025	优于国标8倍以上
	26	铁/（mg/L）	≤0.3	<0.1	<0.03	<0.008	<0.03	优于国标3倍以上
	27	锰/（mg/L）	≤0.1	<0.1	<0.002	<0.008	<0.002	优于国标50倍以上
	28	铜/（mg/L）	≤1.0	<0.1	<0.002	0.2	<0.002	优于国标5倍以上
	29	锌/（mg/L）	≤1.0	<0.1	<0.05	<0.05	<0.05	优于国标10倍以上
	30	氯化物/（mg/L）	≤250	2.26	1.91	2	1.54	优于国标76倍以上
	31	硫酸盐/（mg/L）	≤250	5.09	1.69	4	4.62	优于国标49倍以上
	32	溶解性总固体/（mg/L）	≤1000	57	41	86	40	优于国标11倍以上
	33	总硬度（以CaCO₃计）/（mg/L） ▲	≤450	42	29.4	52.6	26.8	优于国标8倍以上
	34	耗氧量（以O₂计）/（mg/L）	≤3（水源限制，原水耗氧量>6mg/L时为5）	0.57	0.33	0.6	0.5	优于国标5倍以上
	35	挥发酚类（以苯酚计）/（mg/L）	≤0.002	<0.002	<0.002	<0.002	<0.002	优于国标6倍以上
	36	阴离子合成洗涤剂/（mg/L）	≤0.3	<0.05	<0.05	<0.05	<0.05	符合国标
	37	总α放射性/（Bq/L）	≤0.5	水源水未检出，成品水无需再检测	<0.016	0.05	<0.002	符合国标
	38	总β放射性/（Bq/L）	≤1	水源水检出0.04，成品水无需再检测	0.061	0.14	0.052	优于国标7倍以上
	39	氯气及游离氯制剂（游离氯）/（mg/L）	≤4	/	/	/	/	未使用含氯消毒剂、无需检测
	40	一氯胺（总氯）/（mg/L）	≤3	/	/	/	/	未使用含氯消毒剂，无需检测
	41	臭氧（O₃）/（mg/L）	≤0.3	/	/	/	/	加工过程指标，成品水无需检测
	42	二氧化氯（ClO₂）/（mg/L）	≤0.8	/	/	/	/	加工过程指标，成品水无需检测
自来水国家标准水质非常规指标	43	贾第鞭毛虫/（个/10L）	<1	/	/	/	/	水源水未检出，成品水无需再检测
	44	隐孢子虫/（个/10L）	<1	/	/	/	/	水源水未检出，成品水无需再检测
	45	锑/（mg/L）	≤0.0005	<0.0001	<0.0001	<0.005	<0.0001	符合国标
	46	钡/（mg/L）	≤0.7	/	/	/	/	水源水<0.1，成品水无需再检测
	47	铍/（mg/L）	≤0.002	/	/	/	/	
	48	硼/（mg/L）	≤0.5	<0.02	0.02	<0.008	0.06	优于国标8倍以上
	49	钼/（mg/L）	≤0.07	<0.02	<0.002	<0.002	<0.002	优于国标8倍以上
	50	镍/（mg/L）	≤0.02	<0.02	<0.002	<0.008	<0.002	优于国标5倍以上
	51	银/（mg/L）	≤0.05	<0.02	<0.0001	<0.00028	<0.0001	优于国标5倍以上
	52	铊/（mg/L）	≤0.0001	/	/	/	/	水源水检出，成品水无需再检测
	53	氯化氰（以CN⁻计）/（mg/L）	≤0.07	/	/	/	/	优于国标
	54	一氯二溴甲烷/（mg/L）	≤0.1	<0.001	<0.00014	<0.00014	<0.0001	优于国标100倍以上
	55	二氯一溴甲烷/（mg/L）	≤0.06	<0.001	<0.00008	<0.00008	<0.00008	优于国标60倍以上
	56	二氯乙酸/（mg/L）	≤0.05	/	/	/	/	水源水未检出，成品水无需再检测
	57	1,2-二氯乙烷/（mg/L）	≤0.03	<0.0001	<0.00006	<0.00006	<0.00006	优于国标30倍以上
	58	二氯甲烷/（mg/L）	≤0.02	<0.001	<0.00003	<0.00003	<0.00003	优于国标20倍以上
	59	三卤甲烷（三氯甲烷、一氯二溴甲烷、二氯一溴甲烷、三溴甲烷的总和）	该类化合物中各种化合物的实测浓度与各自限值的比值之和不超过1	/	/	/	/	未使用含氯消毒剂、无需检测
	60	1,1,1-三氯乙烷/（mg/L）	≤2	<0.005	<0.00008	/	<0.00008	优于国标400倍以上
	61	三氯乙酸/（mg/L）	≤0.1	/	/	/	/	水源水未检出，成品水无需再检测
	62	三氯乙醛/（mg/L）	≤0.01	/	/	/	/	水源水未检出，成品水无需再检测
	63	2,4,6-三氯酚/（mg/L）	≤0.2	/	/	/	/	水源水未检出，成品水无需再检测
	64	三溴甲烷/（mg/L）	≤0.1	/	/	/	/	水源水未检出，成品水无需再检测
	65	七氯/（mg/L）	≤0.0004	/	/	/	/	水源水未检出，成品水无需再检测
	66	马拉硫磷/（mg/L）	≤0.25	/	/	/	/	水源水未检出，成品水无需再检测
	67	五氯酚/（mg/L）	≤0.009	/	/	/	/	水源水未检出，成品水无需再检测
	68	六六六（总量）/（mg/L）	≤0.005	/	/	/	/	水源水未检出，成品水无需再检测
	69	六氯苯/（mg/L）	≤0.001	/	/	/	/	水源水未检出，成品水无需再检测
	70	乐果/（mg/L）	≤0.08	/	/	/	/	水源水未检出，成品水无需再检测
	71	对硫磷/（mg/L）	≤0.003	/	/	/	/	水源水未检出，成品水无需再检测
	72	灭草松/（mg/L）	≤0.3	/	/	/	/	水源水未检出，成品水无需再检测
	73	甲基对硫磷/（mg/L）	≤0.02	/	/	/	/	水源水未检出，成品水无需再检测
	74	百菌清/（mg/L）	≤0.01	/	/	/	/	水源水未检出，成品水无需再检测
	75	呋喃丹/（mg/L）	≤0.007	/	/	/	/	水源水未检出，成品水无需再检测
	76	林丹/（mg/L）	≤0.002	/	/	/	/	水源水未检出，成品水无需再检测
	77	毒死蜱/（mg/L）	≤0.03	/	/	/	/	水源水未检出，成品水无需再检测
	78	草甘膦/（mg/L）	≤0.7	/	/	/	/	水源水未检出，成品水无需再检测
	79	敌敌畏/（mg/L）	≤0.001	/	/	/	/	水源水未检出，成品水无需再检测
	80	莠去津/（mg/L）	≤0.002	/	/	/	/	水源水未检出，成品水无需再检测
	81	溴氰菊酯/（mg/L）	≤0.02	/	/	/	/	水源水未检出，成品水无需再检测
	82	2,4-滴/（mg/L）	≤0.03	/	/	/	/	水源水未检出，成品水无需再检测
	83	滴滴涕/（mg/L）	≤0.001	/	/	/	/	水源水未检出，成品水无需再检测
	84	乙苯/（mg/L）	≤0.3	<0.005	<0.00006	<0.001	<0.00006	优于国标60倍以上
	85	二甲苯/（mg/L）	≤0.5	<0.005	<0.0001	<0.001	<0.0001	优于国标50倍以上
	86	1,1-二氯乙烯/（mg/L）	≤0.03	<0.005	<0.00012	<0.00012	<0.00012	优于国标6倍以上
	87	1,2-二氯乙烯/（mg/L）	≤0.05	/	/	/	/	水源水未检出，成品水无需再检测
	88	1,2-二氯苯/（mg/L）	≤1	<0.001	<0.00003	<0.00003	<0.00003	优于国标1000倍以上
	89	1,4-二氯苯/（mg/L）	≤0.3	<0.001	<0.00003	<0.00003	<0.00003	优于国标300倍以上
	90	三氯乙烯/（mg/L）	≤0.07	<0.005	<0.00019	<0.00019	<0.00019	优于国标14倍以上
	91	三氯苯（总量）/（mg/L）	≤0.02	/	/	/	/	水源水未检出，成品水无需再检测
	92	六氯丁二烯/（mg/L）	≤0.0006	/	/	/	/	水源水未检出，成品水无需再检测
	93	丙烯酰胺/（mg/L）	≤0.0005	/	/	/	/	水源水未检出，成品水无需再检测
	94	四氯乙烯/（mg/L）	≤0.04	<0.005	<0.00014	<0.00014	<0.00014	优于国标8倍以上
	95	甲苯/（mg/L）	≤0.7	<0.005	<0.0001	<0.001	<0.00011	优于国标140倍以上
	96	邻苯二甲酸二（2-乙基己基）酯/（mg/L）	≤0.008	<0.002	<0.002	<0.00017	<0.002	优于国标4倍以上
	97	环氧氯丙烷/（mg/L）	≤0.01	/	/	/	/	水源水未检出，成品水无需再检测
	98	苯/（mg/L）	≤0.01	<0.005	<0.00004	<0.001	<0.00004	优于国标2倍以上
	99	苯乙烯/（mg/L）	≤0.02	/	/	/	/	水源水未检出，成品水无需再检测
	100	苯并（a）芘/（mg/L）	≤0.00001	/	/	/	/	水源水未检出，成品水无需再检测
	101	氯乙烯/（mg/L）	≤0.005	/	/	/	/	水源水未检出，成品水无需再检测
	102	氯苯/（mg/L）	≤0.3	<0.005	<0.00004	<0.00004	<0.00004	优于国标60倍以上
	103	微囊藻毒素-LR/（mg/L）	≤0.001	<0.02	<0.02	<0.02	<0.02	优于国标42倍以上
	104	硫化物/（mg/L）	≤0.02	<0.01	<0.01	<0.01	<0.01	优于国标2倍以上
	105	氨氮（以N计）/（mg/L） ▲	≤0.5	/	/	/	/	水源水检出，成品水无需再检测
	106	钠/（mg/L）	≤200	5.16	2.45	7.8	2.34	优于国标25倍以上

内控指标	指标						
	107 产气荚膜梭菌/(cfu/50mL)▲	/		未检出	未检出	0	未检出	/
	108 邻苯二甲酸二乙酯/(mg/L)▲			<0.002	<0.002	<0.00017	<0.002	/
	109 邻苯二甲酸二丁酯/(mg/L)▲			<0.002	<0.002	<0.00017	<0.002	/
	110 矿物油/(mg/L)▲			<0.05	<0.05	<0.05	<0.05	/
	111 总有机碳（TOC）/(mg/L)▲			0.58	0.24	0.5	0.4	/
	112 亚硝酸盐/(mg/L)			<0.002	<0.002	<0.001	<0.002	/
	113 余氯/(mg/L)			<0.005	<0.05	<0.005	<0.05	/
	114 酵母/(cfu/mL)			<1	<1	<1	<1	/
	115 霉菌/(cfu/mL)			<1	<1	<1	<1	/
	116 沙门氏菌			未检出	未检出	未检出	未检出	/
	117 志贺氏菌			未检出	未检出	未检出	未检出	/
	118 金黄色葡萄球菌			未检出	未检出	未检出	未检出	/
	119 电导率（25℃）/(μS/cm)			91	67.2	145	65.8	/
	120 钾/(mg/L)			1.46	0.785	3.77	1.37	/
	121 钠/(mg/L)			5.16	2.45	7.8	2.34	/
	122 钙/(mg/L)			21.68	10.8	8.3	9.09	/
	123 镁/(mg/L)			2.16	1.81	7.2	1.58	/
	124 偏硅酸/(mg/L)			6	3.5	30	8.2	/
	125 溴化物/(mg/L)▲			<0.005	<0.005	0.012	<0.005	/
	126 铜/(mg/L)			0.06	0.05	0.03	0.02	/
	127 锌/(mg/L)			<0.002	<0.001	0.41	<0.002	/
	128 磷酸盐/(mg/L)			<0.1	<0.1	0.41	<0.1	/
	129 硫化物/(mg/L)			<0.05	<0.05	<0.05	<0.05	/
	130 钒/(mg/L)			<0.02	<0.02	<0.005	<0.02	/
	131 钴/(mg/L)			<0.002	<0.002	<0.0025	<0.002	/
	132 余氯/(mg/L)			0.96	0.56	0.66	0.8	/
	133 粪链球菌/(cfu/250mL)▲			未检出	未检出	0	未检出	/
	134 铜绿假单胞菌/(cfu/250mL)▲			未检出	未检出	0	未检出	/
	135 重碳酸盐(以CaCO$_3$计)/(mg/L)▲			32.1	29.9	78.8	21.5	/
	136 碳酸盐(以CaCO$_3$计)/(mg/L)▲			<1	<1	0	<1	/
	137 总碱度(以CaCO$_3$计)/(mg/L)▲			32.1	29.9	64.7	21.5	/

附录五 涉事饮用水行业协会及其表现

事件中涉及的中国饮用水行业协会有中国饮料工业协会、中国民族卫生协会健康饮水专业委员会、北京市桶装饮用水销售行业协会。

中国饮料工业协会，是饮料行业及相关企业、事业单位自愿参加的非营利性、全国性社团组织，是经民政部批准的国家一级协会，成立于1993年。该协会服务的饮料范围包括十一大类：碳酸饮料类、果汁和蔬菜汁类、蛋白饮料类、饮用水类、茶饮料类、咖啡饮料类、植物饮料类、风味饮料类、特殊用途饮料类、固体饮料类和其他饮料。现有会员单位500余家，其饮料总产量占全国总产量的85%以上。农夫山泉于2003年加入中国饮料工业协会并担任副理事长职务。在"标准门"的纷争中，中国饮料工业协会作为最大的协会，未对事件进行表态、说明情况，至5月6、7日才在其官网上发布《包装饮用水标准与质量谈》。

中国民族卫生协会健康饮水专业委员会成立于2010年3月22日，是经卫生部人事司征求卫生监督局、疾控局等相关司局同意，由卫生部批准成立并在民政部合法注册登记的非营利性社团组织。其活动地域为全国，业务范围涉及全国饮水安全与健康领域，是目前卫生部系统涉及饮水安全与健康领域的社团分支机构。目前该委员会有不到100家会员，包括农夫山泉、帕米尔、康师傅、阿尔山等都曾是会员。2013年4月19日，《京华时报》报道，中国民族卫生协会健康饮水专业委员会秘书长表示，协会多次与农夫山泉沟通，但农夫山泉态度傲慢，在网上公开指责该协会是"莫名其妙的协会""信口雌黄"。因此，协会作出决定，将农夫山泉从协会除名。

北京市桶装饮用水销售行业协会成立于2010年7月13日，主管单位为北京市社会建设工作办公室，业务范围包括开展政策宣传、行业调研、行业协调、专业培训、咨询服务等。该协会的成员有雀巢、娃哈哈、乐百氏等知名桶装水品牌，以及众多水站和多家饮用水厂。农夫山泉不是该协会的会员。北京市桶装饮用水销售行业协会于2013年5月2日发布《关于建议北京市桶装饮用水行业销售企业对"农夫山泉"品牌桶装水进行下架处理的通知》。通知中写道："自本通知发布之日起，北京市桶装饮用水各销售企业即刻对'农夫山泉'桶装饮用水产品做下架处理。"但后来面对"协会无权下架"的质疑，该协会又表示，"协会网站路由器遭到攻击，现在换了另外一个路由器，还没有恢复过来，路由器已经被警方带走调查"。2013年5月9日，北京市桶装饮用水销售行业协会常务副会长袁军在接受《证券日报》采访时表示，协会要求农夫山泉大桶水下架的事情属于媒体误读，他说："我们没有资格让他们下架，只是建议卖水点和会员单位停止销售。"

附录六 农夫山泉声明称举报《京华时报》虚假报道

农夫山泉官方微博2013年11月4日宣布，农夫山泉派员上京举报《京华时报》虚假报道。以下为声明全文：

农夫山泉派员上京举报《京华时报》76篇虚假新闻

《京华时报》在2013年4月10日至5月7日间有预谋、有组织地持续28天连续发表67个版面、76篇负面报道，其中头版12篇、二版11篇、三版7篇，整版或者双整版报道30篇。对一家企业进行如此规模的批评报道，在中国新闻史上绝无仅有。

一、"农夫山泉标准不如自来水"没有事实依据

《京华时报》仅凭农夫山泉产品标签标示了标准号DB33/383，就推导出农夫山泉只执行DB33/383，进而得出"农夫山泉标准不如自来水"的结论，没有任何事实和法律依据。

事实上，农夫山泉的产品必须同时执行国家食品安全（卫生）标准《瓶（桶）装饮用水卫生标准》（GB19298-2003）及浙江省地方标准DB33/383，根本不存在执行标准低于GB5749自来水标准的情况。

二、《京华时报》捏造国家行政主管部门意见，并反复报道，混淆视听

1.捏造国家卫生计生委的意见

国家卫生计生委2013年4月18日的新闻通稿中从未讲过农夫山泉应当停用地方标准或浙江省地方标准早应废止。从该通稿中也无法得出这样的结论。但《京华时报》多次假借国家卫生计生委之口，在头版头条位置刊出《卫生计生委：国家标准既出、地方标准废止》，并称国家卫生计生委和浙江省卫生厅均予以明示称，农夫山泉应停用地方标准。

2.捏造浙江省卫生厅的意见

浙江省卫生厅在2013年4月20日的情况说明中从未说过该标准本身应自行废止，也得不出浙江省地方标准应当废止的结论。《京华时报》却在报道中多次强调，浙江省卫生厅声明瓶装水浙江标准应自行废止，农夫山泉执行的是一个违法无效的标准，明显属于捏造事实。

三、《京华时报》具有主观恶意

第一，《京华时报》在刊登《农夫山泉被指标准不如自来水》之前，从未就标准不如自来水的问题采访过农夫山泉。在持续28天的报道过程中，仅在2013年4月11日发过一个采访提纲，农夫山泉也通过官方微博进行了公开回复。此后26天中，《京华时报》再未联系过农夫山泉。

第二，农夫山泉在瓶身显著位置标注了产品生产许可QS证（QS证是产品进行生产的"准生证"）。依据QS证审查细则，执行GB19298是取得QS证的必备要件。《京华时报》主笔记者胡笑红是全国最早采访QS证的专家级记者之一，其对上述情况却视而不见，设计出农夫山泉标准不如自来水的荒谬结论。

第三，《京华时报》明知中国民族卫生协会健康饮水专业委员会、北京市桶装水销售行业协会等单位不具备任何执法权，其发表意见也不具任何行政约束力，却借上述单位之口连续数日在头版显著位置发表一系列针对农夫山泉的不实言论，对农夫山泉实行舆论暴力。

为此，我们向国家新闻出版广电总局递交了举报信和相关证据材料，希望总局可以彻查此事。

▶ 案例策划　　　　　　　　企业庆典策划

深圳倍特力电池有限公司（以下简称倍特力）是一家民营企业，位于深圳市龙华新区大浪街道同富邨工业园，是新能源产业领域的国家级高新技术企业，2002年成立，创办时仅有28个人，不到1 000平方米厂房。经过15年的发展，2017年倍特力成为年产值5亿元的新能源企业。

倍特力是中国充电电池制造技术的领导厂商，是国内唯一一家集锂电池、镍氢电池与镍锌电池的研发销售于一体的电池制造企业，下设江西倍特力新能源有限责任公司、深圳市倍特力电池有限公司镍电事业部、深圳市倍特力电池有限公司锂电事业部。公司有员工近2 000人，大专以上学历人员占比30%以上；产品主要出口美国、日本、英国、德国、法国、意大利、加拿大、瑞士、荷兰、瑞典等80多个国家，是众多国际知名品牌的OEM/ODM厂商。

倍特力创始人龙翔1987—1991年就读于天津大学化工系，毕业后任职于航空航天部贵州电源研究所。1992年他辞掉军工单位的"铁饭碗"工作，到珠海打工，进入珠海市三益电池有限公司，该公司由珠海市政府和珠海益士文化学电源研究开发中心共同出资成立，是国内第一家镍氢电池生产企业。2002年，龙翔离开三益公司自己创业，投资200万元办自己的电池生产厂。（公司详细信息参见中国管理案例共享中心案例《用打工者的心理管理打工者》）

倍特力公司的文化包括四个方面：

愿景：我们着眼于成为受人尊敬的世界一流的能源提供商、令人敬重的客户和诚信有价值的公民；我们致力于向全社会提供高效的环保能源，让人们的生活更有品质，以使倍特力公司持续健康成长。

使命：通过创新的高性价比的产品和完善的服务，使提供的产品价值最大化，保障倍特力公司领先的市场竞争力；培养以客户为关注焦点的结果导向型人才，创造空间使其发挥自身潜质并获得成功，以达到多方共赢。

核心价值观：诚信为本；以客户为关注的焦点；结果导向，团队协作；行胜于言，实事求是；速度大于完美；优胜劣汰，以功论酬。

理念：想得更多，做得更好！

倍特力十分强调执行力，龙翔提出对员工的26个期许。倍特力公司的复命文化占有十分重要的地位。

江西宜春致力于打造"亚洲锂都"，大力引进能源电池企业。2013年5月，倍特力江西工业园正式动工建设。2014年7月，江西倍特力新能源有限责任公司一期工程竣工。2016年11月，江西倍特力新能源有限责任公司正式开工量产。2017年3月26日，倍特力在江西宜春举行倍特力15周年答谢会暨江西倍特力新能源有限责任公司开业典礼。

要求：

（1）请为倍特力策划一个答谢会方案。

（2）请撰写所有答谢会的发言稿。

第7章　危机沟通

学习目标

- 认识企业危机，提高危机管理意识
- 了解危机处理的阶段，学会危机的预测和预防，将企业危机在萌芽状态中便予以控制
- 掌握危机沟通的理论和方法，使企业转危为机

▶ 引例　智能骚扰电话来源　商场探针盒子获取顾客隐私

2019年"3·15"晚会曝光骚扰电话的来源。为什么我们还会接到各种各样的骚扰电话呢？这些电话又是谁拨打的？秘密就藏在小小的"探针盒子"里。当用户手机无线局域网处于打开状态时，由声牙科技有限公司研发的该产品会向周围发出寻找无线网络的信号。

探针盒子发现这个信号后，就能迅速识别出用户手机的MAC地址，转换成IMEI号，再转换成手机号码。一些公司将这种小盒子放在商场、超市、便利店、写字楼等地，在用户毫不知情的情况下，就能搜集个人信息，甚至包括婚姻、受教育程度、收入等大数据个人信息。

萨摩耶互联网金融服务有限公司相关负责人告诉记者，和店面合作，一个月只花几百块钱。一家商场11个门，装了11个探针盒子。这些小盒子就安放在天花板的中空位置。普通人的个人隐私安全，面临着严峻的挑战。

然而对于这种违法行为，从业者心里其实非常清楚，甚至有人说：如果"3·15"曝出来，那"3·15"之后就要开始查了；如果"3·15"不曝出来，那还可以用1年。

智能机器人骚扰电话+大数据营销+探针盒子非法获取用户隐私被曝光互联网公司名单包括：中科智联科技有限公司、壹鸽科技、陕西易龙芯科人工智能科技有限公司、秒嘀科技、上海智子信息科技股份有限公司、凌沃网络科技有限公司、声牙科技有限公司、碧合科技有限公司、财神科技有限公司、萨摩耶互联网金融服务有限公司。

对此，深圳萨摩耶互联网金融服务有限公司当晚发表声明称，公司已经召开紧急会议，并成立专项调查组，将第一时间对摸查结果向公众说明。萨摩耶是互联网金融企业"省呗"的母公司，这家公司在2018年9月就向美国SEC递交了招股书。

资料来源　根据相关新闻报道整理。

7.1　危机管理概述

现代企业生活在极其复杂、瞬息万变的社会环境中，天灾人祸在所难免。这样，企业就可能时时面临危机。"危机和税收一样无法避免！"因此，危机管理是现代各种企业管理中的重要内容。

7.1.1　危机的含义及分类

劳伦斯·巴顿在其《危机管理：一套无可取代的简易危机管理方案》中将"危机"定义为："一个会引起潜在负面影响的具有不确定性的大事件，这种事件及其后果可能对组织及其员工、产品、服务、资产和声誉造成巨大的损害。"

危机是指危及组织形象、利益乃至危及组织生存的突发性、灾难性事故。

危机的特点是突发性、普遍性、严重性。突发性是指危机的发生往往不可预见，在事件发生前没有征兆，或者即使有征兆也没有被组织监控到。普遍性是指危机无时不有、无处不在。严重性是指危机对组织的破坏程度往往是灾难性的。据美国一学者的调查，每有 1 名通过口头或书面直接向公司提出投诉的顾客，就有约 26 名保持沉默的感到不满意的顾客。这 26 名顾客每个人都有可能会对另外 10 名亲朋好友造成消极影响，而这 10 名亲朋好友中，约有 33% 的人可能再把这坏消息传给另外 20 人。因此，只要有一个顾客不满意，就意味着约有 400 人不满意。如果投诉被媒介报道，影响更大，更无法估量。

但是，危机又是企业新的商机。成功的危机处理不仅能成功地将企业所面临的危机化解，而且还能够通过危机处理过程中的种种措施增加外界对企业的了解，并利用这种机会重塑企业的良好形象，即所谓因祸得福、化危为机。与此相反的是，不成功的危机处理或不进行危机处理，则会将企业置于极其不利的位置：以新闻媒介为代表的社会舆论压力将使企业形象严重受损；危机来源一方的法律行动或者其他形式的追究行动将使企业遭受巨大的经济损失；企业员工因为无法承受危机所带来的压力而信心动摇甚至辞职；新老客户纷纷流失等。

企业的危机可能是自然灾害引起的，也可能是外部环境、政策的变化而引起的，如战争、外交变故、贸易摩擦、法律政策变化、社会趋势变革、消费者偏好变化、能源环境威胁等等。但企业更多的危机是自身管理不善导致的。

危机按不同的标准可以划分为不同的种类。

1.按照危机产生的客观原因分类

按照产生的客观原因，危机可分为人为的危机和非人为的危机，按通俗的说法，前者被称为人祸，后者被称为天灾。

人为的危机是指由于人的行为而造成突发性事件，并给组织带来危害的危机。对企业来说，通常的人为危机可能由于管理失误、服务质量差、工作不负责以及失职或渎职、工作人员以权谋私、有人恶意破坏等，从而给企业带来人员伤亡或财产损失，造成对企业形象的重大损害。人为的危机相对来说具有可预见性和可控性。因为人在采取某种行动前总有一些迹象。如某人要进行破坏，就有破坏的动机和有关准备，如2001年的"9·11"事件；某人的失职和渎职，一定与他平时的缺岗和不尽职有关。因此，如果对这些现象仔细观察，平时采取相应的措施，就可以减轻甚至避免危机。

非人为的危机是指自然灾害、社会动荡、车船失事等非人为的因素造成突发性事件带来的危机。这类危机具有不可预见性和不可控制性。由于它不是组织可以阻止的，也不是组织本身管理的原因，因而较容易得到社会的理解、同情和支持。

2.按损失的表现形式分类

按损失的表现形式来分，危机可分为有形损失危机和无形损失危机。

有形损失危机是指直接给组织带来人员伤亡和财产损失的危机。这种危机造成的损失一般难以挽回；无形损失一般伴随有形损失一起产生。

无形损失危机是指危机的发生会严重地损害组织形象，如不采取紧急有效的措施，随着时间的推移，组织的形象会越来越坏，最终带来巨大的有形损失。一般无形损失危机在初始阶段不易被人重视，它带来的损害也不太明显，如果任其发展，损失将越来越大，甚至达到无法挽回的地步。但重大的、突发的无形损失危机造成的损失是巨大的。处理这类危机通常需要借助新闻媒体来挽回影响，重新树立组织的形象。

3.按危机与组织的关系分类

按危机与组织的关系来分，危机可分为内部突发危机和外部突发危机。

内部突发危机是指发生在组织内部的危机，即危机的地点在组织内或造成危机的责任在于本组织有关人员的过失。这类危机影响面可能不广，处理也较简单，但一旦造成形象损失，影响扩散，则要加以重视。

外部突发危机是指危机发生在组织外部，不仅影响本组织的利益，也影响其他组织和公众的利益。这类危机涉及的范围较广，影响较大，难以控制。组织不仅需要内部精诚团结，而且需要与政府、媒体、其他组织、公众等广泛沟通才能渡过危机。

4.按危机涉及的内容分类

按危机涉及的内容来分，危机可分为服务危机、管理危机、法律危机、关系危机等。服务危机即组织提供的服务质量差、服务收费不合理等造成的危机。管理危机是由于组织管理松懈、管理存在漏洞而造成的危机。法律危机是指组织触犯法律，引起诉讼而带来的危机。关系危机是指组织与相关公众的关系不和而造成的危机，这种危机一般经过较长时间的积累，到某种程度才会爆发。

7.1.2 危机意识

市场瞬息万变，危机随时可能发生。正因为如此，很多企业和企业家都树立了良好的危机意识。这是危机管理的第一步。不仅企业家要有危机管理意识，每一位员工都应树立危机管理意识。从以下企业的危机管理格言中，可见这种意识的重要性。

微软公司原总裁比尔·盖茨的一句名言是："微软离破产永远只有18个月。"

通用电气公司前任董事长兼首席执行官韦尔奇说："我们的公司是个了不起的组织，但是如果在未来不能适应时代的变化就将走向死亡。如果你想知道什么时候达到最佳模式，回答是永远不会。"

在德国奔驰公司董事长埃沙德·路透的办公室里挂着一幅巨大的恐龙照片，照片下面写着这样一句警语："在地球上消失了的，不会适应变化的庞然大物比比皆是。"

英特尔公司原总裁兼首席执行官安德鲁·葛洛夫有句名言叫"惧者生存"。这位世界信息产业巨子将其在位时取得的辉煌业绩归结于"惧者生存"四个字。

美国《大西洋月刊》载文指出，成功企业必须自我"毁灭"才能求生。如果它们不自我"毁灭"，别人将把它们毁灭，让其永无再生之日。

海尔集团首席执行官张瑞敏在谈到海尔的发展时用一个字来概括他这些年的感觉——"惧"。他把"惧"诠释为如临深渊、如履薄冰、战战兢兢。他认为市场竞争太残酷了，只有居安思危的人才能在竞争中获胜。

"我们今年可能活不成了。"这是华为集团的老总任正非在企业蒸蒸日上时告诫员工的话。

天津大海食品有限公司1997年开业庆典时挂了一条横幅，上书"今日开业，何时倒闭？开业大愁"的警语。

三株总裁吴炳新经历了三株生死劫难后所说的三句话中的两句是："最好的时候，也就是最危险的时候。""我想把三株的体会、经验和教训告诉大家，希望引起大家对危机管理的重视。"

盛大总裁陈天桥在2003年10月接受记者采访时称："我现在80%的时间和精力是用来应付各种各样的风险，而不是像公司成立初期花这么多时间和精力钻研业务。我当的不是CEO，而是首席风险官CRO（chief risk officer）。"

李嘉诚语录：用90%的时间考虑失败。

马云语录：先把自己看小。

尹明善语录：反思物美价廉。

7.1.3 危机管理过程

危机管理（crisis management），就是指企业在经营过程中针对企业可能面临的或正在面临的危机，而就危机预防、危机识别、危机处理和危机善后及企业形象恢复管理等行为所进行的一系列管理活动的总称。具体说来，企业危机管理包括以下几个主要内容：①企业危机预防（事前管理），包括危机预测和预演（此阶段在于危机意识的培养）、危机管理体制的建立、危机管理资源的保障、危机管理技能的培训。②企业危机处理（事中管理），包括危机信息的获取、传递，危机处理机构的建立，危机事态的初步控制，危机事件的全面评估，危机处理计划的制订，危机处理计划的实施。③危机恢复管理（事后管理），包括危机处理结果的评估，恢复管理计划的制订，恢复管理计划的实施。

危机的动态发展过程分为危机预警、危机预控、危机处理、危机总结和危机恢复五个阶段（如图7-1所示）[1]。

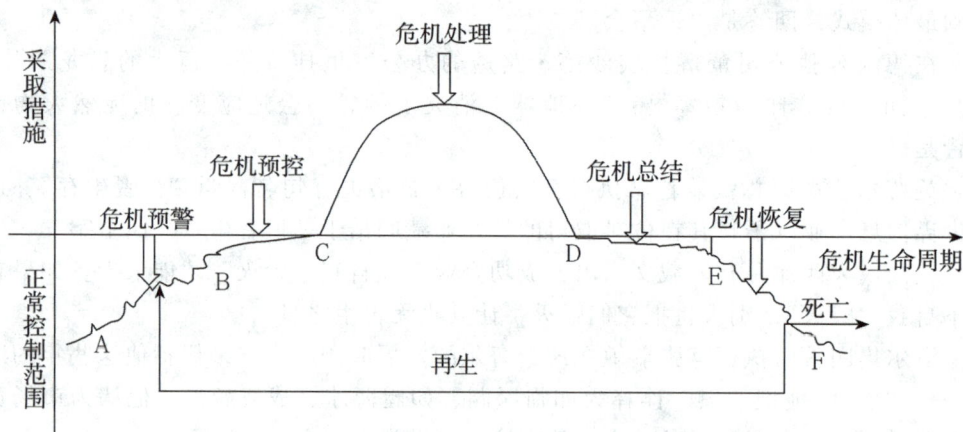

图7-1　企业危机的动态发展过程

危机管理是一个全面的过程。它与危机公关（crisis public relations）不同。危机公关是对已经发生的危机事件的处理，它与危机处理更为接近。因为任何一类危机的处理实际上都是公共关系的处理，都必须做好与这一事件中相关的公众的协调沟通，以求得公众的谅解和支持。而危机管理在于建立一套系统，使组织可以防微杜渐，将危机消灭在萌芽状态中，或将危机的损失降低到最低程度。危机管理有预警、防范、化解的功能。还要澄清一个观念，不少企业及其管理人员以为，企业发生了危机，开动其公关系统就能摆平危机，甚至将化解危机的希望寄托在几个公关奇才身上。其实不管危机公关还是危机管理，都是组织管理的重要组成部分，不是一朝一夕的事。关键的是要防范危机，改善管理，避免危机发生。也许少数公关奇才能暂时摆平危机，但如果组织不进行相应的改进，同样的危机有可能再次发生。

7.2　危机预防

危机管理关键不在处理，而在于预防，所谓防患于未然。事实上，几乎所有的危机都是可以通过预防来化解的。

---

[1]　郭际，等. 企业危机管理演进的动态分析 [J]. 科研管理，2007（1）.

7.2.1　危机预测

危机预测就是企业根据判断，对企业可能产生的突发性事件进行预测，在此基础上建立危机预防系统，建立危机档案。

危机预测通常遵循这样几条线索：一是企业历史上曾经发生过的危机，因为曾经发生过的危机有可能再次发生。二是同行或类似组织曾经发生过的危机。三是监测现实环境，预测现实环境变化可能给组织带来的危机。现实环境变化包括许多方面，如自然灾害、战争、恐怖活动；国际法则的变化、贸易摩擦；政府政策法律的变更，行业规则的变化；媒介环境的变化；竞争对手的新动向；市场趋势变化，消费者偏好变化等。

根据企业发展阶段来预测危机也是很好的办法。不同阶段的企业有自己成长的特点，所以各发展阶段危机管理的重点也会有所不同（如图 7-2 所示）。

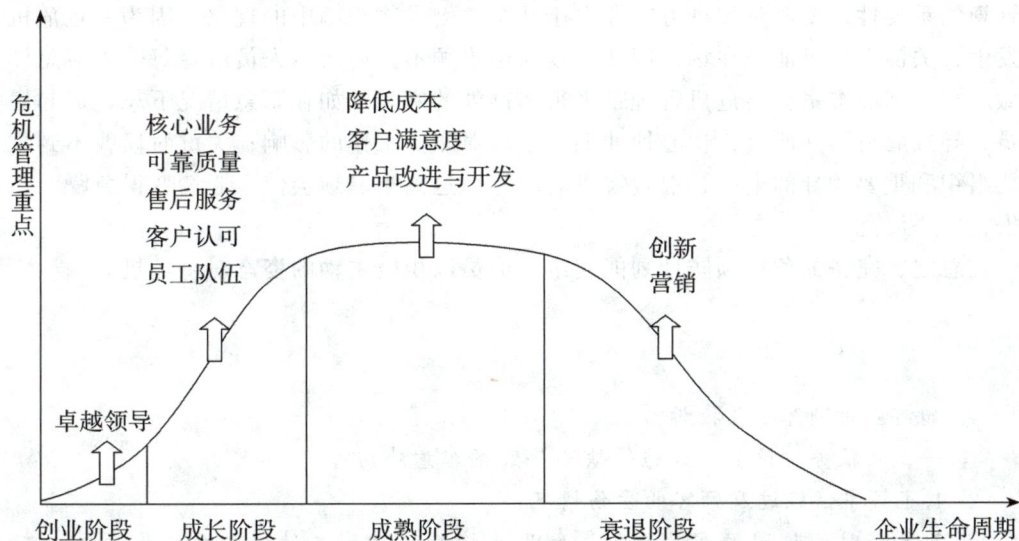

危机管理重点

核心业务
可靠质量
售后服务
客户认可
员工队伍

降低成本
客户满意度
产品改进与开发

创新
营销

卓越领导

创业阶段　成长阶段　成熟阶段　衰退阶段　企业生命周期

图 7-2　企业发展各阶段危机管理的重点

预测危机后，就要对不同的危机进行归档，从不同的角度进行分类。如根据危机对组织的损害程度可以分为：一级危机，损害程度最大；二级危机，损害程度较大；三级危机，损害程度较小。还可以按引发危机的原因进行分类，根据危机的影响面分类等等。评估危机的损害和影响程度对危机管理有重要意义。评估危机的影响度可从以下几方面进行：第一，假如危机逐步升级，会加剧到何种程度？第二，新闻媒体或政府有关部门对组织的审查会达到何种程度？第三，危机会在多大程度上影响正常业务的进行？第四，组织在公众中的形象会受到多大程度的损害？第五，组织的财务损失会有多大？

小案例 7-1　　　　　　　　某公司的危机预警制度

　　某公司的危机预警制度有月报、周报，特殊时期要日报，如行业发生危机事件时、本企业有投诉事件时。如何区分危机和一般投诉事件呢？可从5个角度评判危机：一是投诉金额超过5万元；二是投诉者为重点客户；三是有政府介入；四是投诉事件超过一个月未得到解决；五是产生了媒体报道，哪怕是相关网页（甚至是论坛）上有负面消息。只要出现以上5条中的任何一条，就要作为危机事件处理，由公司的危机管理部门出面，即法律部和公关部牵头，相关业务部门参与。

　　危机预测之后，针对不同危机制定预防危机的方针、对策，并对方案进行试验性演习，以确保能达到满意的效果，形成公司的"危机管理手册"。切勿轻视书面计划的重要性。要避免那种方案存在于几个关键人物头脑中的现象。因为一旦危机发生，关键人物可能不在场；即使在场，他也顾不上向所有人员解释每个人应怎样做。缺乏书面方案会给危机管理带来很多额外的麻烦。如在紧急情况下忘记通知雇员，导致雇员不知所措，忧心忡忡询问事故对雇员工作的影响；关键时候找不到重要组织和重要领导的电话，浪费宝贵时间等。这些小麻烦会使人心情变得急躁、不安，增添混乱。

　　总之，完备的危机预防计划能使组织成员以积极主动的姿态对待危机。

小案例 7-2　　　　　某餐饮企业《危机处理手册》部分内容

　　如何应对顾客受伤投诉？

　　一、因服务、设备、设施等缺陷导致顾客意外伤害

　　1.了解事情经过及顾客的受伤情况；

　　2.第一时间陪同顾客就医，了解医生诊断情况，支付合理的挂号费、检查费、药费等（按公司审批权限逐级上报，同时报备相关部门）；

　　3.帮助顾客联络家属；

　　4.不要与顾客讨论责任归属问题，诚恳地告诉顾客我们是讲信誉的企业，一定会承担应有的责任；

　　5.如顾客仍不满意，了解顾客期望的赔偿金额后报主管；

　　6.重大伤害事故第一时间报备店经理及相关部门。

　　二、因顾客自身原因而导致意外伤害

　　1.了解事情经过及顾客的受伤情况，表示同情和关心；

　　2.征求证人，必要时留下笔录；

　　3.以顾客满意为出发点，主动陪同顾客就医，了解医生诊断情况，可以垫付合理的医药费用（200元以内），帮助顾客联络家属；

4.若顾客要求赔偿，建议其到消协调解，同时了解顾客期望的赔偿金额后报主管，不要与顾客讨论责任归属问题；

5.重大伤害事故第一时间报备店经理及相关部门。

三、第三者侵害导致顾客人身伤害

1.立即了解情况，向顾客表示同情和高度关切；

2.餐厅主动打110报警，及时采取劝阻/疏导行动；

3.配合顾客留住肇事者，同时征求证人，获取证人笔录，并保持事故现场；

4.帮助顾客联络亲友，以顾客满意为出发点，主动陪同顾客就医，了解医生诊断情况，可以垫付合理的医药费用（200元以内）；

5.顾客要求赔偿时，婉转表明作为经营者我们已尽到协助报警及协助就医的义务，因第三者是直接的侵权人，所以赔偿责任应由第三者承担；

6.若顾客仍不满意，建议其到消协调解，同时了解顾客期望的赔偿金额后报主管；

7.请顾客留下电话，详细记录事件发生之经过。

企业如果有经过反复检测、科学实用的危机方案，遇到危机就能主动应对，广交朋友，谋取支持，塑造组织负责任的形象，赢得公众的理解，吸引新的公众。当危机来临时若没有应急方案仓促应战，组织成员必定会产生防御心理，而防御心理必定将注意力着重放在应付局面上，而不是致力于采取主动积极的行动。这样必然会产生负面影响，给人一种傲慢、无同情心、不负责任的印象。总之，积极主动的心理会产生正面的心态；消极防范的心理会产生负面的心态。

7.2.2　危机预演

危机预演的目的在于教育和培训员工。企业任何行为都是通过人的行为来实现的，对企业员工进行危机管理教育和培训十分重要。

危机方案制订后，应进行定期演习，让员工熟悉危机处理的各个环节，一旦危机来临，员工方能各就各位，应付自如。同时，预演还能检测危机方案的有效性。要制订出详细的危机演习方案，并确保其机密性。选出危机扮演人员，通常，在真实危机中是什么角色就扮演什么角色。危机演习的每一阶段都要有观察人员来监控，监控人员可以是组织的管理人员，也可以是外聘的专家。危机演习之后，应有相关人员进行总结，找出方案的漏洞，修改方案，评估演习人员的行动方案。对此，英国能源部组织的危机演习颇有借鉴意义。

危机预演还有利于教育员工。危机管理教育首先有利于树立危机管理意识，也就是说，让所有企业员工都明白危机管理的重要性和必要性，提高员工对危机事件发生的警惕性。其次有利于培训员工的生产和服务技能，保证企业产品或服务的质量，减少企业自身出错机会。最后有利于培养员工合作与奉献之精神，即与同事合作，减少内部管理摩擦；与政府合作，减少企业违反法令之机会；与商业伙伴合作，减少与伙伴之争执与纠纷；与消费者合作，减少消费者对企业产品或服务之不满与抱怨；与新闻媒体合作，减少媒体对企业的误解与曲解。

7.2.3 危机预防的组织保证

危机预防成功与否还在于企业有没有有效的组织保证。符合危机管理要求的组织保证，要求企业在进行组织设计时，必须考虑到以下几个问题：一是确保组织内信息通道畅通无阻，即企业内任何信息均可通过组织内适当的程序和渠道传递到合适的管理层级和相关人员；二是确保组织内信息得到及时的反馈，即传递到组织各部门和人员的信息必须得到及时的反馈和回应；三是确保组织内各个部门和人员责任清晰、权利明确，即不要出现互相推诿或争相处理的现象；四是确保组织内有危机反应机构以及其得到专门的授权，即组织内必须设非常设的危机处理机构并授予其在危机处理时的特殊权力。这样，组织内信息通畅，责权清晰，一旦发生任何危机先兆，其均能得到及时的关注和妥善的处理，而不致引发真正的危机。

构建危机管理组织是实施危机管理计划、保证危机管理机制运转的基本条件。现实的情况是，不少组织制订了危机管理计划，但束之高阁。大多数组织的管理人员都认识到危机管理对组织的生死存亡有着重要的影响，但大多数组织没有建立危机管理组织机构。

在一些跨国公司，公司设有专门的危机管理机构，且一般其主管都是由公司首席执行官兼任。在这些设立的危机管理机构中，大多数人员都是兼职的，而且其中绝大多数危机管理机构都是由公司部门主管以上人员和公司外聘顾问组成的，这样的组织结构保证了企业在面临危机时的快反应速度和高效率，从而确保了对危机事件的成功解决。

完备的危机管理组织结构实行三级组织三级管理模式。

第一级为"危机管理委员会"。它是决策机构，通常由组织中的高层管理人员和相关中层管理人员组成，是一种兼职的矩阵式组织。其重要职责是：制定危机管理的政策，审查批准本组织的《危机管理手册》，配备危机管理办公室的人员，检查监督平时的危机管理工作，主持召开定期的危机管理工作会议，指挥重大危机事件的处理等。

第二级为"危机管理办公室"。它是常务执行机构，由一定的专职人员组成，通常由组织的公关部承担。它的主要职责是：负责危机管理各项工作的贯彻实施；收集信息，监控环境变化；培训兼职的危机处理工作人员，尤其是回答媒体和外界的询问；负责处理一般性的危机事件；定期向危机管理委员会汇报工作。

第三级为"危机管理工作小组"。对于一些多部门或跨地区的组织来说，危机管理工作小组属于基层操作机构，或叫现场操作机构，由一些基层兼职人员或基层公关人员组成。它负责处理日常的投诉事件和小的危机事件；负责与危机管理办公室保持联系；突发事件发生时，负责组织危机计划在基层的实施，稳定基层员工情绪，协调与基层公众的关系。

危机管理三级组织的架构图如图7-3所示。

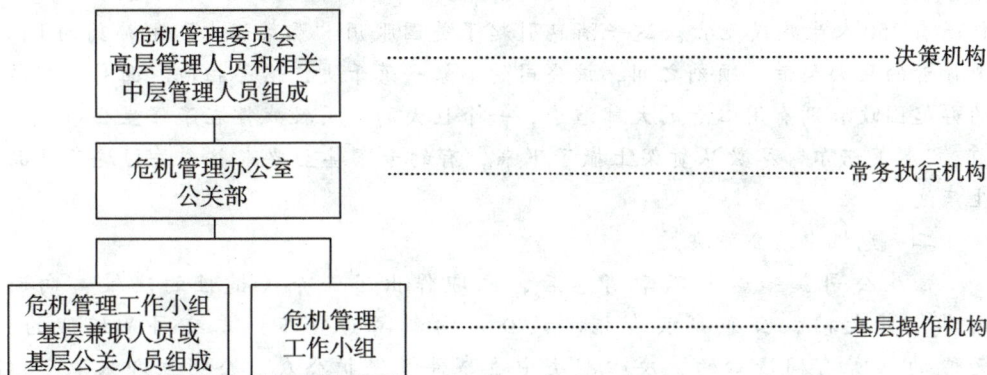

图 7-3 企业危机管理三级架构

建立机构的同时要配备好危机管理人员。危机管理人员必须具备危机公关和危机沟通的基本能力；具有灵敏的职业嗅觉，能于细微处觉察危机的萌芽；具有"液态思维"，即以"柔性"的方法来处理严峻的危机现场，讲究方式方法；具有较强的应变能力；能够时常进行"换位思考"，设身处地为他人、为公众着想。

7.3 危机处理

危机处理是危机发生时的具体应对，它是危机的事中管理，相当于狭义的危机公关概念。危机处理是危机管理中的关键环节，危机处理是否成功，决定着企业的命运。

7.3.1 危机处理的"雄鹰"政策、"鸵鸟"政策

危机来临时，有的组织主动出击，积极应对，化被动为主动。有的组织消极应付，被动挨打。以下两个案例就是公关史上两种态度的典型代表。

小案例 7-3　　　　　　　"泰莱诺尔"药物中毒事件

——强生公司以信取胜

以生产保健及幼儿药品闻名的强生公司是美国最大的医药公司。1982年，强生公司通过综合运用管理、市场营销和公共关系的手段，成功地处理了危及公司生存命运的"泰莱诺尔"药物中毒事件。这一成功的危机公关已成为美国公关史上的一个经典案例。

一、灾难突然降临

"泰莱诺尔"于1975年问世，广告宣传它将替代"阿司匹林"。7年内，泰莱诺尔赢得了止痛药市场37%的份额。它占强生公司总销售额的8%、利润的15%~20%。

1982年9月30日早晨，有消息报道，芝加哥地区有7人因服用强生公司的一个子公司麦克尼尔日用品公司生产的"泰莱诺尔"牌解痛胶囊而死于氰中毒，据传还有250人生病或死亡。这一消息引起了美国服用"泰莱诺尔"解痛药的1亿消费者的巨大恐慌。顷刻之间，该公司的形象一落千丈，名誉扫地。面对新闻界的群起围攻和别有用心者的大肆渲染，一个巨大的公关挑战摆在了强生公司的面前。"泰莱诺尔"尽数从货架上撤了下来，有的专家甚至要求整个关停这条产品生产线。

二、危机中的公关决策

强生公司获知这一不幸消息后，立即作出了一个关键性的决策：向新闻界敞开大门，公布事实真相。该公司向新闻界宣布：本公司是坦诚的、无愧的、富有同情心的，决心解决中毒事件并保护公众。公司立即采取了以下措施：

（1）以高达1亿美元的代价，撤回市场上所有的"泰莱诺尔"胶囊药品。

（2）对800万瓶"泰莱诺尔"胶囊药品进行检验，查看其是否还受过其他污染。

（3）药物中毒事件发生后的数天里，圆满地答复了从新闻界打来的2 000多个询问电话。

（4）停止报刊广告，尽可能地撤掉广播电视中所出现的"泰莱诺尔"药品广告。

公司公关部坦率地面对公众，他们竭力做到：让人们了解问题只是出现在国内的一个地区，而且只是少数几瓶受到污染。

对芝加哥地区药物中毒事件的调查结果表明：7位中毒者的死亡并非"泰莱诺尔"牌镇痛药所致，而是一位疯子将氰化物倒进药瓶内造成的；另外250人的生病或死亡与"泰莱诺尔"药物并无关系。

三、食品与药品管理局协同作战

在处理"泰莱诺尔"事件的过程中，强生公司并非孤军作战。由于强生公司与社会各界有良好的关系，因而它得到了不少社会机构的支持。这里，我们通过美国食品与药品管理局新闻办公室在发生"泰莱诺尔"事件后1周的工作情况，看一下该机构与强生公司协同作战的细节：

9月30日（周四），17：16，对外发布"泰莱诺尔"紧急通报，宣布强生公司撤回第一批8月份生产的93 000瓶"泰莱诺尔"牌解痛胶囊。

10月1日（周五），10：47，对外发布"泰莱诺尔"最新消息，宣布强生公司撤回第二批17 100瓶"泰莱诺尔"牌解痛胶囊，美国食品与药品管理局在全国范围内对"泰莱诺尔"胶囊进行抽查。

10月4日（周一），9：58，对外发布"泰莱诺尔"消息，宣布美国食品与药品管理局抽检了100多万瓶"泰莱诺尔"胶囊，发现芝加哥以外地区的这类药品无受污染现象。

10月5日（周二），15：47，通报加州奥罗维尔地区"泰莱诺尔"胶囊的情况，宣传强生公司在全国范围内撤回"泰莱诺尔"胶囊。

10月6日（周三），10：45，向所有有关机构发布美国食品与药品管理局专员海斯和专卖部副主任科普的声明。

四、重返市场

为了消除人们的疑虑，该公司决定推出更加坚固的3层密封包装的新型"泰莱诺尔"解痛胶囊。3个星期后，该公司便把这种抗污染包装的"泰莱诺尔"重新推上市场，配合优惠赠销的攻势，让公众再接受这种新产品。他们走访医务人员达百万次以上，不惜花费5 000万美元向消费者赠送这种重新包装的药品，以求得他们对"泰莱诺尔"的支持。该公司广告说："我们正从悲剧中接受教训，卷土重来。因此，我们不能骑在大象身上吹吹打打，宣布我们的到来。"语气谦虚谨慎，一切都做得不让公众反感。

随后，该公司又于1982年11月11日在纽约举行规模盛大的电视记者招待会，有30个城市参加，通过卫星向全国播送实况。这一创新方案是由博雅公关公司提出来的。博雅公司自1978年以来一直负责"泰莱诺尔"牌解痛药的宣传工作。会上，公司代表面对500多名记者回答提问，播放新式包装药的录像。虽然当天发生了勃列日涅夫逝世和航天飞机升空这两件大事，但招待会还是获得了巨大成功。美国各大电台、电视台和报纸都作了报道。强生公司这些真诚的做法获得了社会各界的赞赏。1年后，该公司及其产品重新获得了公众的信任，"泰莱诺尔"解痛胶囊重新获得了原有市场份额的95%，而且由于强生公司首开抗污染日用品包装的先例，各大公司纷纷仿效。就这样，强生公司摆脱了危机，走出了困境。对此，美国新闻媒体有过大量的报道，如《华尔街日报》以"迅速复原，'泰莱诺尔'重新赢得市场上的领先地位，使厄运断言者们惊诧不已"为题的文章，《时代周刊》1983年10月17日以"泰莱诺尔神奇般地重返市场"为标题的文章等。

这一成功的危机处理案例获得了当年美国公关协会颁发的银钻奖。

小案例7-4　　　　　　　　　**埃克森公司原油泄漏事件**

——对出现的问题无动于衷

埃克森公司是一家规模巨大的公司。在美国《财富》杂志1990年4月份所列出的全国500家最大的公司中，它名列第三位，仅次于通用汽车公司和福特汽车公司。它的业务范围遍布全世界，在欧美市场上有霸主之势。

仅仅因为一次突发事件，埃克森公司在企业形象和经济上都大受损失。令人难以置信的是，一家巨型公司面对一个危机却无动于衷。

　　1989年3月24日，美国埃克森公司的一艘巨型油轮"瓦尔代兹号"在阿拉斯加州威廉太子湾附近触礁，800多万加仑原油泄出，形成一条宽约1公里、长达8公里的漂油带。这里是美国和加拿大的交界处，以前很少有船只通过，从未受到污染。这里海水湛蓝，沿岸山青林密，风景如画；这里盛产鱼类，海豚、海豹成群。事故发生以后，大批鱼类死亡，岸边沾满油污，礁石上也沾满黑乎乎的油污。纯净的生态环境遭到严重破坏，附近海域的水产业受到很大的损失。

　　事故发生以后，较偏僻的阿拉斯加地区少有记者光顾，偶尔有几个，他们也只是随便地拍几张照片，报道的只不过是一个一般性的泄油事故。环境保护组织对这一突发事件感到痛心。加拿大和美国当地的、地区的和政府的官员敦促埃克森公司尽快采取有效措施解决这一难题。

　　对于这一事故，埃克森公司方面却无动于衷。它既没有彻底调查事故原因，也没有采取及时有效的措施清理泄漏的原油，更没有向加拿大和美国当地政府道歉，致使事故进一步恶化，污染区域越来越大。美国和加拿大地方政府、环保组织以及新闻界对埃克森公司这种不负责任、企图蒙混过关的恶劣态度极为不满，发起了一场"反埃克森运动"。各国新闻记者从世界各地纷至沓来。电视台、电台、报纸、杂志、新闻电影制片厂动用了所有的媒介手段，像发动一场战争似的，向埃克森发起总攻。

　　各国新闻媒体的群起而攻之和国际环境保护组织的批评，惊动了布什总统。3月28日，布什总统派遣运输部部长、环境保护局局长和海岸警卫部队总指挥组成特别工作组，前往阿拉斯加进行调查。此时，埃克森公司油轮泄出的原油已达1 000多万加仑，成为美国有史以来最大的一起原油泄漏事故。

　　经过调查得知，这起恶性事故是由船长饮酒过量，擅离职守，让缺乏经验的三副代为指挥造成的。24日中午事故发生时，该船船长因饮酒过量而不在驾驶舱，油轮由未经海岸警卫队认可的三副驾驶。港口领航员和海岸警卫队官员在事故前后都从船长的呼吸中闻到很浓的酒气。调查结果一经传出，舆论为之哗然。埃克森公司陷入极为被动的境地之中，公共关系危机不可避免地出现了。

　　结果，埃克森公司被迫以重金请工人使用高压水龙头、蒸汽冲洗海滩，甚至用双手刷洗岩石。事故发生在初春，阿拉斯加寒风袭人，海滩的清理工作十分费力，清理工作进展缓慢。埃克森公司仅此一项就付出了几百万美元。加上其他的索赔、罚款，埃克森公司的损失高达几亿美元。更为严重的是，埃克森公司的形象遭受严重的破坏，西欧和美国的一些老客户纷纷抵制其产品，埃克森顿感狼狈不堪。

　　以往埃克森公司曾做过这样那样对社会有益的事情，现在都被公众抛在脑后。人们所知道的，就是埃克森是个破坏环境、傲慢无礼的公司。

以上两个案例分别代表两种危机处理政策："雄鹰"政策、"鸵鸟"政策。强生公司采取的是"雄鹰"政策；埃克森石油公司采取的是"鸵鸟"政策。

"雄鹰"政策的主要特征是：主动迅速出击；果断承担责任。"鸵鸟"政策则是消极逃避，被动挨打政策。据说鸵鸟在面临外敌袭击时，就将头埋在沙堆里，以躲避灾难。从案例中可知，埃克森公司在面临危机时不是主动采取措施应对，而是消极逃避，企图蒙混过关。埃克森公司的悲剧表面上看来是它信息失灵，低估了事故的严重性，存有侥幸心理，而根本原因则是它财大气粗，傲慢以待，不把社会的利益和公众的意愿放在眼里，结果成为众矢之的，落了个"赔了夫人又折兵"的下场。如果埃克森采取正确的危机公关决策，就不会致使事态如此恶化。

埃克森公司的悲剧告诉我们："鸵鸟"政策是一种错误的危机处理政策。面对危机只有学"雄鹰"主动出击，才能化解危机，迎来新的发展机会。但是，企业有时也采取"鸵鸟"政策，对发生的事件保持沉默。当企业或企业产品出现的问题并不具有持续、大范围"杀伤力"时，问题能在较短的时间内予以解决；企业具备天时（如国际形势或国内形势对企业有利）、地利（区域优势或资源优势，如掌握强势媒体）、人和（与政府和媒体有很好的关系）条件的其中一项，这时，企业可能采取"鸵鸟"政策，控制信息，暂时为解决问题争取时间。但是，全面控制信息越来越难以操作，尤其在网络时代。所以，企业暂时控制信息是为了赢得时间，整改企业才是最根本的策略。

7.3.2 危机处理的基本原则和策略

1.危机处理的基本原则

危机处理的基本原则有：

第一，公众利益第一的原则。组织发生危机事件，不管大小，肯定侵犯了一部分公众的利益，包括内部公众利益和外部公众利益。因此，将公众利益摆在首位，采取积极有效的措施补救，是赢得公众同情和支持的基础。

第二，人道主义原则。危机总是会给相关公众带来身心伤害，尤其有人员伤亡的重大危机事故。因此，要高举人道主义大旗，怀着对人的关怀和爱、对公众和社会高度负责的精神来处理危机。哪怕这样做会给组织带来较大的经济损失，但从长远来说，组织会赢得全社会的支持。

第三，真诚坦率的原则。危机发生后，媒体和公众都想知道事件的真相。组织就应及时公布事件真相和原因、组织的处理意见和态度、事情的进展和结果。隐瞒真相会错过化解危机的机会。

第四，快速反应的原则。危机一般是突发性事件，组织迅速采取措施就能赢得主动。

第五，维护信誉的原则。维护信誉是危机处理的出发点和归宿点。组织发生危机后，往往成为媒介和社会关注的焦点。行动胜于言辞。组织一定要兑现解决危机时对公众的许诺。组织此时的行为比以往任何广告、宣传都更能影响组织的声誉和形象。

2.危机处理的基本策略

危机处理的基本策略有：

（1）面对危机，应考虑到最坏的可能，并及时、有条不紊地采取行动。

（2）在危机发生时，以最快的速度建立"战时"办公室或危机控制中心，调配经受过训练的高级人员，以实施控制。

（3）新闻办公室不断了解危机的进展情况。

（4）设立热线电话，由受过训练的人员负责接听。

（5）确定重点公众，一般而言，内部员工、受害者及相关人员、媒体是危机沟通中不可忽略的沟通对象。

（6）及时了解公众情绪，设法使受危机影响的公众站到企业一边。

（7）邀请公正、权威的机构来帮助解决危机。因为这些机构容易赢得公众的信任。

（8）时刻准备应付意外情况；随时准备改变危机计划。

（9）掌握舆论的主导权，尽力以组织发布的消息为唯一的权威性消息来源。在危机发生而事故真相尚未查明前，要迅速填补信息真空，可向媒体提供背景材料，介绍危机发生的基本情况和企业采取的初步措施，来占领舆论阵地。

（10）尽量迅速查明真相，召开新闻发布会，发布确切消息。如果媒体的报道有误，要予以纠正。

（11）沟通中尽量使用简洁明了的语言，避免使用行话、技术术语。

（12）全力以赴抢救受害人员，表现出高度的社会责任感，并将这些举动传播出去。

（13）危机处理完毕后，总结教训，并以此教育全体员工。

7.4 危机处理中的媒体沟通策略

媒体在危机处理中有着重要的作用。一般来说，企业发生危机事件后，会引起媒体的关注。媒体的关注又加剧了危机。成功的危机处理、善后都离不开媒体的支持、帮助。

危机处理中媒体沟通要运用"3T"原则和"7W"策略。

7.4.1 "3T"原则

"3T"原则即"以我为主提供消息"（tell your own tale），"尽快提供消息"（tell it fast），"提供事件的全部情况"（tell it all）。

第一个"T"强调了危机处理时组织应掌握信息发布的主动权。信息的发布地、发布人都需要组织确定，以此保证信息传播的真实性；主导舆论，避免信息失真。为此，企业应迅速建立危机新闻中心，并使它成为唯一权威的危机信息中心。

第二个"T"强调了危机处理时企业应尽快、不断地发布信息。如何才能做到迅速发布信息呢？首先，在危机发生后要迅速确定传播媒介，将那些专门报道危机事件的媒介罗列出来，与它们及其记者迅速沟通。其次，写好危机事件的新闻稿，准备好企业的有关背景材料，以便于记者发稿。再次，提供完备的物质条件保证信息沟通畅通。如设立新闻专线，24 小时开通，接听记者的询问电话；设立足够的内线电话；准备相关组织和人员的电话号码和地址；设立危机公示牌，随时公布危机的最新情况。

第三个"T"强调信息发布应真实全面，忌"无可奉告"的态度，忌吞吞吐吐、半遮半掩的表达。组织越隐瞒真相越会引起公众的怀疑。

7.4.2　"7W"策略

危机处理中媒介沟通的"7W"策略包括：

who——危机沟通中由谁来发布消息。建立了新闻发言人制度的企业，由企业新闻发言人来发布信息；没有建立的企业，小事、小危机由企业媒体管理人员发布，大事、大危机由高层领导发布。

whom——向谁发布消息，传播的主要对象是谁。危机中内部员工、受害者及其家属、媒体、组织有关主管部门、社会公众是传播的对象。前三者是重点。

when——何时发布消息。危机中与媒体沟通的两个重要时期是：危机刚发生时，这时要向媒体公布危机真相及组织的紧急应对措施；危机化解时，这时应进行大型的媒体宣传，以消除危机在公众中留下的消极影响，重新树立组织形象。

where——传播渠道。危机中企业对外的传播渠道一般是大众传播媒介，但员工对外的人际传播也不能被忽视。因为此时内部员工的亲身经历最有说服力、最能让人信服。

what——传播内容。组织应传播事件的真实情况、处理方案。有人说，危机公关是良心公关，是渗透企业理念的公关。

why——危机的原因。给公众一个答案、一个解释。

how——如何传播，是召开新闻发布会还是敞门让记者采访；是自己说还是由第三方说。一般来说，两种方式同时进行效果会更好。

7.5　不同类型的危机处理

危机处理的基本原则和宗旨具有普遍适用性。但不同的危机有各自具体的处理策略，这里介绍几种主要的危机处理方法，我们以案例的形式来阐述不同危机的处理方法。

7.5.1　企业自身经营管理不善而导致的危机

由于企业自身经营管理不善而导致的危机是危机的主要类型。对这种危机，企

184 管 理 沟 通

业应高度重视，化解公众的愤怒。危机沟通的重点在于承认错误的决心和改正错误的诚意，学习前文"泰莱诺尔"案例的"雄鹰"政策。相反，如果企业对自身的失误给消费者带来的损失不采取补救措施，不进行危机处理，必将使危机升级。二者的差异可参见"碧绿液"和"长沙水"的案例。

小案例7-5　　　　　"碧绿液"与"长沙水"的差异

　　法国著名矿泉水"碧绿液"销往世界各地。1989年2月，美国食品与药品管理局在抽样检查中，发现部分"碧绿液"矿泉水苯含量微量超标，长期饮用会有致癌的危险。消息传出后，"碧绿液"矿泉水的销量直线下降。碧绿液公司采取"雄鹰"政策，马上举行记者招待会，宣布：把同一批销售到世界各地的16亿瓶矿泉水全部就地销毁。为此，公司损失2亿多法郎。同时，公司进行整改，告诉消费者苯微量超标的原因在于过滤器没有及时更换，整改好以后再生产出新的矿泉水。"碧绿液"矿泉水新产品上市的那一天，巴黎几乎所有的新闻媒介都大张旗鼓地进行了报道，许多报纸用整版刊登了"碧绿液"的广告。电视台的广告更别出心裁：人们熟悉的那只葫芦状的绿色玻璃瓶依旧出现在电视屏幕上，一滴矿泉水从瓶口滑落，犹如一滴眼泪。同时画外音出来了：一个受委屈的小姑娘在哭泣，一个父亲般的声音安慰她："不要哭，大家依然喜欢你。"小姑娘回答道："我不是哭，我是高兴啊！"很快，"碧绿液"夺回失去的市场并扩大了销售。

　　1998年夏天，洞庭湖流域遭遇百年不见的洪水，人民解放军及武警部队日夜奋战在抗洪前线。8月21日，水利部通知湖南水利厅，希望水利厅代表水利部慰问在湘江抗洪的将士们。水利厅于是向中康购买13万瓶"长沙水"（矿泉水）送往抗洪前线——塔山英雄旅。不到半天，塔山英雄旅8连报告，喝了"长沙水"后，有9人腹泻，10人腹痛，1人发烧，3人呕吐，连队马上将22箱"长沙水"打开，除3瓶没有沉淀物，其他500瓶均有小碎片、青苔和悬浮物。其余各连均有人员感到肠胃不适。水利厅知道这个消息后很生气，向中康公司进行投诉。中康接到投诉后，坚称自己的矿泉水已经过国家检测，无质量问题。水利厅反复沟通，中康公司各部门互相推诿。水利厅要求10月26日前退还13万元购水款，但未果。水利厅后与省技术监督局人员于10月9日去塔山英雄旅道歉，中康董事长刘继泉也闻讯赶到，但他不但不道歉，还当众打开一瓶有悬浮物的"长沙水"一饮而尽，声称喝了一点事都没有，将士们喝了胃肠不适，不是水的问题，而是他们连日劳累所致。协商会不欢而散。水利厅忍无可忍，遂向新闻媒体曝光，第二天《"长沙水"喝倒抗洪英雄》一文见报，各大媒体争相转载。之后，经销商退货，"长沙水"陷入四面楚歌的境地，花几百万元广告费打响的名牌毁于一旦。苟延残喘几年之后，该公司消亡。

　　思考："碧绿液"与"长沙水"的危机沟通有什么区别？

小案例7-6 瑞幸咖啡财务造假事件

瑞幸咖啡（Luckin Coffee），总部位于厦门，自2017年第一家门店在银河Soho开业，之后陆续在北京、上海、天津等13个城市试营业。2019年已覆盖至40多个城市；而1999年进入中国的星巴克拓展同样多的城市花了近13年。2019年底，瑞幸直营门店数达到4507家，超过星巴克门店数；按照瑞幸的规划，至2021年底瑞幸门店将达1万家。同时，约一年半的时间瑞幸就完成了A、B轮融资，估值达29亿美元，并于2019年5月17日在美国纳斯达克上市，市值42.53亿美元，成为世界范围内从公司成立到IPO最快的公司。

2020年1月31日，美国著名做空机构浑水经过详实调查研究，公布了一份89页的关于瑞幸咖啡的匿名沽空报告，报告指出瑞幸咖啡在经营数据等方面存在造假等问题。具体有：（1）2019年第三季度门店销量虚增69%；（2）每笔订单商品数，从2019年第二季度的1.38降至2019年第四季度的1.14；（3）每件商品的净售价至少提高了1.23元或12.3%，2019年第三季度的广告支出夸大了150%；（4）非咖啡产品收入虚高，夸大了近400%。对于浑水做空报告称的"财务造假"，瑞幸随即发布公告，坚决否认浑水做空报告中的所有指控，该报告的论证方式存在缺陷，报告中包含的所谓证据无确凿事实依据，指控均基于毫无根据的推测和对事件的恶意解释。

然而，4月2日，瑞幸咖啡"自曝"其公司COO刘剑（负责监测每日的公司运作，向CEO报告）及其下属等4位管理人员，涉嫌财务数据造假，导致公司2019年第二季度到2019年第四季度虚增了22亿元人民币销售额。然而，就在"自曝"的第二天即4月3日，瑞幸咖啡的高管们通过朋友圈给出了"元气满满"的回应，意在为员工和市场打气。4月5日，瑞幸咖啡董事长陆正耀在微信朋友圈发致歉信，表示愧疚、自责，会承担所有责任，稳住运营，尽全力挽回损失。随后瑞幸咖啡官微也发布道歉声明，称对涉事高管和员工已停职，成立独立调查委员会调查，加强内控合规，稳住经营，服务客户。4月27日，瑞幸配合中国市场监管部门的调查，并且在4月29日接受美国证券交易委员会的调查。5月12日，瑞幸公告称公司创始人兼CEO钱治亚以及COO刘剑被董事会"终止职务"。

瑞幸自曝造假后，股价暴跌，6.5个小时内熔断8次闪崩75%，后两个交易日又分别下跌了15.94%和18.4%，截至停牌前最后一个交易日，瑞幸咖啡股价仅剩4.39美元，还不到前期高点51.38美元的10%。5月15日瑞幸收到美国纳斯达克交易所要求其退市的通知，6月29日在纳斯达克停牌。该事件使纳斯达克的中概股遭遇前所未有的信任危机。

资料来源 根据相关新闻报道整理。

思考：瑞幸为何要财务造假？事件带来怎样的危机？

7.5.2 由于外界环境变化而导致的危机

社会环境变化莫测，给企业带来的危机多种多样，如自然环境的变化、资源的枯竭、环保要求的提高；社会公共卫生、安全事件的发生；社会舆论的变化、谣言的攻击等等。对这类危机，预防更重要，即积极防范社会危机给企业带来负面影响，同时，应积极参与社会拯救的行动，树立良好的公益形象。

1. 由于自然灾害而引起的危机

自然灾害不但给人类带来痛苦，也给企业带来损失。在自然灾难面前的表现特别考量一个企业的文化和管理水准。规范管理企业的危机手册中，都将自然灾难带来的危机作为重要的危机类型加以应对。一般来说，自然灾害面前，企业如果身处灾害区，要迅速自救并救人，在拯救自己企业、自己员工的同时，尽力承担社会责任。如果不在灾害区，企业一般应迅速反应，密切关注事态变化，配合政府、社会参与救助，承担社会责任。

小案例 7-7 万科抗震救灾中的危机

2008年5月12日，汶川地震发生的当天，万科向地震灾区捐款200万元。由于此前万科公布的2007年年报显示，万科销售额排名内地房地产企业第一，已超过523亿元，净利超过48亿元，网友们认为，万科此次捐赠的善款不足其净利润的万分之四，缺乏诚意。

5月15日，针对网民的质疑，万科董事长王石在博客中撰文"解释"："万科捐出200万元是合适的"，并规定"普通员工限捐10元，不要让慈善成为负担"。此后，网民的质疑、抨击、嘲讽遍布各大网络论坛，诸多相关评论也在平面媒体上刊登。

"这是万科一贯的做法。第一，我们不会去采用立台募捐的方式；第二，我们也不会自己决定拿多少钱，要由股东大会决定。"王石告诉《中国企业家》记者：万科股东大会批准每年可为慈善捐助1 000万元。今年特殊，年初的雪灾就捐了300万元，再加上其他公益项目，今年只剩下200万元的额度了。这是所有规范企业，包括外资企业的做法。但这种理性在全民火热的情绪中受到挑战。

5月15日晚，王石已来到四川，寻找对灾区最有价值的努力方向。

5月20日，万科发布公告称：在遵道镇为重灾区临时重建、灾后恢复与重建工作为纯公益性质，不涉及任何商业性包括微利项目的开发。万科为该项工作的净支出为1亿元人民币。

5月21日19时43分，王石接受媒体采访时表示，"随着时间推移来反省这件事情，感到非常非常不安"，并正式向网友道歉。此时，距离地震已过去221个小时。

万科的做法反映了企业理性与民众火热的爱国情绪的冲突。规范管理的企业，年度捐赠预算是由股东大会决定的。如果发生重大事件，超出预算，要开临时股东大会增加预算。企业也没有组织员工捐款的职能，只有一些经过认证的公益非营利机构（即 NGO，如红十字会等）才有组织民众募集捐款的职能。企业的捐赠应该出自企业利润而不是员工捐款（有的企业甚至强制扣除员工一部分收入作为企业的捐赠）。万科的失误在于，在全民火热语境（感性）中谈理性。

2.政府政策、行业规则变化而引发的危机

政府政策变化、行业规则的变更可能会导致企业本来合格的产品或服务变成不合格。这时，一般要按要求停止产品销售和广告发布；配合政府检查；同时迅速研制新产品；用营销公关推出新产品，夺回失去的市场。以康泰克化解"PPA"风波为例。

小案例 7-8　　　　　　　康泰克化解"PPA"风波

2000 年 11 月 15 日，国家药品监督管理局向全国发出了《关于暂停使用和销售含苯丙醇胺的药品制剂的通知》。通知附件中列出了国内 15 种含苯丙醇胺（PPA）成分的药品，天津中美史克的当家产品——"康泰克""康得"分别名列第一和第二位。此时，竞争对手对"康泰克""康得"空出的市场份额虎视眈眈，消费者信心大受影响。在"PPA 风波"之后，70% 的消费者表示感冒后会选择中药，30% 的人表示要有选择性地吃西药。中美史克的应对措施是主动应对，把握时势，化险为夷，渡过难关。

国家药品监督管理局的通知一公布，中美史克就立即启动了公司的危机处理机制。

11 月 16 日，中美史克公司接到天津市卫生局的暂停通知后，立即组织危机管理小组：领导小组，制定应对危机的立场基调，统一口径，并协调各小组工作；沟通小组，负责信息发布和内、外部的信息沟通，是所有信息的发布者；市场小组，负责加快新产品开发；生产小组负责组织调整生产并处理正在生产线上的中间产品。由 10 位公司经理等主要部门主管组成危机管理小组，10 余名工作人员负责协调、跟进。

16 日上午，危机管理小组发布了危机公关纲领：执行政府暂停令，向政府部门表态，坚决执行政府法令，暂停生产和销售；通知经销商和客户立即停止"康泰克"和"康得"的销售，取消相关合同；停止广告宣传和市场推广活动。

16 日下午，召回驻扎在全国的 50 个分公司经理。

17 日上午，针对所有的员工已经通过媒体了解到中美史克康泰克产品的危机而产生的波动和担忧，公司高层召开全体员工大会，总经理亲自出面解释，并书面承诺在此期间决不裁减员工，为解除员工对生产以及公司前景的担忧，公司

在致员工的公开信中解释：公司已经有相应的危机处理策略，替代产品的生产线也将投入生产。最后，在工会主席的带领下，全公司员工合唱《团结就是力量》，从而稳定了"军心"。

在总经理开会的时候，公司副总经理则开始培训召回的50名来自各条战线上的分公司经理。17日下午，50名经理各自带着两封公开信迅速返回自己的属地。一封信面对本区域医院、药房等终端消费部门，另一封则针对本区域所有的销售流通网络。廖为建表示，这是一张大网，它迅速铺开并保持着一贯的严密，从而保证了各条线上的稳定从而波澜不惊。18日，他们带着中美史克《给医院的信》《给客户的信》回归本部，应急行动纲领在全国各地按部就班地展开。公司向所有的客户承诺：不让客户受到任何损失，事件带来的一切损失均由中美史克承担；没有卖出的货可以退回中美史克公司，结果总计8万多箱、价值2亿多元的"康泰克""康得"很快退回了公司。

如果说，到11月17日下午，中美史克公司还是在打防御战的话，到了11月21日，显然，这个防御战线已经彻底完成，并开始进入反攻阶段。

20日，中美史克公司在北京召开了新闻媒体恳谈会，表明不停投资和"无论怎样，维护广大群众的健康是中美史克公司自始至终坚持的原则，将在国家药品监督部门得出关于PPA的研究论证结果后为广大消费者提供一个满意的解决办法"的立场、态度和决心。

11月21日，由中美史克委托的新华社下属的环球国际公关公司在人民大会堂召开记者招待会，在这过去的4天里，中美史克的老总们与环球的公关顾问一起，针对媒体铺天盖地的报道分析其中所有记者可能提出的问题，提炼成题库，然后训练老总们如何有理有据地回答。在会上，作为这个行业的老大，中美史克除了正面回应记者的提问之外，对于期间媒体的不实甚至是夸张的报道，中美史克一律不予驳斥，只是解释；对于落井下石的竞争者，也决不还击。至此，中美史克把"死亡"的阴影彻底撕碎。

21日，15条消费者热线全面开通。公司专门培训了数十名专职接线员，负责接听来自客户、消费者的问询电话，作出准确、专业的回答以打消其疑虑。

9个月后，在同一个地点，中美史克宣布不含PPA的康泰克重新上市，在没有更改这个品牌的情况下，"康泰克"感冒药又收回了它原来的市场，稳坐感冒药市场头把交椅，市场份额占到40%。

中美史克的成功在于：主动迎战危机，及时与外部沟通，表明公司对待这次事件的态度。"我可以丢了一个产品，不能丢了一个企业。"妥善处理与客户、大股东的利益关系。保障职工利益，争取职工支持，共渡难关。最关键的是，中美史克早就预测到了PPA危机。1994年，美国耶鲁大学医学研究院开始了一项名为"PPA与出血性中风的回顾性的流行病学相对风险研究"课题的研究。2000年，课题组将一份研究报告交给了美国食品与药品监督管理局，报告认为

"PPA"与出血性中风之间具有关联性，长期服用含有"PPA"的药物，可能导致出血性中风。接到这个报告，美国食品与药品监督管理局于11月6日发出通知，要求全美药厂停止生产与销售一切含有"PPA"成分的药品。对PPA的研究和美国的政策，中美史克一直在关注，而且考虑到应对措施，因此，才有在中国PPA风波到来时的沉着应对。

3.由于竞争对手或关联企业变化或他人行为而引发的危机

竞争对手或关联企业的变化尤其是危机，会给相关企业带来牵连危机，如南京冠生园的"陈馅月饼"事件，给上海冠生园及全国其他冠生园食品厂家乃至所有月饼生产厂家带来危机。因此，牵连危机好比流行感冒，相关企业必须预防。对于相关组织的危机或其他组织冒名而给组织带来的危机，解决的关键是澄清事实，而且澄清事实要有广度，消除误解要有深度。因此，澄清的受众面要广；澄清的渠道、方式要多；澄清的主体可以扩大，可以联合行业协会、政府部门及相关组织；尽量加大澄清的力度；澄清的速度要快；澄清的叙述要有权威性，可以借助权威部门的技术检测、权威人士和关键公众的陈述等。面对牵连组织的相关组织，如果不是恶意冒名侵权，本着同行相携、人道主义等原则，组织应伸出援助之手。即使在其他组织冒名侵权而损害消费者利益的案例中，有的组织也在澄清事实、将假冒者绳之以法的同时高举人道主义大旗，替人受过，给受害消费者补偿和安慰。

小案例7-9　　　　　　　　　大众"尾气门"事件

2015年9月20日，美国《福布斯》杂志报道，美国环境保护局9月18日指控大众汽车集团在超过48.2万辆汽车中安装了特殊软件，该软件能识别出汽车是否在接受美国政府的尾气排放检测，如果发现汽车在接受检测，就会启动汽车的全部排放控制系统，使汽车的尾气排放达标，但汽车在日常使用时则不会启动该系统，从而导致汽车日常的氮氧化物排放量最高可至法定标准的40倍，此举违反了美国《清洁空气法》。涉案车辆包括大众汽车集团2008年以来在美国销售的约48.2万辆柴油车，涉及的品牌包括捷达、甲壳虫、高尔夫、帕萨特和奥迪A3。

9月20日，大众汽车集团总裁马丁·文德恩（Martin Winterkorn）正式向外界道歉，并承诺会进行内部调查。大众同时在美国停止销售部分相关车型。马丁·文德恩在随后发布的声明中说："我们辜负了顾客和公众的信任，我个人对此深表遗憾。公司将全力配合有关部门，清楚、公开、透明并完全地公布相关事实。我们不会容忍违反我们内部规定或法律的行为。"

因为"尾气门"事件，马丁·文德恩于9月23日辞职。2015年第三季度，大众汽车出现15年来的第一次亏损。至10月底，大众汽车市值损失了210亿欧元。

　　大众"尾气门"事件牵出了著名汽车零部件厂商德国博世。2015年9月24日，作为零部件供应商的博世公司也曾就大众柴油车的尾气排放造假事件发表了看法。博世对外传递的消息是，在此次出问题的大众车型中，其供应共轨式燃料喷射系统、尾气后处理用尿素液供给及喷射装置。上述装置属于排放技术路线"SCR"（选择性还原催化剂）技术的一部分。博世声明："我们供应的部件是按照汽车部件供应行业的惯例，根据汽车厂商定好的性能指标制造出来的。将部件安装到车辆系统上后，由汽车厂商负责。"博世供应的尿素液供给及喷射装置"Denoxtronic"，是通过SCR技术供给并喷射尿素的装置。向SCR催化剂上游的尾气喷射尿素后，尿素就会通过热分解和水解转换成NH_3，利用SCR催化剂将NO_x还原成氮和水。尿素的添加量控制、温度控制等，皆由ECU（发动机控制单元）或DCU（定量喷射控制单元）实施，通过处理发动机运转状况的数据及来自传感器的数据，准确地调整喷射量。使用ECU时，利用SCR加热器控制单元来控制尿素罐和压力线的温度。大众汽车此次的问题是利用ECU软件阻止后处理系统工作。博世强调，其确实提供部分核心零部件，但系统的整合和具体标定工作由汽车厂商自己负责。

本章小结

　　危机是指危及组织形象、利益乃至危及组织生存的突发性、灾难性事故。

　　危机按不同的标准可以划分为不同的种类。按照危机产生的客观原因，危机可分为人为的危机和非人为的危机。按损失的表现形式来分，危机可分为有形损失危机和无形损失危机。按危机与组织的关系来分，危机可分为内部突发危机和外部突发危机。按危机涉及的内容来分，危机可分为服务危机、管理危机、法律危机、关系危机等。

　　市场瞬息万变，危机随时可能发生。正因为如此，很多企业和企业家都树立了良好的危机意识。这是危机管理的第一步。

　　危机管理可以分为预防、处理、恢复管理三个步骤。危机预测就是企业根据判断，对企业可能产生的突发性事件进行预测，在此基础上建立危机预防系统，建立危机档案。在预测基础上预演，以教育和培训员工。危机的预测和预演是危机管理的重要环节，这个环节做好了，危机就会大大减少。危机处理是危机发生时的具体应对，它是危机的事中管理，危机处理有"雄鹰"政策和"鸵鸟"政策。危机处理的基本原则包括：公众利益第一的原则；人道主义原则；真诚坦率的原则；快速反应的原则；维护信誉的原则。危机处理中媒介沟通要遵循"3T"原则和"7W"策略。

　　不同类型的危机有不同的处理策略，由于企业自身经营管理不善而导致的危机，沟通的重点在于承认错误的决心和改正错误的诚意；由社会环境变化带来的危机，预防更重要，即积极防范社会危机给企业带来负面影响，同时，积极参与社会拯救的行动，树立良好的公益形象。

复习思考题

1. 什么是危机？危机管理有哪些步骤？
2. 树立危机意识为何是危机管理的第一步？
3. 企业如何进行危机预测？怎样制作危机档案？
4. 什么是危机处理的"雄鹰"政策？怎样实施"雄鹰"政策？

案例分析

沿用第 6 章的"案例分析"中的案例："标准门"之争　谁的危机。

讨论题：

（1）"标准门"事件中，农夫山泉在各阶段是怎样进行危机管理决策的？该怎样进行危机善后？

（2）农夫山泉该完善企业的危机管理体系吗？该事件对其他企业的危机管理有哪些经验教训？

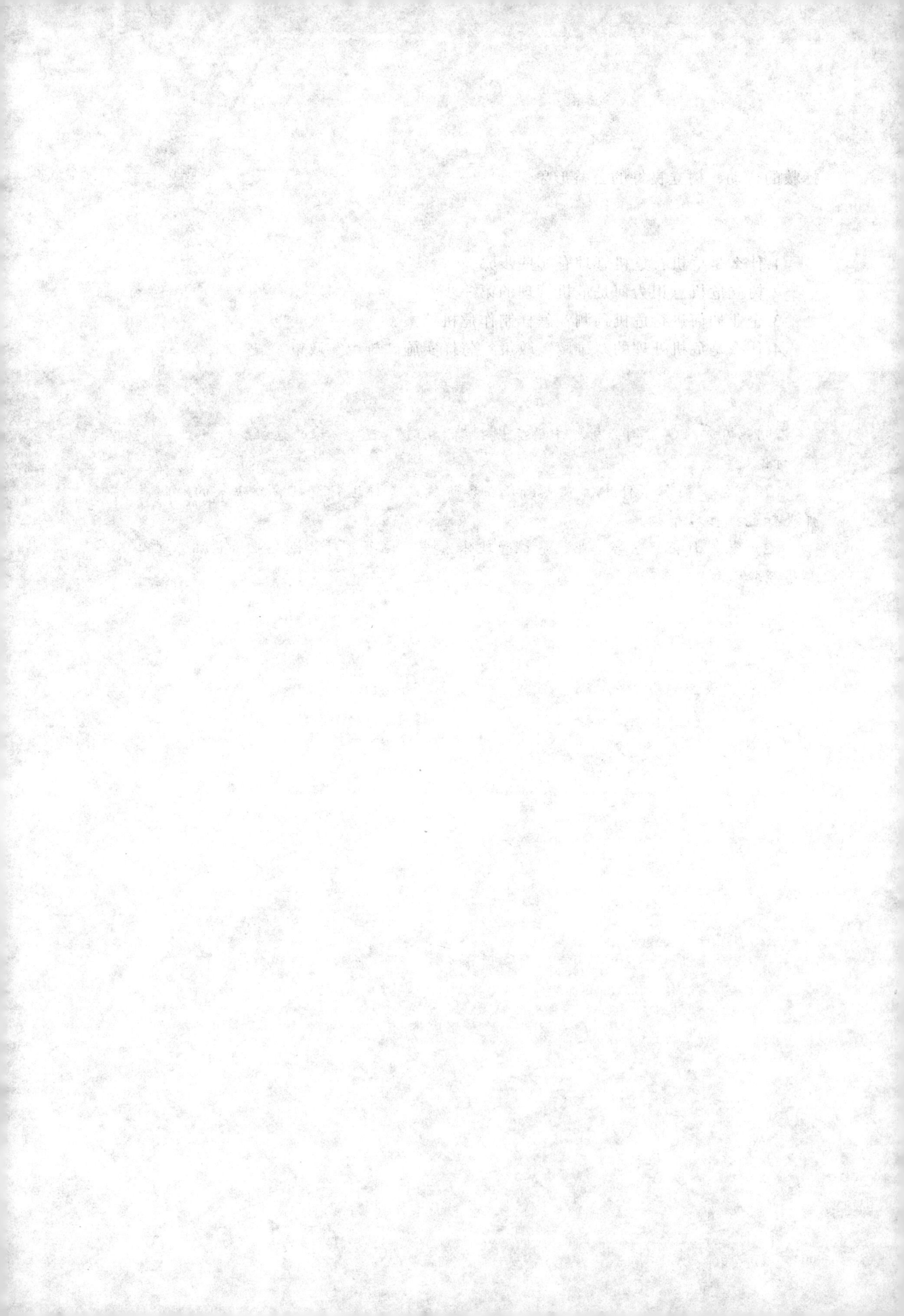

第 3 篇

个人沟通技能

第8章　有效演讲

学习目标

- 学会准备一场演讲
- 掌握演讲准备的基本内容，并能在平时演讲中运用
- 能正确驾驭演讲的材料提炼和结构安排，提升演讲的效果
- 通过熟练运用演讲过程的心理技能，克服演讲过程的恐惧与焦虑，提高快速反应能力，优化自我形象
- 把握即兴演讲的构思技巧

▶ 引例　劳伦斯·萨默斯哈佛大学毕业典礼演讲：从"拿"到"给"走向独立

　　劳伦斯·萨默斯，美国著名经济学家，美国国家经济委员会主任。在克林顿执政时期担任第71任美国财政部部长，曾任哈佛大学校长。以下是劳伦斯·萨默斯在哈佛大学2002年毕业典礼上的演讲（节选）：

　　……

　　这是一个重要的转折点，起码从三个重要的方面来说是这样的。你们从哈佛毕业，你们面临的是生活中一个阶段的转换，选择似乎不断地扩展，到一个点的时候不可避免地到了选择的终结——生命中会出现三岔路口，甚至是从未走过的路。这从来都不是容易的事……

　　不过你会发现，当你选择一条路的时候，可能会获得你还全然未知的满足感。那种发展你独特才能的满足感，发展你能做出独特贡献能力的满足感。你有价值不仅仅是因为责任感，更是因为你所取得的成就。

　　那些能够最舒适地转换到职业生涯中的人是那些追寻热情的人，对于他们来说，"本来能做什么"这样的想法消失得最迅速，他们构建自己的独特性，不做乌合大众中的一员，他们的角色是不可替代的，他们本身就代表了某种独特。

　　无论他们是在南亚村庄里行医的医生，还是献身于有着特殊需要的儿童事业的艺术家；无论他们是在感兴趣的领域发展其专业技能的律师，还是开创新事业的企业家，或是打破樊笼独辟蹊径的知识分子，提出更进一步新的假设的科学家，又或者其他无可计数的人们。他们都是真正满足于他们的事业的个体，也通常正是他们做出的贡献最大。

　　第二个转折是，随着毕业，就真的是从一个"拿"和"吸收"的时期进入到一个"给"和"奉献"的时期。诚然，作为毕业班的学生，你们对哈佛、对朋友、对你们的家庭都贡献良多。但是现在，当你走上社会的时候，周围对你的照顾会少了一些，而对你的期待会多一些。

　　据说——我希望这不是真的——外科医生的培养方法是观察、实践、教导。从某种意义上来说，这是对生活的隐喻。你们所有人都即将结束观察的阶段，很快就将处于实践的阶段。并且，过了不多久就是教导他人的阶段了。相信我，无论你们对这个时刻的方方面面是多么不满足，它只会越来越好的。

　　犹太的拉比王子曾经说过："从老师那里我学到了很多，从朋友那里我学到的更多，可是从我的学生那里我学到的才是最多的。"我确信，哈佛大学全体教员都会同意这一观点。我说这话并不是劝你们去当老师，不过我也希望你们当中有人会这么做。

　　我是从一个更广泛的意义上来说的，一个人所获得的最大满足往往是通过帮助和支持那些跟随你学习的人而获得的。不管是你的兄弟姐妹、你的朋友同事，还是那些很快会通过我们的校友网络找到你、向你寻求帮助的哈佛学生。当你给予的时候某些东西会发生改变。

　　你要帮助的不仅仅是你所处的组织、你的家庭、你的朋友，你还要考虑到你作为一分子的社区、你居住的国家，乃至我们的地球。想一想你能够以怎样的方式去给予。

　　给予的方式有很多种，可以通过提供你的智慧、好奇心和解决问题的能力。要提出问题。你们知道，今年我已经被问过很多次关于安然公司的事件对教育意味着什么。很多人认为——也许他们是正确的——这可能更多是道德教育的问题。然而，你们没有必要到哈佛，或者是耶鲁，来明白做假账或提供虚假材料是一个糟糕的想法。生命中最容易的部分就是知道对与错，而最艰难的部分是犯错的时候能够站出来。如果你有理由相信"皇帝没有穿衣服"，你就应该勇敢地提出来。

　　第三个转折在于，你们开始独立，不再依赖他人。

　　……

　　你们已经进入生命中这样一个阶段，你们将是自由的个体。你们将不再依赖其他人，也还没有人要依赖你们……

　　从"拿"到"给"，从思考到选择，从依赖到独立，这是一个巅峰时刻，一个开始的时刻，也是一个发生重要转折的时刻。不开玩笑地说，你们是一个杰出的群体，和以前聚集在这个教堂的那些人一样。不同于过去的是，我们现在所生活的世界要求深思熟虑，需要杰出的人们。这个世界能够并且将会朝向更好的地方前进，并不是因为进步已经预定，也不是因为进步是某种天赐之物，而是因为人们能够通过自己的贡献取得进步。你们也将是这样。

　　资料来源　萨默斯. 从拿到给 走向独立 [EB/OL]. 包世烨，译. [2020-07-23]. https: //www.jianshu.com/p/b76a1a6bf97c.

8.1 演讲概述

在人类文明史上，作为一种社会实践活动，演讲可谓源远流长。早在我国的殷商时代就有了盘庚迁都的著名演讲；而在古希腊，演讲的风气更盛，演讲被誉为"艺术之女王"。在现代社会，演讲成了一种普遍的口语交际形式，在交际及促进个人事业成功等方面创造着奇迹。实践表明，进行演讲训练可以锻炼演讲者在大庭广众下讲话的胆量，提高有声语言的张力，把握表达技巧，增强口头表达能力及思维能力。

8.1.1 演讲的含义

演讲者、听众、现实背景构成演讲的三个前提条件，既强调有声语言又强调体态语言，是演讲区别于其他口语表达形式的关键，劝说鼓动听众是演讲的主要目的（在古希腊，演讲曾被称作诱动术）。鉴于此，我们可以将演讲的定义表述为：演讲就是演讲者在特定的现实背景下，运用有声语言和体态语言的表达手段，向听众发表意见、抒发情感，以达到感召听众的目的的一种带有艺术性、技巧性的社会实践活动。

8.1.2 演讲的方式

在正式场合发表演讲，演讲方式的选择非常重要。演讲者要根据不同的场所、听众、性质、目的，选择不同的演讲方式。常用的演讲方式主要有：

1.读稿式演讲

读稿式演讲就是演讲者根据已经写就的演讲稿向听众宣读。这种方式适用于政策性强、法定性强或内容重要、场合严肃的演讲。其优点是：从观点到细节在演讲稿中都作了预先的设置，演讲时很少会出现临时搜索词汇、组织措辞和说漏嘴的情况；在限定时间的演讲中，这种方式也能通过预先设定演讲稿长度的方法使自己在规定的时间里讲完预定的内容。而其缺点也是十分明显的：演讲者一味读稿，缺乏与听众的交流；听众有可能对演讲失去兴趣，场面会冷淡枯燥；演讲中偶尔出现小小失误，听众就会怀疑演讲稿是否由别人代写，甚至对演讲者的能力产生怀疑。

2.背稿式演讲

背稿式演讲就是演讲者记忆预先写就的演讲稿，在正式演讲时依靠背诵演讲稿进行演讲。这种方式适合准备时间比较长，演讲稿比较短，又追求现场效果的演讲。如果是一个演讲稿多次使用，这种方式对演讲者更为有利。应聘时的自我介绍、新工作岗位的就职演说均可以采用这种方式。除了具有读稿式演讲所具有的优点外，由于它解放了演讲者的双手，故可以以手势语言增强演讲效果。其缺点是由于听起来像是背书，听众可能不是太乐于接受；演讲者要记忆演讲稿的全部内容，思想压力较大；在演讲过程中一旦遗忘某一措辞，就有可能因惊慌失措而影响演讲效果。

3. 提纲式演讲

提纲式演讲就是演讲者不使用演讲稿演讲，而是将要演讲的主要内容和结构安排列出提纲，演讲者根据提纲进行演讲。为了避免读稿式演讲和背稿式演讲的弊端，演讲者可以将原来的演讲稿精简为提纲，然后按照提纲进行演讲；演讲者临时决定或被安排作演讲，在允许的时间内来不及写出讲稿时，也可以采用这种方式。这种方式的最大优点是它的机动性。如果发现听众对某一内容不是很理解，演讲者可以作出解释；如果发现听众对某一内容表现出厌烦情绪，演讲者则可以对演讲内容或结构进行调整。它还能减轻演讲者记忆演讲稿的负担，容易形成自然的、自发的演讲风格。其缺点则是演讲者可能会磕磕绊绊地寻找合适的词汇，影响演讲的连贯性。不过，这一缺点是可以通过预先的排练来克服的。

4. 即兴演讲

即兴演讲一般是指在特定的背景和未作充分准备的情况下为实现自己的表达意愿或现场需要而临时组织语言的演讲。这种方式又有两种情形：一种是没有外力邀请或督促的主动演讲；另一种是在外力的邀请或督促下的被动演讲。酒会、讨论、自由发言、评论时经常要即兴演讲。由于它具有现场性、即兴性、灵活性的特点，因此被认为是口语表达的最高形式。迅速选择话题，确立观点，组织思路，言简意赅是一次成功的即兴演讲的前提。

即兴演讲包括传递信息的发言、引荐发言、颁奖词、欢迎词、祝酒词和口头报告等。

（1）传递信息的发言。有许多场合需要发言者向听众传递信息，如向顾客介绍企业的新产品、向员工介绍一项新规定等。这种短时间演讲的目的是要向听众提供他们原本不知或知之甚少的信息，因此演讲者必须清楚听众对信息的了解程度，这样才不至于说得太多或太少。为了更清楚与直观地说明问题，一张示意图将会给演讲者极大的帮助。

（2）引荐发言。引荐发言就是引导激发听众去听发言人的讲话。引荐发言的目的是让听众去听发言人的演讲而不是听引荐人的讲话，因此引荐发言一定要短小。如果引荐发言过于盛大或太长就会使演讲者感到尴尬。引荐发言一定要引起听众听演讲者讲话的兴趣。可以谈演讲者的成就，也可以谈话题与听众的关系；如果引荐发言者能够了解演讲者与听众的兴趣并设法找到听众的兴奋点，或将双方背景中令人感兴趣的问题提取出来，效果将会更好。需要注意的是，引荐发言一定要具体而有针对性，避免琐碎而无效的信息。

（3）颁奖词。有时单位的管理者要向某个人或团队颁发奖品，这时管理者要对受奖者的成就、荣誉以及颁奖的意义作出评价，这就是颁奖词。发言者要注意以下三个方面的问题：一是要言简意赅，向受奖者表示诚挚的认可但不必溢美和冗长；二是要明确一下该项奖励或奖品；三是要恰当收尾，做好总结。

（4）欢迎词。当人们参观企业时，东道主就要发表欢迎词。在欢迎词中要认可参观者的成就或职务，表达出东道主的友善和提供必要帮助的意愿，还要列出参观者应当遵守的规则。但表述这种规则时一定要以礼貌的方式进行，要让参观者感觉到你的建议是为了他的利益和安全考虑。

（5）祝酒词。参加宴会的人员构成比较复杂，因此很难给出一个统一的模式来指导人们去如何做好这类发言。有些人喜欢简洁而幽默的发言，而另有一些人则准备提一些敏感的问题。赴宴者的目的可能很不相同，所以对发言者来说，事先弄清来客的期待是非常重要的。在祝酒词中，开场白应该轻松，话题的引出要自然，接下来的讲话不仅要体现敬重和感谢之情，还要简要地强调关键思想。

（6）口头报告。口头报告是就一个论题向听众简要介绍一个计划好的或正在进行的项目或活动。它又可以分为指示型口头报告、信息型口头报告和总结型口头报告三种类型。指示型口头报告主要是对这项计划或安排的执行情况作出总结，向有关方面汇报，其内容一般包括执行过程、取得的成绩、存在的问题以及解决方案、以后的设想等方面。

8.2　演讲的特点、准备与构想

演讲，或传达信息，或鼓舞听众，或沟通思想。经理人的演讲目的性强，需要精心准备，以实现既定目标。

8.2.1　演讲的特点

学习与准备演讲的前提是了解演讲的特点，作为一种特殊的口语表达艺术，演讲具有以下四个显著特点：

（1）鲜明的目的性。

（2）动人的说服力。演讲的另一个特点是以理服人、以情感人，具有极强的说服力。一方面，演讲者面对听众发表意见，或对事件作出评价，或对现象展开剖析，或指出问题引人深思，或描述理想催人奋进，都着眼于说理，讲究以理服人，离开了说理，即使故事再生动、辞藻再华丽，演讲也不能深入人心；另一方面，演讲也不是一般的说话，不是简单的表态，它不仅要以理服人，还要以情感人。

（3）吸引人的艺术性。演讲要有内容，有文采，有抑扬顿挫的语言艺术，有体语、服饰等表演色彩。

（4）高度的综合性。演讲的内容无所不包，演讲的听众各色各样，演讲的目的各不相同，为了达到预期的效果，演讲者需要使用多种表述技巧。演讲内容、演讲听众、演讲目的、演讲手段的多样性，决定了演讲的综合性。

例如，一篇关于矿工的演讲是这样表述的："在徐州的百里煤田，有大量的薄煤层，许多矿工在不足 0.8 米的薄煤层摸爬滚打！""0.8 米，大家可以想象到这个实在称不起'高度'的高度，它还不及这话筒架高度的 1/2，上是岩石，下是岩石，就在这岩石的夹缝中我们的矿工在那里采着煤炭。""一镐一镐地开采着煤炭。那里没有'鸟语花香',更难享受阳光普照,大自然甚至剥夺了他们坐直歇息一下的权利,他们的膝盖上、胳膊肘上都磨出厚厚的老茧!"演讲中对矿工的感情自然会感染每一位听众,增强演讲的效果。

8.2.2 演讲的准备

只要按照正确的方法,作周密的准备,任何人都能成为演说家。反之,不论年龄多大或者经验多么丰富,如果没有适当的准备,都有可能在演讲中露出窘态。

——戴尔·卡耐基

1.演讲准备步骤

(1)了解听众。演讲不同于交谈。交谈是双向交流,而演讲是以演讲者为中心,偏重于话语的交流,听众很少能说话。所以演讲者必须事先调查研究听众,了解听众的心理特点、意愿要求和构成,不然演讲是难以获得听众的认可的。

①了解听众的心理特点。听众主要有以下四个心理特点:一是对信息具有选择性;听众只对与自己利益相关和兴趣爱好一致的信息感兴趣,只接受那些与自己意见一致或自己认同的观点。二是听众心理是独立意识与从众心理的矛盾统一。一方面,听众是一个头脑冷静、比较理智的人,对演讲中的观点有自己的看法。另一方面,在听演讲时,又会与其他听众相互刺激并相互强化情绪和行为的反应。演讲中经常出现的数人鼓掌而皆鼓掌、数人笑而皆笑的现象就是从众心理的结果。三是"名片"效应与"自己人"效应。"名片"效应与"自己人"效应就是由于交流双方存在相似性和共同处,因此使各自的信息容易被对方接受,交流双方容易彼此沟通。"名片"效应主要指双方观点一致;而"自己人"效应不仅是观点一致,而且增强了亲密感,信息传播者对接收者的影响更大。四是首因效应与近因效应。首因效应是指第一印象在人际知觉中所具有的主导性质。因为在人的潜意识中,总认为第一印象是正确的。近因效应是指新形成的印象对人际知觉所具有的重要意义。

②了解听众的意愿要求。演讲者还必须事先了解听众的意愿要求以便有针对性地做好确定主题、选择材料等准备工作,只有这样才能有成功的演讲。听众参加演讲的意愿要求一般有五种,慕名而来、求知而来、存疑而来、欣赏而来和不得不来。慕名而来者一般抱有潜在的崇拜心理,不太注意演讲者水平的高低;求知而来者为获取知识与能力而来,如果演讲的内容充实、条理清楚,这类听众一般不会过分挑剔演讲者的演讲技巧;存疑而来者对自己想了解的演讲话题非常感兴趣,他们只要求你把演讲内容交代清楚,并不在乎演讲者的身份、地位;欣赏而来者在潜意

识中隐藏着对高水平演讲者的崇拜和学习演讲的欲望，他们不在乎演讲的内容而在意学习、欣赏演讲技巧；不得不来者往往是由于纪律约束或出于礼貌而来，他们对演讲内容并不关心，反应冷漠。

③分析听众的构成。演讲者一般要从以下几个方面分析听众的构成。听众的人数有多少？听众人数越多，越容易接受"群体影响"的支配。听众的性别，男性多，还是女性多？男女比例的变化，一般决定演讲用语和声调的变化。听众的年龄，年龄不同，价值观念和思维方式都有很大的不同。听众的受教育程度，演讲者的语言和词汇应该适应听众的受教育水平和以前所受的学校教育。听众的职业，了解大多数听众的职业常常可以预测他们关心的主题，对演讲者同样是有益的。

（2）确定目的与主题。演讲作为一种沟通方式，其目的归纳为以下五类：教育、报告（说明情况）、鼓励、说服和娱乐。教育性演讲的重点在于传授特定的技巧或知识，对他人进行技能培训和开发；报告性演讲的重点在于向对方提供资料（如产品、服务、制度等），并说明情况；鼓励性演讲的目的在于唤起听众起来行动的自然欲望和热忱，如为了提高员工的士气，或增强组织的凝聚力，通过鼓励性演讲激发员工的工作积极性；说服性演讲的重点在于说服听众接受你的观点或建议，从而采取相应的行动，如说服顾客产生购买行为；娱乐性演讲通常在宴会之后，主要运用幽默和轻松活泼的语言来影响听众的态度和行为，气氛通常轻松愉快。

（3）处理材料。能够证明观点、表达主题的事实或理论叫作材料。材料有两种：一种是事实材料，包括具体事实、概括事实、现实事实、历史事实及统计数据等；另一种是理论材料，包括公理、定理、名人名言、格言警句及各种学科的理论成果。如果说主题是演讲的灵魂，那么，材料就是演讲的血肉。材料形成主题，证明或揭示主题，只有充分占有材料才能在演讲过程中游刃有余、左右逢源，否则就会捉襟见肘、穷于应对。处理材料的过程包括三个方面：收集素材、筛选素材、使用材料。

2.不同类型演讲的准备

根据不同的目的，演讲者应组织相应的演讲内容和信息组合方式。

（1）报告式。如果你的演讲目的是报告或描述，你应该了解听众目前的知识水平和认识水平。具体应考虑以下几个问题：

• 使用适当的语言，并考虑是否使用术语，如果受众对术语不了解，则要对这些术语的含义给出解释。

• 使用轶事、实例和生动的说明。

• 运用演绎和归纳的逻辑方式，安排时间和空间顺序，仔细推敲用词以准确形容事物。

（2）解释式。如果你演讲的目的是教育性或解释性的，则应当集中精力于知识面的宽度和广度，以及解释的逻辑性并借助于图表或演示。具体要考虑以下问题：

- 演讲内容的思维逻辑，要由浅入深，层层递进。
- 要解释事物是如何发展的，如何执行其程序和进度，要解释事物的原因和方式，以及一个过程中如何采取相应的步骤。
- 选择自己的文字制成清晰的文字图片或视图，以使听众能够领会。
- 要充分利用演绎、归纳等逻辑推理方式，强化演讲的条理性。
- 要侧重于准备最新的理论、思想和方法，给听众以最新知识的熏陶。

（3）激励式。如果你演讲的目的是激励或说服，则应集中于思考如何改变听众的信念、态度和行为。为此，你的目标在于解决好四个关键问题：一是如何吸引听众的注意力；二是了解听众的需要和兴趣；三是如何能够满足听众的需要；四是如何激发听众给予适当的反应和赞同。具体从四个方面入手：

- 深刻地去感染听众，通过引证听众的利益和事实支持你的观点，如统计资料、可靠的观点、别人的经历，但这些依据必须是准确的、有关联的。
- 避免泛论和夸张及带有感情色彩的语言。如果你的观点是基于假设的，就应该解释这些假设。
- 通过演示案例来赞同或反对一个结论。这些案例可以是正面支持，也可以是反面佐证，如通过案例来反映某种观点的缺陷。
- 结构必须有严密的逻辑性，以归纳的方式增强你的说服力。

（4）娱乐式。如果你演讲的目的是娱乐性的，那么这种演讲最有艺术性。这种演讲的一般准则是：

- 具有感召力和鼓动性，能调动活跃气氛。
- 要简短，运用适当的幽默，比如引用别人的幽默故事。
- 讲话时要适应听众的口味和场景，别具一格。

8.2.3 演讲的构思

完成对材料的处理之后，就要考虑如何布局谋篇，合理构思演讲稿的结构。构思的内容包括如何开头、如何结尾、如何进行层次安排、段落之间如何衔接与过渡、何处详写何处略写以及大纲的拟定等。

1.开头

在演讲中，开头又被称为导语。一个优秀的开头对演讲的作用是极大的。它为演讲确定了基调，不但能够吸引听众的注意力，还能揭示主题或主要内容，引导理解路径。在演讲稿中，常用的开头方法有以下几种：①利用举例；②展示题目的重要性；③概述主要内容；④提出问题；⑤使用引用语；⑥发布惊人信息。文无定法，开头的方法也不止这几种，但无论采用哪种形式，都要注意开头要力求简洁，一定不要太长；另外，还要周密计划，不要将所有的内容都在开头中讲出来，使演讲失去了解释悬念的过程，使听众失去继续听讲的兴趣。

以下列举一些开头实例：

例 1：提问

"我想问一下在座的诸位，哪位知道过去 24 小时里在中国有多少孩子出生？"

"我想知道，如果我现在告诉您，您的计算机在购买时就已经过时了，您有何感想？"

例 2：事实陈述

"今天我市又有 30 个孩子的父亲因公殉职——这类死亡本可以得到预防！"

例 3：提及

"今天，这里的每一位或许都不会忘记，我们得知汶川大地震时的那种震惊和悲痛的心情。"

例 4：主题

"我今晚要给您讲述令人激动振奋的 XR5 多种程序，然后告诉您这种电脑将会如何改变您的经商模式。"

例 5：引用

"一位伟人说：'每个人的经历远远超过他的想象范围。'不过正是经验而不是想象，才影响人的行为。"

例 6：感染情绪

"好心的人们，您只要掏五角钱，就可以使这个孩子活下去，直到下年的收获季节，那时他就可以养活自己。"①

西方人的演讲喜欢用幽默开头，例如：

澳大利亚总理陆克文 2008 年 4 月访问中国时，在问候"女士们、先生们"之后，又加了个"学生们"，然后"无厘头"地问，"你们为什么不去上课？"场下学生笑倒一片。他接着说："校长说我的普通话流利，客气了，我的汉语是越来越差。中国有句话叫'天不怕，地不怕，就怕老外说中国话'。"陆克文的一句调侃，让本来活跃的气氛更是轻松，同学们又一次对他报以热烈的掌声。说到北大历史，他说，"贵校的历史比澳大利亚联邦的历史还要长 3 年"，"北京大学是中国最有名的大学，别告诉清华大学"。陆克文再次赢得同学们的掌声。

2. 层次的安排

层次就是一个意义单元，也可以理解为一个段落。层次安排就是决定哪部分内容先说哪部分内容后说，它表示的是演讲者思路展开的先后顺序。如果是事迹性演讲，其层次安排就一定要符合事件发展的基本规律，即按照发生、发展、高潮、结局的顺序安排结构；如果是说理性演讲或说明性演讲，其层次安排就一定要符合人类认识事物的基本过程，即以提出问题、分析问题、解决问题的顺序安排结构。安排层次的具体顺序有：①时间顺序法；②空间顺序法；③原因—结果顺序法；④问题—解决方法顺序法；⑤逻辑顺序法等。结构层次的表现形式则主要有总分总式、并列式、递进式和正反对比式四种。层次安排的目的是使演讲条理清晰，便于听众

---

① 申明，郭小龙. 管理沟通［M］. 北京：企业管理出版社，2002：285.

理解、记忆。

3.过渡与衔接

段落与段落之间要有自然的连接。当段落与段落之间意义变化较大时，由总说到分说或由分说到总说时，表达方式发生变化（如由叙述到议论或由议论到叙述）时，都应该注意使用过渡。过渡的方法有，单独设立过渡层、关联词过渡、序数词过渡、过渡句过渡、自然过渡等，只有恰当地使用过渡，才能使段与段之间衔接自然，整个演讲才能水乳交融、浑然一体。

4.主次与详略

演讲者还要注意在演讲中何处详说，何处略说。演讲的目的、时间长度能够决定详略，演讲的听众状况也能够决定详略。不同的演讲文体，也要有不同的详略安排，在事迹演讲中的事实就要详说，但如果在论述性演讲或说明性演讲中用事实作为论据，这一事实就不必详细叙述，只要表述梗概就行。合理的主次详略能够使演讲主题鲜明而不至于旁生枝蔓。

5.结尾

写文章讲究凤头、猪肚、豹尾，演讲也是如此。如果说一个精彩的开头能够引起听众的注意力的话，那么，一个成功的结尾则能够让人有言已尽而意无穷的感觉，给听众留下深刻的印象。或提出问题令人深思，或深化主题加深认识，或总结观点揭示主题，或激励士气促使行动，或抒发感情感染情绪，或运用幽默在听众的笑声中说再见。结尾的方法同开头一样，并没有固定的模式，但成功的结尾必须达到使听众把握演讲的主题，明晰解说事项，提供行动动力的目标。草草收兵，画蛇添足，套话废话是结尾的大忌。

6.提纲的拟定

在写作演讲稿之前一定要拟定一个写作大纲。演讲者在大纲中要规划好开头、腹文、结尾三大部分中各要讲哪些内容，将演讲的题目、中心论点、分论点、分论点下面的子论点用文字准确地写下来，确定每一个论点使用哪些材料，最后还要规划一下每个部分的大致字数。拟定大纲是使演讲主题集中、避免主题游移和写作无计划，以及记忆演讲稿的最好方法。

7.演讲稿的写作与修改

写作大纲拟定好之后，写作就成了一个用材料充实论点的过程，一个将每个意义单元自然衔接的过程，一个锤炼语言使演讲稿通畅表达的过程。演讲稿完成之后，还要不断地修改，以期达到更好的效果。

8.演练演讲

准备演讲的最后一步工作是记忆演讲稿后进行演练。通过演练，检查演讲稿的内容是否符合你的设想，能否在规定的时间内完成，并想象听众存在，检查一下你的表达是否清晰和有条理。大量的演练是提升演讲效果的保证。

以上八个方面是准备演讲的八项工作，其排序并不是代表着准备演讲的先后程序。也就是说，八项准备工作是可以由演讲者自由安排的。

小案例8-1 祭舜帝文

2009年9月8日，湖南公祭舜帝大典在九嶷山举行，祭舜帝文如下：

祭舜帝文

湖南省人民政府省长 周强

维公元二〇〇九年九月吉日，湖南省人民政府省长周强谨代表全省六千八百万人民，以三牲清酒之奠，爰祭于中华圣祖舜帝有虞氏之陵前。其辞曰：

伏惟舜帝，伟哉圣祖！继唐尧之鸿业，开文明之新途，耕历山而让畔，渔雷泽而让居。孝感愚顽，万众皆讥瞽叟；德昭天地，兆民不附丹朱。和为贵，善为珍。使民以爱，执政以仁。政通人和，风清俗淳。远谗慝，亲贤人；修法制，顺人心；兴礼乐，睦四邻。垂衣裳而天下治，歌《南风》而四海春。巡行天下，足历洞庭。情系北国，魂托零陵。伟哉舜帝，民无得而称！湖湘文化，源远流长；上承虞舜，中嗣屈贾，下接朱张。近代以来，英才辈出，兰蕙芬芳。三湘儿女，勇于担当。时逢盛世，争奔小康。秉科学发展之理念，创中部崛起之辉煌，建"两型社会"之佳境，谱日新月异之华章。芙蓉灼灼，湘水汤汤，舜帝有灵，增其辉光。灵其来格，伏惟尚飨！

祭祀舜帝自夏朝开始

自夏朝开始，历代帝王三年一小祭，五年一大祭，经久不辍，遂成定制。据《史记》载，大禹、秦始皇、汉武帝都曾望九嶷而祭舜。秦汉以来，经南北朝、隋、唐、宋、元、明、清，祭舜香火不绝。明太祖朱元璋制御祭文，遣翰林院编修雷燧到九嶷祭舜。此后遣官祭舜，渐成定制。明代御祭12次，县令代朝廷每年二祭。朝廷命官致祭时，由府、州、县等地方官陪祭。清承明制，据不完全统计，御祭43次。民国时，湖南省地县三级祭舜9次。20世纪90年代以后，湖南省政府参事室祭舜1次。2000年9月，永州市政府举行公祭典礼。2004年9月25日，世界舜裔宗亲联谊会和湖南省九嶷山舜帝陵基金会联合举办了公祭始祖有虞氏大典，来自泰国、新加坡、菲律宾等世界各地的舜裔宗亲代表及各界人士近2万人参加了祭典。2005年9月15日，湖南省人民政府举行了全省公祭舜帝大典，是中华人民共和国成立以来的第一次全省公祭舜帝大典。

资料来源 金匀. 祭舜帝文 [N]. 长沙晚报，2009-09-08.

小案例8-1是一篇精心准备的演讲稿。由于演讲主题严肃，场合正式，演讲内容特殊，因此，演讲结构紧密、逻辑清晰、语言精练且符合主题。

8.3 有效演讲的技巧

演讲技巧指的是在正式演讲过程中所运用的一些吸引听众、提升演讲效果的方式。要做一次有效的演讲，首先要选择一个合适的话题和表述角度，并围绕这个话题和角度选取材料，形成演讲稿；然后还要记忆演讲稿的框架和内容，并了解听众、分析听众、熟悉演讲环境；为了熟悉演讲稿、避免在演讲过程中出现失误，在正式演讲之前，还要进行演练，做充分的准备。这些都是有效演讲不可或缺的前提。但只做到这些并不意味着就能进行一次有效的演讲。除此之外，在演讲过程中，还要注意一些技巧的运用。

8.3.1　演讲的心理技能

1.提升演讲资格，优化自我形象

如果在演讲之前，你非但没有树立起良好的形象，反而使听众早就形成了对你的成见和怀疑，他们怀疑你是否有诚意，是否够资格站在他们面前发言，他们是否值得花费宝贵的时间和精力来听你的长篇大论，那么这时你应该采取什么样的应对策略来提升你的形象？你可以：

（1）谈谈你对所讲专题所做的调查和研究，列举一些你在这方面的经验和成就。最好有一个较有名望、成就或权力的人，在你发言前讲几句有利于确立你演讲资格的话。

（2）选择柔和自然、大方得体的服装，避免穿戴奇特、耀眼、与演讲内容不协调的服饰。

（3）发言前和听众聊聊天，表示友好和谦逊；适当地赞赏听众，或者寻找共同点，引起心理共鸣，从而缩短心理距离。

2.控制紧张情绪，克服怯场

面对陌生的演讲环境，演讲者常常因为紧张而怯场。研究表明，有21%的美国人害怕在陌生人面前表演；有10%的大学生对公众演讲怀有巨大的恐惧。紧张使得演讲者心率加快、手心出汗、膝盖发抖、嘴唇发干、语无伦次，预先的构思往往会被打乱。这种情绪不仅会影响普通演讲者，还会影响专业的音乐人、教师、演员和商人。20世纪著名的政治家、演说家丘吉尔第一次演讲竟然紧张得昏死过去。在对紧张的研究中，在公众中做演讲被认为是产生紧张情绪的第一因素。如何克服紧张情绪，是有效演讲的第一步。

（1）熟悉讲稿。要克服紧张情绪，首先要熟悉讲稿。确定自己熟悉、感兴趣、有材料可写的选题，形成讲稿后要由框架到细节加以记忆、背诵。如果一面对听众就紧张，则演讲者应在脑海里迅速回忆演讲大纲，以缓解紧张情绪。

（2）确立自信。想象自己是做得最好的，既然我来演讲，我就是这方面的专家。其余的演讲者水平肯定不如我。有些演讲者在演讲之前信心不足，总是想别人肯定比自己强，这种自己打击自己信心的做法不足取。

（3）使用积极的心理想象。演讲者可以把自己想象成有关演讲话题的绝对权威，而听众只不过是一些对此话题一点都不了解的人。听众不是来挑刺的，而是来倾听你的演讲的。在演讲之前，你还可以想象你在演讲时神采飞扬，听众洗耳恭听，积极配合；演讲结束后听众掌声雷鸣，你获得了空前的成功。

（4）做一些有益的动作。实践表明，进入演讲场所后，微笑着环视听众和四周

的环境，向你认识的听众点一下头，与身边的人小声说一两句话，做深呼吸等动作都可以使你紧张的神经得以放松，恢复一种宁静的感觉。

（5）安慰听众。以下两个事实足以使紧张者得到安慰：一是除了极少数病态性紧张的人需要专业人员帮助其克服演讲恐惧外，绝大多数只有普通紧张的演讲者自己总能找到至少一种方法来克服紧张；二是多数听众并不知道演讲者紧张，这就意味着你可能是唯一知道自己紧张的人。

8.3.2　把握有声语言的运用技巧

声音是演讲稿的载体，演讲要依靠声音传递给听众；作为一种强有力的沟通手段，声音又是连接演讲者和听众的桥梁；声音的表达力度要比演讲稿中词汇的表达力度强得多，声音的高低、快慢、抑扬顿挫都是表达信息的一部分。听众对演讲者的不满通常表现为，演讲者声音的清晰度差，演讲者语速太快，演讲者听起来不自信和表达欠充分。这些都是有声语言运用方面的问题。演讲者依靠有声语言来传达思想感情。一次成功的演讲还需要把握有声语言的运用技巧。

1. 发声技巧

演讲者要使用正确规范的普通话，发音要清晰，吐字要清楚。演讲者的声音要洪亮，要使每个角落的听众都能听得到。特别是在公共场所演讲时，演讲者要通过询问后排听众是否听清或查看其非语言信号（如向前探身）的方法来了解。如果后排听众有听不清的表示，则意味着要加大音量，一般地讲，响亮的中低音比较受听众欢迎。演讲者在演讲时的语速也要适中，一般以每分钟150字左右为宜。

2. 巧用重音

演讲过程中有意强调某一音节，与其他音节形成对比，这种技巧就叫重音。重音在演讲中占有重要的位置，它可以突出强调某一词、词组、句子，以满足表情达意的需要；而不同的重音设置又会表述不同的意思。重音的设置一般要根据演讲的目的，演讲者的理解、心境、感情和演讲稿的内容（一般将演讲稿中的观点表述部分设置为重音）而定。重音的处理方式在于咬字的音量和力度，一般说来，重音区读得要比其他音节重一些。但有时将重音区读得比其他音节轻也能起到突出强调的作用。设置重音时一定要注意两个方面的问题：一是数量要适度，滥用重音实际上等于没了重音，不用重音则使得演讲平铺直叙。二是设置的位置要恰当，否则就会使得演讲表意错误、过分夸张、喧宾夺主。

3. 停顿的技巧

停顿指的是演讲过程中语音上的间歇。停顿在演讲过程中经常出现，它不仅仅可以满足演讲者换气润喉的需要，还可以给听众一个整理思路、体会感情的时间；使演讲内容的展开与推进具有层次性；体现设问和暗示作用，引起听众的好奇、注意、体味和共鸣；合理的停顿设置还能使演讲产生抑扬顿挫的韵律美。演讲中的停顿一般有三种，即语法停顿、逻辑停顿和心理停顿。语法停顿是指演讲稿中的标点符号表示了句子的语法关系，有标点符号的地方一般要有适当时间的停顿。逻辑停顿是指依照句子的逻辑结构进行停顿，如长句子的语法成分分界线（主语与谓语之间、复杂修饰语与中心词之间）。心理停顿则是根据演讲者的需要有意识地安排的，停顿的时间一般比前两者长，也更能体现停顿的作用。停顿虽有如此重要的意义，但是不可以滥用，过多的停顿会使演讲过程缺乏连贯性，会使听众不安，怀疑演讲者是否熟悉讲稿、把握主题，进而怀疑演讲者的能力。

4.把握节奏

节奏指的是为适应演讲内容和表达感情的需要，演讲者造成的叙述过程中的抑扬顿挫、轻重缓急的对比关系。它包括语速的快慢、语句的长短、语调的刚柔，以及重音、吐字、停顿等内容。演讲的节奏固然取决于演讲者的气质、性格以及听众的情绪，但主要还是取决于演讲的内容、演讲目的以及演讲背景。为了增强演讲效果，演讲者应据此选择恰当的节奏。在致欢迎词、祝酒词、友好访问以及其他气氛较为轻松的演讲场合，宜选用轻快型的节奏；理论报告、纪念会发言、会议开幕词、工作报告等演讲场合，宜选用持重型的节奏；在紧急动员报告、声讨发言等演讲场合，宜选用紧促型的节奏；在具有哀伤气氛的演讲场合，宜选用低抑型的节奏；在誓师会、动员会等演讲场合，则应选用高扬型的节奏。

5.语气语调技巧

语气与语调可以表达丰富的感情色彩。一次演讲往往因为有了恰当的语气语调才具有了形象色彩、理性色彩、感情色彩和风格色彩。在演讲中，气徐声柔的语气可以表达爱的感情，气粗声硬的语气可以表达憎的感情，气沉声缓可以表达悲的感情，气满声高可以表达喜的感情，气提声凝可以表达惧的感情，气短声促可以表达急的感情，气促声重可以表达怒的感情，气细声黏可以表达疑的感情。演讲者要善于选用不同的语气来表达不同的感情色彩。语调技巧则是通过语调的升、降、平、曲四种调式来表达演讲者不同感情的技巧。一般说来，升调多用于疑问句和祈使句中，表达惊叹、疑问、号召等语气；降调多用于感叹句和陈述句中，表达感慨、赞叹、肯定等语气；平调多用于陈述句中，表达严肃、平淡、叙述等语气；曲调多用于句意复杂的长句子中，表达讽刺、暗示、欢欣、惊讶等情感。在实际演讲过程中，随句子和表达的需要，语调也要不断变换。需要说明的是，演讲一般有一个相对稳定的语气与语调——基调，但在演讲过程中，随着演讲内容和演讲者情绪的变化，语气语调也应随之变化。不过，这种变化不是装腔作势和矫揉造作。

小案例8-2　　　　　　　　　　　我有一个梦想

马丁·路德·金

今天,我高兴地同大家一起,参加这次将成为我国历史上为了争取自由而举行的最伟大的示威集会。

100年前,一位伟大的美国人签署了《解放黑人奴隶宣言》,今天我们就站在他的雕像前集会。这一庄严的宣言犹如灯塔的光芒,给千百万在那摧残生命的不义之火中受煎熬的黑奴带来希望。它之到来犹如欢乐的黎明,结束了束缚黑人的漫长黑夜。

然而100年后的今天,我们必须正视黑人还没有得到自由这一悲惨的事实。100年后的今天,黑人依然悲惨地蹒跚于种族隔离和种族歧视的枷锁之下。100年后,黑人依然生活在物质繁荣瀚海的贫困孤岛上。100年后,黑人依然在美国社会中间向隅而泣,依然感到自己在国土家园中流离漂泊。所以,我们今天来到这里,要把这骇人听闻的情况公之于众。

从某种意义上说,我们来到国家的首都是为了兑现一张支票。我们共和国的缔造者在拟写宪法和独立宣言的辉煌篇章时,就签署了一张每一个美国人都能继承的支票。这张支票向所有人承诺——不论白人还是黑人——都享有不可让渡的生存权、自由权和追求幸福权。

然而,今天美国显然对她的有些公民拖欠着这张支票。美国没有承兑这笔神圣的债务,而是开始给黑人一张空头支票——一张盖着"资金不足"的印戳被退回的支票。但是,我们决不相信正义的银行会破产。我们决不相信这个国家巨大的机会宝库会资金不足。

因此,我们来兑现这张支票。这张支票将给我们以宝贵的自由和正义的保障。

我们来到这块圣地还为了提醒美国:现在正是万分紧急的时刻。现在不是从容不迫悠然行事或服用渐进主义镇静剂的时候。现在是实现民主诺言的时候。现在是走出幽暗荒凉的种族隔离深谷,踏上种族平等的阳关大道的时候。现在是使我们国家走出种族不平等的流沙,踏上充满手足之情的磐石的时候。现在是使上帝所有孩子真正享有公正的时候。

忽视这一时刻的紧迫性,对于国家将会是致命的。自由平等的朗朗秋日不到来,黑人顺情合理哀怨的酷暑就不会过去。1963年不是一个结束,而是一个开端。

如果国家依然我行我素,那些希望黑人只需出出气就会心满意足的人将大失所望。在黑人得到公民权之前,美国既不会安宁,也不会平静。反抗的旋风将继续震撼我们国家的基石,直至光辉灿烂的正义之日来临。

但是,对于站在通向正义之宫艰险门槛上的人们,有一些话我必须要说。在我们争取合法地位的过程中,切不要错误行事导致犯罪。我们切不要吞饮仇恨辛酸的苦酒,来解除对于自由的渴望。

　　我们应该永远得体地、纪律严明地进行斗争。我们不能容许我们富有创造性的抗议沦为暴力行动。我们应该不断升华到用灵魂力量对付肉体力量的崇高境界。

　　席卷黑人社会的新的奇迹般的战斗精神，不应导致我们对所有白人的不信任——因为许多白人兄弟已经认识到：他们的命运同我们的命运紧密相连，他们的自由同我们的自由休戚相关。他们今天来到这里参加集会就是明证。

　　我们不能单独行动。当我们行动时，我们必须保证勇往直前。我们不能后退。有人问热心民权运动的人："你们什么时候会感到满意？"只要黑人依然是不堪形容的警察恐怖暴行的牺牲品，我们就决不会满意。只要我们在旅途劳顿后，被公路旁的汽车旅馆和城里的旅馆拒之门外，我们就决不会满意。只要黑人的基本活动范围只限于从狭小的黑人居住区到较大的黑人居住区，我们就决不会满意。只要我们的孩子被"仅供白人"的牌子剥夺个性，损毁尊严，我们就决不会满意。只要密西西比州的黑人不能参加选举，纽约州的黑人认为他们与选举毫不相干，我们就决不会满意。不，不！我们不会满意，直至公正似水奔流，正义如泉喷涌。

　　我并非没有注意到你们有些人历尽艰难困苦来到这里。你们有些人刚刚走出狭小的牢房。有些人来自因追求自由而遭受迫害风暴袭击和警察暴虐狂飙摧残的地区。你们饱经风霜，历尽苦难。继续努力吧，要相信：无辜受苦终得拯救。

　　回到密西西比去吧；回到亚拉巴马去吧；回到南卡罗来纳去吧；回到佐治亚去吧；回到路易斯安那去吧；回到我们北方城市中的贫民窟和黑人居住区去吧。要知道，这种情况能够而且将会改变。我们切不要在绝望的深渊里沉沦。

　　朋友们，今天我要对你们说，尽管眼下困难重重，但我依然怀有一个梦。这个梦深深植根于美国梦之中。

　　我梦想有一天，这个国家将会奋起，实现其立国信条的真谛："我们认为这些真理不言而喻：人人生而平等。"

　　我梦想有一天，在佐治亚州的红色山冈上，昔日奴隶的儿子能够同昔日奴隶主的儿子同席而坐，亲如手足。

　　我梦想有一天，甚至连密西西比州——一个非正义和压迫的热浪逼人的荒漠之州，也会改造成为自由和公正的青青绿洲。

　　我梦想有一天，我的四个儿女将生活在一个不是以皮肤的颜色，而是以品格的优劣作为评判标准的国家里。

　　我今天怀有一个梦。

　　我梦想有一天，亚拉巴马州会有所改变——尽管该州州长现在仍滔滔不绝地说什么要对联邦法令提出异议和拒绝执行——在那里，黑人儿童能够和白人儿童兄弟姐妹般地携手并行。

我今天怀有一个梦。

我梦想有一天，深谷弥合，高山夷平，歧路化坦途，曲径成通衢，上帝的光华再现，普天下生灵共睹。

这是我们的希望。这是我将带回南方去的信念。有了这个信念，我们就能从绝望之山开采出希望之石。有了这个信念，我们就能把这个国家的嘈杂刺耳的争吵声，变为充满手足之情的悦耳交响曲。有了这个信念，我们就能一同工作，一同祈祷，一同斗争，一同入狱，一同维护自由，因为我们知道，我们终有一天会获得自由。

到了这一天，上帝的所有孩子都能以新的含义高唱这首歌：

我的祖国，可爱的自由之邦，我为您歌唱。这是我祖先终老的地方，这是早期移民自豪的地方，让自由之声，响彻每一座山冈。

如果美国要成为伟大的国家，这一点必须实现。因此，让自由之声响彻新罕布什尔州的巍峨高峰！

让自由之声响彻纽约州的崇山峻岭！

让自由之声响彻宾夕法尼亚州的阿勒格尼高峰！

让自由之声响彻科罗拉多州冰雪皑皑的洛基山！

让自由之声响彻加利福尼亚州的婀娜群峰！

不，不仅如此，让自由之声响彻佐治亚州的石山！

让自由之声响彻田纳西州的望山！

让自由之声响彻密西西比州的一座座山峰，一个个土丘！让自由之声响彻每一个山冈！

当我们让自由之声轰响，当我们让自由之声响彻每一个大村小庄，每一个州府城镇，我们就能加速这一天的到来。那时，上帝的所有孩子，黑人和白人，犹太教徒和非犹太教徒，新教徒和天主教徒，将能携手同唱那首古老的黑人灵歌："终于自由了！终于自由了！感谢全能的上帝，我们终于自由了！"

8.3.3　合理运用体态语言

演讲是一种语言艺术，但绝不仅仅是语言艺术。一次成功的演讲，除了要运用好有声语言外，还要重视体态语言这一表达手段。体态语言通常包括表情、眼神、手势、站姿等内容。体态语言能够引起听众的注意，使用动作的演讲者比那些站着不动的演讲者可能会吸引更多的注意；它能够配合有声语言，强化演讲效果。有人曾经列出这样一个公式：感情传达=7%的言辞+38%的声音+55%的面部表情。对一次演讲虽然不能进行如此准确的量化分割，但它确实反映出体态语言的表意作用。

1.表情技巧

首先演讲者在表情上要表现出充分的自信，这样会使听众更容易接受演讲。其次，表情要与演讲的内容相协调，不要出现表情错位。再次，表情的运用要自然，拘谨木然、呆板僵硬、目不斜视、精神紧张、手足无措、恐慌不安只能削弱演讲效果。最后，演讲的表情还不能过于夸张以至于矫揉造作、自作多情，这样只能使听众感到虚假。

2.眼神技巧

眼睛是心灵的窗户。它的表情达意功能在演讲中起着至关重要的作用。演讲者可以通过眼神表达出自己的喜怒哀乐，听众也可以通过演讲者眼神的变化把握其思想感情。演讲过程中运用眼神的方法通常有前视法、环视法、点视法和虚视法四种。前视法即演讲者目光向前，面对前方观众发表演讲，这样有利于演讲者保持庄重的姿态，选择传达信息的主要方向。环视法即演讲者环视全场，这样有利于控制气氛，调动听众情绪。点视法是指有重点地选择不同方向的几个视点，与反应强烈的听众实现交流，这样有利于达到"他在向我演讲"的现场效果。虚视法是将目光投向远方，一般在表达憧憬、回忆等内容时使用，这种方法有利于将听众导入演讲者所营造的气氛中。总之，演讲者要看着听众讲话，要与听众的目光有实质性的接触，还要根据演讲者的情绪、演讲的内容、听众的态度以及演讲环境等因素而变换使用多种眼神，以强化演讲效果。

3.手势技巧

演讲过程中，手势的运用要大方自然，矫揉造作和过于夸张只能使听众感到不舒服。手势的种类、幅度、方向要与演讲的内容、演讲者的感情、现场气氛协调一致。手势一定要与口语同步进行，切忌说完话后再补手势。手势还要与民族文化及听众的习惯相适应，使听众易于理解和接受，在演讲中总是重复一种手势，缺乏变化固然不足取，但手势过多只能使听众眼花缭乱，听众还会怀疑演讲者在掩饰自己的紧张情绪。

4.站姿技巧

演讲时一般采用站姿。优雅的站姿令人赏心悦目。演讲过程中正确的站姿是，站稳脚跟，昂首挺胸，表现出良好的精神面貌。脚或者呈微八字叉开状自然站立，或者采用丁字步站法，两腿应该并拢。手可以自然下垂于体侧两旁，也可以交叉于胸前，还可以双手握稿置于胸前。采用正确的站姿能使演讲者全身轻松、呼吸自然、发音畅快，宜于进行慷慨激昂的演讲。当然，演讲有时也可以采用坐姿，这比较适合时间长或拉家常式的演讲。演讲者无论采用哪种姿态，都不要做过多的无意义和过于夸张的动作，否则，就会被认为浅薄、狂妄、胆怯。

5.着装技巧

在你走上讲台时，听众还会注意你的着装。因此，除了以上四点外，演讲者还要注意自己的穿着打扮。与演讲内容、演讲氛围、时令、演讲者年龄相适应的服装，可以增添演讲的色彩。如果演讲者穿了一件文化衫或广告衫作演讲，听众的注意力就有可能用到破译服装上的文字或图案意义上。这就是说，演讲者不要穿令听众分心的服装。

8.3.4　处惊不慌　灵活控场

应当讲，演讲者在演讲之前都作了充分的准备。但是由于演讲环境比较复杂，听众成分不一，演讲者自身失误，都可能使演讲出现意外。因此演讲过程中，演讲者要善于捕捉演讲环境及听众的变化，处变不惊，准确判断，并采取适当的措施予以处置。由此看来，要取得良好的演讲效果，还必须掌握一定的控场技巧，以灵活地处置演讲中的偶发事件。

1.发现内容多、时间少时的处置方法

演讲者有时会发现，在规定的时间内根本不可能完成演讲。遇到这种情况时，有些演讲者要么超过时限，犯了演讲的大忌；要么惊慌失措，提高语速，使得演讲前松后紧；要么删除原演讲稿中的某一部分或某些部分，使得表意不完整，有虎头蛇尾、草草收兵之嫌。正确的处置方法是，压缩内容，删除事例和详细的分说；妥善使用概括语，将原文中的详细论证、说明、描述进行概括。需要注意的是，概括和压缩都要以不破坏原演讲稿的体系为前提。

2.演讲过程中记忆中断时的处置方法

这时演讲者切忌惊慌，应该采用各种方法予以弥补。弥补记忆中断的主要方法有三种：一是插话衔接法，即临时插话，对上面的内容加以发挥、阐释、例释；二是重复衔接法，即加重语气，重复最后几句话；三是跳跃衔接法，即通常所说的后话先说、前话后补。通过以上三种方法，赢得时间，使自己尽快回忆起忘却的内容。如果确实不能回忆起来，则可以使用概括语替代。如回忆不起某一要点，你可以说"对于这个问题我们还可以从其他方面进行论述，限于时间，在此不能一一详述"加以掩饰。如果是无关大局的内容，则可以直接略去，千万不要停下来冥思苦想。总之，保持叙述的连贯，句间、段间、部分之间的衔接自然流畅，是演讲者的重要目的。

3.演讲者讲话失误时的处置方法

当演讲者不小心发生讲话失误时，可以用反问法加以掩饰。如可以说："我这样说对吗？显然是不对的！因为……"这样做的好处是，听众根本察觉不到演讲者的失误反而会认为演讲者是在树立靶子，以加深听众的印象。

4.听众缺乏配合时的处置方法

有时会场上会出现一些演讲者不愿意见到的情况，如听众会显得很疲惫，喧哗而不注意演讲内容，冷漠而不积极配合。这时，演讲者应当迅速冷静地分析出可能的原因，或根据实际运用悬念法、幽默法、穿插法等对症下药，调整演讲内容，或运用举例法、故事法、提问法，围绕演讲中心把听众发散的注意力拉回来。

小案例8-3 小布什幽默解尴尬

美国前总统小布什曾就读于耶鲁大学，由于学习成绩不好，差点未能毕业。其母校邀请他在一次毕业典礼上演讲："我当年从耶鲁大学毕业……"话未说完，台下就有人接着说："Barely（几乎未能）。"顿时全场发出一阵哄笑。小布什一怔，接着说："我要对今天以优异成绩毕业的同学们说，干得漂亮！而那些成绩稍差的，你们也不要气馁，说不定某一天你们也可以成为总统。"全场一片笑声，并报以热烈的掌声。小布什停了一下，接着说："不过能够毕业的和毕不了业的差别可大呢！毕不了业的话也许只能当到副总统。"

资料来源　郭春霞. 小布什幽默解尴尬 [J]. 演讲与口才，2009 (4)：9.

5.听众对演讲者的观点持反对态度时的处置方法

如果听众中有人对演讲者的观点提出反对意见，演讲者首先应该环视全场，然后面向持反对意见听众的方向，用亲切温和的态度设法消除对立。如你可以说："对于这个问题，有人有不同的看法，这是正常的，他们的观点也不能说没有道理，但是……"这时，演讲者就可以用进一步阐述自己观点的方法来平息对立了。

6.遭遇干扰和尴尬时的处置方法

在演讲中，如果会场外有噪声，演讲者应当稍停片刻，等噪声消失以后再讲。如果会场内有听众说话，演讲者可以停下来，看着说话的听众，用眼神制止他们，假如仍不奏效，演讲者也千万不要动怒，应使用委婉劝说或突然提问法加以解决。演讲过程中还可能出现一些意想不到的尴尬，演讲者也应设法解除。有一位演讲者上台时不小心被话筒线绊倒，他灵机一动，对听众说："我为广大听众的热情所倾倒！"这种幽默处置法既为自己解了围，又使演讲增色。

8.3.5 即兴插说的技巧

在演讲实践中，由于心理和环境的影响，演讲者不大可能像录音机一样播放事先的录音。在实际的演讲中，演讲的内容有可能与原先的演讲稿不完全一样。这种变化最为突出的就是即兴插说。所谓即兴插说，就是指在演讲过程中，演讲者根据主观心理状态以及客观环境的变化，临时插入一些话语。即兴插说插入的这些话语为演讲稿中所无，但又与演讲有关。优秀的即兴插说可以克服记忆演讲稿的紧张心理，有效地应对演讲过程中的记忆中断。不仅如此，它还具有充实内容、强化情景、活跃气氛、启迪思维等积极作用。作为一种演讲的表现手法，即兴插说的形式是多种多样的。

1.联想

会议或活动的特定时间、空间背景，会场的布置，现场的插曲，别人说过的话都可以引起演讲者的联想。1945年5月4日，昆明各高校在云南大学操场举行"五四"纪念大会，恰逢大雨，秩序混乱。闻一多在演讲中马上联想到历史上武王伐纣时天降大雨，被人称为"天洗兵"的典故，号召青年大学生以"天洗兵"的精神面貌去发扬"五四"精神。这个插说，由此及彼，借题发挥，可谓联想巧妙，意味深远。

2.举例

在演讲中，经常要用到举例。无论是叙事还是说理，都需要用一些例子来展开详细的描述和对概括的结论进行阐述，以增强文章的感染力和说服力。因此，演讲者一般都要在演讲稿中使用一些典型的事例。不过，在演讲过程中，举例的范围却往往可以突破演讲稿的局限，假如演讲者能够敏捷地从现场或听众中或与听众相关联的事物中捕捉或搜索到一些事例进行插说，不失为一种增强演讲效果的有效方法。

3.比喻

在演讲过程中，运用比喻的方法进行即兴插说，容易收到良好的表达效果。

4.设问

设问不仅是一种修辞方法，还是演讲中的一种演讲者与听众进行交流的途径。在演讲过程中突然对人进行提问每每会引出表现真情实感的回答，因此不失时机地采用这种自问自答的方式进行即兴插说，既可以感染听众的情绪，又可以激发听众去思考。

8.3.6 充分利用直观教具

1.直观教具的种类

直观教具的种类很多，大致可以分为五种：（1）黑板。这是最为普遍的教具，常被用于关键词、要点的板书与画简单的图。（2）实物。听众很愿意看演讲者正在谈论的或者与演讲话题相关的东西，演讲者可以将其作为直观教具。（3）图表，包括广告、宣传画、组织结构图、挂图、表格等。（4）多媒体。常见的是演讲者预先将演讲稿制作成幻灯片，以传递文字、图形、动画以及音频的信息。（5）散发材料，即演讲者分发给听众的有关文字材料。

2.直观教具的作用

直观教具是帮助演讲者解释要点的装置。它在演讲过程中的作用体现在三个方面：首先，可以抓住听众的兴趣，勾起听众的好奇心，从而吸引听众的注意力。一位日本教授给大学生演讲，开始场面很乱，教授从口袋里掏出一块黑乎乎的石头，然后说："请同学们注意看看，这块石头非常珍贵，在全日本，只有我才有这么一块。"听众顿时静了下来，教授于是开始了关于南极探险的演讲。直观教具还可以帮助演讲者清晰地传达信息，显示、佐证、阐释、讲解演讲稿中的要点以及比较抽象的内容。黑板的板书或幻灯片都可以显示演讲的要点，各种图表可以佐证演讲者的观点，组织结构图有助于演讲者阐释复杂的组织结构和理论体系，模型与挂图则有助于展示、讲解听众难以见到或肉眼不能见到的事物。直观教具还有利于听众把握和记忆演讲内容。研究表明，如果仅给听众口头消息，三天后，他们仅能记忆

10%；如果用非语言沟通给听众展示材料，听众将记忆35%；如果语言和非语言两种信息都提供，听众就能记忆65%。高科技的飞速发展，给演讲者提供了更多、更直观、更先进的教具，演讲者应学会使用。

大多数会议和演说场所都有现代化的直观教具，如投影、幻灯片等，要注意这些工具的使用技巧。幻灯片的制作要求如下：（1）浅底深色字或深色底浅色字。（2）简洁明了，标题是短语而非句子，逻辑性强。（3）标题44或50号字；副标题32号字；正文28号字。（4）每张包含3～5个观点。（5）多用总结性图片。

知识链接8-1　　　　12种能使听众喜欢我们的办法

第一，受到邀请演讲是件光荣的事，应当表达出来！第二，真诚地赞赏你的听众。第三，只要可能，提几位听众的名字。第四，贬低自己而不是抬高自己！第五，要说"我们"，而不是"你们"。第六，不要皱眉头和用谴责的语调来演讲。第七，要讲听众感兴趣的事。第八，高高兴兴地演讲。第九，不要道歉。第十，诉求听众更高尚的情绪。第十一，欢迎批评。第十二，做"一位善于演讲的好人"。

资料来源　摘自卡耐基培训资料。

自我测试8-1　　　　演讲技能自我评估

评价标准：

非常不同意/非常不符合（1分）　　不同意/不符合（2分）

比较不同意/比较不符合（3分）　　比较同意/比较符合（4分）

同意/符合（5分）

测试问题：

（1）我在整个演讲过程中眼神同听众保持接触

（2）我的身体姿态很自然，没有因为紧张而做作

（3）我能运用基本的手势来强调我的要点

（4）我运用停顿、重复和总结来强调我的观点

（5）我每次演讲前都会确定具体的目标

（6）我会对听众的需求、忧虑、态度和立场进行分析

（7）在组织思路时我会先写下几个主要的论点

（8）我会特意准备一个颇具吸引力的开场白

（9）我演讲的结尾会呼应开头，且在必要时能要求听众采取行动

（10）我制作的幻灯片简明扼要，有助于达到演讲目标

（11）我的论点、论据之间有内在的逻辑联系，有助于支持我的主张

（12）我会把紧张、焦虑转换为热情和动力

（13）我会清楚地叙述我的观点对听众的好处与利益

（14）我会热切、强烈地讲述我的观点

（15）我会事先演练，以免过分地依赖讲稿，而集中注意听众的反应

（16）我的演讲稿只写关键词，以免照本宣科

（17）我会预测听众可能会提的问题，并且准备相应的回答

（18）我的声音清楚，语速适中，富有感染力

（19）我会有意识地运用语音、声调和语速来表示强调

（20）演讲前我会检查场地及相应的设施

（21）准备演讲时，我会估计将会遭到的反对意见

（22）整个演讲过程我会充满自信

（23）演讲前我会检查我的衣着打扮是否得体

演讲技能自我
评估结果评价

8.4　会议沟通

> 会议是管理工作得以贯彻实施的中介手段。
>
> ——安德鲁·格罗夫

会议是企业商务的一个重要部分，全球每天要举行数百万次会议。会议有很多种，谈判型、通告型、商讨型、决策型、交流型、收集意见型等。

8.4.1　明确会议目的及规模

会议的主持人和参会者越明确会议的目的，会议的效率就越高。

在准备会议前，应提几个问题：是否有比开会更好的方法？会议能否达到既定的目的？需要解决问题的关键人物是否能到会？现在的时机是否适合召开会议？

会议的目的有很多，归类来说，有透露信息或提供意见；发布指示；提出商议和仲裁；作出决定或贯彻决定；激发意愿，鼓舞士气。

每个参会人都要考虑会议的目的及自己的目的。例如，你要达到什么结果？你需要作什么陈述？可能的反对意见会有哪些？你怎么应对？你可能对议程上的某些项目特别感兴趣，你要清楚你愿意接受什么样的结果，然后开始做相应的准备。

会议目的不同，会议的规模就不同，见表 8-1。

8.4.2　确定与会者角色和职责

会议主席（主持人）的角色主要是会议控制和会议引导、宣布会议结果。

会议控制包括决定会议主题；明确会议范围；确保人们围绕主题依次发言；尽可能做到公正，尽全力避免与会者的争论；确保其他成员了解会议进展情况。

表 8-1　　　　　　　　　会议规模

会议目的	参考与会人数
决策制定和关键问题解决	5
问题识别或头脑风暴	10
研讨会和培训班	15
信息分享会	30
正式报告会	不限

　　会议引导包括识别问题与主题的关系；促进参会人交换和讨论不同意见；评价不同方案；处理不同意见——对争论双方或各方的观点加以澄清；分析造成分歧的因素；研究争论双方或各方的观点，了解协调的可能性；将争论的问题作为会议的主题之一，展开全面的讨论，以便把会议引向深入；若分歧难以弥合，那就暂时放下，按会议议程进入下一项。

　　最后，作出会议决定，宣布会议结果。可以根据会议目的来对比会议结果。

自我测试 8-2　　　　会议主席自我评估

　　通过对表 8-2 中的项目进行打分，你可以了解自己是否适合扮演会议主席的角色。

表 8-2　　　　　　会议主席自我评估表

准　　备		
1.目的： 我知道这次会议要实现的目的 2.会议议程： 我至少在会前两天发出会议议程 3.与会者： 我选定或影响对与会者的选择 4.会议地点与布置： 我检查会议室及其布置情况	1 2 3 4 5 6 7	1.目的： 我不知为什么举行会议 2.会议议程： 我在会上发放会议议程 3.与会者： 我让与会者的各部门代表决定 4.会议地点与布置： 开会时我才去看看
主持会议		
1.总结： 讨论中我概括总结相关要点 2.打断： 我不打断会议进程 3.提问： 我提清楚的问题 我问公开的问题 4.感受： 我感到轻松且注意力集中	1 2 3 4 5 6 7	1.总结： 我让他们自己作出总结 2.打断： 我经常打断会议进程 3.提问： 我问无关的问题 我提涉密的问题 4.感受： 我感到紧张，难以放松

会议主席自我
评估结果评价

　　与会者也要把握好自己的角色，首先决定是否需要出席会议，如果出席，就要做准备并准时与会；如果有发言任务，就要对自己的议程负责，给出信息时，力求精确切题，就某些疑点或模糊问题征询清晰解释；仔细倾听他人发言，反对他人观点要有理有据，对事不对人；确保公平参与，以能提高团队绩效的方式行事。

自我测试 8-3　　　　　　　　会议参与者自我评估

　　通过对表8-3中的项目进行打分，你可以了解自己的参与状态如何。

表8-3　　　　　　　　　　会议参与者自我评估表

准　备		
1.目的： 我清楚我开会要实现什么 2.文书工作： 我在会前已看了议程和附件 3.与会者： 我与其他与会者交流了对主要议程的看法 4.事先告知： 我已告诉主席我支持议程上某个议题	1 2 3 4 5 6 7	1.目的： 我不知道为什么要举行会议 2.文书工作： 我开会时才看 3.与会者： 我在会上了解他们的看法 4.事先告知： 我在开会时告诉主席
进　程		
1.发言： 我讲话清楚简洁，相关联 2.打断： 我不打断会议 3.提问： 我提清楚的问题，我问公开的问题 4.创造性和革新： 我提出解决问题的新方法 5.感受： 我感到轻松且注意力集中	1 2 3 4 5 6 7	1.发言： 我随意漫谈进行无谓评论 2.打断： 我经常打断会议 3.提问： 我提无关的问题，我问保密的问题 4.创造性和革新： 我只关心自己的事 5.感受： 我感到厌烦紧张，难以放松

会议参与自我
评估结果评价

8.4.3 会议管理流程

1.会议准备

（1）明确会议目的。确保会议是达到小组目标的最佳方法；至少以一个短语确定会议主题。

（2）准备有效议程。明确会议时间（开始时间、结束时间）和地点；会议目的；会议议题的顺序；明确与会者可能要涉及的内容；为每项议程作时间规定。

（3）通知与会者。用通知单、邮件、会议记录复印本等多渠道通知，重要会议甚至用电话确认；阐明与会者的角色；列出行动目录。

2.会议进程

所有与会人员都要遵守会议议程。会议的基本规则是"与会者必须有备而来"，"与会者必须对议程负责"。此外，会议形式不同，会议的规则就不同，如"头脑风暴"不同于说服型会议。"头脑风暴"法会议有四条原则：不互相批判，无人身攻击；自由发言；欢迎提出大量的可行性方案；每个人在提出自己的方案时都要善于结合别人的意见。说服型会议要求与会人员仔细倾听信息，分析理解信息，适度反馈质疑，消除疑虑等。

3.会后总结

会后总结是开会的必要环节。要整理会议记录并传递给与会者；会议中如果有问题没有得到满意答案，会后必须再花时间寻找正确答案；联系有关人员，告诉他们接下来应该做的事；向与会者写信致谢；清算会议费用；送一份会议简报给会议决议有关的人员。整理会议记录也是很重要的会后总结，包括会议的举办地点、开始时间、结束时间、主持人姓名，会议中讨论的议题以及达成的决议，会议后的指定工作（各项工作的指定负责人名单、工作完成期限等等），下一次开会（如果有的话）的日期、时间和地点。

图8-1列示了某公司的会议流程。

总之，会议之所以效率不高，有许多原因。绝大部分是由于对会议不够重视，事先没有充分的准备和分析。例如：组织不当，会议组织不周密，致使会议偏离既定目标，或对会议的进行失去控制；分析不够，以为与会者都已经阅读并理解了会议前散发的有关资料，对会议目的清楚明了，继而以为会议上传递的信息可为全体与会者快速接受；备忘录失误，由于前一次会议的备忘录内容不够准确，因而在本次会议上需花大量时间重新考虑有关问题，并达成一致意见；议程安排不当，谈论的话题混杂多样，造成与会者思想混乱；会议主持人没能控制好会议，鼓励自由讨论却又无法适时收住，对会议的目的和即将产生的结论模糊不清，听任少数人在会上夸夸其谈，致使大多数人无法发表自己的意见。纠正这些引起会议低效的问题，会议效率就会提高。图8-2总结了会议积极的行为和消极的行为以及二者产生的不同影响。

```
┌─────────┐   ┌─────────┐
│会议计划的│   │OA公布的 │
│审批     │──→│"月度会议 │
└─────────┘   │计划"    │
              └─────────┘
```

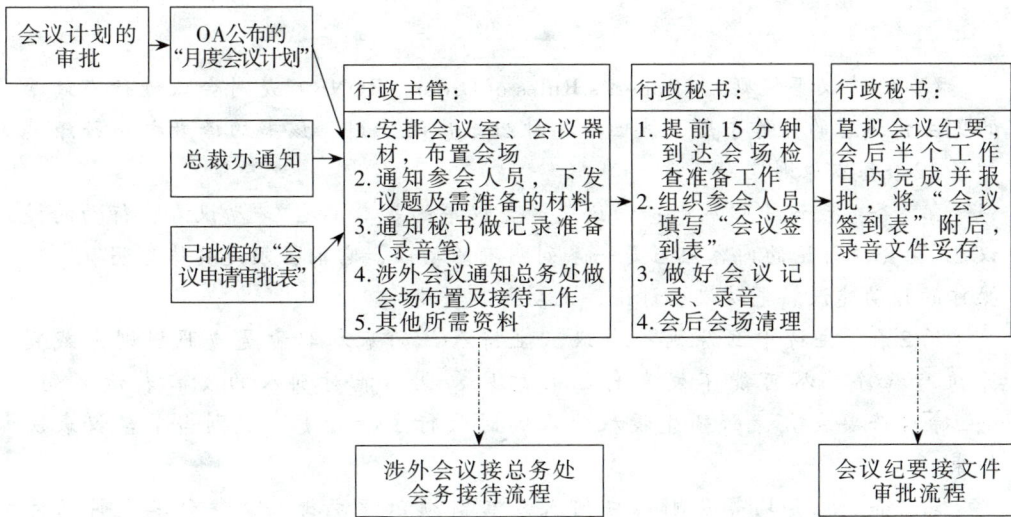

图 8-1 某公司的会议流程图

行政主管：	行政秘书：	行政秘书：
1.安排会议室、会议器材，布置会场 2.通知参会人员，下发议题及需准备的材料 3.通知秘书做记录准备（录音笔） 4.涉外会议通知总务处做会场布置及接待工作 5.其他所需资料	1.提前15分钟到达会场检查准备工作 2.组织参会人员填写"会议签到表" 3.做好会议记录、录音 4.会后会场清理	草拟会议纪要，会后半个工作日内完成并报批，将"会议签到表"附后，录音文件妥存

涉外会议接总务处会务接待流程

会议纪要接文件审批流程

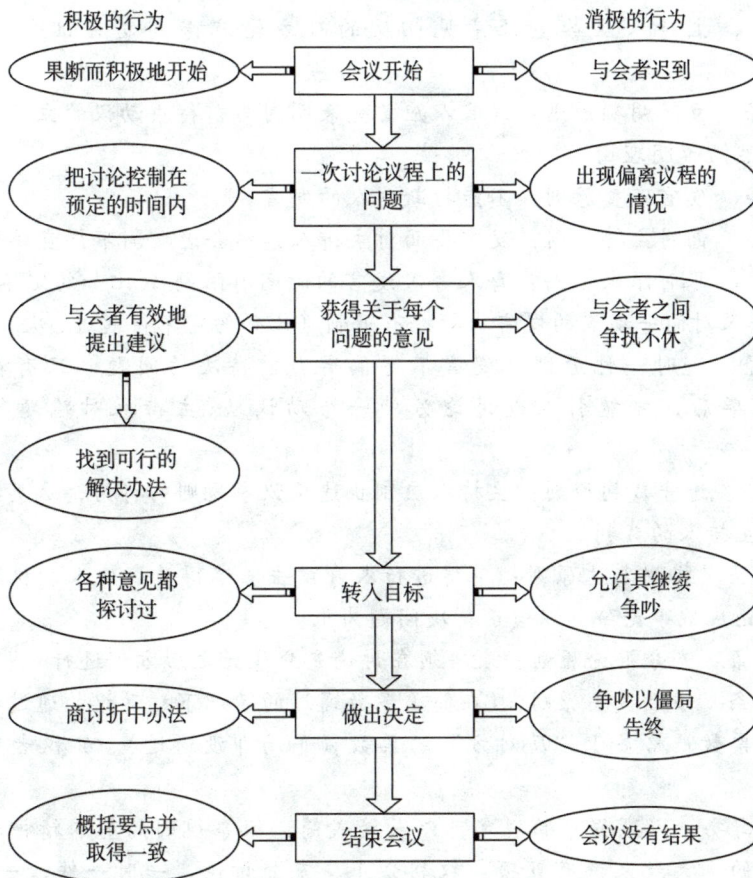

图 8-2 会议积极的行为与消极的行为

知识链接8-2　　　　《罗伯特议事规则》中的12条基本原则

《罗伯特议事规则》（Robert's Rules of Order，RONR）是对会议进行有效率的民主化运营的操作手册，被世界各种组织广泛采用。该书的译者之一孙涤总结了12条基本原则。

第1条　动议中心原则：动议是开会议事的基本单元。"动议者，行动的提议也。"会议讨论的内容应当是一系列明确的动议，它们必须是具体、明确、可操作的行动建议。先动议后讨论，无动议不讨论。

第2条　主持中立原则：会议"主持人"的基本职责是遵照规则来裁判并执行程序，尽可能不发表自己的意见，也不能对别人的发言表示倾向。（主持人若要发言，必须先授权他人临时代行主持之责，直到当前动议表决结束。）

第3条　机会均等原则：任何人发言前须示意主持人，得到其允许后方可发言。先举手者优先，但尚未对当前动议发过言者，优先于已发过言者。同时，主持人应尽量让意见相反的双方轮流得到发言机会，以保持平衡。

第4条　立场明确原则：发言人应首先表明对当前待决动议的立场是赞成还是反对，然后说明理由。

第5条　发言完整原则：不能打断别人的发言。

第6条　面对主持原则：发言要面对主持人，参会者之间不得直接辩论。

第7条　限时限次原则：每人每次发言的时间有限制（比如约定不得超过2分钟）；每人对同一动议的发言次数也有限制（比如约定不得超过2次）。

第8条　一时一件原则：发言不得偏离当前待决的问题。只有在一个动议处理完毕后，才能引入或讨论另外一个动议。（主持人对跑题行为应予制止。）

第9条　遵守裁判原则：主持人应制止违反议事规则的行为，这类行为者应立即接受主持人的裁判。

第10条　文明表达原则：不得进行人身攻击、不得质疑他人动机、习惯或偏好，辩论应就事论事，以当前待决问题为限。

第11条　充分辩论原则：表决须在讨论充分展开之后方可进行。

第12条　多数裁决原则：（在简单多数通过的情况下）动议的通过要求"赞成方"的票数严格多于"反对方"的票数（平局即没通过）。弃权者不计入有效票。

按其需要，议事程序的规定可以或繁或简，议事规则的基本精神却是非常简约清晰的，大致来说有五项：权利公正、充分讨论、一时一件、一事一议、多数裁决。

以上第 1 条和第 5 条是现代文明所长期追求并正在努力贯彻的，已经形成了广泛的共识。第 2、3、4 条则提供了议事规范落实的技术保障，能够有效地纠正或避免在会议常遇到的发散跑题、一言堂、打断他人发言，甚至恶意揣度、粗言相激、肢体相争等不文明的现象。不难看到极简版的 12 条原则，大多数是在操作层面上促进效率和达成目标的规定。

思考：阅读《罗伯特议事规则》，反思你参加或主持过的会议，提出改进建议。

本章小结

演讲就是演讲者在特定的现实背景下，运用有声语言和体态语言的表达手段，向听众发表意见、抒发情感，以达到感召听众的目的的一种带有艺术性、技巧性的社会实践活动。演讲包括读稿式演讲、背稿式演讲、提纲式演讲、即兴式演讲等。

演讲或传达信息，或鼓舞听众，或沟通思想。经理人的演讲目的性强，需要精心准备，以实现既定目标。演讲准备需要了解观众、确定目标与主题及处理材料。不同类型的演讲准备存在差异。演讲的构思包括如何开头、如何结尾、如何进行层次安排、段落之间如何衔接与过渡、何处详写何处略写以及大纲的拟定等。

演讲还需要把握心理技巧、语言技巧、身体语言技巧、控制场面技巧及利用辅助设备的技巧。

会议沟通要求明确会议目的，确定与会者职责和角色，做好会议流程管理。

复习思考题

1.演讲的特点和形式有哪些？演讲的准备应该从哪几个方面入手？

2.演讲构思的内容有哪些？

3.应该如何克服演讲紧张情绪？如何提升演讲效果？

4.对照不同类型演讲视频，模仿练习演讲。

5.会议沟通有哪些策略？如何提高会议效率？

演讲练习

组织一次全班的商务演讲活动。要求演讲者作 5 分钟的商务演讲，选出评委点评每个同学的演讲。其余同学及老师都充当匿名评委，在设计好的评议单上打分，并向演讲同学提出演讲的优点和需要改进的地方。同时，摄像机将每位同学演讲摄下来，之后制作成文件，将各自的演讲视频发给同学。演讲同学对照录像和同学、老师的评议单，反思自己演讲。一学期如此反复 4 次，检查每次演讲的进步。演讲比赛评分表见表 8-4。

表 8-4 演讲比赛评分表

序号	评分标准	分值	得分
1	亮相得体	5	
2	开场白吸引人	5	
3	准备充分	10	
4	主题明确	5	
5	条理清晰	5	
6	重点突出	5	
7	语音清晰	5	
8	语调抑扬顿挫	5	
9	语气恰当	5	
10	情感投入	10	
11	台风	5	
12	目光交流	5	
13	手势	5	
14	与听众进行互动	5	
15	信息接收	5	
16	感染力	5	
17	视觉工具运用	10	
	总得分		

赞美的话：

改进建议：

注意事项：

（1）演讲主题应该为商务沟通交流，如离题，扣30分。

（2）演讲时间为5分钟，每超过1分钟（不足1分钟按1分钟计）扣10分。演讲时间不足3分钟不计分。

如果是团队演讲，评议单如下：

演说人：

得分情况：

团队合作情况（满分25分）：

信息内容（满分25分）：

演讲技巧（满分25分）：

仪容仪表（满分25分）：

总得分：

赞美的话：

改进建议：

第9章　有效面谈

学习目标

- 了解面谈的含义与特征，面谈与普通谈话的区别
- 制订良好的面谈计划，有效管理面谈
- 有效实施面谈，掌握面谈进程
- 掌握不同类型的面谈所需要的技巧

▶ **引例　怎样与打私人电话的张先生面谈**

某集团公司是一大型机械制造公司，在公司内部的年末审计中发现一销售代表张先生打了5 000元的私人电话。这位张先生是位老员工，业务能力强，业绩突出，在销售人员中威信很高，公司副总李明很器重他，准备提升他为销售副总。他在工作中，在顾客和社区中结识了许多重要的有影响的人物，这之中不乏重要的客户，其中有一重要客户的销售量占公司销售总量的1/5，并表示只和他做生意。

对张先生打私人电话的事，员工们认为以他的表现和贡献，这点私人电话费算不了什么；也有的人认为不管贡献大小都应该公私分明；还有人不相信张先生是这样的人，怀疑是公司审计搞错了。

张先生听到关于他的年末审计消息后，情绪波动较大，明显地影响了工作，在工作中明显出现抵触情绪。

公司总裁要求李明快速处理此事，尽快与张先生进行一次面谈，既要申明公司的纪律，又不能影响个人工作情绪和工作热情。李明在查阅了公司相关文件后发现只有些原则规定，对于个人利用公司电话打长途没有明确的界定，对此类事件也没有一个明确的条款，李明感到压力较大，不知道如何进行这次面谈。

如果你是李明，你将如何进行这次面谈？你需要准备什么？用什么样的面谈策略？

9.1　面谈概述

企业的工作离不开上下、横向等多维的面对面沟通，面对面沟通也是最有效的沟通方式。掌握面谈基本知识及技巧意义重大。

9.1.1 面谈的概念和特征

面谈是指任何有计划的、各受控制的、在两个人之间（或更多人之间）进行的、参与者中至少有一人是有目的的，并且在进行过程中互有听和说的谈话。面谈既可以是在沟通者和沟通对象之间一对一进行的，也可以是以一对多、多对一的口头沟通形式进行的，它是人际沟通的重要形式。面谈具有以下几个特征：

1.目的性

参与面谈的一方或双方有明确的目的。

2.计划性

面谈是管理中一项正式的活动。因此，要根据面谈的目的，制定面谈的实施预案，确定为什么谈（why）？谈什么（what）？何地谈（where）？何时谈（when）？与谁谈（who）？怎样谈（how）？对每一次面谈的准备、实施与总结，都要求严密组织、有计划地进行。

3.控制性

面谈中至少有一方处于控制地位，或者由双方共同控制。面谈是一个互动的过程。在这一过程中双方担当的角色是不同的，因此他们的地位也就不同。一般情况下，面谈通常由参加面谈的某一个人组织、控制并实施，他在整个过程中处于主动地位，可以称其为主人（面谈者，招聘面试中又称为面试者）；面谈的另一方处于被动地位，被称为客人（被面谈者，受试者，招聘面试中又称为应聘者）。被面谈者通常拥有更多的信息，面谈中面谈者通过适当的方式引导与激发对方将信息展示出来。

4.双向性

面谈必须是相互的，而不是单向的教训和批评。面谈者提出问题、被面谈者回答问题是面谈的主要内容。在双方的互动交流中达到收集与发布信息、解决问题等目的。

5.即时性

面谈一般要求沟通双方即时对沟通信息作出反应，反应速度快。

根据上面五个特征，我们可以把面谈与闲聊、打招呼、谈话区分开来：一是面谈作为特殊的交流形式，是与工作有明确的目的相关性的。二是面谈要制订计划和策略。三是面谈较书面沟通有更高的技巧性要求。面谈作为面对面的口头沟通，在信息组织和表达（信息编码技巧）方面，与写作沟通相比，更有技巧性。一方面，这是由面谈的即时性特征决定的，它需要快速的反应、灵活的信息组织技巧、及时的受众分析技能；另一方面，这是因为在我们日常的沟通中，口头沟通的可能性和发生频率比书面沟通大得多。

9.1.2 有效面谈的原则

作为一项正式的管理活动，有效的面谈应遵循以下原则：

1.遵守并合理利用时间的原则

不论你处于何种地位，遵守时间的人总是会给对方留下一个良好的印象；尤其是当你处于面谈者的地位时，把握时间的分配往往是成功面谈的前提。

2.坦诚地面对对方的原则

坦诚是相互交流的前提，彼此间信任与和谐的关系是信息交流畅通的"润滑剂"。

3.充分准备的原则

俗话说："不打无准备之仗"，匆忙上阵必然手足无措。因此，成功和高效的面谈，必须做好大量的基础准备工作。

9.2　有效面谈步骤

有效面谈是一个有计划有控制的过程，面谈双方都应把握这些基本规律。面谈作为有目的的沟通活动，它不是"自然发生"的，成功的面谈是参与者一方或双方认真计划和准备的结果。好的面谈者和被面谈者是训练出来的，而不是天生的。面谈技巧的练习可以使他们从看似随意的面谈中得到极好的沟通效果。在面谈过程中，双方表面上自然放松，其实是他们事先有意识地分析、准备，并在面谈过程中小心地加以控制的结果。

9.2.1　面谈准备

由于面谈的目的很明确，面谈准备越充分，面谈的效率越高。

1.确立面谈目的

任何有计划的沟通活动，首先都要清晰地确定面谈的目的。你若要成功地进行面谈，或者使自己成为一个有效的沟通者，在每次面谈之前要通过以下问题来检验你的目的：（1）为什么谈；（2）想要达到什么结果；（3）你需要什么样的信息；（4）如何处理与被面谈者之间的关系。这些问题解决了，你才可能选择面谈的策略、时间、地点等问题。

刘易斯·卡罗尔（Lewis Carroll）在其名著《爱丽丝漫游奇境记》中有这样一段对话：

"请您告诉我，在这里我应该走哪条路？"爱丽丝问。

"这完全取决于你要到哪里去。"卡特说。

"我根本就不在乎到哪里去。"爱丽丝说。

"那你走哪条路都无所谓。"卡特说。

这段话给我们的启示就是"凡事要先确定目标"。面谈的目的往往是非常具体的，Nicky Stanton（1998）提出了面谈的四个基本目的：

- 信息的传播，如消息的传播就有好消息和坏消息之分。
- 寻求信念或行为的改变，如改变对某个客观事物的看法；态度的形成或改变难度较大，行为的改变相对较容易些。

●解决问题和寻找对策，如招聘面试、绩效评估、看病、劝告、申诉、父母与教师讨论孩子的学习问题。

●探求与发现新信息，如学术团体、社会团体对个例的调查，市场调查，民意测验，学术讨论和记者调查等。

2.问题设计

问题来源于你的目的，它是在面谈中获取信息的根本手段。任何访谈者都会提问，只有精心准备的访谈者才能提出有效的问题，从而获取他们所需的信息。在准备问题时，很重要的一点是根据被访问者的特点组织语言，要求用对方能懂的语言，加强相互之间的有效沟通，准确传达你的信息。

（1）开放式问题。开放式问题是指没有标准答案和回答范围的问题，目的是让被访者感到谈话过程轻松，有利于发展面谈双方相互之间的关系。但开放式问题很难控制面谈进程。开放式问题适用场合：了解被访者优先考虑的事情；找出被访者喜欢的结构；让被访者无拘束地发表他的看法；明确被访者的知识深度；弄清被访者的表述能力。

（2）封闭式问题。封闭式问题是指发表有标准答案和明确的回答范围的问题，其目的是控制被访者，得到特定的信息。封闭式问题适用场合：节省时间、精力和金钱；维持、控制面谈的形势；从被访者处获取非常特定的信息；鼓励被访者完整描述一个特定事件；鼓励腼腆的人说话；避免被访者泛泛而谈。

（3）中性问题与引导性问题。中性问题中不含有任何有关面谈者偏好的暗示，因此被面谈者的回答真实性很高，所获信息也比较可靠，如"你对这个问题怎么看"。引导性的问题是指面谈者的提问带有一定的倾向性，常常有意无意地将被面谈者的思维引向自己期望的方面，如："你同意我刚才的观点，对吗？"在面谈中，使用该类问题进行提问应非常慎重，避免造成信息的扭曲与偏差。

（4）引诱性问题。此类问题比引导性问题具有更强的诱导性，从表面上看这种问题的提问很正常，但对被面谈者具有一定的欺骗性，通常用在需要了解被面谈者情绪与情感的场合，面谈者通过这类问题配以适当的语气向被面谈者施加一定的压力迫使其表露内心情感。该类问题只适合于特定的面谈，如在招聘面试中对需要较强的压力承受能力的岗位应聘者使用。

（5）追踪性问题。追踪性问题通常是基于被面谈者对前一个问题的回答而提出的，目的是更多地了解被面谈者在前一个问题回答中涉及的细节。它有助于面谈者对被面谈者加深认识，也有助于进一步了解被面谈者对问题的观点，有时也可以帮助面谈者辨别被面谈者回答问题的真实性。

在提问的过程中，面谈者可以利用重复与停顿作为暗示被面谈者继续详细展开回答的信号。此外，面谈者还可以利用辅助语言、身体语言等非语言工具进行沟通，以强化沟通的效果。

3.安排面谈结构

确定了目的、设计好问题后，面谈准备的下一个步骤就是确定面谈的结构。为此，要考虑三件事：面谈指南、提问顺序和过渡。

面谈指南是一份关于你想涉及的话题和子话题的提纲，通常在每个标题下列举一些特定的问题。

当你在构思面谈指南的时候，还需要注意问题的顺序，亦即它们将怎样结合。最常见的两种提问顺序是"漏斗型顺序"和"倒漏斗型顺序"。漏斗型顺序从一般性问题开始，然后移向特定性问题。倒漏斗型顺序颠倒了这个次序，从特定的问题开始，然后移向更开放的问题直到结束。

面谈结构还可以分为结构化面谈和非结构化面谈。结构化面谈也称定向面谈，是指按预先确定的问题次序对被面谈者进行提问。非结构化面谈也称非定向面谈，是指在面谈中随机提问，无固定程式。

4.选择面谈环境

面谈地点会对面谈的气氛和结果产生较大影响。如果在你办公室或单位会议室进行面谈，创造的是一种正式的氛围。如果在一个中立的地点（如餐馆）进行面谈，气氛就会轻松些。环境的选择取决于面谈的目标。最重要的一点是在所有可能的情况下，你应当努力在一种有助于实现你所寻求的交流目的的环境中进行面谈。

5.预期问题并准备回答

当你准备面谈时，你应当考虑：你可能遇到哪些问题；被访者可能怎样回答你的提问；他或她会提出什么异议或问题；被访者的个性以及在面谈中的地位（支配地位还是被支配地位）；预计需要多长时间提问等。每一次面谈都会遇到从未有过的问题，如果你能对这些情况预先作些安排，在实际面谈时其结果就会比仓促上阵要好得多。

知识链接9-1　　　　　　　　　　**面谈的5W1H**

面谈者在面谈准备工作中，要认真计划"为什么谈（why）""与谁谈（who）""何时谈（when）""何地谈（where）""谈什么（what）""怎样谈（how）"等问题，即从"5W1H"来讨论面谈的准备工作。

为什么谈（why）

（1）面谈的主要类型是什么？

（2）究竟希望实现什么？

（3）你寻求或传递信息吗？如果是，那么是什么类型的信息？

（4）该面谈寻求信念和行为的转变吗？

（5）要解决问题的性质是什么？

与谁谈（who）

（1）他们最可能的反应/弱点是什么？

（2）他们有能力进行你所需要的讨论吗？

何时何地谈（when & where）

（1）面谈在何地进行？在你办公室还是他们办公室？还是其他地方？

（2）它可能被打断吗？

（3）在一天的什么时间进行？

（4）面谈前可能发生什么？

（5）你在这件事中处于什么位置？

（6）需要了解事情全貌，还是只需提示一下迄今为止的最新情况？

谈什么（what）

（1）确定需要涉及的主题和问题。

（2）被问问题的类型。

怎样谈（how）

（1）如何能实现你的目标？

（2）你应如何表现？

（3）以友好的方式开始或直接切入主题，哪种效果好？

（4）你必须小心处理、多听少说吗？

（5）先一般性问题再具体问题，还是先详细信息再一般性问题？

（6）如何准备桌椅？

（7）如何避免被打扰？

资料来源　STANTON N. Mastering Communication ［M］. London：MacMillan Press Ltd，1996.

9.2.2　面谈过程控制

1.营造和谐气氛

面谈的氛围是指面谈的语气和面谈中总的气氛。无论哪种面谈，在面谈组织过程中，必须仔细策划面谈的开始方式。尽管面谈开始的方式可以多种多样，但要坚持两个原则：一是尽量开诚布公；二是尽量以"建立和谐的关系"开始。面谈应当是一种建设性的相互影响，参与者感觉能自由准确地交流。作为面谈者，要在整个面谈过程中不断分析面谈的氛围。当你感到气氛已经不再是建设性时，应适当地把话题从实质性内容暂时引向其他相关的、轻松的话题，除非面谈的目的就是向被面谈者传递压力。

引子是建立和维持一种支持性交流的氛围的常用方法。面谈者可以不急于切入正题，而是利用几分钟的时间互相问候、探讨没有争议的社会话题等。问候之后，你需要鼓励被面谈者使其乐意参与面谈。通常的方法是请求被面谈者的帮助，或者告诉被面谈者为什么会选择与他面谈或以他作为信息的来源。引子部分应当包含对整个面谈的定位。你应当告诉被面谈者：（1）面谈的目的；（2）他或她将怎样协助达到那个目的；（3）将怎样利用面谈中获得的信息。引子部分结束时应当以一个过渡进入面谈的主体部分。使用一个过渡性陈述，如"现在，让我们从……开始吧"或"既然你知道在接下去的几分钟内将会发生什么，那我们就转到问题上去吧"，告诉被访者真正的面谈即将开始。

2. 提问与回答

前续工作完成了，面谈就进入实际性步骤——提问与回答阶段。面谈的主体部分应该用来提出和回答问题，寻求问题的答案，努力说服被面谈者接受你的观点或产品。面谈主体部分的时间安排，由于不同的面谈目的、类型和时间限制，是不一样的。

在非结构化的面谈中，面谈者只要简单考虑面谈的目的，对可能涉及的问题或领域作一些思想准备。这种方式比较适合于交流性、劝告性的面谈。在非结构化的面谈中，容许被面谈者成为面谈的主导者。

在一般结构化的面谈中，要准备好计划和要回答的主要问题的框架，若需要进一步了解问题，则要准备一些深入的问题。在结构化的面谈中，面谈者必须支配和控制进程。

在高度结构化的面谈中，所有的问题都是事先安排和准备好的。这些问题以完全相同的方式提给每一位被面谈者。有些问题可能是不受限制的，但这类面谈一般主要采用限定性的问题。

小案例 9-1　　　　　　　　　　**如何正确提问**

A问：我跟我宿舍同学之间的关系一直不好，我该怎么办啊？

B答：宿舍同学相处要相互包容、互相理解、彼此关爱、坦诚交流沟通……

A认为B的答案全是正确的废话。

为何沟通效果不好？因为一个"烂问题"只能得到"烂答案"。

如果这样问，沟通效率会提高：

A问：我和宿舍同学经常因为作息时间、物品摆放等生活小事而发生冲突，弄得不愉快。我该怎么办？

B答：你们可以坐下来，坦诚沟通，商讨宿舍生活的一些规则。比如，关于作息时间……关于物品摆设……关于清洁卫生……

提问注意事项：

(1) 提问前先想想：是否该问题已有答案？

(2) 选择正确的提问对象。

(3) 表达要足够清晰。回答者更乐于回答精确、背景信息足够详尽的问题，而不是过于宏大，甚至试图诘问种种"本质"的看似高深的提问。

(4) 确认自己是想"提出一个问题"，而不是"借机表现自己知道点儿什么"。

（5）不代替被提问者预设问题的前提，或者说要"先问是不是，再问为什么"。

（6）一次尽量只提一个问题，而不是嵌套数个问题。先提出一个问题，然后在自己预设答案的基础上，再提出下一个问题，并不是好的提问方式。

资料来源　科学松鼠会. 提问：你知道如何正确地提问吗？［EB/OL］．［2020-07-23］．https://www.sohu.com/a/110764659_394950.

即使面谈者明确了面谈的目的，也对面谈的过程作了精心准备，在实际沟通过程中，仍要注意克服以下一些问题：（1）没有把握住面谈时间，时间过长，缺乏效率，也缺乏时间控制技巧；（2）把大量时间放在讨论细枝末节的问题上；（3）面谈者（或被面谈者）说得过多，不让另一方插嘴；（4）面谈没有取得预期的效果，使你感到不满意，并表露出来；（5）当一方就某具体问题与对方进行的面谈结束时，对方仍不知面谈的真正目的是什么。

3. 结束面谈

面谈的第三阶段是作出结论。当你结束面谈时，你应当达到四个目的。首先，你一定要明确表示面谈即将结束。说一些如"好吧，我的问题就这些"或"你帮了很大的忙"之类的话，这时被面谈者就会明白如果他或她有什么问题，应该现在就问。其次，试着总结一下你得到的信息，用来核对这些信息的准确性，如果有误，被面谈者能纠正你的印象。再次，让被面谈者知道后续安排，如，你们需要再次会面吗？你要写一个报告吗？最后，对他或她抽出时间面谈并仔细回答表示谢意，确保你们继续建立良好的关系。

结束面谈后，应及时检查自己是否记录了所有重要的信息。尽管你可能很充分地准备了这次面谈，提出了所有正确的问题和深究性问题，然而，如果你不能准确地记录得到的信息，这次面谈就不能说是成功的。因此，你一定要在面谈结束后立即写出总结，你还可以使用面谈指南作为总结的基础，回顾面谈的问题并写出被面谈者的回答。

记住信息的一个更好的办法是在面谈中作记录。一定要告知被面谈者你要作记录。作记录时要尽可能不引人注目，不要让被面谈者感到不安。要学会在作笔录时仍然保持目光与被访者接触。这是一个很难掌握的技巧，但你如果能熟练地运用这一技巧，将极大地有助于你取得成功。

9.3　不同面谈类型及技巧

9.3.1　信息收集面谈

信息收集面谈是组织中最常见的一种面谈，也是最像谈话的一种面谈。当你需要收集关于某个话题的事例或在能解决问题的情况下需要帮助时，你可以进行这类面谈。信息收集面谈是与信息有关的面谈，有关信息的主题在数量上占了绝对多数的比例。这种形式的面谈，通常与以下内容有关：数据、事实、描述、评价与感受等。

管理人员运用面谈收集信息的例子通常包括市场调研面谈、事故之后的调查面谈、员工离职面谈、工作计划跟进与复查面谈、员工恳谈面谈、部门冲突处理面谈等等。

信息收集面谈的结果常常被写成报告或研究文件，它们可能用于指明主要组织变革的范围，如新的人事政策、新的组织设计，同时回顾组织变革的过程，指出变革的必要性，并把其作为有效变革管理的第一步。由此可以看出，信息收集面谈通常是组织变革起始步骤中的关键一环。

大多信息收集面谈过程都可分为以下四个阶段。

1.收集背景信息阶段

信息收集面谈不像招聘面试那样具有竞争性，它对面谈者的基本要求是把握节奏，充分利用时间，收集背景信息有利于达到该目的。收集背景信息的另一个目的在于，它可以帮助面谈者树立关于所需信息的概念性认识，这个初始阶段包括建立一个基本的、实用的框架，用以回答"是什么""怎么样""谁"等问题。它可能包括组织图表、生产记录和一系列文件，所有这些都可以作为背景信息。

2.准备阶段

在这个阶段，要决定在面谈中需要获取何种信息并如何获取这些信息，这需要回答如下问题：（1）需要获取哪些方面的信息？（2）提出一些什么样的问题？如何展开提问以获取这些信息？（3）被面谈人是谁？他在沟通方面有什么特点？（4）面谈将在哪里进行？需要多长时间？（5）面谈经过将如何记录？

3.面谈阶段

由于信息收集面谈的宗旨在于获取大量需要的信息，这就要求面谈者熟练运用各项面谈技巧。获取信息的质量不仅取决于提出的问题，而且取决于提问的方式。一个老练的面谈者，将在面谈中运用一些开放性问题和沉默等技巧，并掌控说话的时间与会谈的时间。建立彼此间的和谐与相互信任关系，按照一定的程序提问，将有助于信息收集面谈的顺利进行。

例如，一位前台服务的员工受到顾客的投诉，主管在同员工的面谈中按下面的顺序提问。

主管：小刘，你认为造成此次顾客投诉事件的主要原因是什么？

员工：我认为主要原因是……

主管：你认为这件事会给顾客造成什么损失？

员工：会使顾客……

主管：你认为这件事会给公司带来什么后果？

员工：会使公司……

主管：你认为作为员工，今后在工作中应该怎样做才能防止类似的事情发生？

员工：个人应该……

主管：……

4.分析阶段

面谈以收集信息为目的。会谈结束之后，将经过整理的面谈记录交给被面谈者核对，这不仅是对被面谈者的一种尊重，也会提高信息收集的准确性。另外，分析所得到的信息，总结面谈过程，对于提高今后面谈的效率也是十分必要的。

9.3.2 招聘面谈

招聘面谈用来帮助现有的组织成员挑选新的成员。在招聘面谈中，访谈者试图评价求职者是否适合进入本组织以及他们是否具有从事该项工作的合适技能。另外，访谈者通常还应试着向求职者宣传自己的组织。招聘面谈中的问题涉及四个一般性话题：

- 以前的工作经历；
- 教育和培训的背景；
- 面谈对象的个性特征；
- 面谈对象参加过的相关活动以及对方的兴趣。

其中，面谈者要根据工作的性质和被访者的个性，来决定哪些话题应该是交流的重点。

对于招聘面谈，根据问题依据的不同，一般可以选择以下三种信息渠道：

- 运用工作描述来系统陈述那些涉及与任务有关的技能和个性特征的问题。
- 运用评价表，根据组织对成员的一般标准来设计问题，从而评价求职者的特征。
- 运用求职者简历来系统阐述那些有关求职者的特殊技能和以前工作经历的问题。

首先，为了更好地通过工作描述来评价此人所具有的技术上的技能和经验，以及此人是否具有适应组织现行环境的个性素质，在设计问题时，要避免一般性咨询问题。

其次，在根据公司已经设计好的评价表来评价未来的雇员时，所提问题一般应围绕评价表上的话题，但问题的询问方式可以较为灵活，如可以通过设计一些特别的话题（而这些话题又是围绕关键问题的），来考查面谈对象的特征。

再次，在根据面谈对象的简历来提问题时，要仔细阅读这些材料，如果两次工作经历中有时间间隔，可以向求职者询问间隔期间的有关情况。如果简历上的信息太笼统，可以提些问题以了解详细情况。还有一些引申问题，如"设想一下5年之后你会做什么"（考查应聘者对自己的规划和价值判断），"讲一讲你职业经历中最骄傲的事"（考查应聘者的成就感），"当你不在办公室的时候别人会怎么说你"（考查应聘者对自己的客观评价）。

注意，大多数人在设计简历时都有一个非常明确的目的——能通过招聘官的面谈。因此，简历中所提供的信息可以说是总结了沟通对象迄今为止的职业生涯中所有好的方面，而且所有的信息都是用热情洋溢的语句写成的，此时，你就需要考虑如何透过这些语句来获得准确的信息。例如，假定你在A的简历中看到这样一行："我有多年在领导岗位工作的经验"，显然，为了知道更多具体信息，你会问求职者"几年""是什么岗位""你的具体领导责职任是什么"等问题。

小案例9-2　　　　　　　　　**小A的面试过程及分析**

小A到一家大型集团公司应聘主管一职，下面是主考官和小A的一段对话，以及根据对话分析的面谈技巧。

面试一般分为关系建立阶段、导入阶段、核心阶段、确认阶段、结束阶段五个阶段。

一、关系建立阶段

其目的是创造自然、轻松、友好的氛围；一般采用简短回答的封闭式问题，约占面试过程的2%。

主考官：你是看到广告还是朋友推荐来的？

小A：我一直敬仰贵公司，这次是从广告上看到而来的。

（分析：这是封闭性问题。它要求应聘者用非常简练的语言，对有限可选的几个答案作出选择。封闭性问题主要用来引出后面的探索性问题，以得出更多的信息）

二、导入阶段

这一阶段主要问一些应聘者有所准备、比较熟悉的题目，最好的方式是采用开放性问题，约占面试过程的8%。

主考官：请你介绍一下你的经历，好吗？

小A：……

（分析：这是一个开放性问题。它让应聘者在回答中能提供较多的信息，这种题目不是让应聘者简单地回答"是"或"否"，而是要求应聘者用相对较多的语言作出回答。在它的基础上可构建许多行为性问题，而行为性问题能够让我们得到对应聘者进行判断的重要证据）

三、核心阶段

这一阶段主要收集关于应聘者核心胜任能力（岗位胜任能力、素质模型）的信息，约占面试过程的80%。

主考官：请问当你与用人部门的主管对某一职位的用人要求有不同意见时，你是怎样处理的？（开放性问题）

小A：我想我会尽量与用人部门的主管沟通，把我的想法和理由告诉他，并且询问他的想法和理由，双方求同存异，争取达成一致意见。

主考官：那么你能不能举出一个你所遇到的实例？

小A：好的。有一次保安部门有一个保安人员的职位空缺，用人部门的经理要求所招的人必须身高在1.8米以上，体重在80千克以上。

（分析：这是一个行为性问题。它要求针对过去曾经发生的关键事件提问，根据应聘者的回答，探测应聘者对事件的行为、心理反应（行为样本），从而判断应聘者与关键胜任能力（素质模型）的拟合程度）

主考官：为什么？

小A：因为他认为身材强壮的保安人员对坏人具有威慑力。

（分析：这是一个探索性问题。它通常在主考官希望进一步挖掘某些信息时使用，一般是在问其他类型的问题后继续追问）

主考官：那后来怎么样了呢？（探索性问题）

小A：我向那个部门经理解释这并不是必要的条件。因为对于保安人员来说，忠于职守、负责任、反应敏捷、良好的自控能力这些才是最重要的，而对于身高和体重则不必非得提出那么高的要求。

主考官：那么你是怎么做的呢？（探索性问题）

小A：我对他说，如果你能够拿出一些统计数据表明保安人员的身高和体重确实可以阻止坏人的犯罪企图，那么我就接受这条要求，否则的话，提出这种要求就是没有道理的。

主考官：那接下去情况怎么样了？（探索性问题）

小A：那位部门经理收回了他的意见。

主考官：那么你和那位部门经理这次意见不一致是否影响了你们之间的关系？（封闭式问题）

小A：没有。

四、确认阶段

主考官进一步对核心阶段所获得的对应聘者关键胜任能力的判断进行确认，约占面试过程的5%。这一阶段最好用开放性问题。

主考官：刚才我们已经讨论了一个具体的实例，那么现在你能不能谈谈招聘的程序是怎样的？

小A：……

五、结束阶段

结束阶段是主考官检查自己是否遗漏了那些关键胜任能力的问题并加以追问的最后机会，约占面试过程的5%。可以适当采用一些基于关键胜任能力的行为性问题或开放性问题。

主考官：你能再举一些例子证明你在招聘方面的专业技能吗？（探索性问题）

小A：……

一次良好的面试不但要有相当的准备工作，而且在面试过程中要充分发挥面试的技巧，一次成功的面试不但是对应聘者的考验，更是对主考官能否选择合适的人到合适的岗位工作的能力考验。

　　资料来源　佚名. 面试过程中的五个阶段 [EB/OL]. [2017-06-30]. http://www.125job.com/news/36055.html.

知识链接9-2　　　　　　　　面试中一些棘手问题如何回答

　　1.你有什么缺点?

　　回答时注意：坦诚、积极。面试官不一定要知道真正具体的信息，而是看你的应变能力以及你对自己的客观认知。可以谈一个不涉及价值观的缺点，描述这个缺点带来的一次不致命的经历；重点描述你从这次经历中学到的经验教训。

　　2.你有男（女）朋友吗?

　　回答时注意：面试官似乎问了你一个隐私问题，但他其实不是对你的隐私感兴趣，而是想了解你是否会在这个城市安家，了解你未来工作的稳定性；或者想了解你的社交能力。回答时以打消面试官的顾虑为主。

　　3.你觉得你适合这个职位吗?

　　回答时注意：充分了解这个职位及需要的能力；描述你的知识、技能、个性如何适应这个职位要求，信息应具体且充分、有说服力。

　　4.面试快结束时，面试官问：你还有什么问题要问吗?

　　回答时注意：不要说"没有问题"。面试官问这个问题，是想看看你对这次应聘的态度是否认真、负责，还想看看你是否对应聘的企业和职位感兴趣。因此，应该提出一个适当的问题，这个问题既显示你对企业及职位的关注，又表明你积极进取的态度。如"看到贵公司CEO在上周的演讲中说，公司将要多渠道开发线上业务促使传统业务转型升级。如果我有幸被聘用，具体到……（本职位）应该如何做以适应这一要求呢?"

9.3.3　绩效面谈

　　绩效面谈即绩效考核面谈，是指绩效考核结束后，管理人员在规定的时间内将绩效考核结果反馈给下属。绩效面谈的目的一方面是双方对考核结果达成共识，另一方面是共同探讨工作中存在的问题并提出改进措施。绩效面谈的内容主要包括：对考核的结果形成一致的看法；回顾被考核者在某一特定考核期内的表现；指出被考核者的优点与存在的不足；对下一阶段工作的期望达成一致，制定其个人业绩目标；讨论并制定双方都能接受的绩效改进计划与方法；制定未来的培训与发展目标。

　　绩效面谈的步骤如下：

1.进行准备

预先进行通知。有效的绩效评估是一次双向讨论过程，而不是评估人员搞"一言堂"。这就是说，评估人员和评估对象必须进行准备，而只有预先通知评估对象，他们才能做好准备工作。

对前一段时间内的绩效进行回顾，准备工作是必不可少的。评估人员要翻阅评估对象的岗位职责描述，并且确定岗位职责描述是否反映了最新的情况；评估人员要查阅评估对象的个人档案；评估人员要向其他有关人员了解评估对象的工作情况；评估人员还要查阅前一次评估记录以及在评估期间内进行的回顾谈话记录。

2.关注事实依据

对绩效而不是对个性进行讨论。绩效评估并不是一种治疗，而评估人员也不是大夫。评估人员要关注评估对象的实际表现，对评估对象表现不错的方面进行表扬，从而进行激励；与评估对象讨论今后如何对他们表现得不太理想的方面进行改进，帮助他们提高和发展。

讨论事实，而不要纠缠于观点和看法。实事求是，对具体事实进行批评，这样才能帮助批评对象在今后进行积极的转变。这一规则也同样适用于对评估对象进行表扬。站在表扬对象的角度上，告诉他在哪些具体的方面干得不错，就会让他感到这种表扬是发自内心的，是真诚的。

3.对行动计划达成一致

正视问题。成功的评估人员不仅仅要对评估对象表现不错的方面进行表扬，而且要针对评估对象绩效欠佳的领域提出意见。对别人进行批评，尤其是批评那些与我们共事的员工，是一件不讨好的事情。人们很容易因碍于面子而回避棘手问题。

4.建设性批评的六大法则

• 在评估对象犯了错误之后，要迅速与其私下进行面谈，当即指出问题所在，不要等到绩效评估的时候再指出他们曾经犯了哪些错误。

• 就所犯错误的事实达成一致。必须让评估对象认识到他们犯了哪些错误。要做到这一点，首先必须确定实际发生了什么情况。

• 询问和倾听。为了对事实达成一致，必须与相关人员进行沟通。

• 对事不对人。这就是"关注事实依据"的学习要点：针对评估对象的绩效而不是他们的个性。

• 说明某项工作的重要性。这样能够使你的论证更加有说服力。

• 就补救方案达成一致。在某些情况下，当对方承认他们犯的错误之后，我们会感到非常轻松，但是忘了关键的最后一步：对错误进行纠正。

5.怎样对错误进行纠正

• 设定目标。目标设定得越科学，目标被实现的概率也就越高。内容空泛的目标是远远不够的！有效的目标具有以下几个特点：specific，目标要具体；

measurable，目标是可以衡量的；agreed，目标是双方商定的；realistic，目标是可以实现的；time based，目标要在规定的时间内实现。当然，有许多重要的目标是无法用数字"衡量"的。在这种情况下，评估人员和评估对象要对衡量标准进行讨论，并且加以确定。

● 确定培训需要。在绩效评估过程中确定评估对象需要在哪些方面进行改进，绩效评估从回顾过去变成了提高和发展。通过确定培训需要，避免仅仅把目光放在正式培训这一种学习方式上。

● 安排定期回顾会谈。绩效评估没有取得成效的一个主要原因在于，评估人员把绩效评估视为一项一年一次的活动。但是你可以设想一下，在 12 个月以前设定的目标现在很可能会过时。随着情况发生变化，如果要保持绩效评估的有效性和针对性，必须在绩效评估过程中反映出最新发生的变化。员工期待从经理人处得到的支持，大大超过一次会谈可以提供的范围。

小案例 9-3　　　关于个人评估的疑问与上司的沟通

某跨国公司中国上海公司，绩效评估面谈后，下属 Landy Lu 对评估结果不满，给上司发了一封邮件，并抄送了面谈者。

Dear Cindy：

昨天你和休假中的 Sandy 以及两位常务（副总）就我的个人评估进行了沟通谈话，我表示非常感谢！

就评估中我的不足之处，很高兴能得到你们的指正。但有些地方我是有不同意见的，沟通时我就口头提出过，但没有获得明确的回答，所以我书面提交出来与你沟通，希望能得到答案。

评估认定我不足的地方主要有：沟通方式不当，不倾听他人意见和建议，心态不开放；与一线员工沟通不好，不体恤员工；不尊重个人，不微笑对待同事；服务意识不够，应该加强；工作不依靠团队力量等。

以下我就此谈谈自己对以上不足的理解：

1. 沟通方式不当，不倾听他人意见和建议，心态不开放：我自认为沟通方式没有什么不恰当的地方，大家都知道我很直率，有问题就提出，即使提交"门户开放"（公司的一项政策：员工如果受到不公正待遇可以越级反映问题）也是符合公司政策的，且是与你和 Sandy 先沟通的；所谓不听意见和建议，是否指我针对看到的包括 HR 道德问题坚持"门户开放"不妥协？提了"门户开放"，公司却没有及时判断处理甚至没有正面回复，我也受到了打击。但大家都看到了，这并没有影响我的工作并使我消沉，心态不开放说得上吗？

2. 与一线员工沟通不好：这不是可以凭空说的！我与员工和管理层没有不能沟通的，包括对我私下有情绪的人我也是保持足够的尊重并有交流，因为这是由我的习性及个人素质修养保证的。

不体恤员工：这个帽子扣得莫须有、错位了。体恤的概念你了解吗？是上级领导对下级员工的，这应该是你和Sandy的义务，我有什么资格去体恤！我也是一名员工，自己辛辛苦苦地工作，没得到公司的公正对待（这也是第一次"门户开放"的原因之一），你和Sandy没有体恤过我这个员工吧！很多员工为了完成工作很辛苦并自觉或不得不加班，你们有没有体恤过？按照套用在我的评估上的方法，你和Sandy评估里才应该有"不体恤员工"这项！

3.不尊重个人，没有微笑：昨天当场问你们我上述的行为表现，你说是360度调查时，有同事说我开玩笑时有不尊重个人的言语，真是笑话！每个人包括你在工作和相处时都开玩笑，这有错吗？那你的评估中有不尊重个人这项吗？我平时一贯尊重同事包括清洁工人等，这是有目共睹、可以调查的，以我的修养不可能去侮辱、中伤他人。如果你随意空口说我不尊重个人却拿不出真凭实据，这就是对我的不尊重和侮辱！

我和公司同事都是有说有笑的，当然包括微笑，不然你凭什么说我和同事开玩笑呢。这和说我没有微笑就太矛盾了，不知这项作为我评估不足的依据何在！你一直说我对HR没有笑脸，那是因为HR存在问题被我"门户开放"了，是你们心虚或者怀恨在心、心态不开放吧。我自己是否笑、怎么笑我知道，反正不会像你们想的那样媚笑以及溜须拍马！

4.服务意识不够，工作不依靠团队力量：我至今所做的行政本职工作连你和Sandy都没有也无法否定！开业至今我在部门缩编、工作未交接的情况下，不要实习生帮助，一个人做两个人的工作并随时改进服务，还帮助其他部门做分外的工作，却落得个"服务不够"的评估，请问依据是什么？要怎么才能做到服务合格？请你这个对行政外行的HRM列举出明细来便于我更好地追求卓越！

公司很多工作程序上是需要团队配合的，特别是在工作棘手或者因公司程序无法及时处理时更应该依靠团队力量。但我很多次看到本职外的工作有人推诿而不依靠团队力量处理，简单举两个例子：当顾客因伤害事故上门要求尽快赔偿，被推诿以致情绪激动以暴力砸总经办的时候，我出面协调有礼有节化解矛盾、解决问题；当被政府部门处以行政罚款但公司审批拖沓官僚，即将面临缴纳滞纳金及追加处罚以及公司形象利益受损时，我顾全大局再次先行垫付费用，避免不良后果出现……其实这时是应该用团队力量去解决困难的，但那时候这个团队的一些成员包括你们在承担什么职责？团队力量你们是如何体现的？我个人去做些工作，是把个人的力量融入团队中以达到利于公司的工作结果，为什么得到的评估是不依靠团队？在这些工作上你们有没有依靠团队力量去做些什么，还是推诿不作为却对别人说三道四，你们这方面做得比我好吗？

在谈到我评估分数3.2（5分为满分）的高低时，你和Sandy说是公正的，分数属于HR的中等……但我询问了很多同事，知道这个分数相对于我的工作表现来说显然是不公正的。

　　昨天谈论时，你有个说法我觉得用于解释我的评估可能有点依据：你说我的"门户开放"伤害到你了，包括Sandy也有同样的说法，想来这才是你们借评估对我实施又一次打击报复的根本动机。难为你们编了那些牵强的问题套在我身上。那么下面就对"门户开放"到底谁伤害谁作些探讨。

　　第一次"门户开放"，我投诉公司存在薪资不平等现象、HR部门涉嫌整体利用职权谋取不当利益、违反公司"诚实、公平、正直"的道德规范等，公司既没肯定也没否定，至今没有明确处理，但这些都是大部分员工、管理层心照不宣的，我想我没有对你个人进行伤害，是代表资方的HR部门伤害到我以及大部分员工的利益。

　　第二次"门户开放"，Sandy凭个人的喜好要我离开公司，以及你们俩在行政交接时的双簧配合，实质上又一次伤害了我的利益。而我反映你们的情况是没有虚构的，包括你们午间在饭店庆祝生日用餐时间超过1小时。公司是否有规定许可S级管理层工作餐时间不受1小时限制？营运时间用餐可以不顾岗位无人值守而全体参加个人宴席？可以挎着对讲机做自己的事情（参加宴席或休闲娱乐）而看似正在为公司工作？请你们将相关规定分享给我，好让我和员工受些教育有所提高。如果没有相关规定许可此项特权，我想我就没有冤枉你和Sandy，对你们的"伤害抹黑"就是你们编造出来报复的理由和动机。

　　在讲到行政缩编的方面，昨天Sandy有新的惊人论调：行政缩编减少人员是因为行政工作本来就只要一个人就可以了！这个说法我和行政同事从来没有听到过，公司一直也没有这种观点。不知这是Sandy个人观点还是公司那些上级管理层授意的。那样公司目前对行政的调整以及工作交接的安排都可以改变，按照Sandy的规定去执行吧！我觉得这是Sandy个人对公司政策的歪曲、对整个行政部门同事的不尊重和侮辱，我会向公司报告并分享给每一位行政同事，要求公司对此明确表态及处理。

　　即使我不在意在公司是否有升职加薪的发展前景，我也不容许有人对我作出不公正的评论，尤其是这些评估提交给公司总部白纸黑字记录着，肯定会影响公司对我工作和人品的判断。

　　因此，我希望你和Sandy能就对我评估的依据及公正性作出书面详细解释，我的不足之处应怎么做才算合格，并且对我"门户开放"如何伤害你们举出证据。

　　公司政策规定"门户开放"不会受到打击报复，而且总部高级管理层多次向我通过邮件、电话及当面承诺过。

　　如果你们的行为属于打击报复，我会再次报告给公司要求主持公道。同时这次行为已经实际伤害到我的人格、名誉和利益，我保留通过法律途径维护自己合法权益的权利。

为避免因沟通存在差异和误区影响我们各自的行为，所以我先把自己的观点提交给你们，希望得到你们合理的、有依据的解释。

请在今天下午百忙之中回复，Sandy因为在休假中你也可以代为解释。如果得不到及时答复，我会按照自己的理解判断进入下一个程序——将此情况向公司提出投诉仲裁。

谢谢！

思考题：通过这封邮件分析此次绩效评估面谈存在哪些问题。

9.3.4 裁员面谈

裁员是企业永远的痛，刚性裁员、柔性执行，所以，要尽量在裁员面谈中化解冲突、缓和阵痛。

裁员面谈的步骤如下：

1.选择正确的时间

向员工宣布裁员决定的时间要选择在一天和一周的开始，最糟糕的时间是在周末和假期开始之前。当然，具体时间依据企业的具体情况而定。

2.准备好文件

要在宣布对某员工的解雇决定之前就准备好所有的文件，如工资及补偿，包括其他方面的收入以及员工还没享受过的假期，这些都应该及时处理好。这不仅体现了良好的公司制度，而且也涉及法律问题。

3.简明扼要传达裁员决定

首先感谢员工对企业的贡献；然后传达裁员决定。只能说你必须说的话，要表达清楚，言简意赅。拖长谈话时间会让员工以为这是在进行一次讨价还价的谈判。

4.告之补偿及其他政策

告之补偿、再就业辅导及企业的其他帮助政策；告之离职程序和离开公司的时间。

5.寻求反馈

给予被裁员工适当时间反馈。如果员工反应激烈，面谈者只能洗耳恭听，不要辩驳，但要告之员工，裁员决定是不能更改的。对于个别情绪特别激动的员工要在面谈后继续观察，如有情况，迅速启动应急预案。

某公司战略裁员，事先没透露任何消息，员工和外界都不知情，只有责任经理知道。面谈时，面谈者首先肯定被裁员工过去的成绩，然后解释战略裁员的决定及原因，告知支付的补偿金数额，递上所有已经办好的材料，最后让他在解除劳动关系合同上签字，平均每个人20分钟。

小案例 9-4　　　　　　　　　　**某公司裁员面谈六步骤**

一、相关部门的准备工作

● 相关部门主管要认识到裁员的必要性，和公司站在同一阵线上

● 人力资源部门准备好离职核对单等文件

● 人力资源部门核算好员工的赔偿费用

● 相关部门主管陪同 HR 通知员工解除合同

● 相关部门主管陪同员工到人事部办理离职手续

● 网络管理部门或者行政部门准备好更换公司大门及电脑的安全密码

● 相关部门主管、经理确保员工在办理离职过程中不串岗，不与他人交头接耳甚至发生冲突

● 相关部门主管陪同员工到更衣室、车库等地，确认员工安全离厂

● 准备好急救中心和安全部门的电话，必要时请助理或秘书注意紧急情况的发生

二、裁员面谈注意事项与步骤

1. 通知员工

● 尽量不要在电话里通知员工"请到人事部来一趟"，以免造成紧张感

● 尽量避免周末、假日或者员工的重要纪念日当天通知员工

● 使用会议室、休息室等，尽量不要在经理办公室这种"正式、严肃"的地方

2. 切入正题

● 不要假意避重就轻谈一些天气或者其他轻松的话题

● 员工一进入会议室（或你选择的其他场所），待他坐好后就直奔主题告诉他公司的决定

3. 描述事实

● 用几句话描述为什么公司要作出裁掉他的决定

● 切记：重事实而非攻击员工的人格

● 重点强调这个决定一经作出是不可更改的，管理层已经批准等

● 辞退面试不要超过半小时（否则就成了体力上的较量）

4. 倾听

● 被裁掉的员工如反应激烈，不要和他辩论，而应积极地倾听

● 用开放式问题与其谈话，重复他的最后的话语，点头或用短暂沉默配合员工的阐述，直到他可以稍微冷静地接受这个事实

5. 沟通赔偿条款

● 跟员工仔细讲述一遍赔偿的支付金额、具体算法、福利等

● 不要在已经商定好的条款上当场承诺增加任何内容

● 不要承诺会调查一下事后给予答复，这样会把辞退程序复杂化，弄到难以收拾

6.明确下一步流程

被辞退的员工也许不确定下一步该怎么做，给员工离职流程图，并告诉他一步一步如何做，越详细越好。

离职流程：

- 出勤情况汇总并请员工签字确认
- 支付情况签字确认
- 合同解除协议书一式两份签字确认
- 工作服、更衣箱钥匙等归还至HR处

小案例9-5　雅虎裁员的经验分享

2008年12月10日，是雅虎裁员谜底大揭晓的日子。经历50天的折磨后，1.43万名雅虎员工中谁属于那倒霉的"10%"终于水落石出。凌晨3时，一份指导雅虎管理层如何更富技巧地宣布裁员事宜的内部机密——Yahoo's secret layoff doublespeak revealed——出现在Valleywag.gawker.com网站上，该文件给出了经理们裁员时"十项该做和十项不能做"的指导。

十项该做的：

- 保持谈话的专注性，坚持谈话目的和决定
- 控制谈话在15分钟之内
- 提供业务上的理由
- 谈话要清晰、简洁并尊重对方
- 要注意倾听，使沟通继续下去
- 允许员工回应
- 要参考员工补偿内容条款
- 解释被裁员工接下来要走的流程以及整理属于雅虎和个人的财物
- 清楚被裁员工下一步流程以及对最后工作日的提醒
- 指导被裁员工与Right Management的咨询师进行沟通

十项不能做的：

- 不要谈论任何个人问题，直切主题
- 不要试着去回答被裁员工"为什么被裁的是我？"这样的问题（公司节约成本瘦身裁员）
- 不要去支配员工的感情
- 不要谈论其他员工或者进行比较
- 不要说你不赞成这项决定
- 不要谈论员工个人的工作表现或者过去的问题，不要暗示他/她可能会在将来回来工作

● 不要说"你将可以有时间去度假"或者"谁知道我会在雅虎待多久"之类的话

● 不要和员工就遣散补偿进行协商，或者企图推翻补偿决定

● 不要说员工的工作不重要

● 不要提及自己的感受

此外，还有6条附加指导原则：

● 被裁员工不能使用假期延长离开公司的最后日子

● 不得对股权授权书进行商讨和修改

● 当被裁员工签了补充协议后，雅虎将不再要求他们履行退还义务（换岗、签约奖金）

● 被裁员工在6个月内不能以临时工的身份重新被雇用

● 那些通过兼并加入雅虎的员工被裁时将按照收购时和雅虎签订的协议办理

● 对被裁员工在下次应聘正式员工职位时不提供"等待期"

资料来源　①杨琳桦. 雅虎温柔一刀：裁员更人性化［N］. 21世纪经济报道，2009-01-01. ②佚名. 雅虎裁员指导文件泄露［EB/OL］.［2017-06-30］. http：//bestlifes.blog.163.com/blog/static/19411807520081111104121992/.

9.3.5　个人管理面谈

个人管理面谈用于管理者与下属之间定期的、一对一的会面。博斯（1983）通过调查发现，当管理者与下属进行定期私人面谈时，下属的工作绩效会有明显提高，这些面谈被称为"个人管理面谈"。这种面谈方式不仅能提高面谈的效率，而且能提高个人的责任感，使得双方沟通更加顺畅。事实上，管理者由于减少了突发性的、无计划的会议，反而得到了更多的自由支配时间。在解决问题的同时，也加强了人际关系。

建立个人管理面谈分两步：

第一步为角色协商，阐明管理者对下属的期望、责任、评价标准等。没有这一步，大多数下属会不清楚上司究竟对他们有什么要求、以什么作为评价他们工作业绩的标准。经过角色协商，可以克服双方之间的不确定性。在协商过程中，管理者应与下属就现有管理制度中没有的、同时对下属有影响的条款进行协商，然后管理者与下属签署一个关于意向和责任的书面协议，作为一个非正式合同。角色协商的目的在于使双方都明白对方的要求。因为角色协商不是敌对性的，而是互相支持、团队合作，因而双方都能表现出良好的建设性沟通意向。

第二步，也是最重要的一步，就是管理者与下属之间进行一对一的面谈。这些面谈是定期的、私人性质的，而不仅仅是在发生错误和产生危机时才进行，也不是公开的。这种面谈能给管理者提供为下属进行指导和建议的机会，帮助下属提高技能，改善工作表现，因而，每次面谈应持续45分钟至1小时。面谈常会提出一些行

动条款，这些条款中，有的由下属完成，有的由管理者完成。双方都为面谈作准备，双方都提出应作讨论的条款。

个人管理面谈不是一种管理者召集的正式会议，而是管理者与下属平等参与的会谈。对于下属来说，这是一个找出问题、报告信息的机会。而对于管理者而言，可以利用这些针对性很强的面谈，减少那些突发性的、无针对性的、冗长无效的会议。在以后的每次个人管理面谈中，首先要回顾一下上次的行动条款被执行的情况，由此鼓励下属工作绩效的持续提高。

本章小结

面谈是指任何有计划的、各受控制的、在两个人之间（或更多人之间）进行的、参与者中至少有一人是有目的的，并且在进行过程中互有听和说的谈话。面谈具有目的性、计划性、控制性、双向性和即时性的特点。

面谈准备包括目标确定、问题设计、安排面谈结构、选择面谈环境、预期问题并准备回答。面谈过程控制主要是营造和谐气氛、提问与回答以及结束面谈。

信息收集面谈是与信息有关的面谈，有关信息的主题在数量上占了绝对多数的比例。这种形式的面谈，通常与以下内容有关：数据、事实、描述、评价与感受等。

招聘面谈用来帮助现有的组织成员挑选新的成员。在招聘面谈中，访谈者试图评价求职者是否适合进入本组织以及他们是否具有从事该项工作的合适技能。另外，访谈者通常还应试着向被访者宣传自己的组织。

绩效面谈即绩效考核面谈，是指绩效考评结束后，管理人员在规定的时间内将绩效结果反馈给下属，绩效面谈的目的一方面是双方对考核结果达成共识，另一方面是共同探讨工作中存在的问题并提出改进措施。

裁员是企业永远的痛，刚性裁员、柔性执行，尽量在裁员面谈中化解冲突、缓和阵痛。

管理者还应定期与下属进行个人管理面谈。

复习思考题

1.如何准备面谈？
2.如何控制面谈过程，避免冲突？
3.招聘面谈、绩效面谈、裁员面谈的策略有哪些？

▶ 案例分析　　　　　　怎样面谈更好

凯茜是一个项目团队的设计领导，该团队为一个有迫切需求的客户设计一项庞大而技术复杂的项目。乔是一个分派到凯茜的设计团队里的工程师。

一天上午9时左右，乔走进凯茜的办公室，凯茜正在埋头工作。

"嗨，凯茜，"乔说，"今晚去观看联赛比赛吗？你知道，我今年志愿参加。"

"噢，乔，我实在太忙了。"

接着，乔便在凯茜的办公室里坐下来，说道："我听说你儿子是个非常出色的球员。"

凯茜将一些文件移动了一下，试图集中精力工作。她答道："啊？我猜是这样的。我工作太忙了。"

乔说："是的，我也一样。但我必须抛开工作，休息一会儿。"

凯茜说："既然你在这儿，我想你可以比较一下，数据输入是用条形码呢，还是用可视识别技术？可能是……"

乔打断她的话，说："外边乌云密布，我希望今晚的比赛不会被雨浇散了。"

凯茜接着说："这些技术的一些好处是……"她接着说了几分钟，又问："那么，你怎样认为？"

乔回答道："噢，不，它们不适用。相信我，除了客户是一个水平较低的家伙外，这还将增加项目的成本。"

凯茜坚持道："但是，如果我们能向客户展示这种能使他省钱并能减少输入错误的技术，他可能会支付实施这些技术所需的额外成本。"

乔惊叫起来："省钱！怎样省钱？通过解雇工人吗？我们这个国家已经大幅度裁员了。而且政府和政治家们对此没有任何反应。你选举谁都没关系，他们都是一路货色。"

"顺便说一下，我仍需要你提供编写进展报告的资料，"凯茜提醒他，"明天我要把它寄给客户。你知道，我大约需要8~10页。我们需要一份很厚的报告向客户说明我们有多忙"。

"什么？没人告诉我。"乔说。

"几个星期以前，我给项目团队发了一份电子邮件，告诉大家在下个星期五以前我需要每个人的数据资料。而且，你可能要用到这些为你明天下午的项目情况评审会议准备的材料。"凯茜说。

"我明天必须讲演吗？这对我来说还是个新闻。"乔告诉她。

"这在上周分发的日程表上有。"凯茜说。

"我没有时间与篮球队的所有成员保持联系，"乔自言自语道，"好吧，我不得不看一眼这些东西了。我用我6个月以前用过的幻灯片，没有人知道它们的区别。那些会议只是一种浪费时间的方式，没有人关心它们，人人都认为这只不过是每周浪费2个小时。"

"不管怎样，你能把进展报告的资料在今天下班以前以电子邮件的方式发给我吗？"凯茜问。

"为了这场比赛，我不得不早一点离开。"

"什么比赛？"

"难道你没有听到我说的话吗？联赛。"

"或许你现在该开始做这件事了。"凯茜建议道。

"我必须先去告诉吉姆有关今晚的这场比赛，"乔说，"然后我再详细写几段。难道你不能在明天我讲述时作记录吗？那将给你提供作报告所需的一切。"

"不能等到那时，报告必须明天发出，我今晚要很晚才能把它搞出来。"

"那么，你不去观看这场比赛了？"

"一定把你的资料通过电子邮件发给我。"

"我不是被雇来当打字员的，"乔声明道，"我手写更快一些，你可以让别人打印。而且你可能想对它进行编辑，上次给客户的报告好像与我提供的资料数据完全不同，看起来是你又重写了一遍。"

凯茜重新回到办公桌前并打算继续工作。

讨论题：

（1）这次交流中的问题有哪些？

（2）凯茜应该怎么做？

（3）你认为乔要做什么？

（4）凯茜和乔怎样处理这种情况会更好？

第10章 有效写作

学习目标

- 了解写作沟通的类型、特点，以及写作沟通的优缺点及沟通障碍
- 建立受众导向的写作沟通思路与信息组织原则
- 掌握与运用商务文本写作过程中的语言组织和逻辑、结构；能够根据建议的写作过程进行写作沟通，学会写作常用商业报告和函件

➡ 引例 辞职信

样本1

Dear All（各位）：

今天是我在××工作的第2 290天，也是最后一天。

和××说再见是件艰难的事，因为这里有我6年的美好回忆，更因为这里有你们这些值得我一生珍惜的良师益友。从信息部到市场部，从深圳到北京，从一个"新鲜"的入职者到一个老员工，你们一直在给我力量、热情，还有感动。为了共同的理想我们曾经在一起战斗。现在，同样因为理想我要暂时离开大家。感谢所有的人，感谢你们的帮助、真诚、耐心甚至宽容。祝愿我们的公司永远辉煌，祝福我们的生活更加精彩……

说再见，就一定会再见！

祝福大家！

××

××××年××月××日

样本2

员工填写格式化辞职报告。

辞职理由一栏：冬天太冷，起不来；先冬眠。

部门负责人批示：懂你！同意！

分公司总经理批示：现在的90后太不负责任了，我表示无语！同意！

人力资源部批示：呵呵！！同意！

这封辞职信及批示的表达有问题吗？

10.1　写作沟通概述

写作沟通作为一种传统的沟通形式，一直作为可靠的沟通方式为大家所采用，每一位管理者在工作中都不可避免地要运用文字来沟通信息，正如现在的商业活动中，商务函件、协议、单据、申请报告等，都要以笔头记录的方式加以认同，并成为约束大家行为的手段。"口说无凭，落笔为准"就充分说明了写作沟通在现实生活中的重要作用，而且以文字作为表达方式，是最有效的整理思路、建构严密信息逻辑的手段。

10.1.1　写作沟通的特点

写作是写作主体将自己或自己所代表的团体的意志用文字表述出来的一个创造性过程。它包括文学创作和应用写作两大内容。前者强调的是写作主体的个性，后者强调的是团体意志和规范格式。在管理沟通学科范围内，主要研究后者。

写作是一种特殊的沟通方式。写作可以有充分的时间准备，也可以在创作后进行修改，这使得最终的作品正确、完整、清晰；写作的作品可以很容易地实现多向传递，一份通知可以复制任意份发送到需要知悉通知事项的单位；写作沟通无须其他辅助条件；写作的意义载体是文字，它可以准确地记录、保存信息，失真性相对较小。

首先，写作沟通具有有形展示、长期保存和可作为法律依据的优点。一般情况下，信息的发送者和接收者双方都拥有沟通记录，沟通的信息可以长期保存下去。如果对信息的内容有疑问，完全可以对信息进行查询。这对于复杂或长期的沟通来说尤其重要。

其次，写作沟通更加周密，更具有逻辑性和条理性。把需要表达的内容说出来和写出来是不一样的。写出来可以使人们对所要表达的内容更加认真地进行思考。书面沟通在正式发表之前可以反复修改，直到作者满意为止。作者所要表达的信息能够被充分、完整地表达出来，减少了情绪和他人观点等因素对信息传达的影响。

最后，写作沟通的内容易于复制，有利于大规模传播。写作沟通可以将内容同时发送给许多人，给他们传递相同的信息。写作沟通的载体形式多种多样，根据沟通渠道的不同，写作沟通可以分为纸张沟通（包括正式和非正式报告、信件、商务函件、备忘录等）、传真沟通、电子邮件沟通和电子会议系统沟通等。其中，前面两种以纸为媒介，后面两种以机器网络为媒介。广泛的载体形式使得书面语言可以不受时空的限制，从一地传到另一地。而且只要载体上所印制或储存的文字或其他信息符号能够保存，内容就可以长期保存下来。

但是，不容置疑的是，写作沟通也有缺陷：一是相对于口头沟通来说，写作沟通耗费的时间较长。在同等的时间内进行交流，口头比写作所传达的信息要多得多。花费一个小时写出来的内容，只要15分钟就能说完。二是发送者无法确保接收者对信息的理解是否符合其本意，发送者往往要花费很长的时间来了解发出的信息是否被接收者准确而完整地理解。三是缺乏内在的反馈机制，不能及时地提供信息反馈。不过，对此也应有全面的理解。正是写作沟通信息反馈的距离性和拖延性，使得发送者能够按照预定的计划表达自己的感情而不必应付接收者的即时反应。

10.1.2 写作沟通的障碍

写作沟通的障碍包括语言障碍、知识障碍和人为障碍等。

1.语言障碍

从传播学的角度讲，信息具有3个不同的层次：语法信息用来表征事物的变化发展状态；语义信息用来表征事物的变化发展意义；语用信息用来表征信息对不同的传播对象具有不同的利用性。理解和表达能力的差异，常常使得发送者和接收者在借助语言进行沟通的过程中出现理解与把握上的背离。另外，由于各地风俗习惯和方言不同，在借助方言对书面材料进行解释或再传递的过程中，往往也会影响沟通的效果。

2.知识障碍

写作沟通涉及的内容繁杂，范围广泛，有经济学、管理学、统计学、市场学、广告学及法学等多个学科，沟通双方对此都应有所掌握。如果知识面不够广，就会造成写作沟通中的知识障碍，从而影响写作沟通的准确性。

3.人为障碍

在写作沟通的过程中，由于人为因素的影响，经常会出现书面材料内容表述不清、词不达意，因接收者疏忽造成信息遗漏，因书面材料的传递环节过多造成层层过滤，使书面材料的内容发生畸变等人为障碍。

10.1.3 写作沟通的原则及适用范围

商务写作要求遵循实用性、真实性、规范性、准确性原则，还要站在读者的角度写作。

比较以下两封书信：

某货运公司致其客户——某食品公司——的一封业务信函：

样本1

敬启者：

目前我公司输送货物的时间大都集中在下午，以致送达业务无法顺利进行，工作人员只好加班加点。贵公司11月20日送出的510件货物，抵达时已是下午4点20分。不仅贵公司的卡车要浪费时间等卸货物，输送的时间也可能延误。因此，贵公司有大批货物时，能否提前送来，或在上午送一部分来？

经理：×××

×月×日

样本 2

尊敬的客户：

为答谢贵公司 14 年来的惠顾，我公司将提供更迅速、更有效的服务。贵公司 11 月 20 日下午很晚才送到大量货物，在这种情况下，我们唯恐做得令您不满意。因为货物堆积太多，必然产生混乱，不但贵公司的卡车不能及时卸货，而且可能延误送货时间。

因此，如果可能的话，希望贵公司的货物都能于上午送来。这样，不但贵公司的卡车不浪费时间，货物可随时装运出去，而且装卸人员也能按时回家，品尝贵公司的美味通心粉。

当然，我们并非要求贵公司改变经营方针。无论贵公司何时送货来，我们都将尽快处理。

经理：×××

×月×日

第二封书信站在客户（即读信人）的角度写，更能被对方接受。

知识链接 10-1　　　　　　写作中的换位思考

作者在写作时要从读者的角度出发，重视读者想了解的内容，尊重读者的聪明才智，保护读者的自我意识。

1. 不要强调你为读者做了什么，而要强调读者能获得什么或能做什么。要以正面或中立的立场，强调读者想要知道的内容。

非换位方式：今天下午我们会把你们 8 月 1 日的订货装船发运。

换位方式：你们订购的两集装箱服装将于今天下午装船，预计在 8 月 8 日抵达贵处。

2. 参考读者的具体要求和指令。如果需要，列出发票和订单号。

非换位方式：您的订单……

换位方式：您订购的真丝服装……

（对公司：贵处订购的真丝服装（第 03058 号发票）……）

3. 尽量少谈与业务无关的个人感受，除非在慰问信和贺信中。

非换位方式：我们很高兴授予您 5 000 元信用额度。

换位方式：您的牡丹卡有 5 000 元的信用额度。

4. 避免就读者的感受或反应作出判断。

非换位方式：您会很高兴听到您被公司录用的消息。

换位方式：很高兴通知您，您已通过了公司的全部考核，被正式录用。

5. 涉及褒奖内容时，多用"你"而少用"我"，褒奖内容与作者、读者都有关时用"我们"；叙述重点放在读者方面而不是你或你的公司方面。

非换位方式：我们为所有的员工提供健康保险，包括您。

换位方式：作为公司的一员，您会享受到公司提供的健康保险。

6.涉及贬义内容时，避免用"你"作主语，以保护读者的自我意识；用指代读者群体的名词取代"你们"和"你"，以减弱抵制心理。

非换位方式：你发表任何以该工作机构为背景的文章时，都要得到主任的同意。

换位方式：本机构工作人员在发表以本机构工作经历为背景的文章时，都要得到主任的同意。

写作沟通的适用范围是：①简单问题小范围沟通（如3~5个人沟通产生最终的评审结论等）；②需要大家先思考、斟酌，短时间内不需要或很难有结果（如项目组团队活动的讨论、复杂技术问题提前知会大家思考等）；③传达非重要信息（如分发周项目状态报告等）；④当谣传信息可能对团队带来影响时，澄清谣传信息。

10.1.4 写作沟通的写作过程

根据玛丽·蒙特的观点，写作沟通的写作过程可以划分为资料收集、组织观点、提炼材料、起草文章、修改文稿5个阶段。不管你花多少时间或写作的难易程度如何，你都会经历这些阶段，只不过不同的沟通者在每个阶段上花费的时间和精力不同而已，有时也可能在次序上颠倒，但总体过程就是如此。

阶段一：资料收集

资料来源主要有两大类：一类是文献资料；另一类是调查材料。文献资料如以前的信件、文档、文章、数据库、财务报告、网上下载的资料等；调查材料包括与各类人员的面谈、电话访谈、个人的笔记或采用头脑风暴法得到的信息等。在资料收集过程中，要训练自己的两个基本功：一是勤作笔记，尤其是当有新的想法和灵感出来时，要尽快记录下来；二是以带着问题的方式与人沟通。

阶段二：组织观点

组织观点是最重要也是最困难的任务。如果在起草文章之前能把观点组织好（也就是平时说的打好腹稿），写作的效率将大大提高。尽管在文稿修改过程中可以修正观点结构，但如果有一个系统的观点结构，将非常有利于提高写作效率。组织观点可分为四个步骤：

①分组：以问题和原因、时间和步骤、主要观点和次要观点的思路将相似的观点与事实组合成一体。

②选择观点和素材：根据分组的结果，提出初步的结论和建议。

③归纳标题：将结论和建议归纳成简短明了的标题。

④论据和结论的合理编排：对于不同的报告和沟通对象，要策划相应的编排次序。要根据读者的管理风格确定逻辑推理方式：对关注过程的读者，可以选择从一

般到特殊；对关注结果的读者，可以选择从特殊到一般。

阶段三：提炼材料

提炼材料主要包括：①明确文章的主要观点，区别主要和次要观点；②根据不同的对象选择理论性或实证性材料，以提高说服力；③以尽可能快的速度来表达观点，说服对方；④用最精练的词句说明观点，做到惜字如金。

前面3个阶段都属于写作的准备阶段，一般来说是每个人写作之前都要思考的问题。

阶段四：起草文章

在起草文章过程中，建议运用以下4个方面的技巧：

①养成用电脑直接写的习惯。在电脑上直接写可以大大提高写作效率，其中最大的好处在于修改方便。

②不要一边写一边改。文章的写作是一个创造性过程，连续的思路比语句的润色更重要。如果在写作过程中去修改，就会局限在细节性问题上，中断你的创造力。

③不要拘泥于写作顺序。你可以从结尾开始写，也可以从中间开始写。总体来说，你应该从自己最有把握的地方开始写。

④不要断断续续地写，最好能够一气呵成。"打补丁式"的写作风格会使你的思路经常中断，逻辑性下降，效率也降低。

阶段五：修改文稿

文稿的修改要注意时间间隔。当文章写完后，最好放一两天，使得你有时间思考新的观点，或更好地理清你的思路。另外，注意修改的层次性，先从整体上修改文章的观点、逻辑性；再修改文章中的词句，要避免冗长的、啰唆的语句，要注意文体；最后修改文章的具体措辞、语法和标点符号。在措辞的使用上，要尽量避免"我认为""笔者提出"这样的语气，尽可能使用中性的表达方式。

10.2 写作沟通中的逻辑

写作沟通的语言逻辑、整个文章或报告的组织结构、信息的结构安排远比口头沟通考究得多。

10.2.1 写作沟通中的逻辑层次

写作沟通的语言逻辑性表现在3个层次上：

1.最高层次

整个文章或报告的前后逻辑性要强，要融为一体、一气呵成。一个报告的写作首先要确定文章所要实现的目标。为达到这个目标，要充分收集各方面具有说服力、与主题紧密相关的材料来佐证或论证你的观点。在论据的组织上，要具有说服力。通过提出问题、分析解决问题的逻辑思路，统筹把握整个文章的结构。

2.中间层次

在整个论证展开的过程中，每一个论点都要有其系统逻辑结构。当你提出一个论点时，就必须对这个论点通过"论点—论据—论证"的结构组织信息。

3.基础层次

每个完整的句子都要有逻辑性。在一个句子没有表达完整之前，不要轻易断开；一个段落内部不要前一句和后一句出现完全不同或不相关的意思。

10.2.2　写作沟通中的结构安排

1.有力的结构

在公务和商务写作中，结构安排是一个重要的问题。一般安排一个有力的结构。根据听众或读者的记忆曲线，在传播沟通开始的一段时间（大约15分钟）和即将结尾的一段时间（大约10分钟）里，听众或读者处于兴奋状态，对传播内容有较高的兴趣。因此，安排文章结构时应将重要内容放在开头，将行动计划放在结尾，如"建议、理由、实施计划"式的结构。"建议"即提出主要观点或所要达到的目标或主要结论；"理由"即支持"建议"的事实和材料，也就是论据；"实施计划"即具体行动方案。这样的结构安排使信息传播更有力。

2.合理的逻辑

演绎推理和归纳推理在公务、商务写作中经常被运用。

演绎推理即从一般到个别，从大前提到小前提再到结论。比如，本市所有的组织都要被检查（大前提），我们是本市的组织（小前提），所以我们要被检查（结论）。

归纳推理是从个别到一般，通常是罗列出一系列事实或问题，然后提出一个总的结论或解决方案。比如，我们的营销人员允诺的服务，我们目前无法提供；没有人想要我们目前提供的服务；我们的财务状况正在恶化。因此，我们必须开发新的服务项目。

3.有说服力的论证方式

（1）简单陈述或对比论证。如果听众或读者对你的陈述是支持的或中立的，也即对这一问题没有争议，可以采用"简单陈述"的方式。如果听众或读者对这一问题有争议或持反对态度，最好采用"对比论证"的方式，带动听众或读者参与讨论、思考、比较，从而说服听众或读者。

（2）支持—反对或反对—支持。当你要说服听众或读者时，是先论证你的建议还是先对反对这个建议的观点作出反应，这是需要选择的。一般来说，支持或中立的听众或读者想先听到支持的论证，因此对他们宜采取"支持—反对"的方式。怀疑或敌对的听众或读者在他们的疑虑未被消除之前不太可能关注你的建议，因此对他们宜采取"反对—支持"的方式，循序渐进地说服他们。

（3）上升或下降的顺序。上升顺序是将最有力的论点放在最后，下降顺序是将它放在开头。一般来说，一个对话题既感兴趣又熟悉的听众或读者，可能想立即知道你的论点和结论,对他宜采取下降的顺序。这里要注意使后面的论述简洁、不琐碎、处于从属地位,并在最后再次肯定你的论点。一个对话题不太感兴趣或不太熟悉的听众或读者,只有当他的兴趣被唤起之后才会作出反应,接受你的观点,因此你的开头要引人入胜,抓住他的注意力,然后用大量的论据为你的论点作铺垫,最后提出结论或建议。

小案例10-1 如何安排《总经理办公室功能的调查报告》的结构

公司要你组织一个顾问团队,对总经理办公室管理人员的作用进行评价,于是你访问了总经理、公司职能部门和办公室人员。在起草报告时,你列出这样一个大纲:

第一部分:总体提出报告的目的。

第二部分:总经理对办公室管理人员的作用评价。

第三部分:各职能部门负责人对办公室人员的评价。

第四部分:办公室人员对自己作用的评述。

第五部分:结论和建议。

现在假设你是公司总经理,看了这份报告后作何评价?如不满意,又如何修改?

该结构存在以下问题:

问题1:对某一问题的重复性讨论,不能强调你的观点;思路不清楚,表述混乱;读者不能把握报告的核心观点。

问题2:没有站在总经理的角度来安排结构。

针对上述问题,可对大纲作如下修改:

大纲(一)

(1)前言:报告的目的。

(2)作用一:总经理的参谋功能。

(3)作用二:不同职能部门之间的协调功能。

(4)作用三:公司有关活动的组织者。

(5)作用四:职能部门和总经理之间沟通的桥梁。

(6)结论和建议。

大纲(二)

(1)结论和建议;

(2)报告的目的;

(3)本报告的调查分析和发现;

(4)原因分析;

(5)详细对策和建议。

10.2.3　选择对受众适度的信息

写作时，要选择对受众适度的信息，具体分析以下 3 个问题：

1.受众对讨论主题知道多少

根据洛克的观点，受众对主题的了解程度往往很容易被高估，组织以外的人很可能不了解你从事的工作。即使是曾经在某部门工作过的人，现在也可能已经忘记了从前每天的工作细节，更不要说组织以外的人了。如果你所提供的信息完全是新的内容，就必须做到：①通过下定义、概念解释、举例子等方法将主题表达清楚；②将新的信息与受众已有的常识相联系；③通过分段或加小标题的方式使信息易于理解；④用文件草稿在传递对象的抽样人群中进行试读，看他们是否能领会和运用你所写的内容。

2.受众对信息主题的常识来自平时的阅读还是个人经验

亲身体验直接掌握的知识往往比间接从书本中学到的知识更实际、更可信。尽管有些人会把这些经验视为例外、谬论或侥幸，我们自己则会视之为将来更好地开展工作的基础。要改变受众对某一信息的认知，必须做到：①在表达的信息中先对受众的早期认知予以认可；②用理论、统计数据说明长期和短期效果之间的差别，或证明受众的经验在此不适用；③在不伤面子的前提下，提示受众情况已经发生变化，态度和方法也要作相应的变化；④要受众支持你的观点，你得知道他们需要你提供哪些信息。

3.弄清楚受众所需要借助的信息背景

要做好 3 点：

（1）用"如你所知"或"正如你记得的那样"的字眼开头，给对方以提示，避免让对方觉得你认为他们根本就不懂你在说什么。

（2）把已为大家所接受的或显而易见的内容放在你的句子中。

（3）需要提示的内容过长时，可以用加小标题、单独成段，或列入文件和备忘录的附录等形式表达。

此外，在写作沟通过程中，还要力争减少受众的抵触情绪，消除受众的负面反馈可能给沟通带来的困难。这是考虑如何激发受众兴趣的首要切入点，因为如何让消极受众转化为中立受众甚至积极受众，是沟通中最困难的事情。

首先，要考虑的是受众会持哪些反对意见，如有主见的受众通常对变化很反感，为此，要站在受众的立场上给他们提供积极信息。具体策略有：①把好消息放在第一段；②把受众可能得到的好处甚至放在好消息之前；③开头先讲你们之间的共同点和一致之处；④观点要清楚明确；⑤不要使用煽动性言论；⑥减少说明或提出要求等内容的篇幅，若可能，在下次沟通时再提到此类内容；⑦说明你的建议是现有最好的解决办法，当然这也不是十全十美的。

其中，在讲双方之间的一致之处时，不妨向受众提及你们共同的经历、兴趣、目标和价值观，因为一致的感觉有时比文件的内容更能说服对方。具体到在沟通相互之间的一致之处时，有以下建议：①采用生动、短小、有趣的故事谈论你们的共同之处，故事的情节应新颖，不要给人感觉像在作报告；②写作风格应尽量友善、非正式；③文章结束语和敬称等要让读者感受到在这个正式或非正式群体中的归属感。

其次，在信息编辑过程中，要注意受众对文章的语言、结构和格式的偏好。具体在做法上要考虑以下 5 个方面的问题：①了解受众喜欢的写作风格。根据对受众的了解，选择不近不远、友善的风格。②避免使用激进或禁忌的词汇，以免受众产生反感。③了解受众所需信息的具体程度。④根据受众个性和文化背景的不同选择直接的或间接的信息结构。⑤根据受众对表达方式（包括长度、版式、脚注等）的偏好编辑文字。

10.3　常用商务写作

企业常用的商务文书包括报告、信函等。报告又可以分为很多种，信函有致函和回函。

10.3.1　市场调查报告的写作

市场调查是一种收集、记录、整理和分析市场对商品的需求状况以及其他相关情况的活动，将市场调查得到的材料进行筛选、整理、归纳、分析后形成的文书就是市场调查报告。它是一种专题调查报告，除具有依赖调查的一般特点外，还具有很强的时效性、针对性和实用性。市场调查报告可以使相关人员及时获取信息、了解情况、发现问题、总结经验教训，为决策提供依据。市场调查报告要呈现丰富的调查数据，凸显作者实事求是的态度。

1.市场调查报告的结构

市场调查报告的结构包括标题、引言、主体、结尾 4 个部分。

标题的拟定方法有两种：一种是文种式，这种标题由单位名称+事由+文种构成，而事由一般由调查的内容构成，如"××新产品消费群体调查报告"。另一种是概括式，即用一个能够揭示分析者的观点或倾向性意见的句子拟题，如"专业户的生命力在于高效率"。

引言部分的写作通常有两种方式：说明式引言，对调查的缘起、目的、对象、范围、内容、调查方法、时间、地点以及简要结果等有关调查本身的情况作一简单说明，使读者对调查的全貌有所了解；结论式引言，用简要的语言提出全文的主旨，将调查结论和盘托出，使引言成为全文的纲要。

主体部分显示调查报告的主要内容，由情况、分析和建议三部分构成。情况部分是对调查的归纳，分门别类地叙述调查材料，有时可加图表作辅助说明。分析部分表述的是写作者对调查情况的看法以及从中发现的问题、得出的结论等。它与情况部分通常放在一起写，边介绍情况边进行分析，这种有事实、有数据、有分析的写法较有说服力。建议部分依据调查材料及分析研究，提出解决问题的方法或应采取的措施、对策等。

结尾没有固定的格式，有的归纳全文，进一步深化主题；有的由调查的种种事实引出简要的结论；有的提出存在的问题及建议、意见；有的发出呼吁，提出令人深思的问题或观点，写出总结式的意见；还有的写完意见与建议就自然收尾，而不另行结尾。供决策参考的市场调查报告还应在结尾处署上写作者的姓名，以示负责；如系受托，还要将委托方和调查方分别写清楚。

2.写作注意事项

写市场调查报告一定要做到实事求是。写作者要认真调查，这是写作的基础；引用的数据要反复核对，保证其准确性；选材时一定要客观全面，不能由着自己的爱好取舍；对情况的分析也要符合实际。市场调查报告要求以叙述事实为主，同时要对调查的事实加以分析、综合，从中引出明确的观点和结论，因此夹叙夹议是市场调查报告的文体特点，也是写作者应注意的问题。市场调查报告的内容广泛，涉及的问题较多，在整理材料以及写作过程中，要根据主题的需要进行剪裁，突出重点，切忌面面俱到。如果涉及的内容太多，可以分专题写成几份报告。写市场调查报告免不了要使用大量的数据，写作时要注意文字与数据的结合方式，或将数据与文字融合在一起，或将数据分类，或用数据支撑图表，使报告内容表述得更加直观。

小案例10-2　　　　　　　　　　**SS产品的市场调查报告**

为了摸清SS产品的发展前景、用户的消费心理与承受能力以及市场对于SS产品的需求量，我们进行了一次社会调查。经整理分析，其结论如下：

1.目前SS产品在A市尚处于起步阶段，发展的高潮尚未真正到来。

2.20×1年、20×2年两年的需求将分别达到N万户和M万户左右。

3.目前SS产品的发展重点应放在宣传使用方法和搞好售后服务上，以便为发展高潮的到来打下坚实的基础。

一、移动电话市场概况

……

二、移动电话需求预测

……

三、专家的评价与预测

……

四、对发展移动电话业务的建议

……

五、对本次调查工作的评价

……

资料来源　晓佳.商务文书范本大全［M］.北京：中国言实出版社，2007.

10.3.2　经济活动分析报告的写作

经济活动分析报告是根据计划指标、会计核算、统计报表以及调研材料，对某一时期的经济活动状况进行分析研究、探索原因、提出改进意见的书面报告。它具有分析性、时效性、建议性的特点，是为计划、统计、财务会计人员当好参谋的重要工具，是进行科学管理的有效武器，有助于企业提高管理水平。

1.经济活动分析报告的结构

经济活动分析报告的结构包括标题、引言、分析、意见与建议4个部分。

标题的拟定方法同市场调查报告一样。引言是经济活动分析报告的开头部分。在引言中，可以扼要介绍基本情况，交代分析的内容和范围，说明分析的依据、方法及目的，揭示分析的简要结果。引言部分的作用在于为下文作好铺垫，使阅读者先有一个总的印象。分析部分通过对指标完成情况或经济效益情况进行分析、比较、说明，总结经验教训，找出带有规律性的问题。这是经济活动分析报告的核心，写作者要运用各种分析方法，解剖各个指标的构成要素，成就与问题、主观与客观、计划与实际、主要与次要、原因与结果都要予以考虑。准确揭示分析对象的全貌是这一部分的目的。为了使分析条理清楚、中心突出，在这部分内容中可以使用序码、小标题和段落主旨句。如果在分析部分主要分析了取得的成就，在意见与建议部分就应该提出如何发展和进一步完善的措施；如果在分析部分讲到了存在的问题，在意见与建议部分就一定要提出改善的意见、建议和可行性措施。

小案例10-3　　　　　　　**A公司财务成本分析报告**

根据……我公司的具体情况，现对生产、利润、成本三方面的经济活动进行初步分析。

一、经济指标完成概况

1.工业总产值：完成×万元，为年计划的n%，比上年同期增长m%。

2.产品产量：……

3.全员劳动生产率：……

4.产品销售收入：……

……

二、生产任务完成情况分析

……

三、利润指标分析

……

四、成本分析

……

A公司

××××年××月××日

资料来源　晓佳.商务文书范本大全［M］.北京：中国言实出版社，2007.

2.常用的分析方法

在对数据进行分析的过程中，常常会用到两种分析方法：一种是对比分析法；另一种是因素分析法。对比分析法是将两个或两个以上在时间、内容、项目、条件等方面具备可比性的数据进行对比，根据对比的结果研究经济活动的状况，反映工作成绩和差距，从而找出原因，总结经验教训，并设法保持或改进。反映在数据上，对比分析法通常表现为绝对数与绝对数或相对数与相对数的比较。在对比对象上，通常表现为计划与实际比较、现实与历史比较、本单位与兄弟单位比较。对比分析法的目的是寻找变动指标，发现问题。因素分析法的前提是已经找出变动指标，要分析影响指标变动的因素以及各因素的影响程度。

3.写作注意事项

材料是经济活动分析报告写作的基础。材料有死材料与活材料之分，前者是指源于计划、报表、凭证、账册等的书面材料，后者指的是源于调查的材料。写作时对此二者应该充分占有，不可偏废。有些人在写作经济活动分析报告时只罗列材料，缺乏必要的提炼与分析，分析报告无分析是本文体的致命伤。

10.3.3　可行性研究报告的写作

可行性研究报告是对某一项目投资可能采取的方案从各方面进行反复调查、研究、论证，确定其是否可行后写出的书面报告。它是可行性研究工作的总结性报告，具有超前性、预见性和严格的论证性，是决策的重要依据。

可行性研究报告的结构由标题、引言、分析论证、结论、附件5个部分组成。

标题的构成比较简单，一般采用文种式。有的由完成项目的单位+项目名称+文种构成，如"××公司关于兴建××商场的可行性研究报告"；有的由项目名称+文种构成，如"××项目可行性研究报告"。

引言主要是使读者了解报告的来龙去脉以及主要内容，因此在这一部分中一般需要包括项目的由来、目的、范围、可行性研究的基本情况和简要结论，以及项目承担者和报告写作者等内容。

分析论证部分是主体部分。从内容上看，它是从与实施该项目有关的各个方面来论证其是否可行的。一般情况下，对项目的分析论证应该从以下10个方面入手：①市场需求分析；②地址选择；③原材料、资源、燃料以及公用设施的配备与供应；④工艺技术；⑤组织机构与人员管理；⑥项目的实施计划与安排；⑦资金数额估算与来源；⑧经济效益与社会效益分析；⑨环境保护措施；⑩项目进行中可能遇到的问题以及解决预案。由于项目的性质不尽一致，因此对于以上10个方面的内容在安排上也应各有侧重，按实际情况灵活处理。这一部分内容多，地位重要，是体现可行性研究报告优劣的关键部分。

结论是一个综合性评述意见。这一部分是对可行性研究报告的内容进行分析之后得出的认识，是可行性研究报告的落脚点。在这一部分中要明确回答的问题是该项目可行还是不可行，并据此进行投资方案决策。

一般的可行性研究报告都有附件置于正式论证文字之后。附件的内容包括一些统计图表、设计图纸、实验数据、调查结果、上级机关或主管机关的有关文件和批文以及另外的论证资料等。附件既对正文有极大的参考价值，能够增强说服力，又使得正文论证重点突出、简洁流畅。

【知识链接10-2】　　　　　　　可行性研究报告基本格式

一般广义上的可行性研究报告是根据你作的调查分析可能的结果，对可实行的策略和步骤作出预测计划和报告。

目录

第1章　项目总论

1.1　项目背景

1.2　可行性研究结论

1.3　主要技术经济指标表

1.4　存在的问题及建议

第2章　项目背景和发展概况

2.1　项目提出的背景

2.2　项目发展概况

2.3　投资的必要性

第3章　市场分析与建设规模

3.1　市场调查

3.2　市场预测

3.3　市场推销战略

3.4　产品方案和建设规模

3.5　产品销售收入预测

第4章　建设条件与厂址选择

4.1　资源和原材料

4.2　建设地区的选择

4.3　厂址选择

第5章　工厂技术方案

5.1　项目组成

5.2　生产技术方案

5.3　总平面布置和运输

5.4　土建工程

5.5　其他工程

第6章　环境保护与劳动安全

6.1　建设地区的环境现状

6.2 项目主要污染源和污染物

6.3 项目拟采用的环境保护标准

6.4 治理环境的方案

6.5 环境监测制度的建议

6.6 环境保护投资估算

6.7 环境影响评估

6.8 劳动保护与安全卫生

第7章 企业组织和劳动定员

7.1 企业组织

7.2 劳动定员和人员培训

第8章 项目实施进度安排

8.1 项目实施阶段

8.2 项目实施进度表

8.3 项目实施费用

第9章 投资估算与资金筹措

9.1 项目总投资估算

9.2 资金筹措

9.3 投资使用计划

第10章 财务与敏感性分析

10.1 生产成本和销售收入估算

10.2 财务评价

10.3 国民经济评价

10.4 不确定性分析

10.5 社会效益和社会影响分析

第11章 可行性研究结论与建议

第12章 财务报表

第13章 附件

小案例10-4　　关于参股成立碳碳复合材料公司的报告

总经理：

　　根据前期我公司与××工业资产管理有限责任公司、×××教授等相关方商洽的结果，经过经营管理部实地考察与调研，我部建议与××工业资产管理公司、×××教授等相关方合资成立碳碳复合材料公司。现将项目可行性情况报告如下：

一、项目简介

（一）项目名称

5 000千克碳碳复合材料硅晶体生长炉热场系统项目。

（二）项目合作形式

成立股份制公司。

（三）合作方简介

1.××工业资产管理有限责任公司。

2.×××，女，40岁，××大学教授，"碳–碳航空刹车副制备设备的研究与开发"项目团队核心成员，碳–碳航空刹车副制备设备的主要设计人。

3.湖南××集团有限公司。

4.××大学，位于长沙。

5.×××，男，29岁，大学学历，自动化专业，工程师，5年软件开发、技术经济管理经验。

6.59所。

（四）资金来源及股比结构

注册资本1 175万元，来源见表10-1。

表10-1　　　　　　　　　　　　注册资本来源

合作方	出资额（万元）	股比（%）	出资方式	备注
××工业资产管理有限责任公司	360	30.64	现金	
×××	315	26.81	专利技术使用许可	其股份有待××大学认可
湖南××集团有限公司	140	11.92	现金	
××大学	135	11.49	专利技术使用许可	
×××	125	10.64	现金	实质是设备等实物资产出资
59所	100	8.5	现金	
合　计	1 175	100		

（五）产品应用领域

主要用于太阳能光伏产业、芯片制造产业、IT产业等，在军事上具有极高的战略价值，如航空航天和兵器。

二、产品市场前景

该项目头3～5年将以太阳能硅晶体生长炉热场系统作为主导产品，在世界各国……比IT产业发展还快。专家预测:未来20年世界光伏产业有望保持年均30%以上的增长速度。目前，世界光伏产业的应用市场和制造市场主要由美、日、德3个国家所主导，其光伏安装容量约占世界总容量的75%，市场潜力巨大。

我国……估计未来 3~5 年市场保持 35% 以上的年均增长速度。

同时，全球热场系统供不应求，这是导致进口产品供货周期较长的主要原因，这一阶段性供不应求的市场局面为本项目提供了良好的市场机遇。如能利用国内市场树立品牌，打入国外的硅晶体制造产业市场，发展空间将更加巨大。

该产品的销售对象为两类:半导体材料生产厂和硅单晶生长炉制造厂……

本项目生产的是低密度碳碳复合材料，国内市场需求主要集中在太阳能光伏产业，但×教授表示，只要……应用将更加广泛。

从 2×03 年 9 月至今，已有多个有影响的厂家在使用和试用本项目产品……已与×教授签订了试用合同，对该项目产品反应积极，市场需求比较急切。

三、产品技术状况

本项目技术来源于××大学和×××教授。目前，该产品的生产工艺已经成熟，性能足以满足客户的需求。2×09 年 2 月底，××工业资产管理有限责任公司派员工对主要目标客户进行了市场调研，市场对此的产品反应积极，大部分开始试用其产品。

据 59 所了解，目前国内能够批量生产高密度碳碳复合材料的单位仅××大学一家，××大学校长已表示出与中国兵器装备集团公司合作的浓厚兴趣。

四、财务预测

项目经济效益预期简表见表 10-2。

表 10-2　　　　　　　项目经济效益预期简表　　　　　金额单位：万元

项目	初始	2×09 年	2×10 年	2×11 年	2×12 年及以后
对应产能(千克)		1 200	4 500	9 000	9 000
销售收入		597	2 312	4 733	4 733
毛利率(%)		52.5	58.3	52	52
净利润		−40	516	945	945
企业现金净流量		−491	221	618	1 049
股东自由现金流	1 175	519	178	514	945
内部报酬率(%)			32.58		
投资回收期(年)			4.07		

从表 10-2 可以看出，该项目经济效益可观，投资回报率高，投资回收期短。

五、项目风险

一是产权明晰问题。由于×××教授和前期合作方存在矛盾，根据×××教授的介绍和相关法律文件，初步认定前合作方的股权已转让给×××教授，但最终确认将聘请专业律师判断。

二是市场开拓问题。由于该项目产品尚在市场开拓期，客户对产品的试用是客观存在的，必然存在一个周期，大约在12个月以内。因此，取得客户对产品的认同并获得批量订货的订单显得非常重要。

三是上游产品依靠进口。生产3C材料的重要原料之一是碳纤维，本项目当前使用的70%以上是日本产品，其余由美国Hexcel、英美BPAmoco和中国台湾的台塑3家公司生产。在大丝束PAN基碳纤维生产方面，则主要由美国和德国的3家公司独占。日本产品品质较高，技术也较为成熟，但是碳纤维属于航空航天必需的重要战略物资，日本对华出口有诸多限制。在现阶段，中日关系不是很稳定，存在禁运的威胁。

六、综合评价

总的来看，该项目拥有国际一流的碳碳复合材料核心生产技术，产品应用领域市场前景良好，并且产品工艺及相关工程化技术已经基本成熟（良品率为97%），产品性能可以达到客户要求。与进口同类产品和石墨产品相比，本项目产品具备较强的性价比优势，有良好的市场发展前景。

七、总结

鉴于该项目有较高的投资价值，且目前市场需求比较紧迫，建议公司投资入股，合资合作开发生产该项目。

以上为项目可行性情况，是否同意与相关方签署合资合作协议，并就相关条款进行商榷，请总经理批示。

湖南×××集团有限公司经营管理部

××××年××月××日

10.3.4　年度工作报告的写作

经理人员尤其是公司高层经理，每年都会写年度工作报告。

1. 前期准备

年度工作报告可以说是每个公司最重要的正式报告之一，要写出一份好的工作报告，必须有充分的准备。具体准备工作包括：

（1）思想准备。一般要求提前一到一个半月就为年度工作报告作思想准备，要对报告的写作给予充分的重视。在思想准备过程中，一个重要的问题是弄清楚报告的性质，是阶段性报告、半年性报告还是年度报告；是董事长的报告、总经理的报告，还是部门经理的报告。对于不同的报告，要注意不同的写作风格。

（2）材料准备。对于经常写报告的人来说，材料准备已经成为一项基本功。材料准备主要包括两个方面：一是平时要建立自己的信息库。管理者要写出内容充实，论点、论据、论证合理的报告，在平时就要养成良好的收集信息的习惯，要有专门的数据库，把平时积累的信息放在数据库里。这样，当需要的时候，就可以比较方便地调取，为其所用。二是在写报告之初，要有针对性地去收集补充信息。材料准备的技能，概括起来，可以总结为"平时积累、资料收集、建立数据库、归类整理"。

（3）明确受众。此即弄清楚谁来听报告。报告内容、素材收集、信息编码方式等都需要根据不同受众的特点来安排，确立受众导向的信息组织策略。

（4）明确目的。如果是秘书写，在正式动笔前就要与领导沟通，听取领导的要求，体会领导到底要讲什么。对于如何明确报告目的，可以总括为"高屋建瓴，领会意图；提炼核心，把握主要思想"。

2.构筑框架

对于有经验的报告写作者来说，酝酿和写作的时间比例为1∶1。换句话说，如果构思好了，等于完成了整个报告的一半。

报告酝酿的核心任务是构筑整个报告的框架，并选择合适的素材。整个报告大的框架思路设计一般是：对过去一年的工作进行总结和回顾，发现优点和缺点；确定下一年的工作目标，发扬优点，克服缺点；明确下一年的工作任务，分步落实，贯彻实施。

常见的年度报告一般性框架如下：

第一部分：过去一年的工作回顾。该部分要充分肯定过去一年的工作成绩，以鼓舞士气。在叙述所做的工作时，要辅以必要的数据。这部分的篇幅约占整个报告的1/3。

第二部分：提出下一年度工作的总体思路。在企业内外部环境分析的基础上，分析目前存在的问题，从而提出下一年度的工作目标和指导方针。

第三部分：确定下一年度的工作目标和工作任务。对于工作目标，要明确具体，简明扼要；对于工作任务，要有条理，思路清晰。第二部分和第三部分的内容约占整个报告的1/2。

第四部分：明确完成上述目标和任务的措施。这可以从企业各个职能方面来分析。由于要考虑整个公司全体员工的下一年度工作安排，这部分内容要尽量面面俱到。尽管篇幅不多，但对各个部门都应提到。

第五部分：简要总结，发出号召。这部分内容一段即可，不要啰唆。

3.提炼完善

在完成框架后，写作过程的主要任务是"填充"，根据主题和标题充实内容。具体如何写，在本章"写作沟通的写作过程"一节中分别就提炼材料、起草文章、修改文稿3个方面作了分析，这里只补充一些建议。

首先，在内容结构上，可以采用多种方式，如正叙、倒叙、铺叙、演绎、归纳、例证（枚举）、反证（排除）等。

其次，在表达方式上，注意内容与形式的结合。不同的报告有不同的写作风格，即使同样的内容，也可以有不同的表达方式。如前面提到的年度报告的一般写法，也可以改变为"现状分析"、"目标确定"和"措施选择"3个部分。

最后，对于要重点突出的观点，可以采用"铺张式"写法；对于一般性内容，则要采用"扼要式"写法。要"惜墨如金"和"挥毫泼墨"相结合。

注意：年终总结，写的是成绩，呈现的是潜力及对来年的规划。

小案例 10-5   2×16年××市烟草专卖局专卖管理工作总结

2×16年是行业改革和落实内部专卖管理监督工作关键的一年，在省局和市委、市政府的正确领导下，我们认真贯彻落实全国烟草专卖管理工作会上强调指出的"……"三项任务和全省、全市烟草专卖管理工作会议工作任务与要求，继续加大……工作，进一步提高市场净化率，推进内部专卖管理监督，加强专卖管理的组织和队伍建设，切实推动内部专卖管理工作的深入开展，全面完成了2×16年专卖管理工作目标。

一、建立联合打假长效机制，全方位开展打击制售假冒卷烟违法犯罪活动

1.认真传达、学习省局打假工作会议精神，切实提高对打假工作的认识……

2.广泛开展打假宣传工作，充分发动群众共同抵制与打击制假售假行为，从源头上维护消费者合法权益，营造和谐、安全、放心的消费环境……

3.加大假冒卷烟网络的打击力度……

4.加大市场监管和清理整顿力度，提高市场净化率……

5.进一步完善打假联合机制，强化打假合力……

二、加大内部专卖管理监督，规范"两烟"生产经营秩序，提高企业管理水平

1.全面动员、广泛宣传、提高认识，增强全员内部专卖管理监督意识……

2.加强领导、健全机构，确保内部专卖管理监督工作落到实处……

3.精心组织、突出重点，全面开展内部专卖管理监督……

4.认真开展自查自纠和整改……

5.积极主动配合省局复查组对我市系统内部专卖管理监督复查……

三、认真开展"回头看"，迎接国家局检查

为迎接国家局检查，全市系统从10月26日开始，对自查、复查和整改情况进行了"回头看"。一是各单位、各部门再次组织了自查。二是市局（公司）从全市系统抽调20多人组成检查组对2×16年"两烟"生产经营进行了检查；对自查、复查中查出的问题整改到位情况进行了督查。三是认真收集整理资料，迎接国家局抽查。现已整理迎检资料40多本。

四、加大对"两烟"生产经营日常监管，生产经营进一步规范

……

五、完善和建立内部专卖管理监督工作制度与流程

……

2×17年基本思路：

一、进一步完善联合打假机制，继续保持打假高压态势

……

二、进一步深入开展内部专卖管理监督，全面提升内部专卖监督水平

……

三、强化县级局专卖管理职能，继续抓好卷烟市场监管工作

......

四、加强专卖执法队伍建设，不断提高依法行政水平

......

继续加大学习与培训力度，加大法制法规宣传教育工作力度，提高干部职工法律意识和法律素质。加强政治思想、行业共同价值观教育，建立一支爱岗敬业、忠于职守的专卖团队。强化技能训练，提高专卖管理队伍的整体素质。加强文化业务知识、烟草专卖相关法规、计算机及相关软件应用、办案能力等方面的培训力度，切实提高行政执法水平和业务工作能力。

资料来源　本案例根据湖南大学MBA学员段雪婵的作业改编。

10.3.5　商业函件的写作

商业函件简称商函，是企业用于联系业务、商洽交易事项的信函。

1.商业函件的特征

商函有几个比较明显的特点：一是内容单一。商函以商品交易为目的，以交易磋商为内容，一般不涉及与商品交易无关的事项。即使以董事长、总经理等名义往来的商函，内容也不掺杂交易磋商以外的私人及其他事务。商函内容单一的特点还体现在一文一事上，即一份商函只涉及一项交易，而不是同时涉及几项交易。二是结构简单。商函因为内容单一，一般段落比较少，篇幅也比较短，整体结构比较简单，看上去一目了然。这种简明扼要的结构，便于对方阅读和把握，也体现了商函的实用功能。三是语言简练。商函以说明为主，或介绍业务范围，或报告商品的品种与价格，或提出购买商品的品种与数量，或要求支付货款，或告知有关事项，直截了当，言简意赅。

2.商业函件的类型

商函有四种类型：联系函、询答函、交涉函以及告知函。联系函用于建立商务关系。原来没有业务往来的商业企业，其中一方发现彼此之间有建立业务关系的必要，就通过发函联系，介绍自己企业的经营范围以及产品特点，表明合作意愿。询答函有问函和答函两种。问函用于一方向对方询问买卖商品的范围或要求对方对商品作出进一步的介绍，或要求对方报价、递价等。答函用于回答问函的询问，即对问函中所提的问题作出有针对性的回答，以解决对方的问题和疑点。交涉函用于就商务活动中的某个问题进行交涉以求得问题的解决。告知函用于当企业拓展新业务、搬迁新址或有其他变动时通知有联系的企业或用户。

3.商业函件的结构

（1）信头。信头一般包括本单位的名称、地址、邮政编码、电话、电挂等。写作商函一般使用本单位的特制信笺，其上方一般已经印好信头，故不赘述。

（2）标题。商函一般是有标题的，设置标题的目的是使对方迅速把握商函的主

旨。标题位于信头之下、行文对象之上，居中排列。商函的标题应当准确简洁地概括商函的主要内容，一般格式是事由+文种，如"关于要求支付××货款的函"。

（3）行文对象。商函的行文对象指的是商函的接收者，即发文者要求办理或答复的对方单位。这一部分在表述时在标题之下、正文之上，顶格书写，后面加冒号。商函的行文对象只有一个收文单位，在具体表述时一般写对方单位的名称，有时写对方单位的领导人，这时一般写其姓名与职务。

（4）正文。商函的正文可以由多个段落组成，也可以由一个或两个段落组成。由多个段落组成时，其结构一般可以分为开头、主体、结尾3个部分；由一个或两个段落组成时，结构就比较单一。无论由几个段落组成，从内容或内在逻辑上说，商函的正文一般可以分为发函缘由、发函事项、发函者意愿3个层次。

发函缘由。如果是初次给对方发函，在这一部分就可以先作一下自我介绍，使对方对本企业的业务范围或产品情况有初步了解；如果与收文单位有着长期的合作关系，可以简述合作关系以示亲近；如果双方来往频繁，则可以直截了当地说明发函目的；假如是回答对方的询问，则要引据对方的来函日期和标题或事由。

发函事项。无论在逻辑上还是在内容上，这一部分都是商函正文的重点。在表述这一部分内容时，应该根据不同的发函目的，或介绍具体情况，或告知有关事项，或说明具体意见，或提出解决问题的方法，或对对方提出的问题进行解答。如果事项比较多，可以分条列项，使表述眉目清楚，便于把握。

发函者意愿。发函的事项交代清楚之后，要用一两句话表明对对方的希望或要求，如希望对方同意、要求对方周知、要求对方办理等。在语气上，一般商函语气恳切，但有些交涉函和索赔函的语气有时比较严正。有些商函没有发函者意愿这部分内容，这时往往使用"特此函商""特此函复""务希见复"等结语收束全文。

（5）祝颂语。一般公函是不使用祝颂语的，但商函使用"谨祝台安""此致商安""谨祝财安""顺颂商祺"等作为祝颂语，表示问候、祝愿、赞美之意。

（6）附件。附件指正文所附材料。商函的附件一般是商品目录、价格表、订货单、发货单等。商函如有附件，应在正文之后、生效日期之前注明附件的数量、顺序和名称。

（7）生效标志。生效标志位于正文或附件说明之下偏右位置，内容包括发函单位印章或签署和发函日期。签署是由发函单位领导人在商函上签字或盖章，以证实商函的效用。发函日期关系到商函的时效性，应该完整地写出发函的年月日。

4.商业函件的写作要求

（1）态度诚恳，平等对话。与国家行政机关公文中的函一样，商函也是一种平行文，因此要以诚恳的态度与对方平等对话。特别是对初次交往的对象，更要创造出友好协商的气氛，以示合作的诚意。即使双方有意见分歧，也要心平气和、耐心磋商、摆事实、讲道理，以理服人，使收文者能够理解、接受，这样才能最终达成交易或解决问题。

（2）内容完整。商函一般是一事一函，要求主旨明确，将一事写完整，即对发函的目的、事项、意愿交代清楚。牵涉到标的物时一定要将其名称、数量、质量、价格、交易条件、时间、地点等要素写清楚。

（3）用语讲究。商函的表达方法以说明为主，首先，要求语言准确，避免歧义，不使对方产生误解。其次，要求语言得体，不同类型的函要使用不同的语言，表达不同的语气。再次，要求语言简洁。商函篇幅简短，繁文赘语是写作商函的大忌。最后，要求语言典雅。在称呼和祝颂语中使用一些有生命力的文言词语，可以增加商函的典雅气息。

小案例10-6　　　　　　　　　　**催款函**

尊敬的湖南省×××公司：

首先对于我公司与贵公司长期以来的友好合作表示祝贺，感谢贵公司对我公司一贯的支持，××有限公司与湖南省×××公司友好合作关系源远流长，双方合作的领域从最初的EWSD业务扩展到ADSL、ERX等各个产品，我们期待与贵公司进一步更紧密的合作。

根据我公司最新统计，截至2017年3月，贵公司到期应付未付我公司货款为6 300万元人民币，占用我公司大量资金，影响了应收账款的正常周转；另我公司现对贵公司下属分公司的借贷共计约有5 000万元人民币，也占用了我公司的大量资金；同时，我公司在去年贵公司××××替换项目中也给予了×××××极大的优惠，给我公司造成巨大的亏损。综上，欠款、借贷和替换项目使得目前我公司在湖南的经营非常艰难，对我公司在湖南业务的开展和运作造成非常大的压力。为寻求一个双赢的解决方案，现我公司向贵公司提交一个2017年还款方案，望贵公司考虑：

截至2017年3月到期欠款额：6 300万元人民币

预计2017年8月将到期的应付额：5 000万元人民币

共计：1.13亿元人民币

我们希望贵公司在2017年分两次并代下属分公司支付到期货款共计人民币壹亿壹仟万元，每次支付伍仟伍佰万元人民币。第一次支付时间在2017年4月20日之前，由于我公司财政年度在每年9月份，所以我们希望第二次支付时间在2017年9月20日之前。出于诚意，我们将向贵公司提供4%的现金折扣，贵公司可以用现汇或银行承兑汇票的方式支付。

我们期望与贵公司详细商谈还款计划。

××有限公司

2017年3月8日

资料来源　本案例由湖南大学MBA学员常灿提供。

小案例10-7　　　　　　　部分公函样本

函复结账清单

××公司：

今接大函及所附一季度结算清单一份，单列各款均相符，总计无误。现奉上银行汇票一张，计￥1 200 000元，请查收，并请将发票寄我公司，致谢！

××公司（盖章）

××××年××月××日

证明信

市人事局：

王明先生原是我公司职员，某年7月至某年9月在我公司人力资源部工作，工作努力，业绩出色，没有违纪记录。离职出于自愿。特此证明。

天恒实业公司

××××年××月××日

贺　信

大地汽车配件有限公司：

欣闻贵公司今日成立并隆重开业，我们公司向你们表示热烈诚挚的祝贺！祝愿贵公司生意兴隆，财源茂盛！

同时，也希望你我公司间能进行真诚的合作，共谋事业的发展。

此致

敬礼

骏马汽车公司

××××年××月××日

致谢函

××公司××经理：

敬启者，祝贵公司大展宏图。

这次请您了解××商品市场情况，承蒙您在百忙之中作深入的调查了解，实在不胜感激。关于××商品的价格，待我公司调整修订以后再函告您。

希今后加强往来，并请给予大力支持！

特此书面表达感激之意！

此致

敬礼

×××敬上

××××年××月××日

招待函

××公司××先生：

首先向阁下致以亲切的问候！

二月八日是本公司创建二十周年纪念日，本公司能有今日之事业，与您多年的关照、支持是分不开的，特此表达谢意。

现将纪念日有关庆典安排开列如下，请您务必拨冗参加。

……

×××敬上

××××年××月××日

结账函

××公司：

一季度已于三月三十一日届满，现寄上贵公司本季度结算清单一份，共计￥1 200 000元，谅属无误。此前供应贵公司的物品，还觉满意吗？期待今后有更密切的合作。

致谢！

××公司（盖章）

××××年××月××日

通知开会函

××董事：

董事会定于4月6日上午8：30至11：30在公司总部二楼会议室召开全体董事会议，请您准时出席为荷。

××办公室

××××年××月××日

求职答复函

××先生：

您所申请的业务经理职位已补满。我们很乐意将您的名字列入业务经理人选档案，若将来有缺额，一定首先与您联系。

××公司人力资源部

××××年××月××日

10.3.6 简历和求职信的写作

写作简历前，先关注以下信息：

大公司平时每天收到100份以上简历，登了招聘广告后会有10 000份以上。

负责招聘的人员浏览每份简历的时间为8～30秒，而且首先是找失误，但通过初试的简历会被面试官复读一遍并就简历中的信息提问。

2页的简历得到的面试机会最多。

非正式的求职从入大学那一天就开始了，正式的求职从面试前一年开始。

1. 简历

简历通常包含下列内容：姓名、地址、联系方式、教育程度、工作经历、个人技能、奖励和荣誉、求职意向等。被关注的重点有：同申请职位最相关的工作；优于他人的地方；最近情况的信息。

为了使信息醒目，简历中一般使用标题，纵向排版，适当陈述细节。

简历有两种：传统简历和技能型简历。

（1）传统简历，即时间简历，按照时间顺序列出教育背景及工作经历，强调学历、头衔、荣誉、职位等，一般采用倒叙格式。这种简历的使用条件是：工作经历显示出连续性；教育背景和工作经历与目前申请的工作联系很紧密。

小案例10-8　　　　　　　　　　**传统简历**

求职意向：

姓　　名：　　　　　　　　　　性　　别：

出生年月：____年____月　　籍____贯：

毕业院校：　　　　　　　　　　专　　业：

手　　机：　　　　　　　　　　联系电话：

电子邮件：　　　　　　　　　　通信地址（邮编）：

教育背景

____年至____年_____大学_____专业

（附主修课程及详细成绩单）

（附已发表论文）

____年至____年_____学校_____

____年至____年_____学校_____

英语水平

基本技能：听、说、读、写能力

标准测试：国家四、六级；TOEFL；GRE……（附证书）

计算机水平

编程、操作系统、网络、数据库……

获奖情况

_____、_____、_____（附证书）

实践与实习

____年____月至____年____月_____公司____工作

____年____月至____年____月_____公司_____工作

自我评价

_____（请描述出自己的个性、工作态度、自我评价等）

附言（请写出你的希望或用一句精练的话总结此简历）

_____

（2）技能型简历，即强调所具备的技能的简历。它也列出教育和工作内容，但是从职能角度而不是从工作史角度组织信息。技能型简历适应的情况有：工作经历不具有连续性，有空白段；频繁更换工作岗位或遭辞退；没有工作经验但有其他相关经验；工作经历（如你的打工经历）与现在申请的工作无联系；想改行。

小案例10-9　　　　　　　　　　技能型简历

姓名：

地址：

联系方式：

求职意向：

（可以运用管理、项目发展、公共关系和写作技能等的事实代表）

个人业绩

管理

- 选择并培训的销售人员和义务工作者超过20人。
- 管理和批准使用的预算支出超过600 000美元。
- 获"国家健康领域杰出贡献奖"。

项目发展

- 为3个国家创办了有革新意义的公共卫生教育项目和患者服务项目。
- 通过"为生命而奔跑"项目为美国之心协会筹集150 000美元资金。

公共关系

- 策划的销售宣传活动使收入在两个月内增加了75 000美元。
- 为GE、GS等多家机构设计广告宣传册、海报和传单。

写作（编辑）技能

- 《公共关系健康报》编辑，发行量20 000份。
- 编写《健康教育义务工作者培训手册》。
- 开展调查，专用资金超过50 000美元。

工作经验

- 会长助理，美国之心协会。发起并组织了3个国家的社会教育项目。制定并实施预算。为项目筹措资金。管理社会教育项目（2000年5月至今）。
- 顾问，费城大学学术咨询中心，费城。为遇到学术问题的人提供咨询服务。创办同学咨询项目。发展志愿者培训项目（1998年9月至2000年5月）。
- 销售主管，Neman Marcus商店，加利福尼亚桑尼唯尔。管理4个部门、20名全职和兼职销售人员。培训所有新员工。制定每周销售进展报告（1997年6月至1998年5月）。

教育背景

- 商业管理硕士（2000年5月），费城大学。
- 心理学学士（1997年5月），纽约大学。

2.求职信

求职信分为盲目投递型和申请职位型。

盲目投递型的写法是:第一段,介绍你是谁,表达你为该公司工作的愿望;第二段,简单强调你与该公司业务领域相关的教育背景和经历,让读者对你的简历感兴趣;第三段,提出面试或回复信件的请求。

申请职位型的写法是:第一段,介绍你是谁,提出申请的职位(可解释信息来源);第二段,描述你对该职位的理解并表达你的兴趣;第三段,强调你的技能及教育经历是适合该职位的;第四段,提出面试或回复信件的请求。发信几天后去电询问,表达真诚的渴望。

小案例 10-10　　　　　　　　　求职信实例

1.盲目投递型

尊敬的女士/先生:

您好!

我是湖南大学工商管理学院毕业生,我的专业是人力资源管理。

在大学期间,我系统学习过工商管理、人力资源专业知识,成绩……;获得过……奖;担任过……干部;主持过……活动及取得了……成绩;参加过……项目;发表过……

我是个……(个性描述);我喜欢……(描述与公司事业相关的特征)。

随信附有我的简历。如有机会与您面谈,我将十分感谢。

此致

敬礼

×××

××××年××月××日

2.申请职位型

尊敬的女士/先生:

您好!

从贵公司网站上(招聘信息来源)得知贵公司招聘网络维护工程师,我想申请该职位。我有三个特点符合该职位的要求:

第一,教育经历与职位相符合……

第二,实习/实践经历与职位相符合……

第三,个性特长与职位相符合……

随信附上简历,期待回复。

此致

敬礼

×××

××××年××月××日

小案例10-11　　　　　　　　　　　　**两封不同的书信**

书信一

章（人事部）部长：

　　你好！

　　由于学校毕业考试的安排突然变动，我可能无法按期到公司面试，我感到十分失望。

　　我对贵公司非常向往，一直期待能到公司与你面谈。虽然再安排一次见面我觉得不方便，但仍希望能再订一个约会。何时能重新安排请告知。

　　此致

敬礼

×××

××××年××月××日

书信二

尊敬的章（人事部）部长：

　　您好！

　　由于学校毕业考试的安排突然变动，我可能无法于6月10日赴约，因为数学考试恰好在我们要会晤的那天。（这里提到具体考什么课，有时细节是非常有说服力的）

　　章部长，希望这个变化不会给您带来许多不便，请您接受我的歉意。（具体的细节会让别人相信你，有礼貌的道歉会得到谅解）

　　您能重新安排一下会晤时间吗？（这里用一个疑问句，把安排时间的主动权和方便让给对方，表示对别人的尊重和为别人着想）毕业考试将在6月12日结束，请您选择6月12日以后的任何一天，只要您觉得方便即可。

　　此致

敬礼

×××

××××年××月××日

　　简历和求职信都要遵守诚信原则，很多公司都规定应聘者提供的简历等材料要真实。例如，万科的职员手册中规定：

　　公司提倡正直诚实，并保留审查职员所提供个人资料的权利。请务必保证你所提供的个人资料的真实性。如有虚假，一经发现，公司将立即与你解除劳动合同，不给予任何经济补偿。

小案例 10-12　　　　　　学生简历中的常见问题

在多年批改学生撰写的"简历"和"求职信"作业中，笔者发现有以下问题需要注意：

1.撰写简历不认真。简历是自己的画像，有的同学对此相当不认真，抄袭的简历信息与自己的情况不对接；出现错别字；排版马虎……

2.缺少学习内容，没有课程信息。学生简历还是要突出学习成绩。如果成绩不突出，可巧妙写，如突出专业匹配性，但切忌造假。

3.内容空，废话多，不具体。比如"多次参加社团活动，喜欢阅读"等，可以改为"担任……社团……职务，组织……活动"，或"多次参加社团活动，如……喜欢阅读，坚持每月读一本名著，已读了……喜欢哲学，读了……"。

4.申请职位型简历，所求岗位与信息不匹配，没有体现专业优势。描述的个人信息，包括学习、实习、个性、爱好，都最好与岗位匹配，可以参考技能型简历的写法。介绍专业学习课程时，与职位相关的课程最好排在前面。

5.表达不当。比如："我自信符合……"，应该尽量描述而不是评价自己；过分谦卑或对公司过分赞美；表达过于宏大，如"为振兴中国互联网事业，我愿意……"等，这些都不合适。

6.从网上抄一些语句、套话，如"给我一个机会，还您一个精彩"等，最好朴素诚实地表达，所有表达都发自内心。

7.不知挖掘亮点。有些同学的简历太简单，连一页纸都写不满，说明没有东西可写，应该丰富自己的学习和实践经历，同时要挖掘自己的闪光点。还有些同学觉得自己成绩不太好，于是强调负面信息，比如"虽然我成绩一般（缺少实践经验），但我刻苦……"，可以换个角度，从自身的亮点来撰写。

本章小结

写作是写作主体将自己或自己所代表的团体的意志用文字表述出来的一个创造性过程。写作沟通的障碍包括语言障碍、知识障碍和人为障碍等。写作要求遵循实用性、真实性、规范性、准确性原则，还要站在读者的角度写作。

写作沟通的写作过程可以划分为资料收集、组织观点、提炼材料、起草文章、修改文稿五个阶段。

市场调查是一种收集、记录、整理和分析市场对商品的需求状况以及有关材料的活动，将市场调查得到的材料进行筛选、整理、归纳、分析后形成文书。它是一种专题调查报告，除具有依赖调查的一般特点外，还具有很强的时效性、针对性和实用性。

经济活动分析报告是根据计划指标、会计核算、统计报表以及调研材料，对某一时期的经济活动状况进行分析研究、探索原因、提出改进意见而写成的书面报告。它具有分析性、时效性、建议性的特点，是为计划、统计、财务会计人员当好参谋的重要工具。

可行性研究报告是对某一项目投资可能采取的方案从各方面进行反复调查、研究、论证，确定其是否可行后写出的书面报告。它是可行性研究工作的总结性报告，具有超前性、预见性和严格的论证性，是决策的重要依据。

年度报告需要进行前期准备、构筑框架、提炼完善过程。

商业函件的写作要求简洁、明确、规范且诚恳礼貌。

简历和求职信写作要求规范、诚信、有特色。

复习思考题

1. 写作沟通有哪些优缺点？有哪些因素影响写作沟通的效果？

2. 商务写作的结构和逻辑应怎样安排？

3. 阐述各种商务写作的策略和方法。

4. 写一份简历及一封求职信。

第11章　有效倾听

学习目标

- 理解倾听对于管理者的重要性
- 了解倾听的过程，并能有意识地根据六个阶段去理解倾听的含义
- 了解倾听的障碍以及克服倾听障碍的策略
- 把握有效倾听的技巧

▶ 引例　在逃纳粹分子的抓捕

第二次世界大战后，一个罪大恶极的法西斯分子潜逃在外，一直未落入法网，缉捕工作很艰难，时间也持续了很久。一次，在一个小餐馆里，一位特工人员正在等候用餐，对面坐下了一个男子，一面静静地等候，一面用手指若无其事地轻轻敲点着桌面。礼帽下一副深茶色的眼镜将他的目光隐隐遮住，样子看起来很平和。"笃笃，笃笃，笃笃笃，笃"，那位特工听着听着，突然心里一动：那男人轻轻的敲点声竟然如此令他仇恨、恐怖和难以忍受，而他对此又是那样熟悉。平时喜爱音乐此时帮了他的大忙，凭着他那颗警惕的心和特殊的感觉，他断定那男子正在发自内心地默默唱着纳粹分子的军歌。这个有顽固残暴本性的人肯定就是一直被追捕的纳粹分子！结果正如这个特工分析的那样，纳粹分子由于这点小小的极难被人察觉的疏忽而暴露了身份。纳粹分子虽然一言未发，但特工人员凭着职业警觉，用灵敏的耳朵、快速的反应，察觉了对方隐蔽的深层次心理，分析、推断出纳粹分子的非语言行为所传达的信息以及所表达的思想感情。

11.1　倾听概述

自然赋予人类一张嘴、两只耳朵，也就是要我们多听少说。

——苏格拉底

拉尔夫·G.尼科尔斯和伦纳德·A.史蒂文斯认为："言语的有效性并不仅仅取决于如何表述，而更多地取决于人们如何来倾听。"沟通作为一个双向的行为，不能是一方一味地说个不停，而不注意另一方的意见和反应。相对于书面表达而言，人们在社会活动中的沟通更依赖语言，而语言表述的有效性主要取决于如何诉说与

倾听。有资料表明，在听、说、读、写 4 种沟通形式中，倾听的时间占了沟通的40%，而说话、阅读和写作分别占 31%、15% 和 11%。

11.1.1　倾听的含义及意义

在日常生活中，经常出现这样的情况：很多人在听完别人慷慨陈词之后，还是一头雾水地追问："他刚才说的是什么？"还有人时常抱怨："我刚刚说过的，倾听者为什么不仔细听？"或者"倾听者为什么不听我说？"这说明，在双方沟通的过程中，许多人忽视了倾听的重要性。

对于大多数人来说，倾听由我们听到别人讲话的声音时开始。但是，从学术意义上讲，倾听和听还是有所区别的。"听"是人体感官对声音的一种生理反应，是感官对外界声音的接收。而"倾听"虽然也以听到声音为前提，但它更多地体现在听话人对所听到的声音的反应上。也就是说，"听"是一种人体感官的被动的接收；"倾听"是人体感官有选择的接收，是指主体行为者通过听觉、视觉等媒介接收、汲取和理解沟通对方（或多方）思想、信息与情感的过程。倾听必须是人主动参与的过程，在这个过程中，人必须参与并理解，并作出必要的反馈。同时，倾听的对象不仅限于声音，还包含对方的语言、手势和面部表情等。所以，我们在倾听过程中，绝不能闭着眼睛听别人的声音，还要注意别人的肢体语言。

听到是一个生理过程，涉及声波在我们的耳膜上的振动，还有电化脉冲从内耳向大脑中枢听力系统的信号传递。但是，倾听却涉及提高注意力，而且要让听到的内容产生意义。哪怕我们觉得自己是在认真听，通常也只会抓住听到的内容的一半。2 天之后，我们只记得其中的 1/2，或者说原来内容的 1/4。正是由于这个原因，倾听才被称为一门艺术。通过倾听，主体行为者不仅听到沟通方所说的话语，而且分辨出话语中不同的重音、声调、音量、停顿等，这些靠倾听者分辨的倾听因素在倾听过程中是不可忽视的，有时是倾听中重要的因素。

在沟通时代，倾听比以前任何一个时代都更为重要。这就是在大部分公司里，有效的倾听者总会占据更高的职位，比不耐心的倾听者更快得到提升的原因。一位成功的经理人承认："坦率地说，以前我从来都没有认为倾听本身就是一件重要的事情，但现在我意识到了，我觉得我工作的八成依赖于听别人说话，也依赖于听我说话的人。"

具体来说，倾听的重要性主要体现在以下几方面：

（1）倾听可获取重要的信息。交谈中有很多有价值的信息，有时它们常常是说话者一时的灵感，而说话者自己又没意识到，对听者来说却有启发。实际上，就某事的评论、玩笑、交换的意见、交流的信息、各地的需求等，都是最快的信息。有人说，一个随时都在认真倾听他人讲话的人，在与别人的闲谈中就可能成为一个信息的富翁。此外，通过倾听我们可了解对方要传达的信息，同时感受到对方的情感，还可据此推断对方的性格、目的和诚恳程度。通过提问，我们可澄清不明之处，或是启发对方提供更完整的资料。倾听可以训练我们以己推人的心态，锻炼思考力、想象力、客观分析能力。

（2）倾听可掩盖自身的弱点。"沉默是金""言多必失"，静默可以帮助我们掩盖若干弱点。如果你对别人所谈的问题一无所知，或未曾考虑，保持沉默便可不表示自己的立场。

（3）善听才能善言。让我们回想一下，在听别人说话时，你是否迟滞发呆、冷漠烦闷？你是否坐立难安、急于接口？我们常常因为急欲表达自己的观点，根本无心思考对方在说些什么，甚至在对方还未说完的时候，就在心里盘算自己下一步该如何反驳。以一种消极、抵触的情绪听别人说话，最终自己的发言也会毫无针对性和感染力，交谈的结果可想而知。

（4）倾听能激发对方的谈话欲。让说话者觉得自己的话有价值，他们会愿意说出更多、更有用的信息。称职的倾听者还会促使对方思维更加灵活敏捷，启迪对方产生更深入的见解，双方皆受益匪浅。

（5）倾听能发现说服对方的关键。如果你沟通的目的是说服别人，多听他的意见会更加有效。你能从中发现他的出发点和他的弱点，发现是什么让他坚持己见，这就为你说服对方提供了契机。让别人感到你的意见已充分考虑了他的需要和见解，他会更愿意接受。

（6）倾听可使你获得友谊和信任。人们大都喜欢发表自己的意见，如果你愿意给他们一个机会，他们立即会觉得你和蔼可亲、值得信赖。作为一名管理者，无论是倾听顾客、上司还是下属的想法，都可消除他们的不满和愤懑，获得他们的信任。

自我测试 11-1　　　　　　**倾听技能测试**

评价标准：

几乎都是，5分；常常，4分；偶尔，3分；很少，2分；几乎从不，1分。

测试问题如下：

态度

1.你喜欢听别人说话吗？

2.你会鼓励别人说话吗？

3.你不喜欢的人在说话时，你也注意听吗？

4.无论说话者是男是女、年长年幼，你都注意听吗？

5.朋友、熟人、陌生人说话时，你都注意听吗？

行为

6.你是否会目中无人或心不在焉？

7.你是否注视听话者？

8.你是否忽略了足以使你分心的事物？

9.你是否微笑、点头以及使用不同的方法鼓励他人说话？

10. 你是否深入考虑说话者所说的话？

11. 你是否试着指出说话者所说的意思？

12. 你是否试着指出他（她）为何说那些话？

13. 你是否让说话者说完他（她）的话？

14. 当说话者犹豫时，你是否鼓励他（她）继续下去？

15. 你是否重述他（她）的话，弄清楚后再发问？

16. 在说话者讲完之前，你是否避免批评他（她）？

17. 无论说话者的态度与用词如何，你都注意听吗？

18. 若你预先知道说话者要说什么，你也注意听吗？

19. 你是否询问说话者有关他（她）所用字词的意思？

20. 为了请他（她）更完整地解释他（她）的意见，你是否询问？

倾听技能测试
结果评价

11.1.2 倾听的类型

倾听实质上映衬着说话者与听话者的关系，所以倾听同样包含倾听者的主动参与。主动倾听者在倾听过程中会对接收的话语（或其他内容）进行理解、筛选和加工，也会采取不同类型的倾听对所听到的内容进行处理。常用的基本倾听类型包括获取信息式、批判式、情感移入式和享乐式四种，每一种都包含不同的技巧。

1. 获取信息式倾听

获取信息式倾听主要是指倾听者为了了解某种知识、技能或者就某一事物（问题）征求别人意见的学习或沟通的过程。如学生们在课堂上的大部分时间就是倾听以获取信息；营销人员接触顾客也采取获取信息式倾听，尽量了解顾客的购买要求，了解竞争对手的信息。

小案例 11-1   **A 经理用倾听化解客户抱怨**

A 是某公司的销售部经理，公司最新推出的一批产品有问题，接到客户投诉的情况特别多。为了尽快解决这个问题，A 走访了部分投诉客户。在倾听客户的抱怨时，他表示了极大的同情和理解，并且保证在最短的时间内解决产品的质量问题。客户感受到了厂家这种真诚的态度，表示继续支持本产品。A 通过努力，不但没有使公司的名誉受到损害，而且为生产部门迅速解决产品质量问题争取到了宝贵的时间。一个月后，新产品出现的所有问题都被圆满地解决，公司不但销售业绩没有下降，反而赢得了"想客户所想，急客户所急"的好口碑。

获取信息式倾听的着眼点首先是识别中心思想，这是贯穿整个内容的基本思想，然后倾听加强中心思想的主要观点，最后倾听支持主要观点的材料。因为所有的主要观点都与中心思想相关联，所以要识别中心思想，它能帮助记忆。

当我们为了获取信息而倾听时，预测接下来的内容有助于我们集中注意力。一旦倾听者听到演讲者的主要观点，就能很自然地预测到一些详细内容。预测往往要设法把观点与倾听者的经验联系起来，这是主动倾听的一项内容。

质疑是主动倾听的一种重要辅助。在倾听时，由于思维速度比语言快，倾听者有充分的时间考虑语义及一些问题。如果自己不能回答，向说话者提问是很重要的。即使对问题有自己的回答，倾听者可能还是要问，以便通过说话者的回答来检验自己的理解。

2.批判式倾听

批判式倾听一般紧随获取信息式倾听，是指当倾听者的获取信息式倾听结束后，对所获取的信息进行分辨、明晰、筛选、加工、整理的过程。批评式倾听需要获取信息式倾听的所有构成要素，在批评式倾听中，仍然要识别中心思想，抓住主要观点，但倾听者还应该对所听到的内容进行估量和质疑。在理想状态下，所有沟通中的倾听都应该是批判式的。

在批判式倾听中，首先，要弄清对方的动机。当一个朋友设法劝说我们停下学习去购物时，我们也必须问一些问题。他的动机是什么？结果可能是怎样的？当我们处于被劝说的情景之中时，质问劝说者的动机是一种正当和恰当的反应。在公共演讲中，我们常通过研究演讲者的背景去审视演讲者的动机。演讲者作很长时间的自我介绍，就是为了建立自己的可信度或信任度。其次，作为倾听者，我们听到的更多的是观点而不是事实，所以应具备区分事实与观点的能力。

3.情感移入式倾听

情感移入式倾听是指倾听者受到演说者情感的带动，从而在短时间内自觉不自觉地被演说者的演说所牵制，失去自己判断能力的现象。

在不同程度下，通过不同方式，我们的倾听能力会受到情感因素的影响，这时最好的方式是利用情感移入式倾听，即设法从他人的观点中理解他人的感受并对其作出相应的反应。作为倾听者，要把自己的情感放在一边，投入到对方的情感中去。为此，要识别说话者的情感，并鼓励其继续表述并解决问题。

识别情感通常是最难的部分，倾听者需要琢磨谈话者所说的话的真正含义，即能听出言外之意。要识别情感，就要了解说话者的意图、愿望、观点、价值观等。这里并不需要同意或接受他，只要尽力去理解他。可以通过复述的方式来证实倾听者的猜测，向说话者暗示倾听者正在努力理解他的话语，同时要尽力揣摩同一词语经不同人使用的不同含义。如果双方没有以同一方式理解，就会呈现出不同的含义。

情感移入式倾听必须倾听说话者要说的内容。在整个叙述过程中，没有必要具体地作出反应，只要集中注意力暗示说话者自己对此感兴趣就可以了。如果倾听者能让说话者讲完整件事情，不作任何评判而给予支持，问题可能全部都展现出来。做到这一点的一种方法是复述，即通过自己的语言重新描述对方的思想和情感。

有时仅仅倾听他人的叙述并让他们作出一些解释就可以在很大程度上解决问题。一个人将自己的烦恼倾吐之后，就会感觉舒畅一些。但有时仅仅倾听是不够的，这时，相信他人有能力找到解决问题的方法是最好的方式。但这并不意味着倾听者忽视这个问题，情感移入式倾听会给他人提供找到解决问题方法的机会，帮助他人找到解决问题的方法。在这个阶段，有一点要记住，倾听者不一定要解决他人的问题。如果倾听者想解决而没有办法解决，就会使自己背上一个沉重的包袱。要当事人自己解决问题，倾听者只起辅助的作用，这有助于增强他人自己处理问题的能力。

在很多情形中，情感移入式倾听可能是有用的，比如下属的倾诉、顾客的抱怨等。

小案例 11-2　　　　　顾客为何不买汽车了

吉尔顿是一名汽车推销员，通过与顾客长时间的交谈，一位顾客准备买一辆车。在去办理手续的途中，顾客突然取消了购买决定。吉尔顿不知道是什么原因导致了这笔眼看就要做成的生意的失败，就打了顾客的电话："先生，你能告诉我今天我错在哪里吗？也好让我以后改进。"

顾客回答道："你说的对，我本来是要买车的，连买车的支票都带在身上了。可是我在讲到买车的原因时，你竟毫无反应。你知道吗？我儿子刚考上了医学院，全家高兴极了，我买车就是为了送给我的儿子。我说了很多遍儿子，而你却一直说车子。我讨厌与不耐烦倾听他人讲话的人打交道。"吉尔顿恍然大悟，自己没有认真倾听顾客讲话的全部内容，导致一单生意失败。

资料来源　周凌云. 耐心倾听，人际关系融洽 ［J］. 演讲与口才，2009（6）.

4.享乐式倾听

享乐式倾听指倾听在一种轻松、愉快的形式下进行，使得严肃的倾听变成了愉悦的沟通方式。在看电视或者听音乐时，人们都会尽可能放松地听。

享乐式倾听可以缓解压力，消除疲劳，调节神经兴奋度，进而提高办事效率。所以，有些公司及公共场所用一些合适的背景音乐来刺激人们倾听。

11.2　倾听的障碍

所有的人在倾听时都会不时出现失误，主要原因之一就在于倾听中存在一些障碍，这些障碍的存在极大地影响了倾听的效果。影响倾听的障碍主要有环境障碍和倾听者的心理障碍。

11.2.1　环境障碍

良好的环境对双方的交流很重要，环境干扰是影响倾听最常见的因素之一。交谈时的环境各种各样，时常转移人们的注意力，从而影响专心倾听。来来往往的人、环境的布置等都会分散人们的注意力。几个人谈话，也可能相互干扰。有人做过实验，一个人同时听到两个信息时，他会选择其中的一个而放弃另一个。

具体来说，环境主要从两方面对倾听效果施加影响：一是干扰信息传递的过程，消减、歪曲信号；二是影响沟通者的心境。也就是说，环境不仅从客观上，而且从主观上影响倾听的效果。

对于环境的分析，可以从以下三方面因素考虑：

（1）封闭性。环境的封闭性是指谈话场所的空间大小、有无遮拦设施、光照强度（暗光给人更强的封闭感）、有无噪声等干扰因素。封闭性决定信息在传送过程中的损失概率。

（2）氛围。环境的氛围是环境的主观性特征，它影响人的心理接收定式，也就是人的心态是开放的还是排斥的，是否容易接收信息，对接收的信息如何看待和处置等倾向。环境是温馨和谐的还是火药味浓的，是轻松的还是紧张的，是在生机勃勃的野外还是在死气沉沉的房间，这些都会直接改变人的情绪，从而作用于心理接收定式。

（3）对应关系。说话者与倾听者在人数上存在不同的对应关系，可分为一对一、一对多、多对一和多对多四种。人数对应关系的差异会导致不同的心理角色定位、心理压力和注意力集中度。在教室里听课和听同事谈心、听下属汇报，具有完全不同的心境。听上司指令时最不容易走神，因为一对一的对应关系使倾听者感到自己的重要性，心理压力也较大，注意力自然集中；而听课时说话者和倾听者是明显的一对多关系，听课者认为自己在此场合并不重要，压力很小，所以经常开小差。如果倾听者只有一位，而发言者为数众多，比如原告和被告都七嘴八舌地向法官陈述，或者多名记者齐声向新闻发言人提问，倾听者更会全神贯注，丝毫不敢懈怠。

11.2.2 倾听者的心理障碍

倾听者本人在整个交流过程中具有举足轻重的作用。倾听者理解信息的能力和态度都直接影响倾听的效果，所以在尽量创造适宜沟通的环境之后，倾听者要以最好的态度和精神状态面对说话者。

小案例11-3　　　　　　　　电影《撞车》里的倾听障碍

背景：一家小店的店主波斯老板认为自己店里的锁坏了，叫来修锁匠修锁。修锁匠完成修锁工作后，开始了与波斯老板的对话。

修锁匠："打扰了，先生。"

波斯老板："你干完活了？"

修锁匠："我把锁换了，但是你的门还有大问题。"

波斯老板："你修好了锁？"

修锁匠："不！我换了新锁！但是你应该把门也修好！"

波斯老板："修好锁就完了！"

修锁匠："先生，听我说，你需要换个新的门。"

波斯老板："我需要一个新的门？"

修锁匠："是的。"

波斯老板："好吧，多少钱？"

修锁匠："我不知道，您得问修门的人。"

波斯老板："你想骗我，是不是？你有个朋友会修门？"

修锁匠："不，我没有朋友会修门，老兄。"

波斯老板："那么就去把锁修好，你这个骗子！"

修锁匠："那好吧，你就付我锁的钱，我的工钱不要了！"

波斯老板："你没有修锁就让我付钱？你以为我傻了吗？给我修好锁，你这个骗子！"

修锁匠："我会很感激，如果你叫我的名字。"

波斯老板："那就去给我修好锁！"

修锁匠："我给你换了新锁！你得把你的破门换了。"

波斯老板："你是骗子！"

修锁匠："好，你不用付钱了。"

波斯老板："什么？"

修锁匠："祝你晚安。"

波斯老板："什么？不！等等！你给我回来，把锁修好！回来！把锁修好！"

分析：故事的背景是，修锁匠完成了自己的本职工作——换了把新锁，原本可以结账，完成这次任务，但出于好心，修锁匠建议波斯老板去换个新门。结果，由于他的沟通方式不当，让波斯老板以为他是存心骗他的钱，双方发生争执。最后修锁匠不但没有拿到工钱，连换新锁的钱也没拿到。

细看双方的对话，我们可以看到一个明显的现象，波斯老板在不停地说"去修好锁"，修锁匠则不停地说"我换了新锁，要修门"。双方之间没有根本的利益冲突，但是由于沟通不畅，修锁匠的一番好意适得其反，给自己也带来了麻烦。

在整个沟通过程中，双方一直都在自说自话，而没有认真去倾听对方的话。每个人都只停留在自己的想法当中，对于对方的话经常采用"否定"的方式来反馈，而不是建设性或正面的反馈方式。其实，无论哪一方，如果能够认真倾听对方的意见，那么这个冲突是完全可以化解的。

与此同时，在沟通过程中，"成见"也影响了倾听的效果，歪曲了他人的意图。修锁匠工作之后建议波斯老板修门，波斯老板的理解是修锁匠想多要钱，对修锁匠有着很深的成见。这也许是由于波斯老板曾经有过上当受骗的经历，或是本身对修锁匠这样的人心存芥蒂。这种"刻板印象"影响了波斯老板与对方的沟通，让他在理解对方话语时，处处都往坏处想。

故事发展下去，是波斯老板投诉了修锁匠，在问题得不到解决之后，波斯老板气愤的情绪更加高涨。然而，祸不单行，由于真正的问题的确是波斯老板的门，他的小店被人给偷了，多年的积蓄化为乌有。波斯老板在震惊中达到了冲动的最高点，最后波斯老板采用了非常极端的做法，持枪去找修锁匠算账。与客户间的这次不顺畅的沟通，险些让修锁匠酿成大祸。

资料来源　崔佳颖. 360度高效沟通技巧〔M〕. 北京：机械工业出版社，2010.

倾听者的心理障碍包括认知失调、焦虑与控制性倾听。

认知失调是一个运用于沟通的心理学原理，表明一个人如果具有两种或更多的对立态度，他会感觉到矛盾，人们降低这种失调的方式是忽略那些引起冲突的信息。例如，一个人可能觉得自己的一个挚友工作出色，但目前针对他的婚外恋的传言或许是真的。那么当这位朋友被谴责时，这个人就会对自己说："那是不可能的，他是一个有家庭的好男人。"

倾听那些与我们已经固有的信念相矛盾的信息往往会产生认知失调，特别是当接收这些信息可能使我们与对自己重要的人相冲突时更是如此。

焦虑是指倾听过程中由于知识水平的限制或者其他外界干扰，倾听者无法达到倾听的期望，处在一种焦虑的状态中而使倾听者不能倾听。当倾听者在去一座陌生的城市途中迷了路，行驶很长时间也找不到任何城市附近的路标时，焦虑便油然而生。这时，即便下车问了路，再上车继续行驶，仍然找不到正确的方向，因为刚才倾听者的焦虑程度已经达到了不能倾听的地步。可见，焦虑是影响倾听的一个严重障碍。

控制性倾听指非主动性倾听，也就是说，倾听者不情愿倾听但又出于某种原因必须倾听，这样倾听者就会采取一种自我控制式的倾听。许多人总是不愿意倾听，他们倾听的原因有时是知道别人喜欢这样，但他们更喜欢自己说。控制性倾听者总是寻找一种方式去谈论自己和自己所想的，如果别人谈到某种经历，他们则会说出一种更长或更好的经历。

11.2.3　倾听障碍的表现

倾听障碍的表现有如下几种：

（1）急于发言。人们都有喜欢自己发言的倾向。发言在商业交往中尤其被视为主动的行为，而倾听则是被动的。美国前参议员 Hayakwa 曾说："我们都倾向于把他人的讲话视为打乱我们思维的烦人的东西。"在这种思维习惯下，人们容易在他人还未说完的时候，就迫不及待地打断对方，或者心里早已不耐烦了，往往不可能把对方的意思听全、听懂。

（2）排斥异议。有些人喜欢听和自己意见一致的人讲的话，偏心于和自己观点相同的人。这种拒绝倾听不同意见的人，不仅拒绝了许多通过交流获得信息的机会，而且在倾听的过程中注意力也不可能集中在讲逆耳之言的人身上，更不可能和任何人都交谈得愉快。

（3）心理定式。人类的全部活动都是由积累的经验和以前作用于我们大脑的环境所决定的，我们从经历中早已建立了牢固的条件联系和基本的联想。由于人都有根深蒂固的心理定式和成见，很难以冷静、客观的态度接收说话者的信息，这也会大大影响倾听的效果。

（4）厌倦。由于我们思考的速度比说话的速度快许多，前者至少是后者的3～5倍（据统计，我们每分钟可说125个词，但能理解400～600个词），因此我们很容易在听别人说话时感到厌倦。因为我们的大脑在接纳一个人说的话时还有很多空余的"空间"，我们很想中断倾听过程，去思考一些别的事情，"寻找"一些事做，占据大脑空闲的空间。这是一种不良的倾听习惯。总有这样一个时候，人们终于顶不住生理和心理的干扰，这时就会走神，而不是将注意力集中在刚刚说的事情上面。毕竟，集中精力是一件需要努力的事情。

（5）消极的身体语言。你有没有在听人说话时东张西望，双手交叉抱在胸前，跷起二郎腿，甚至用手不停地敲打桌面的习惯？这些动作都被视为发出这样的信息："你有完没完？我已经听得不耐烦了。"不管你是否真的不愿听下去，这些消极的身体语言都会大大妨碍你们沟通的质量。

（6）生理差异。由于倾听是感知的一部分，它的效果受听觉器官、视觉器官的限制。听觉器官的严重缺陷将使沟通变得很困难，或者几乎不可能；视觉器官的缺陷将使沟通者无法看到对方在交流过程中的手势、表情等身体语言，这会限制有效沟通的进行。所有这些必然会影响倾听效果。

（7）选择倾向。人人都有评估和判断所接收到的信息的天生倾向。我们往往选择那些我们熟悉、有兴趣、喜欢听的部分，漏掉很多有用的东西。这无疑会影响倾听效果。

（8）听得太费力。有时候，我们听得又太费力了。我们变成了人造海绵，把演讲人每一个字都吸收进去，就好像每一个字都同样重要。我们努力记住所有人的名字、所有日期、所有地点。在这个过程中，我们会错过演讲的要点，因为我们将这个要点淹没在汪洋大海一样的细节里面了。人是不可能记住一个演讲人说的所有东西的，有效的倾听者一般只集中精力听主要的思想和证据。

（9）太注重演讲方式与个人外表。甘地看上去是个一点也不起眼的人物，他经常穿一身素朴的白棉衣发表演讲。海伦·凯勒从童年时起便又聋又哑，她要吐出清晰的发音来很困难。著名物理学家斯蒂芬·霍金是个高度残障的人，只有通过声音合成器才能说话。但是，想象一下，如果没有人听他们说话会是什么情景。哪怕你的耐心、宽容心和注意力会受到极大挑战，也不要让一个演讲人的外表或讲话的方式令你产生负面情绪而影响你倾听他们要说的话。另外，如果一位演讲人的外貌特别吸引人，也不要因此而受到影响和误导。人们很容易假定，因为一个人长得很漂亮，谈吐清晰，他就一定能够作出流畅的报告。历史上有一些没有道德的演讲人，他们长得极漂亮，讲话的技巧很高，甚至有催眠的效果。

倾向于根据一个人的长相或讲话的方式来判断一个人，就会听不到他或她真正说了些什么。有些人被演讲人的口音和个人外表以及行为习惯扰乱心绪，结果连演讲的内容是什么都不知道。集中精力看演讲人的演讲方式，或者太注意演讲人的外表，这是演讲交流过程中最主要的干扰因素之一，应该时时加以预防。

试比较以下两段对话：

对话一：

下属：嗨！老板，我刚听说又要更换颜色，我们刚连续生产了30分钟，又要把设备拆洗一遍，我和伙计们都不情愿。

老板：Bubba，你和你的伙计们最好别忘了谁在这儿说了算。该做什么就做什么，别再抱怨了！

下属：我们不会忘掉这事儿的！

对话二：

下属：嗨！老板，我刚听说又要更换颜色，我们刚连续生产了30分钟，又要把设备拆洗一遍，我和伙计们都不情愿。

老板：你们真的为此感到不安吗，Bubba?

下属：是的，这样我们得多做许多不必要的工作。

老板：你们是觉得这类事情实在没必要经常做，是吗？

下属：喂，也许像我们这种一线部门没法避免临时性变动，有时我们不得不为某个特别的顾客加班赶订单。

老板：对了。在现在的竞争形势下，我们不得不尽一切努力为顾客服务，这就是为何我们都有饭碗的原因。

下属：我想你是对的，老板。我们会照办的。

老板：谢谢，Bubba。

11.3 提高倾听能力的策略

倾听能力是可以提高的。提高倾听意识，掌握倾听策略，就能达到较好的倾听效果。

11.3.1 有效倾听的原则

1.专心原则

专心原则要求你以积极的态度，真诚坦率地倾听。好的倾听者希望了解到一些东西，他们愿意尽力去听，因为可能从中受益。有效的倾听不是被动地照单全收，而应该是积极主动地倾听，这样你才会更了解说话的内容、更懂得欣赏对方、回答也更切中要点。比如，大学生们认真听课以取得高分，雇员认真地听上司的指示以获得提升，公司代表认真听取顾客的意见以保住生意。有效倾听的第一步是认识到倾听是有价值的信息收集活动。

2.移情原则

移情原则要求你应去理解说话者的意图而不是你想理解的意思。好的倾听者知道自己内在的情感、观念和偏见可能会阻碍新思想。在与不同文化背景的人进行沟通时，好的倾听者会努力超越自己狭隘的文化观念。有效的倾听要求对新思想敞开心扉。

3.客观原则

在倾听时，应该客观倾听内容而不过早地加以价值评判，而且不要以自我为中心。你自己是妨碍自己成为有效倾听者的最大障碍，因为你会不自觉地被自己的想法缠住，而漏掉别人透露的语言和非语言信息。在良好的沟通要素中，话语占7%，音调占38%，而55%则是非语言信息。我们都有这种体会，当听到自己不同意的观点时，会在心中反驳他人所言，这种行为会带来主观偏见和遗漏余下的信息。有效的倾听应保持客观的态度。

4.完整原则

完整原则要求倾听者对信息发送者传递的信息有一个完整的了解。既获得传递的沟通内容，又获得发送者的价值观和情感信息；既理解发送者的言中之意，又发掘出发送者的言外之意；既注意其语言信息，也关注其非语言信息。

11.3.2　倾听策略

1.创造良好的倾听环境

空间环境影响倾听，进而影响人与人之间的交流。1980年，社会学者对工程设计院的一项调查表明，由于各种因素的干扰，相距10米的人，每天进行谈话的可能性只有8%~9%；而相距5米的人，这一比率则达到25%。有效倾听的管理者必须意识到这些环境因素的影响，最大限度消除环境对倾听的障碍。

美国学者在一个更为宽泛的意义上提出环境的概念，它不仅包括社会因素，而且包含人的心理、生理因素，他们认为良好的倾听环境应包括：

（1）非威胁环境。在这种环境中，双方有一定的安全感，并有与他人平等的感觉，这种环境可以是非正式的，谈判场所也可以选择非正式的，如在酒吧或咖啡厅中进行。

（2）适宜的地点。必须保证不受打扰或干扰。

（3）反馈和行动。可用眼睛或面部表情来进行。

（4）时间因素。选择适宜的时间，同时保证沟通谈话的次数。

（5）正确的态度。倾听有百利而无一害，拒绝倾听就是拒绝成功的机会。

2.排除干扰，关注内容

沟通是一个交流的过程，不可避免地会受到来自各方面的干扰。这些潜在的干扰很多，如果不能排除干扰，至少要将干扰程度降至最低，因为干扰影响沟通，尤其影响倾听的质量。

在沟通中，我们要尽量排除噪声和干扰，可以通过注意力集中来实现这一点。

具体方法如下：

（1）通过作深呼吸避免打断别人，与此同时，深呼吸还会保持大脑供氧充足。

（2）参与的姿势应该是放松而清醒的。要随着说话人的陈述作出反应，保持坦诚直率的方式和姿势。手臂不要交叉，不要僵硬不动，坐时要面向说话人，同时身体向前倾。一个非口头的表现兴趣的技巧是随着说话人姿势的变动来调整自己的姿势。

（3）保持兴趣。不管是谁说话，都要寻找有趣的方面，对那些特别有价值和感兴趣的东西要给予关注。

（4）与说话者保持一定的距离。判断距离是否恰当，要看双方在感觉上是否舒适。如果他向后退，表明倾听者离得太近；如果他向前倾，表明倾听者离得太远。

（5）保持目光交流。倾听者在沟通时注视说话者，不仅有利于倾听者集中注意力，而且也表达了各种思想和感情，表明倾听者对说话者所讲的内容感兴趣。通常在谈到让人高兴的话题时，说话者与倾听者保持目光接触要容易得多。在相反的情况下，双方就会避免目光接触。在后一种情况下，节制目光的接触是礼貌并理解对方情绪状态的表现，如果眼睛总注视对方，可能会引起对方情绪上的气愤。一般情况下，目光接触有助于使说话者感到在与对方交往，而凝视或斜视则会产生不良印象。倾听者应柔和地注视说话者，也可以柔和地移开视线。

排除干扰的目的是关注内容。我们不能仅凭书的封面来评论书，因此也不要受自己对说话者的评价的影响而忽略其所表达的内容。

首先，要特别注意不熟悉的题目。因为人接收不熟悉的信息的速度总是比较缓慢。如果想在倾听的过程中获得知识，就要防止说话者讲得过快，让他了解倾听者想知道的内容，尤其是那些对倾听者而言是新内容的部分。大多数说话者比较欣赏好学的倾听者，而且每个人都有表达的欲望，因此会由于倾听者的好学而把自己的想法表达得更清楚。

其次，在倾听别人的谈话时不要详述自己的观点，不要过频地表达自己的思想。倾听并不需要倾听者选择自己的立场，不需要判断对错好坏，不需要评价说话者的思想观点，需要的是将注意力集中于信息本身，让其处于自由流淌的状态，而不要使对话变成争论。

3.反馈倾听信息

如果想赢得说话者的好感，最好让对方知道自己在听，在认真地听，将倾听信息反馈给说话者，从而将尊重、鼓励说话者的信息传达出来。以下策略可以反馈倾听信息：

（1）用动作、身体语言表示与说话者是同盟者。有必要使自己的身体部位与说话者处于类似的状态，如尽量使自己的肩膀与说话者连成一线。当说话者采取的是一种轻松随便的姿势时，倾听者也不必太拘谨；若这时倾听者很庄重，则表现出一种不想继续的态度。倾听者应令说话者感觉舒服，这样他们才会对倾听者开诚布公。

（2）保持目光交流。

（3）使用非语言暗示。真诚的微笑可以使说话者感觉到倾听者在认真地听，不时地点一下头给说话者以鼓励，但要注意这样的动作不要过频。人的面部肌肉可以创造出 5 000 多种不同的表情。在倾听时，不要面无表情，拒人于千里之外；也不要躺在椅子里，这样太随便；更不要总是用手去摸头或者托下巴，这样会使说话者感到隔阂。另外，必须根据文化背景和个人风格来理解身体语言和其他非语言沟通。

（4）给予对方理解其观点的信息。在 15 秒之内的"嗯""啊""唔""是这样的"等理解性的低语，会给说话者以鼓励，但要注意适可而止。一旦低语声过频，就会分散说话者的注意力，而过少则会让他们误认为哪里出了错。

小案例11-4　　　　咨询者的倾听技术

来访者（一位 35 岁的寡妇，两个小孩的母亲）：我丈夫去世时，我整个生活都崩溃了。我一直不敢相信我有能力自己生活并抚养孩子们。以前我丈夫总是替我作所有的决定，他每个星期都带钱回家。现在我已经很长时间没有睡过好觉了，而且酗酒——有时简直不能直接思考。我的亲戚尽可能地帮助我，但是我仍然感到恐惧。

咨询者进行非言语的"鼓励"：点点头，示意来访者可以继续说下去。

咨询者进行"澄清"：你是说你现在面临最艰难的事情之一是要建立自信心，是吗？

咨询者进行"释义"：自从你丈夫去世后，即使你有亲戚的帮助，你自己仍然要承担更多的责任，并需要自己作决定。

咨询者进行"情感反映"：你担心自己肩负起整个家庭责任的能力。

咨询者进行"总结"：你丈夫已经去世，你面临一些十分困难的事情……要承担家庭责任，自己作决定，自己照顾自己，并且要处理随之而来的恐惧。

4.适度提问、复述和沉默

（1）适度提问。让说话者知道倾听者在关注的另一个技巧则是紧随说话者提出问题。提问分为封闭式提问和开放式提问两种类型。封闭式提问的目的一般是使说话者更清楚地说出他所关心的内容，而开放式提问的目的则是想从说话者的回答中得到更深层次的信息。开放式提问有两种类型：一种是阐述性问题，一般要说话者作出阐述性的回答，这属于积极的问题，有助于说话双方相互理解、相互协调。例如，知道今天的报纸上有什么消息吗？那部电影对你（说话者）有影响吗？另一种则是辩护性问题，即要求说话者为自己的观点辩解，具有挑战性，很可能使听说双方建立完全对立的关系，站在相反的立场上。倾听者提这种问题时，要注意语气语调，因为目的是鼓励对方进一步说下去，达到有效沟通的目的，而不是成为对立面。

提问的目的是鼓励说话者以寻求更多的信息，因而要掌握技巧，因人而异，顺势而变，旁敲侧击，使对方有话可谈。

提问应掌握的一些必要技巧包括：

①理解。在理解对方信息的基础上提问。

②时机。应在对方充分表达的基础上提出问题。过早提问会打断对方的思路，而且显得十分不礼貌；过晚提问会被认为精神不集中或未能理解，也会产生误解。

③提问内容。提问就是为了获得某种信息，倾听者要在对总目标的控制掌握下，把话题引入自己需要的信息范围内，用范围较窄的问题促成谈话目的的实现。范围较窄的问题给人回答的余地也小，如果你希望用问题引导对方接受你的决定，最好用窄范围问题。如果用范围较大的问题获取信息，则开放式问题可给予对方发挥的余地。

④注意提问的速度。提问时话说得太急，容易使对方感到咄咄逼人，引起负效应；说得太慢，对方心里会着急，不耐烦。

⑤不想要答案时也要提问，以表示对说话者所说内容的重视。

（2）复述。复述是指准确简洁地重新表达对方的意见，这样做不仅可以检验自己是否正确理解了说话者的意图，还可以鼓励对方对他的表述作更为详细的解释，且表现出自己在仔细倾听。复述内容还可以澄清思想，帮助自己跟上说话者的思路，以免误解。

要避免说话者的误解，使复述正确，首先，不要打断说话者。倾听者必须耐心地听人说完；否则不仅会引起说话者的反感，还会打断说话者的思路，甚至误解说话者的意思。其次，要弄清对方的中心思想。倾听者在倾听时应对倾听的内容加以组织而不是评判对错，当倾听者忍不住把说话者的话归入"不正确"之类时，可以先要求对方澄清细节之后再下结论。如果对方举不出所有的实证，不要质问与反驳，那样会堵住所有的交流渠道，尤其在公众的场合更要注意这一点。再次，可以重复几个关键词，总结中心思想。这看似简单做起来却很难。尤其是当对方的信息在倾听者看来是直接的或隐晦的批评时，很容易反应强烈，以一种防范的姿态来对待这种挑衅，也可能迎上去反对，使形势激化，而结果却并非对方的本意。因此，可以采用委婉的复述来达到目的，弄清对方到底在讨论什么，并让对方明白倾听者的友善，也给对方留有余地来缓和气氛。人们可以在任何情况下使用复述，无论是跟人闲聊还是谈生意，无论是朋友之间还是陌生人之间，无论是严肃的话题还是轻松的话题，都可以。

复述是投诉处理中经常涉及的一个环节。

（3）沉默。沟通中的"沉默"可被理解为：①不感兴趣。倾听者如果长时间对说话者的谈话没有反应，且目光游移不定，那么给人的印象是他对谈话毫无兴趣。②支持和信任。当倾听者沉默不语但保持良好的目光接触且不时点头或以微笑相回应时，说话者的感觉是倾听者对其支持或者信任。③被说话者打动。当倾听者长时间沉默不语，但目光较长时间固定且表情与说话者所要表达的情感相符合时，十有八九倾听者被打动了。沉默就像乐谱上的休止符，运用得当，含义无穷，能达到以无胜有之效。但一定要运用得体，不可不分场合、故作高深而滥用沉默。沉默一定要与语言相辅相成，不能截然分开。

在倾听中适时地运用沉默，可获得如下效果：

①沉默能松弛彼此紧张的情绪。若对方情绪化地说了些刻薄之词，事后往往会内疚、自省，但若你当场质问或反驳他，则犹如火上浇油。这时若利用沉默战术，有利于平复双方的情绪，也给对方自省的时间，继而改变态度，甚至聆听我们的话。

②沉默能促进思考。适时创造沉默的空间，有利于引导对方反思或进一步思考，在对方说谎时，此举尤其能引起他的恐慌。此外，沉默片刻能给双方真正思考的时间和心灵沟通的机会。

③沉默可控制自我情绪。在自己心生怒火的时候，开口极易失言，影响谈话气氛和自身形象，保持沉默可渐渐克制自己激动的情绪。

沉默有诸多有益的作用，但也有消极的作用。消极的沉默可能是因为对方对话题不感兴趣；过于谦让；双方关系不友好或者陌生；说话人多言等。这时倾听者要努力打破沉默，使会谈健康、正常地开展下去。

知识链接 11-1　　　　倾听的 6 个要素

英国作家拉迪亚德·吉卜林曾经这样描述恰当的提问与回答："我有 6 个忠实的仆人，他们可以告诉我所有想知道的事情。他们的名字是：什么、为什么、何时、何地、怎么样、谁。"在你倾听别人谈话的时候，如果确保掌握了吉卜林的 6 个"忠实仆人"的要素，会对你有很大帮助。

下面就是帮你成为一个善于倾听的人的一些技巧：

1.在别人说话时，要身体放松，头脑清醒，能够自然地听别人说话。

2.不要因为最开始的几句话就形成对他人的思维定式，认为你已经听得很明白了。很多倾听方面的错误是因为有人只听了一句话或开头的几个词就自以为明白了，这样就错过了其他内容。

3.快速进入听者的角色，当别人一开口，你就要迅速集中精力听他说话。

4.不要因为你不喜欢一个人的外貌、声音或者整体形象而不听他说话，要兼收并蓄所有的新信息。

5.当讲话人的观点与你的一贯想法不一致时，不要有过于情绪化的反应，听别人把话说完。

6.在得出结论前，让讲话人充分表达他的想法，然后再对他的话作出评价。

7.把听到的部分内容写出来非常重要。你的口袋里应该装着笔、笔记本或卡片。每天都会讨论到一些重要的话题，但是你不能记住每个细节。你是否发现在很多张涂得乱七八糟的纸上，写着没有名字的电话号码？因此，如果有必要，听的时候要作笔记，事后回想一下，并整理成档案。

8.人们经常在描述一件事情时，却将其表达成另一种意思。听懂他人的意图和听懂谈话内容同等重要，这就是前文提到的观察过程。在你听的时候也要注意观察，确定说话人的眼睛、身体和面部传递出的信号是否与他的声音、语言一致。如果不一致，要仔细弄清楚。很多人认为如果他们要求讲话人确认一些其讲话的内容，就会被认为很愚蠢，好像他们没有注意听。而事实上，让讲话人当场重复某些东西，比出现一系列的误解要好得多。

9.人与人之间的交流有3个阶段：接收（倾听）、信息处理（分析）、传递（讲话）。在这3个阶段中，你很可能跳过接收（倾听）过程。试着尽量去听而不要自己分析，或者打断别人讲话。

10.听不进去别人说话的另一个主要原因就是精力不集中。要听得准确无误就必须反应快，当你一听到别人开口，就要集中精力对自己说"这很重要"。眼睛注视着说话的人，不要摆弄笔或稿纸。

如果你能够按照上面的10个步骤来做，你最终会成为一个善于倾听的人。

11.3.3 提高倾听魅力

1.良好的精神状态

在许多情况下，人之所以不能认真倾听对方的讲话往往是由于肌体和精神准备不够，因为倾听是包含肌体、感情、智力的综合性活动。提高倾听意识，保持良好的倾听状态，是提高倾听魅力的最关键步骤。

2.排除外界干扰

在与别人交谈时，要排除有碍倾听的环境因素，如尽量防止别人的无谓打扰及噪声打扰等，尤其要排除倾听者的心理干扰。

3.与说话者建立信任关系

真诚地相信说话者会带来有价值的信息，并传达这种真诚。

4.明确倾听的目的

你对你要倾听的目的越明确，倾听效果就越好。事先的考虑促使我们积极参与人际交流，你的记忆将更加深刻，感受将更加丰富。

5.使用开放性动作

人的身体姿势会暗示其对谈话的态度。自然开放的姿态代表接受、容纳、尊重与信任。用各种对方能理解的动作与表情表示自己的理解，如微笑、皱眉、迷惑不解等，给说话者提供准确的反馈信息，以利其及时调整。还应通过动作与表情表达自己的感情，表示自己对说话者的兴趣。

6.适时适度地提问、复述和沉默

☑ 倾听实验11-1　　　　　商店打烊时

教师用平均语速讲述"商店打烊时"的故事，之后让学生对以下信息作判断。可以重复讲述两次，学生作两次判断；也可以第一次由教师讲述故事，之后学生判断，第二次教师将故事在幻灯片上播放，让学生读完故事再作第二次判断（判断耳朵听到的信息与眼睛看到的信息，对各自的接受度进行比较）。

倾听实验故事
及答案

习题（做两次，不要有太长的思考时间）

题目	正确	错误	不确定
1.店主将店堂内的灯关掉后，一男子到达	T	F	?
2.抢劫者是一男子	T	F	?
3.来的那个男子没有索要钱款	T	F	?
4.打开收银机的那个男子是店主	T	F	?
5.店主倒出收银机中的东西后逃离	T	F	?
6.故事中提到了收银机，但没说里面具体有多少钱	T	F	?
7.抢劫者向店主索要钱款	T	F	?
8.索要钱款的男子倒出收银机中的东西后，急忙离开	T	F	?
9.抢劫者打开了收银机	T	F	?
10.店堂灯关掉后，一个男子来了	T	F	?
11.抢劫者没有把钱随身带走	T	F	?
12.故事涉及三个人物：店主，一个索要钱款的男子，以及一个警察	T	F	?

本章小结

倾听是人体感官有选择的接收，是指主体行为者通过听觉、视觉等媒介接收、汲取和理解沟通对方（或多方）思想、信息和情感的过程。它包括获取信息式、批判式、情感移入式和享乐式四种常用的基本倾听类型，每一种都包含不同的技巧。

所有的人在倾听时都不时地出现失误，其主要原因之一就在于倾听中存在一些障碍，影响倾听的障碍主要有环境障碍、倾听者障碍。

倾听能力是可以提高的，必须把握专心、移情、客观、完整的原则。通过创造良好的倾听环境，排除干扰，关注内容，反馈倾听信息，适度提问、复述和沉默，来提高倾听魅力。

复习思考题

1.倾听有哪些类型？

2.倾听的障碍有哪些？如何有效地克服倾听障碍？

3.结合自己的实践，谈谈有效的倾听有哪些技巧。

☑ 倾听训练

形式：集体参与。

时间：5～10分钟。

道具：任何一则包含一些数字或确切事件的新闻。

场地：室内。

目的：演示说明大多数成人的聆听效率只有50%。

程序：

1.事先从报纸或杂志上摘录一则2～3段长的故事，不要进行任何介绍，在课堂上很不经心地向学员提起："也许你们中很多人几天前已经看到了这则报道。"

2.大声朗读这篇文章。

3.结束后，你会看到学员们毫无兴趣，露出十分厌倦的表情。

4.这时，你拿出一个精致的礼品，说："好，针对刚才大家都听到的故事，我要提出几个问题。谁能全部答对，就能赢得这个礼品。"

5.然后问5～8个问题，比如故事中涉及的名字、日期、地点等。

6.几乎不会有一个人能全部答对。

分享：

1.既然大家都听到了这个故事，为什么很少有人能记得非常清楚？

2.为什么我们会不听呢？这是不是一个典型的例子？我们如何提高自己的聆听技巧？下面提供一些常见的提示。

3.如果我一开始就告诉大家仔细聆听就有机会赢得礼品，大家会不会听得更认真些？为什么？没有奖品刺激时，我们应当如何保证更好地聆听？

第 12 章　人际沟通

学习目标

- 了解个性、气质类型对于沟通的影响，掌握心理认知的基本方法
- 了解环境氛围对沟通的影响，掌握人际沟通的空间、背景布局方法
- 理解人际沟通的本质、原则
- 掌握人际沟通的心理障碍的解决办法及人际沟通技巧

▶ 引例　她俩为何反目成仇

小 A 与小 B 是某高校艺术学院大三的学生，同在一个宿舍生活。两人入学不久便成了形影不离的好朋友。小 A 活泼开朗，小 B 性格内向、沉默寡言。小 B 逐渐觉得自己像一只丑小鸭，而小 A 却像一位美丽的公主，赚足了老师、同学的表扬和赞赏。小 B 认为这并非因为小 A 优秀，而是她好出风头，于是便时常以冷眼对待小 A。大三时，小 A 参加了学院组织的服装设计大赛，获得了一等奖，并被推荐参加地区艺术联赛。小 B 只得到二等奖，无资格参加联赛。小 B 得知这一消息后妒火中烧，趁小 A 不在宿舍之际将她准备参加联赛的作品撕成碎片，扔在小 A 的床上。小 A 发现后，愤怒至极，想不通为什么她要遭受小 B 的冷眼相待，于是将心中积累的怨气一股脑发泄出来。两人由争吵到斗殴，双双受伤并被学校给予"严重警告"处分。

一对好朋友为何反目成仇？如何避免这一后果？

管理既是管事，更是管人。了解人的需求及心理特征，才能更好地进行管理沟通。

从沟通的简要模型"传递者→沟通信息→接收者←情境（背景）"中可以看出，所有沟通过程中信息的发出、接收及情景的选择，都是通过沟通的主体来完成的。要使沟通更为有效，首先应该了解沟通的主体。沟通者本身的特点影响了沟通的整个过程。

12.1　个性特征与沟通

个性是指在一定的社会历史条件下的具体人所具有的意识倾向性，以及经常出现的、较稳定的心理特征的总和。个性主要包括"个性倾向"和"个性心理特征"。前者指人进行活动的基本动力，比如需要、动机、兴趣、理想、价值观和世界观

等；后者指一个人身上经常稳定地表现出来的特征，包括能力（如智力、创造力、想象力等）和气质、性格等。本节主要从个性心理特征来分析其与沟通的关系。研究发现，个性特征决定沟通方式，组织中具有不同个性特征的人会有不同的沟通风格。

马斯洛、麦特曼等人认为，正常心理特征应有以下10项内容：充分的适应力；充分了解自己并对自己的能力作适当的评价；生活的目标能切合实际；与现实环境保持接触；能保持个性的完整和和谐；具有从经验中学习的能力；有良好的人际关系；适当的情绪发泄与控制；能作有限度的个性发挥；在不违背社会规范的情况下，对个人基本要求作恰当的满足。

马斯洛研究众多历史名人后，得出他们的共同个性特征：①比较有效地观察现实，更易于跟现实建立愉快的关系。②高水平地承认自己和他人。③纯朴、天真，自然流露出他们的情感、情绪，好交际。④对问题集中注意。⑤喜欢独处。⑥高度的自主性。当被抛弃或不受欢迎时能坚定自己的信念。⑦不断地欣赏新鲜事物。⑧具有社会性情感，即对全体人类的亲密感。⑨有非常密切的知己圈。⑩具有民主风度。⑪有强烈的伦理观念。⑫有幽默感、创造性、反抗性。

12.1.1　能力与沟通

能力的测试有很多种，著名的有卡特尔16因素调查表（见表12-1）、加州心理测试（见表12-2）。

表12-1　　　　　　　　　　16种因素对应测试的能力

因　素	能　　　力
乐群性	人际关系能力、沟通能力、团队合作能力
聪慧性	分析判断能力、应变能力
稳定性	承受压力能力
恃强性	执行力、领导力、决断力
兴奋性	分析判断能力、决断力、自控能力
有恒性	敬业及责任
敢为性	创新能力、计划组织能力、管理控制能力
敏感性	承受压力能力、应变力、自控能力
怀疑性	沟通能力、团队合作能力、人际关系能力
幻想性	创新能力、执行力
世故性	人际关系能力
忧虑性	承受压力能力、自控能力
实验性	创新能力、执行力
独立性	自控能力、决断力、执行力
自律性	自控能力
紧张性	自控能力、人际关系能力、承受压力能力

表 12-2　　　　　　　　　加州心理测试所测量的能力

量　表	能　　力
支配性	领导能力、计划组织能力、管理控制能力
进取性	管理控制能力、计划组织能力
社交性	人际关系能力、沟通能力、团队合作能力
自在性	应变能力
自承性	分析判断能力、决断力
幸福感	烦恼与抱怨的程度、自我怀疑和幻想破灭倾向
责任感	敬业及责任心
社会化	人际关系能力、团队合作能力
自制力	自控能力、承受压力能力
宽容性	团队合作能力、人际关系能力
好印象	人际关系能力、沟通能力
同众性	符合本测试所建立的常模组织的程度
遵循成就	创新能力
独立成就	管理控制能力、决断力
精干性	决断力、计划组织能力
心理性	应变能力
灵活性	应变能力
女性化	兴趣的男性化或女性化程度

可见，能力本身就包含沟通能力。沟通能力指一个人与他人有效地进行沟通信息的能力，包括外在技巧和内在动因。其中，恰如其分和沟通效益是人们判断沟通能力的基本尺度。恰如其分，指沟通行为符合沟通情境和彼此相互关系的标准或期望；沟通效益，则指沟通活动在功能上达到了预期的目标，或者满足了沟通者的需要。

自我测试 12-1　　　　　　　　沟通能力测试

请根据你自身的实际情况在表 12-3 中问题的合适选项上打"√"，其中 1 到 5 分别代表非常不符合、不符合、一般、符合和非常符合。

表 12-3   沟通能力测试表

序号	沟通能力要素	打分				
1	在和人沟通时我会考虑我的身份和我所处的环境	1	2	3	4	5
2	与人沟通之前，我通常会先思考该说什么、如何说、何时说、在哪说	1	2	3	4	5
3	我和对方沟通时，对方提出的大部分观点或理由都是我事先想到了的	1	2	3	4	5
4	我能以平等的方式与对方进行沟通，避免让对方在交谈中感到被动	1	2	3	4	5
5	当我与别人意见相左时，我在表达我的不赞成时会留有余地	1	2	3	4	5
6	我认为我的沟通技巧与我将从事的工作所需要的沟通能力是相称的	1	2	3	4	5
7	我在每次与人沟通后对自己的表现很满意	1	2	3	4	5
8	听演讲或报告时或参加重要会议时，我会有意识观察别人的沟通方式	1	2	3	4	5
9	在讨论问题时，我通常更关注自己对问题的理解而不是直接提建议	1	2	3	4	5
10	在与自己有不同观点的人讨论时，我会努力找出双方的某些共同点	1	2	3	4	5

沟通能力测试
结果评价

12.1.2 性格与沟通

性格是个性的外显表现，是显露的气质的外形，有广义和狭义之分。广义的性格是指人与其他人不同的心理特征；狭义的性格是指人们在社会实践中对外界现实的稳定的基本态度和习惯的行为方式。那种偶然的情境性的心理特征，不能称为一个人的心理特征。科学心理学中的"性格"是取其狭窄的、特定的含义。

1. 外向与内向

这类划分方式主要是依据个体对世界的看法。其中外向型的人更倾向于外部世界的人和事，乐意与人交往，积极行动，善于与人交流，在讨论交流的过程中提出建议，兴趣广泛。内向型的人则倾向于思想、记忆和情感；倾向于自省，喜欢以书写的形式与人交流；善于独自学习，喜欢在安静的环境中工作；可以长期从事一项工作；被认为是沉思的、安静的、神秘的、难懂的。

自我测试12-2　　　　内向和外向倾向测试

请在心态平和及时间充足的情况下开始答题。

每道题目均有两个答案：A和B。请仔细阅读题目，按照与你性格相符的程度分别给A和B赋予一个分数，并使一组中的两个分数之和为5。最后，请在问卷后的答题纸上相应的方格内填上相应的分数。

请注意，题目的答案无对错之分，你不需要考虑哪个答案"应该"更好，而且不要在任何问题上思考太久，而是应该凭你的第一反应作出选择。

如果你觉得在不同的情境里，两个答案或许都能反映你的倾向，请选择一个对于你的行为方式来说最自然、最顺畅和最从容的答案。

例如，你参与社交聚会时：

A.总是能认识新朋友　　（4）　　　　B.只跟几个亲密挚友待在一起　　（1）

很明显，你参与社交聚会时有时能认识新朋友，有时只跟几个亲密挚友待在一起，在以上的例子中，我们给总是能认识新朋友打了4分，而给只跟几个亲密挚友待在一起打了1分。当然，在你看来，也可能是3+2或者5+0，也可以是其他的组合。

请在以下范围内一一对应地选择你对表12-4中项目的赋值：

最小————————————————————————最大

0　　　1　　　2　　　3　　　4　　　5

表12-4　　　　　　　　　内向和外向倾向测试表

序号	题目	A	B
1	遇到新朋友时，你	说话的时间与聆听的时间相等（　　）	聆听的时间会比说话的时间多（　　）
2	你参与社交聚会时	总是能认识新朋友（　　）	只跟几个亲密挚友待在一起（　　）
3	这些情况当中哪一种说法较适合你	与友人尽兴后，我会感到精力充沛，并会继续追求这种欢娱（　　）	与友人尽兴后，我会感到疲累，觉得需要一些空间（　　）
4		我经常边说话，边思考（　　）	在说话前，我会思考要说的话（　　）
5		认识我的人，一般都知道什么对我来说是重要的（　　）	除了我感觉亲近的人之外，我不会对其他人说出什么对我来说是重要的（　　）
6		我独处太久，便会感到不安（　　）	若没有足够的自处时间，我便会感到烦躁不安（　　）

续表

序号	题目	A	B
7	当放假时，你多数会	花多些时间与别人共度（　）	花多些时间自己阅读、散步或者做白日梦（　）
8		参观著名景点（　）	花时间逛博物馆和一些较为幽静的地方（　）
9	这些说法当中哪个说法最能贴切形容你对自己的看法	坦率（　）	深沉（　）
10		爽朗（　）	沉稳（　）
11		率直（　）	内敛（　）
12	你会倾向	自己的工作被欣赏，即使你自己并不满意（　）	创造一些有长远价值的东西，但不一定需要别人知道是你做的（　）
	总分	E（外向）	I（内向）

内向和外向倾向
测试结果评价

　　一个外向的人寻求变化和刺激。他们喜欢社交，在建立关系和结交新朋友时往往采取主动的方式，并不觉得会受到太多的约束。他们常常说话较多，在谈话中愿意发起话题，在各种会议上，愿意主动上台作自我介绍，而不是被介绍。他们能自如地与别人交流自己的观点。外向的人更容易冲动地做他们想做的事情，而不是按计划行事。一般组织中管理者都应该具有一定程度的外向性，这是与他人交往的基础，但也不是外向性越高越好。

　　内向的人喜欢在沟通之前把事情想清楚。内向者对信息也是很开放的，他们对事情很敏感，常常能够收集非常微妙的信息，包括事实和感情，并且能从很少的信息中把握思想。在一般人面前，内向的人看起来并不善于与别人交流他们的想法，但在信任的人面前或情境需要时，他们可以交流得很好，比如许多内向的人常常能在会议上作一个优美的演讲或介绍。内向者的另一个特点是，他们愿意在很长时间里全神贯注地解决一个问题，因此他们在提出某个选择和建议时，往往是有相当坚实的基础的。当他们的建议受到拒绝和怀疑时，他们更容易感到心烦意乱，因为这些观点都是他们曾经仔细思考过的。

　　因此，与外向性格的人沟通时，要多给予其说话的机会，辅助于适当的迎合，使其更加主动地表露自己，这样就能取得更好的效果。另外，在沟通方式方面要直接、挑重点，不要啰唆，也不能太关注细节。相反，与内向的人沟通时，要注意营造亲密的气氛，并通过提问或有针对性的反问来了解其看法。如果你想真正了解他们的想法，不应过于急切，否则会给他们压力。另外，倾听，并愿意支持他们，和他们站在一起，才是取得他们信任最好的方法。

2.感觉和直觉

感觉和直觉的区分是对信息选择的倾向。感觉型的人倾向于当前发生的事。他们喜欢真实、具体和切实的信息，关注细节，喜欢工作有序、程式化、按部就班，有毅力，被认为是实际、稳定和有序的人。直觉型的人倾向于未来可能的和潜在的事。他们留意图片联系和样式，记得某一样式的特别之处，富有想象力和创造力，讨厌常规的和连续的工作，善于解决问题和发展新技能，具有爆发力但没有毅力。

自我测试 12-3　　　　　　感觉和直觉倾向测试

请选择你对表12-5中项目的赋值，具体评分方法同表12-4。

表 12-5　　　　　　　　　感觉和直觉倾向测试表

序号	题目	A	B
1	下列哪一种是你的一般生活取向	只管做（　　）	找出多种不同选择（　　）
2	当你尝试了解某些事情时，一般你会	先要了解细节（　　）	先了解整体情况，细节以后再谈（　　）
3		我较有兴趣知道别人的经历，例如他们做过什么，认识什么人（　　）	我较有兴趣知道别人的计划和梦想，例如他们会往哪里去，憧憬什么（　　）
4	这些情况当中哪一种说法较适合你	四周的实际环境对我很重要，而且会影响我的感受（　　）	如果我喜欢所做的事情，气氛对我而言并不是那么重要（　　）
5		如果我喜欢某种活动，我会经常进行这种活动（　　）	我一旦熟悉某种活动后，便希望转而尝试其他新的活动（　　）
6		我对一些没有实际用途的意念不感兴趣（　　）	我喜欢意念本身，并享受想象意念的过程（　　）
7	当放假时，你多数会	返回我喜欢的地方度假（　　）	选择前往一些从未到达的地方（　　）

续表

序号	题目	A	B
8	这些说法当中哪个说法最能贴切形容你对自己的看法	在喜欢的餐厅用餐（　　）	尝试新的菜式（　　）
9		留意事实（　　）	注重事实（　　）
10		实事求是（　　）	富有想象力（　　）
11		脚踏实地（　　）	具有远大的视野（　　）
12	你会倾向	在自己有兴趣的范畴，积累丰富的经验（　　）	积累各种各样不同的经验（　　）
	总分	S（感觉）	N（直觉）

感觉和直觉倾向
测试结果评价

　　在获得信息时使用感觉的人更加重视事实，他们一般要真正接触到这些信息并对其加以衡量、评价和验证后才相信它们。他们偏爱制度和方法，对常规的细节很有耐心；他们喜欢内容具体、清晰的任务，并对工作作出时间安排；他们对能发展和使用他们的技能，或体现他们影响力的事情感兴趣，喜欢运用他们的能力去解决实际的问题。

　　在获得信息时使用直觉的人更像小说家，他们有着丰富的想象力，关注"诗和远方"。小说家按照自己的洞察力去发展某个道听途说的故事，并把它改成小说。同样，直觉型的人经常在不知道发生了什么事情以及事情发生原因的情况下，能够提出理念和可能性——尽管这些理念不一定正确。直觉型的人往往把注意力集中在整体概念而不是具体问题上。他们具有创造性的眼光和洞察力，遵循自己的灵感，喜欢复杂的事物。他们热衷于学习新技能，在学习一种新技能后，他们可能并不想使用它，而是迅速地开始下一项有趣的任务。

　　因此，与感觉型的人沟通时，一方面要知道感觉对他们而言是最重要的，一定要重视他们的感觉；另一方面也要让他们知道你的感觉、想法。另外，沟通时给予他们一定的"缓冲"时间，不能过于急躁地想得到反馈，因为他们需要有理有据的理由。说服他们的最好方法是，告诉他们这样做可能会有助于他们获得更好的结果。同直觉型的人沟通时则要强调趣味性和新意，倾听他们伟大的梦想和计划，不必马上点出其中不切实际的地方，而把它当成是一种分享想法、分享喜悦的方式。

同时，沟通时要站在一定高度，尽量从宏观上进行把握，另外，思维跨度也可以适当增大，因为他们喜欢天马行空般地遨游。

3.思考和情感

思考和情感的划分依据是决策时的倾向。思考型的人检验决定的逻辑结果，客观地评价过程和结果，根据逻辑分析作决定；在问题解决和批判中激发潜能；喜欢运用一致的标准原则处事，寻找数据之间的原因和结果，给予事实判断。情感型的人以自己的主观价值观作判断，喜欢欣赏支持他人，与他人合作，积极地赞美他人；重视创造和谐的周围环境；尊重每个人的独立个性；重视决策对他人的影响；奖励合作，激发工作热情。

在决策中，有人使用理性思维的方法，有人使用情感思维的方法。使用理性思维的人喜欢在决策前收集信息并进行细致的分析，他们观察、追踪并客观地评价事实，而不是服从于自己的情感。比如在商业中，他们喜欢使用决策分析、线性方程、成本收益分析、外推预测以及其他减少风险的方法。偏爱理性思维的人可能会在不知不觉中伤害他人的感情，因为他们关心的是要求做的事，从而忽视了其他人的利益和情感。如果你有一位非常重视理性思维的老板，那么在说明自己的观点时最好给他提供充分的证据，用资料来说服他；同样，如果你有这样的下属，那么要让他们看到你决策的事实性基础。

具有强烈情感倾向的人通常非常友善，愿意看到人们在世界观上的许多共同之处，喜欢基于共同价值的工作。但是，如果人们不按他们的观点看待问题，他们便可能成为一个可怕的对手，他们会使争论两极化，不是支持就是反对。用情感方法决策的人，通常用个人的主观标准和信念衡量决策的正确与否，他们可能常常被认为过分坚持一个观点或坚持老方法。

与思考型的人沟通时要注意强调实际问题的解决，最好能辅助于数据或图标等工具。另外，当与他们拥有不同的见解、方案时，不能急于达成一致看法，因为他们是善于思考的，给他们重新思考的时间，他们自然会判断是否接纳你的想法，或是找时间跟你进一步讨论。与情感型的人沟通时要注意了解他们决策的原则和个人的情感取向。

自我测试 12-4　　　　　**思考和情感倾向测试**

选择你对表12-6中项目的赋值，具体评分要求同表12-4。

表12-6　　　　　　　思考和情感倾向测试表

序号	题目	A	B
1	你喜欢自己哪种性格	冷静而理性（　　）	热情而体谅（　　）
2	你对哪方面较感兴趣	知道别人的想法（　　）	知道别人的感受（　　）

续表

序号	题目	A	B
3		我擅长订出一些可行的计划（　　）	我擅长促成别人同意一些计划，并衷心合作（　　）
4		喜欢分析，心思缜密（　　）	对别人感兴趣，关心他们所发生的事（　　）
5	这些情况当中哪一种说法较适合你	在作决定的时候，我更多地考虑正反两面的观点，并且会推理与质证（　　）	在作决定的时候，我会更多地了解其他人的想法，并希望能够达成共识（　　）
6		当进行谈判时，我依靠自己的知识和技巧（　　）	当进行谈判时，我会拉拢其他人至同一阵线（　　）
7	当放假时，你多数会	带着一些与工作或学习有关的事情（　　）	处理一些对我重要的人际关系（　　）
8	这些说法当中哪个说法最能贴切形容你对自己的看法	别人认为我会公正处事，并且尊重他人（　　）	别人相信在他们有需要时，我会在他们身边（　　）
9		知识广博（　　）	善解人意（　　）
10		喜欢询问实情（　　）	喜欢探索感受（　　）
11		公正（　　）	宽容（　　）
12	你会倾向	感情用事的人较容易犯错（　　）	逻辑思维会令人自以为是，因而容易犯错（　　）
	总分	T（思考）	F（情感）

思考和情感倾向
测试结果评价

4.判断和知觉

判断和知觉的区别是收集信息或作决定时的偏爱。判断型的人喜欢根据信息来判断；决策迅速；喜欢事情有个结果或有个了结；善于计划和安排他们的世界，自己的角色和期望清晰；优先计划，避免最后一刻的压力。知觉型的人喜欢以自己的理解和信息作决策；保留事情有可能的余地；寻求不固定体验；易于作新的选择和最后一刻的改变；喜欢开始某一项目但往往不能善始善终；容易适应，较灵活；对最后一刻的压力有活力（喜欢将事情留到最后做）。

自我测试 12-5　　　　　　　　　　**判断和知觉倾向测试**

选择你对表12-7中项目的赋值，具体评分要求同表12-4。

表 12-7　　　　　　　　　　　判断和知觉倾向测试表

序号	题目	A	B
1	你擅长	在有需要时同时协调进行多项工作（　）	专注在某一项工作上，直至把它完成为止（　）
2	你较喜欢下列哪个工作	能让我迅速和即时作出反应的工作（　）	能让我定出目标，然后逐步达成目标的工作（　）
3	这些情况当中哪一种说法较适合你	我会突然尝试做某些事，看看会有什么事情发生（　）	我尝试做任何事前，都想事先知道可能有什么事情发生（　）
4		即使已有计划，我也喜欢探讨其他新的方案（　）	一旦制订出计划，我便希望能依计划行事（　）
5		当我专注做某件事情时，需要不时停下来休息（　）	当我专注做某件事情时，不希望受到任何干扰（　）
6		随遇而安，做当时想做的事（　）	为想做的事情制定出时间表（　）
7	当放假时，你多数会	忘记平时发生之事，专心享乐（　）	想着假期过后要准备的事情（　）
8	这些表达中哪个说法最能贴切形容你对自己的看法	随机应变（　）	按照计划行事（　）
9		容易适应转变（　）	处事井井有条（　）
10		不断接受新意见（　）	着眼达成目标（　）
11		暂时放下不愉快的事情，直至有心情时才处理（　）	及时处理不愉快的事情，务求把它们抛诸脑后（　）
12	你会倾向	犹豫不决必失败（　）	三思而后行（　）
	总分	P（知觉）	J（判断）

判断和知觉倾向
测试结果评价

　　人们行为的重点有所不同，把重点放在解决问题上称为判断偏爱，把重点放在获取尽可能多的资料上则是知觉偏爱。判断偏爱的人不喜欢模糊和松散，他们非常有条理，喜欢把问题清晰化，并解决它。他们确实很重视解决问题的逻辑，但是并不喜欢在采取行动前花费太多的时间，得到一个清晰的判断结果对于他们来说更重要。知觉偏爱的人更强调应该尽可能多地收集信息，因此他们也会更注意获取信息的方式，即感觉的或直觉的因素。知觉偏爱型的人心灵开放，充满好奇，喜欢研究和发现，他们强调诊断重于作出结论和解决问题。他们往往把注意力过多地集中于调查上，努力发觉与问题相关联的事实，他们喜欢去收集传闻、证据和其他一些被人们认为不必要的信息。

　　与判断偏爱的人沟通时，目的性要强，说服他们之前最好能够提供清晰的解决方法或备选方案。与知觉型的人沟通时则要给予他们充足的信息，以便及时有效地影响他们。

　　总之，针对不同性格的人，应选择不同的沟通风格，把握人们个性的差异是使沟通顺畅的重要条件。

12.1.3　气质与沟通

　　气质是一系列典型而稳定的心理活动的动力特性，主要表现为心理过程的强度、速度以及心理活动的指向性。气质具有两方面的特点：一方面，气质在很大程度上受先天和遗传因素的影响，具有相对稳定性；另一方面，气质受环境的影响可发生某些改变，气质的可变性可以从教育和社会中找到原因。

　　根据以下特征，气质类型可以分为几种：个人对外界刺激感觉能力的感受性；个人受外界刺激作用时表现在时间和强度上忍受程度的耐受性；心理反应和心理过程速度的敏捷性；个人依据外界事物变化情况而改变自己适应性行为的可塑程度的可塑性；情绪性兴奋强弱和情绪外现强弱程度两方面的兴奋性；指向个人动作、言语、情绪等是否表露于外的外向性和内倾性。

　　(1) 多血质。该类型的心理特点为：活泼好动，善于交际，思维敏捷，容易接受新鲜事物，情绪情感容易产生也容易变化和消失，容易外露，体验不深刻。多血质又称活泼型，敏捷好动，善于交际，在新的环境中不感到拘束。在工作学习上富有精力而效率高，表现出机敏的工作能力，善于适应环境变化。在集体中精神愉快，朝气蓬勃，愿意从事合乎实际的事业，能对事业心向神往，能迅速地把握新事物，在有充分自制能力和纪律性的情况下，会表现出巨大的积极性。多血质的人兴趣广泛，但情感易变，如果事业上不顺利，热情可能消失，其消失速度与投身事业的速度一样迅速，从事多样化的工作往往成绩卓越。

　　(2) 胆汁质。该类型的心理特点为：坦率热情；精力旺盛，容易冲动；脾气暴躁；思维敏捷，但准确性差；情感外露，但持续时间不长。胆汁质又称不可遏止型或战斗型。胆汁质的人具有强烈的兴奋过程和比较弱的抑郁过程，情绪易激动，反应迅速，行动敏捷，暴躁而有力；在语言上、表情上、姿态上都有一种强烈而迅速的情感表现；在克服困难上有不可遏止和坚韧不拔的劲头，而不善于考虑是否能做到；性急，易爆发而不能自制。这种人的工作特点带有明显的周期性，埋头于事业，也准备去克服通向目标的重重困难和障碍。但是当精力耗尽时，易失去信心。

（3）黏液质。该类型的心理特点为：稳重，考虑问题全面；安静，沉默，善于克制自己；善于忍耐，情绪不易外露；注意力稳定而不容易转移，外部动作少而缓慢。这种类型又称安静型，在生活中是坚持而稳健的辛勤工作者，行动缓慢而沉着，严格恪守既定的生活秩序和工作制度，不为无所谓的动因而分心；态度持重，交际适度，不作空泛的清谈，情感上不易激动，不易发脾气，也不轻易流露情感，能自制，也不常常显露自己的才能；能够长时间坚持不懈，有条不紊地从事自己的工作；但有时候不够灵活，不善于转移自己的注意力；惰性使其因循守旧，表现出固定性有余，而灵活性不足。这种人具有从容不迫和严肃认真的品德，以及性格的一贯性和确定性。

（4）抑郁质。该类型的心理特点为：沉静，对问题感受和体验深刻；持久，情绪不轻易表露；反应迟缓但是深刻；准确性高。抑郁质的人有较强的感受能力，易动感情，情绪体验的方式较少，但是体验持久而有力，能观察到别人不容易察觉到的细节，对外部环境变化敏感，内心体验深刻，外表行为则迟缓、扭怩、怯弱、怀疑、孤僻、优柔寡断、容易恐惧。

自我测试 12-6   **气质类型测试**

针对表12-8中的问题，请根据自己的情况在2分钟内打分，分数打在各题目后的括号里，具体评分标准为：在"很符合、比较符合、介于符合与不符合之间、比较不符合、完全不符合"5个答案中选择一个适合自己的。很符合2分，比较符合1分，介于符合与不符合之间0分，比较不符合-1分，完全不符合-2分。

表12-8   气质类型测试题

1	做事力求稳妥（　　）	31	宁愿侃侃而谈，不愿寥寥数语（　　）
2	遇事不顺，怒不可遏，说出为快（　　）	32	别人说我总是闷闷不乐（　　）
3	宁肯一个人干事，不愿多人合作（　　）	33	理解问题比别人慢一些（　　）
4	到新环境，很快适应（　　）	34	疲倦时，只要短暂休息就能精神抖擞，重新工作（　　）
5	厌恶强烈的刺激，如尖叫、噪声、危境（　　）	35	心里有话，宁愿不说（　　）
6	和别人争吵时，先发制人，喜欢挑衅（　　）	36	希望目标尽快实现，达不到誓不罢休（　　）

7	喜欢安静的环境（ ）	37	工作同样时间，常比别人更易疲倦（ ）
8	善于与人交往（ ）	38	做事有些鲁莽，不计后果（ ）
9	羡慕那种善于克制感情的人（ ）	39	对不理解的新知识，理解后会记很久（ ）
10	生活有规律，很少违反作息时间（ ）	40	能很快忘记不愉快之事（ ）
11	在多数情况下，情绪是乐观的（ ）	41	做作业或做事比别人花时间多（ ）
12	遇到令人气愤的事，很快自我克制（ ）	42	喜欢大运动量或各类文体活动（ ）
13	遇到高兴的事，一下子喜形于色（ ）	43	不能很快将精力从一事转到另一事（ ）
14	做事总有旺盛的精力（ ）	44	接受任务后就希望迅速解决（ ）
15	遇问题常举棋不定，优柔寡断（ ）	45	认为墨守成规比冒风险要强一些（ ）
16	在人群中，常感到过分的拘束（ ）	46	能同时注意几件事物（ ）
17	情绪高昂的时候，觉得什么都有趣；情绪低落的时候，觉得什么都没意思（ ）	47	当我很烦时，别人很难使我高兴（ ）
18	当注意力集中时，很难为别的事分心（ ）	48	爱看情节起伏跌宕、激动人心的小说（ ）
19	理解问题，总比别人快（ ）	49	对工作始终保持认真严谨的态度（ ）
20	遇到危境，常常有极度的恐惧感（ ）	50	和周围人的关系总是相处不好（ ）
21	对学习、工作、事业怀有很高的热情（ ）	51	喜欢复习已学知识，重复已掌握的工作（ ）
22	能长时间做枯燥、单调的工作（ ）	52	喜欢做变化大、花样多的工作（ ）
23	对有兴趣的事就干劲十足，否则不想干（ ）	53	小时候会背的诗歌，比别人记得清楚（ ）

续表

24	一点小事就会使情绪低落	54	别人说我出语伤人，可我不感觉如此（　　）
25	讨厌做那种耐心、细致才能完成的工作（　　）	55	在体育活动中，常因反应慢而落后（　　）
26	与人交往不卑不亢（　　）	56	反应敏捷，头脑灵活（　　）
27	喜欢参加热烈的活动（　　）	57	喜欢做有条理的、不是很麻烦的工作（　　）
28	喜欢感情细腻、有人物内心描述的作品（　　）	58	兴奋的事情使我失眠（　　）
29	工作时间长了，就感到厌倦（　　）	59	老师讲的内容常听不懂，懂后很难忘（　　）
30	不喜欢长时间讨论问题，宁可动手干（　　）	60	如果工作枯燥无味，马上会情绪低落（　　）

气质类型测试
结果评价

掌握气质类型的基本识别工具，便于我们与不同气质的人有效沟通。

胆汁质的人与别人沟通时往往使对方觉得过于直接，很"冲"，甚至会出现让人"下不来台"的情况。基于胆汁质的人易于冲动、认死理、易兴奋、精力充沛的特点，和胆汁质的人沟通时，陈述应尽量明确、简洁，而又不能太绝对。由于这类人做事比较果断，希望对方也能和他一样迅速，雷厉风行，如果你进行复杂的论证和推理或者说得"太死"，即便你的观点非常正确，对方也会变得不耐烦或者跟你"抬起杠"来。

多血质类型的人说话很讲究"艺术"，既不主动出击，也不唯唯诺诺，一般采取先听后讲的方法，对接收到的各种信息非常敏感。基于多血质的人活泼、好动、反应灵敏、心思敏感的这些特点，和这类人沟通的最好方法是"引蛇出洞"。这类人不喜欢太过主动、直接的表达，但如果有人能够提个头的话，他们反而很乐意跟随，既不张扬，也不落后。因此，在与这种类型的人沟通时，要创造一种轻松愉快的气氛，最好选择私下场合，以私人的口吻进行交谈，这样才会取得良好的效果。另外，由于他们大多敏感，心底比较软，所以适当的"动之以情"是达到沟通目的的一种好方法。

黏液质的人喜欢用事实说话，讲究逻辑，做事有分寸，所以和他们沟通只要能够在一开始做到"以理服人"，就能彻底"俘获他们的心"。和这类人沟通不需要很花哨的沟通技巧，但需要很详细、具体的沟通内容，他们不喜欢繁复的程式，但要求符合严密的逻辑，要有耐心，同时沟通中要尽量让对方有所反应，可以用反问或者设问等语句，让他们主动地参与到对话中来。

抑郁质类型的人特别敏感且易害羞，特别是在面对"挑衅或攻击"时，他们更会感到非常不安。因此，和这类人沟通需要格外小心，因为他们敏感的心思往往令人意想不到。和他们沟通之前，应做好完全的准备，不仅要对沟通内容的精确性进行准备，还要对沟通对象的特征及喜好加以了解，以便做到在沟通的时候有的放矢，而不要在得罪了对方后再去补救。另外，抑郁质类型的人一般比较多疑，不太容易相信别人，所以取得他们的信任是与他们沟通的先决条件。

12.2　环境氛围与沟通

知识链接12-1　　　　　　　　　黑暗效应

一位男子钟情于一位女子，但每次约会，他总觉得双方谈话不投机。有一天晚上，他约那位女子到一家光线比较暗的酒吧，结果这次谈话融洽投机。从此以后，这位男子将约会的地点都选择在光线比较暗的酒吧。几次约会之后，他俩终于决定结下百年之好。心理学家将这种现象称为"黑暗效应"。社会心理学家研究后的结论是，在正常情况下，一般的人都能根据对方和外界环境及氛围来决定自己应该掏出多少心里话，特别是对还不十分了解但又愿意继续交往的人，既有一种戒备感，又会自然而然地把自己好的方面尽量展示出来，把自己的弱点和缺点尽量隐藏起来，慢慢才会打开心扉。

从这个著名心理学效应中，我们可以发现"月上柳梢头，人约黄昏后"，选择在"月朦胧鸟朦胧"的晚上、在灯火幽暗的小馆子或烛光摇曳的咖啡馆等环境中约会都是有其科学道理的。此效应也正表明沟通的环境氛围对沟通效果的重要影响。

12.2.1　沟通场所的选择

从大的方面来讲，沟通总是在一定的心理背景、物理背景、社会背景和文化背景下发生的；从小的方面来讲，沟通总是在一定的目的及情景下进行的，会受到各种环境因素的影响。因此，我们首要解决的问题就是根据沟通的目的及沟通双方即沟通主体的情绪和态度、社会角色关系、价值取向和思维模式选择合适的沟通时机及沟通场所。

根据沟通的目的、对象的不同，沟通场所一般分三种：第一种是自由场所，即不论场地，以自由、随性的沟通为目的；第二种是非正式场所，即没有严格的场地限制，可以是办公场所，也可以是生活场所；第三种是正式场所，一般为室内，没有他人打扰，封闭式进行。

当沟通主体处于激动、悲伤、焦虑状态或者双方存在敌意时，沟通就要选择相对较为安静的场所，以使其恢复平静，具体可以是非正式场所；当沟通主体之间关系亲密时，则可以选择自由场所或者非正式场所。目的明确、针对性强的沟通，或者是相对生疏的沟通主体之间的沟通，如对周期性绩效评估或具体工作事件的沟通，更适合在比较正式的场合进行。另外，还要根据沟通主体的文化特征来选择合适的场所。当然，场所的选择也需要沟通主体的因地制宜，比如，对入职第一天的新员工，领导可以在下班的路上与其聊一聊，或在餐厅等自由场所边吃饭边沟通。当发现下属最近似乎情绪很不好时，需要主动与下属进行沟通，领导可以从关心的角度直接到下属的宿舍等非正式场所去沟通。当领导需要与员工交流相对较为严肃的问题时，比如绩效表现或所犯错误等问题，可以在办公室、会议室等正式场所沟通。总之，我们要根据客观实际，做到具体问题具体选择。

12.2.2　沟通场所的布置

事实上，在企业管理的实际中，我们不仅要选择具体的沟通场所，还要根据需要、目的等实际情况的不同而对沟通场所进行布置。具体布置过程中要把握好以下方面：

1.空间和距离

有关周围空间的使用方式、与他人保持的距离的研究，也称为空间关系学。人们通过对空间、场所以及距离的利用，表达着自己的愿望。一般而言，空间场所首先代表了领地，而自己的领地边界往往代表着安全和隐私，也往往不能受不希望的外人的侵犯。其次，空间与距离是亲密程度的标志，我们可以通过观察人们在沟通交流时所保持的距离，来判断他们之间的亲密程度及沟通的正式与否。正是基于上述两点内涵，学者爱德华·霍尔（Edward Hall）根据双方的亲密程度给出了4个层级的空间距离。

（1）亲近的朋友或家人之间的亲密距离：小于0.46米（18英寸）；

（2）朋友或亲近的同事之间的人际距离：0.46～1.22米（18英寸～4英尺）；

（3）不熟悉的人之间的社会距离：1.22～3.66米（4英尺～12英尺）；

（4）陌生人之间的公共距离：大于3.66米（12英尺）。

最后，空间和距离也能代表身份，比如，领导办公室的大小、沟通时的"高度"就能体现职位高低、权威的大小和尊贵程度。法庭审判的座位布局、国王的宝座、获奖牌的人的站位都能说明这一点。

把握了沟通中"空间和距离"的具体内涵，就要充分地加以应用。首先，在沟通场景布置中就要根据沟通主体的个性特征、态度及亲密程度来安排合适的沟通距离，防止侵犯他人空间现象的发生。比如孩子、老人比中年人，外向的人比内向的人，站或坐得更近。态度也可以影响私人空间。一般来说，我们和自己喜欢的人站或坐得更近。其次，要根据沟通的目的恰当安排沟通主体间的角度位置，如果想营造一种开放、合作的沟通氛围，以直角的形式站或坐，要比面对面的站或者坐更好，因为这意味着给对方一种合作的信号，能够使沟通主体双方都有凝视的空间。若要较大程度地缓解紧张的沟通氛围，沟通主体可以并排坐，使双方感觉到大家处于同一立场上，这样会取得好的效果。最后，要重视沟通"高度"的应用。比如，如果想创造一种沟通双方对抗的状态，则可以安排双方面对面，或者一个处于上方，另一个处于下方；如果沟通一方想要对方严肃地对待某件事情，则可以站起来身来加以强调，以有力地表达这件事情。

2.办公室的设计

办公室的设计常见的有4种类型，如图12-1所示。

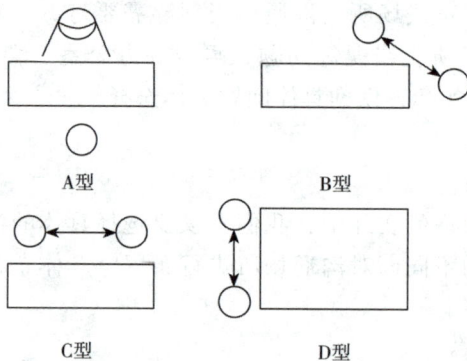

图12-1　办公室的设计

室内陈设在办公室设计当中占有较为重要的地位，比如办公桌的大小、外形以及摆放位置，都会影响办公室主人给来访者的印象，而且能决定这个办公室开放性沟通的程度如何。

结合上述"空间和距离"对沟通的影响，办公室的设计要根据沟通目的不同加以选择，比如要传达一个好消息给员工时，使用A型这一标准陈设就不合适，相反，当需要警告或批评员工时，则可以加以选用；如果所来交谈者是陌生人，而主人又想迅速拉近两者之间的关系，那么就可以选择B型陈设；C型则适用于同事间工作问题的探讨以及一般问题的交流；当希望沟通双方共同设定目标，或者主人要使对方接受已设定的目标，那么D型会是很好的选择。

另外，办公室的颜色设计也影响着管理者和员工的心理和感情。办公室要避免使用过度鲜艳的颜色，因为那样会刺激员工的神经而使其精神亢奋，这样则不利于沟通。一般来说，清凉的颜色会使人镇静平和，比如淡绿色及淡蓝色会利于人们在心平气和的状态下沟通交流。再者，办公室内临时堆放的东西，如果与沟通无关，往往都会分散沟通者的注意力，当然一些合适的艺术品则可能缓和紧张沟通的气氛。

总之，在条件允许的情况下，最好能够把沟通场所安排在一个与沟通性质及目的相协调的环境中，要注意舒适、幽静的原则，因为沟通场所合适的温度、充足的光线、整洁的环境能给沟通主体双方清新舒适的感觉，保持良好的会谈气氛，有助于意见交换，从而取得好的沟通效果。

12.3　人际沟通

12.3.1　人际沟通的含义及过程

> 君子居其室，出其言，善则千里之外应之，况其迩者乎？居其室，出其言，不善千里之外违之，况其迩者乎？言出乎身，加乎民；行发乎迩，见乎远。言行，君子之枢机，枢机之发，荣辱之主也。言行，君子之所以动天地也，可不慎乎？
>
> ——《周易·系辞上》第八章

人际沟通就是指人和人之间进行信息传递和情感交流的过程。我们生活在一个沟通的社会里，人们交流思想、情感以及人们的理想与期望，人们交流着各自的喜悦、变化和痛苦。人际沟通使人们的才能得以发挥，使人们获得赞扬和尊敬，甚至还关系到职业生涯的发展。因此，从某种程度上来说，作为现代社会中人们生活的一部分，人际沟通的广度和深度不仅是人们生活质量的重要体现，而且是一切成功的团队沟通、组织沟通的基础。

人际沟通的目的是建立、维持和发展人际关系，人际沟通的过程就是人际关系的动态过程。有学者认为，人际沟通的过程可以分为三个层次和四个阶段。其中三个层次指信息层次、情感层次和行为层次，四个阶段包括定向阶段、探索情感交换阶段、情感交换阶段和稳定情感阶段，具体内容见表12-9。

表12-9　　　　　　　　　　　　　　人际沟通的过程

层次	阶段	沟通内容
信息层次	定向阶段	人们根据自己的价值观念、审美观念、需求和动机的心理定式选择沟通对象，双方有接触的愿望，积极搜寻有关对方的信息。沟通双方交流内容仅限于一些基本信息，而没有情感上的交流，甚至出现投其所好及自我掩饰现象，目的是让彼此产生一定的认识，形成一定的印象
情感层次	探索情感交换阶段	在定向阶段的基础上，沟通双方对所交流信息的译码和对沟通对象的动机、需求、兴趣、性格、世界观、价值观、心理定式的感知，都伴随着情感体验。双方主动地、由浅入深地暴露自己的个性特点，并都能够较自由地相互赞许或批评对方的行为
	情感交换阶段	
行为层次	稳定情感阶段	在前两个阶段的基础上，沟通双方信息互动高度频繁，信息量剧增，沟通方式丰富多彩，"自我暴露"彻底，双方表现为相亲相爱、近距离交往等。为了保持好的关系，人们甚至也要根据沟通对象对自己的评价、期望调整自己的行为

12.3.2　人际沟通行为影响因素

1.人际沟通中的自我状态

著名的社会学家勃纳首创并加以发展的处理分析理论指出，每个人在沟通行为中都具有三种不同的自我状态，而且在不同的情景下会自觉不自觉地应用不同的自我状态来进行沟通。人在沟通中的这三种自我状态分别是父母自我状态、成人自我状态和儿童自我状态。

（1）父母自我状态。父母自我状态含有某种权力、某种权威、某种力量。这一部分性格关系和影响着个人在沟通中的关心或控制他人、领导他人，确定规则和程序等的沟通风格。人际沟通过程中，处于父母自我状态的人，其行为表现常常是统治人、训斥人，权威式、命令式、家长式的作风；其待人处事的态度为主观，独断专行，滥用权力；其说话的语气常常是"你应该……""你必须……""你不能……"等强制命令的口气。加拿大心理医生埃利克·巴恩进一步将其分为批判型的父亲之心（CP）和保护型的母亲之心（NP）。

（2）成人自我状态。成人自我状态的功能在于解决问题，作出估计并产生策略，而且充分考虑自身行为所引起的外界反应。处于成人自我状态的人，表现为沟通中目标明确，主动性强，具有理智性和逻辑性，能运用过去的经验和知识来预测要实施的行为的可能性，能理智地传播信息和接收信息，能客观冷静地分析问题和解决问题，能控制感情，遇事不会失态，也不会对人盲目服从或滥下命令。人际沟通过程中，这种状态下使用的语言符号带有推断、商议的色彩，自尊、自信、自主意识强烈，如使用"我个人的看法是""也许应该""你考虑考虑……"等商量讨论的口气，所使用的非语言符号显得矜持、有节制。埃利克·巴恩将其分为客观型的大人之心（A）。

（3）儿童自我状态。父母自我状态是关于外部事件的记忆，儿童自我状态则是关于情感、感觉和反应等内部事件的记忆。儿童自我状态指在人际沟通中处于儿童的自我状态之中，情感的流露与自我冲动性均缺乏理智控制，在自觉或不自觉中，表现得像一个爱冲动的孩子。儿童自我状态表现为寻求保护、寻求积极肯定，处于一种任人指挥和摆布的状态。处于儿童自我状态的人，沟通过程中有时表现为服从、毕恭毕敬，有时又表现为不服从、情绪化、喜怒无常。儿童自我状态的特征是行为非常不成熟，这种状态下所使用的语言符号常常是祈使与探寻性词语，非语言符号动作夸张、幼稚，与本身年龄有距离。另外，虽然随着年龄的增长，每个人都会失去童年时代，但儿童自我状态不会随着成长而丧失。埃利克·巴恩将其分为自由型的孩子之心（FC）和顺从型的孩子之心（AC）。

我们每一个人都具有这三种自我状态，但对每个人来说，这些自我状态又具有独特的个性。首先，这三种自我状态都是个人经历的一种反应，对于每个人而言，每种自我状态所标志的经历是不同的。其次，我们每个人都具有不同的父母自我状态、成人自我状态和儿童自我状态之间的工作安排和相互关系。而正是我们每个人与个人自我状态之间的关系和性质，影响着我们的沟通行为和社会交互作用方式。

由上可知，当两个人进行沟通时，每个人都有三种自我状态可以选择，两人之间便可能发生九种不同的处理状态。因此，就可能出现在同样的自我状态下的人际沟通及在相互交叉的自我状态下的沟通。如父母-父母、成人-成人便是对等的自我状态，而父母-儿童、父母-成人、儿童-成人则是属于相互交叉的自我状态。

人际沟通过程中，沟通主体双方处在相同的人格状态时是比较符合正常人际沟通的类型的，但在这几种状态中，真正能持久稳定地维持沟通关系的，是"成人-成人"的人格状态。这种沟通类型有利于信息传递的顺利进行，可以获取真实的、情感不偏激的反馈信息。

相反，主体双方处在交叉性人格状态下进行人际沟通时，便属于一种不正常的人际沟通类型。由于人格状态的差异，信息传播过程可能中断，甚至可能产生争吵、打骂等恶劣后果。这种沟通主要表现为相处态度不正确，其中一方或者处于训斥式的父母状态，或者处于冲动式的儿童状态。

然而，在实际的人际沟通过程中，沟通主体之间并非仅仅处于单一的自我状态，而是双方都同时显示两种或多种人格状态，真正的信息并没有明白地表现出来，而是隐含在另一种信息中，那是双方心照不宣的信息。这种状态也被称为隐含性自我状态下的人际沟通。所谓指桑骂槐、含沙射影等都是隐含性信息传播。这时的沟通就需要双方格外认真小心，尤其是在这个日益复杂的社会当中，沟通者需要更高的技巧才能加以应对。

自我测试12-7　　　　　　　心理自检坐标

请对表12-10的问题打分，计分方法：肯定2分，否定0分，不肯定也不否定1分。

表12-10　　　　　　　　　　心理自检坐标

自我状态	自检项目	合计分数
CP	1. 在某些时候，是否喜欢打断别人发言，陈述自己的想法（　　）	
	2. 是否属于那种经常严厉批评别人的人（　　）	
	3. 在和别人有约会的时候遵守时间吗（　　）	
	4. 是否有理想并准备为实现这个理想而努力下去（　　）	
	5. 重视社会上的规定、伦理和道德吗（　　）	
	6. 是否强烈地要求别人都具有一定责任感（　　）	
	7. 是否属于对小小的不良现象也绝不放过的那种人（　　）	
	8. 对子女和部下的管教严厉吗（　　）	
	9. 是否在强调自己的权利之前首先尽到了自己的义务（　　）	
	10. 说话时是否经常使用"应当……""必须……"（　　）	

续表

自我状态	自检项目	合计分数
NP	1.是否属于非常体贴别人的人（　　　）	
	2.是否讲义气、重人情（　　　）	
	3.是否善于发现别人的长处（　　　）	
	4.是否属于当别人有求于自己的时候难以拒绝的那种人（　　　）	
	5.是否喜欢照顾自己的子女和他人（　　　）	
	6.待人处事讲情面吗（　　　）	
	7.对于子女和部下的过错是否能做到宽宏大量（　　　）	
	8.是否善于倾听别人的发言并有同感（　　　）	
	9.喜欢做饭、洗衣和打扫卫生吗（　　　）	
	10.喜欢参加社会公益活动吗（　　　）	
A	1.采取行动时是否首先考虑个人的得失（　　　）	
	2.和别人交谈时很少带有感情吗（　　　）	
	3.处理事物时能否做到三思而后行（　　　）	
	4.是否善于听取正反两方面的意见并且供自己参考（　　　）	
	5.凡事能否做到以事实为准绳来作出自己的判断（　　　）	
	6.能否做到待人处事富有理性，而不是动辄感情用事（　　　）	
	7.对事物的判断是否做到毫不犹豫、十分迅速（　　　）	
	8.能否高效、利索地处理工作（　　　）	
	9.采取行动时能否冷静地预测到将来的后果（　　　）	
	10.感觉身体不适时，能否克制自己不勉强从事（　　　）	
FC	1.自己任性吗（　　　）	
	2.是否属于好奇心强的那种人（　　　）	
	3.在娱乐、饮食方面的追求满足吗（　　　）	
	4.是否属于心直口快、毫无顾忌的那种人（　　　）	
	5.自己想获得的如果得不到的话，绝不善罢甘休吗（　　　）	
	6.是否经常使用"啊""太棒啦""哎"等感叹词（　　　）	
	7.是否属于依靠直觉作出判断的那种人（　　　）	
	8.是否有心血来潮、忘乎所以的时候（　　　）	
	9.是否经常发脾气（　　　）	
	10.是否属于感情脆弱、动辄落泪的那种人（　　　）	

自我状态	自检项目	合计分数
AC	1.是否属于不愿轻易说出自己想法的人（　　）	
	2.是否经常希望引起别人的注意（　　）	
	3.待人处事是否属于腼腆、态度消极的那种（　　）	
	4.是否经常向别人妥协而不是坚持自己的意见（　　）	
	5.对别人的脸色和言论是否比较在意（　　）	
	6.在处境艰难的时候是否能够忍耐（　　）	
	7.是否为了不辜负别人的期待而努力（　　）	
	8.是否属于能够克制自己感情的那种人（　　）	
	9.是否属于自卑感较强的那种人（　　）	
	10.有没有想过要从"模糊的自己"或"真正的自己"中摆脱出来（　　）	

心理自检坐标图

2.人际沟通中的自我披露程度

自我披露是指人在沟通过程中将自己的情况、思想乃至自己的个性特征，有意无意地告知别人的过程，也称自我暴露或自我展示。自我披露不仅会给对方一些有用的信息，而且可以从对方的评判与反馈中获得有利于促进沟通的信息，从而促进双方的了解，便于有效的沟通。

卓哈里视窗（Joseph Luft & Harry Ingham，1955）根据自己对自己的了解和他人对自己的了解将信息披露程度分为四个区域，如图12-2所示。人际沟通是一个由区域一向区域二、区域三、区域四辐射并寻求反馈的过程。

	自己了解	自己不了解
他人了解	区域一 开放的自我	区域二 盲目的自我
他人不了解	区域三 隐蔽的自我	区域四 未知的自我

图12-2 卓哈里视窗

> **沟通演练 12-1**　　　　　　　　　印象卡
>
> 要求：不能与他人讨论。
>
> 程序：（1）分小组；（2）每个人发一张印象卡；（3）每个人将自己的名字写在印象卡的中间；（4）每个人都依次将印象卡传递给右边的人；（5）拿到印象卡后，在纸面上写下对该人的印象；（6）将填完的印象卡交给右边的人；（7）所有的人都填写完毕后交给本人。
>
> 思考：你对自己的印象和别人对你的印象差别大吗？你认为是什么原因？你对结果诧异吗？

自我披露要循序渐进，过快或过慢都会拉大人际心理距离，而且人的自我开放区域与人的交往关系成正比，但也与"关系危险度"成正比。

披露程度可以用一个二维坐标表示，即风险维和表露维（如图12-3所示）。

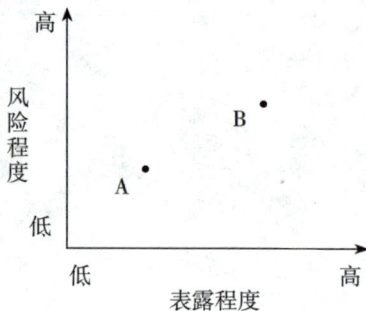

图 12-3　自我披露程度

12.3.3　人际沟通障碍及克服

人际沟通中，从信息的发出到信息的接收再到信息的反馈过程中，并非总是一路畅通并且准确无误的，因为在这个过程中，沟通效果除了受到沟通情景的影响外，还会出现沟通主体对对方的信息不理解、不完全理解甚至误解等情况。因此，人际沟通除了存在一般的沟通障碍外，还存在一些特殊的沟通障碍。

1. 语言障碍

沟通者如果语义不明，会导致不同的人有不同的理解。语言障碍还包括语音差异障碍及语言表达障碍。

（1）语音差异障碍，这种障碍主要是由于语系或语族的不同造成的。不同国度、不同民族之间的交流往往因语系或语族的不同而存在沟通困难。

（2）语言表达障碍，这种障碍主要是由于语言表达能力不同造成的。如果沟通者语言表达能力太差，则会词不达意，令人费解，甚至发生误解和冲突。另外，一些行话及内部语言的使用也会导致人际沟通障碍。

马克·吐温说："一个差不多准确的词与一个非常准确的词的区别就像一只萤火虫发出的光与一道闪电之间的差异。"另外，成功的沟通不仅包括将自己的意思准确表达出来，而且包括进行倾听这一重要内容。管理学家彼得·德鲁克观察到：很多高层管理人员都自认为出色的口才使其与他人相处融洽，不过他们没有认识到与人相处融洽的同时要多听别人是怎么说的。

2.角色障碍

英国伟大的戏剧家莎士比亚在他的《皆大欢喜》中写下这样一段台词："全世界是一个舞台，所有的男男女女不过是一些演员；他们都有下场的时候，也有上场的时候，一个人的一生中扮演着好几个角色。"

角色理念被引进社会学之后是指每个人作为社会一分子，在社会大舞台上都扮演着角色，都得按照社会对这些角色的期待和要求，服从社会行为规范。如果缺乏明智性或陷入盲目性，人们由于扮演不同的社会角色，则往往会因缺少共同语言而引起沟通困难。这是因为，社会地位和角色不同的人通常具有不同的意识、价值观念和道德标准，从而造成沟通的困难。不同阶层的成员对同一信息会有不同的甚至截然相反的认识，不同的党派、宗教、职业、年龄等也都可能成为沟通障碍，"隔行如隔山""代沟"都能很好地反映这一点。在企业的实际日常管理过程中，如果管理者一味地扮演一个高高在上、遥不可及并到处教训员工的角色，导致沟通障碍在所难免。

因此，人际沟通中，主体双方应该加强对对方的了解，只有把握住对方的角色特征之后才能够有针对性地选择适当的沟通策略及相应的沟通语言。

3.心理障碍

（1）认知偏见障碍。

第一，首因效应。人与人第一次交往中给人留下的印象，在对方的头脑中形成并占据着主导地位，这种效应即为首因效应。我们常说第一印象，就是因为存在着首因效应的作用。我们认识、了解一个人，不是通过一两次交往就能完成的，而第一印象又容易限制我们对人的进一步了解。因为第一印象带有片面性，它往往又会导致我们人际认知的片面性。因此，第一印象一旦形成，它就会起到一个过滤器的作用，以致在后来的人际沟通过程中，凡是跟第一印象一致的信息，就印象深刻，而凡是跟第一印象不一致的信息，就视而不见、听而不闻，这便产生了沟通障碍。

第二，近因效应。近因效应与首因效应相反，是指交往中最后一次见面给人留下的印象，这个印象在对方的脑海中也会留存很长时间。由于人们更倾向于根据最新的信息形成印象，因此近因效应也是容易迷惑人的，我们分辨人仅仅凭借近因效应，难免就会为之左右，从而导致沟通障碍的产生。

第三，晕轮效应。晕轮效应是指当你对某个人有好感后，就会很难感觉到他的缺点的存在，就像有一种光环在围绕着他。这种心理就是晕轮效应。晕轮效应形成的心理机制是中心性质扩张化，是一种以偏概全的心理偏差。在人际沟通过程中，只要是权威人物说的话，就深信不疑，而一般人的话则人微言轻，这就是晕轮效应在起作用。人们常说的"一白遮百丑""情人眼里出西施""爱屋及乌"等就是这种认知偏见的典型表现。

第四，刻板效应。刻板效应是在人际交往中，对某一类人进行简单的概括归类所形成的不正确的效应。刻板效应主要表现为有意无意根据一个人的年龄、性别、相貌、职业、地域、民族、背景、身份和社会地位等特征来判断一个人的品质、行为和性情。比如说英国人保守，美国人不拘小节，犹太人会做生意等。刻板效应使人们在无形之中戴上了涂有偏见色彩的有色眼镜。人们总是不自觉地将人概括分类，比如说到南方人，人们心目中总有一个概括性的效应；说到北方人，又会出现另一个概括性的效应。虽然总体来讲，南方人与北方人在某些方面（风俗习惯、风土人情以及性格特点等）是存在一些差别的，但是如果以这种概括化的效应对待具体的人则是完全错误的。而我们的人际交往正好是具体的人与人之间的交往，因此容易导致刻板效应的产生。

第五，自我投射。自我投射是指人的内在心理的外在化，即"以自己之心度他人之腹"，把自己的情感、愿望、意志、特征投射到他人身上，也即人们常说的"己所欲就施于人"，认为他人也是如此。自我投射效应是人从自我出发去认知他人，自我与非我不分，主观与客观不分，认知主体与认知客体不分。而事实上，世上并没有完全相同的人，自己与他人之间的差异是客观存在的。因此，在人际沟通过程中，一味地从自身出发，而不从他人的实际特点和具体情况出发去认知他人、理解他人，同样也会导致沟通障碍产生。

（2）情绪障碍。情感是个体对客观事物是否满足自己的需要所产生的态度。情感可分为两种：一种是积极的情感，如满意、喜爱、快乐、自豪等；另一种是消极的情感，如愤怒、恐惧、厌恶、嫉妒、自卑等。这些积极的和消极的情感取决于个体的需要是否得到满足，如果需要得到满足，就会产生积极的情感，反之就会产生消极的情感。人总是带着某种情感状态参加沟通活动的。在某些情感状态下，人们容易吸收外界的信息；而在另一些情感状态下，信息就很难输送进去。如果不能有效地驾驭情感，就会有碍正常的沟通。例如，当我们心情烦躁时，会变得好发脾气，说话带刺，尽管平时可能热情随和，此时也难以对人心平气和，隔阂与误解也就会随之产生，从而妨碍与他人的正常沟通与交往。

（3）态度障碍。态度通常是指个体对事物的看法和采取行动的心理倾向。由于人们生活在各种不同的环境中，经历着各种不同的人和事，积累了不同的生活经验，从而形成了各种不同的需要、兴趣、动机，形成了不同的思考问题和处理问题的方式，对于同样的事物，会有各种不同的观点、理想信念和态度。态度对人的行为产生重要影响，如果沟通双方的态度不端正，或者存在偏见，或者歧视对方，或者各存疑心，或者消极悲观，则很难收到较好的沟通效果。

因此，若想克服人际沟通过程中的心理障碍，首先，沟通主体要明白沟通过程并非十全十美，也就是要做好充分的思想准备，从而能够采取相应的预防措施。其次，在人际沟通过程中，不仅说话办事要实事求是，言论行为要符合社会规范，相处沟通要换位思考，而且要防止戴着有色眼镜及认知偏见去进行主观判断；相反，我们需要有判别力、洞察力和严密的逻辑思维以及分析推理的能力，待人接物要善于抓住事物的本质。再次，在人际沟通中要善于驾驭自己的感情，根据不同的人、事以及环境、气氛，恰当地、情真意切地表达自己的喜、怒、哀、乐，以打动对方。最后，在人际沟通中要尽可能地保持乐观、积极、向上的态度，避免消极、悲观的态度，在沟通中保持平和的心态，这样才能够达到沟通的预期效果。

此外，个性障碍和文化差异障碍等也会影响人际沟通。

自我测试12-8　　戴尔·卡耐基人际沟通自我评估

以下是戴尔·卡耐基可以帮助你培养的主要能力（自信、沟通、人际关系、克服忧虑与压力及领导力），请你在表12-11的项目中，选出适当的数字来评估自我表现的现状。

表12-11　　　　　　　　　人际沟通自我评估表

问题	很差	较低	普通	很高	卓越
我很有自信，因为我：					
1.能欣赏自己的优点	[1]	[2]	[3]	[4]	[5]
2.做决定时，常有信心	[1]	[2]	[3]	[4]	[5]
3.常有积极的态度，常怀"我能做到"的想法	[1]	[2]	[3]	[4]	[5]
4.勇于表达自己的想法和意见	[1]	[2]	[3]	[4]	[5]
5.常表现出有信心的形象	[1]	[2]	[3]	[4]	[5]
6.必要时我愿意接受新挑战	[1]	[2]	[3]	[4]	[5]
我有融洽的人际关系，因为我：					
1.即使意见不同，亦能有效地与他人合作	[1]	[2]	[3]	[4]	[5]
2.能察觉自己的情绪与行为会影响他人	[1]	[2]	[3]	[4]	[5]
3.能有效地解决争议	[1]	[2]	[3]	[4]	[5]
4.常真心地对他人表达关怀	[1]	[2]	[3]	[4]	[5]
5.有培养信任气氛的能力	[1]	[2]	[3]	[4]	[5]
6.常帮助他人增强自信与自尊	[1]	[2]	[3]	[4]	[5]
我有良好的沟通能力，因为我：					
1.是一位好的聆听者	[1]	[2]	[3]	[4]	[5]
2.能明确而清楚地表达信息	[1]	[2]	[3]	[4]	[5]

问题	很差	较低	普通	很高	卓越
3.能表现恰当的肢体语言与声调	[1]	[2]	[3]	[4]	[5]
4.沟通时常有说服力	[1]	[2]	[3]	[4]	[5]
5.能镇定地即席思考与表达	[1]	[2]	[3]	[4]	[5]
6.能做好简报与演讲	[1]	[2]	[3]	[4]	[5]
我有能力控制压力与忧虑，因为我：					
1.能在混乱中保持冷静	[1]	[2]	[3]	[4]	[5]
2.在压力下仍让人乐于亲近	[1]	[2]	[3]	[4]	[5]
3.对生活充满乐趣，并拥有安全感	[1]	[2]	[3]	[4]	[5]
4.能在冲突时控制愤怒	[1]	[2]	[3]	[4]	[5]
5.适应能力强，并非固执强硬	[1]	[2]	[3]	[4]	[5]
6.有平衡的生活	[1]	[2]	[3]	[4]	[5]
我有卓越的领导能力，因为我：					
1.在扮演不同角色时，有很好的协调能力	[1]	[2]	[3]	[4]	[5]
2.能影响他人追求共同的目标	[1]	[2]	[3]	[4]	[5]
3.常会辅导他人使其有更好的表现	[1]	[2]	[3]	[4]	[5]
4.能启发并激励他人，而并非驱使他人	[1]	[2]	[3]	[4]	[5]
5.被认为是一个热忱并开放又容易亲近的人	[1]	[2]	[3]	[4]	[5]
6.能有效率地主持解决问题的会议	[1]	[2]	[3]	[4]	[5]

资料来源　卡耐基训练资料。

12.3.4　人际沟通风格

在人际沟通过程中，我们依据一个人在沟通过程中的表达方式是直接还是间接，是理性还是感性，以及沟通过程中作决策的速度是非常果断还是需要很长时间，把我们在工作和生活中遇到的人分为随和型、表现型、分析型和支配型四种不同的类型。

感情流露多、做事不果断且慢的人被称为随和型的人。他总是微笑地看着你，但是他说话很慢，表达也很慢。感情外露，做事非常果断、直接，热情而有幽默感，活跃，动作非常多而且非常夸张，这样的人属于表现型的人。有的人在决策的过程中果断性非常弱，感情流露也非常少，说话非常啰唆，问了许多细节仍然不作决定,这样的人属于分析型的人。最后一种,感情不外露,但是做事非常果断,总喜欢指挥、命令他人,这样的人属于支配型的人。

自我测试12-9　　　　　人际沟通风格测试

请回答表12-12中A、B两套题。如果左边的描述更接近你实际情况,请给自己5分及以下;如果更接近右边的描述,请给自己6分及以上。请如实回答,以保证对你自己有更加准确的认识。答完每套题后,将分数相加,得出该测试的总分。

表12-12　　　　　　　　　人际沟通风格测试题

A套(横轴)											总分_____
1	面对风险、决定或变化,反应迟缓谨慎	1	2	3	4	5	6	7	8	9	10	面对风险、决定或变化,反应迅速从容
2	与大伙一起讨论时不常主动发言	1	2	3	4	5	6	7	8	9	10	与大伙一起讨论时经常主动发言
3	强调要点时不常使用手势及音调的变化	1	2	3	4	5	6	7	8	9	10	强调要点时经常使用手势及音调的变化
4	表达时经常使用较委婉的说法,如:"根据我的记录……""你可能认为……"	1	2	3	4	5	6	7	8	9	10	表达时经常使用强调式的语言,如:"就是,如此……""你应该知道……"
5	通过阐述细节内容强调要点	1	2	3	4	5	6	7	8	9	10	通过自信的语调和坚定的体态强调要点
6	提问用来检验理解、寻求支持或更多信息	1	2	3	4	5	6	7	8	9	10	提问用来增强语言气势、强调要点或提出异议
7	不爱发表意见	1	2	3	4	5	6	7	8	9	10	愿意发表意见
8	耐心,愿意与人合作	1	2	3	4	5	6	7	8	9	10	性急,喜欢竞争
9	与人交往讲究礼节,相互配合	1	2	3	4	5	6	7	8	9	10	喜欢挑战,控制局面
10	产生意见分歧时,很可能附和他人的观点	1	2	3	4	5	6	7	8	9	10	产生意见分歧时,愿意坚持自己的观点并要辩论出究竟
11	含蓄,节制	1	2	3	4	5	6	7	8	9	10	坚定,咄咄逼人
12	与人初次见面时目光间断性注视对方	1	2	3	4	5	6	7	8	9	10	与人初次见面时目光长久注视对方
13	握手时较轻	1	2	3	4	5	6	7	8	9	10	紧紧握手

B套（纵轴）											总分_____
1 戒备	1	2	3	4	5	6	7	8	9	10	坦率
2 感情不外露，只在需要别人知道时表露	1	2	3	4	5	6	7	8	9	10	无拘无束地表露，分享感情
3 多数时候依据事实、证据作出决定	1	2	3	4	5	6	7	8	9	10	多数时候根据感觉作出决定
4 就事论事，不跑题	1	2	3	4	5	6	7	8	9	10	谈话时不爱专注于一个话题
5 讲究正规	1	2	3	4	5	6	7	8	9	10	轻松、热情
6 喜欢干事	1	2	3	4	5	6	7	8	9	10	喜欢交友
7 讲话或倾听时表情严肃	1	2	3	4	5	6	7	8	9	10	讲话或倾听时表情丰富
8 表达感受时不太给非语言的反馈	1	2	3	4	5	6	7	8	9	10	表达感受时愿意给非语言的反馈
9 喜欢听现实状况、亲身经历和事实	1	2	3	4	5	6	7	8	9	10	喜欢听梦想、远见和概括性信息
10 对人和事应对方法较单一	1	2	3	4	5	6	7	8	9	10	对别人占用自己的时间灵活应对
11 在工作或社交场合中需要时间去适应	1	2	3	4	5	6	7	8	9	10	在工作或社交场合中适应快
12 按计划行事	1	2	3	4	5	6	7	8	9	10	做事随意
13 避免身体接触	1	2	3	4	5	6	7	8	9	10	主动作出身体接触

人际沟通风格
测试结果分析

不同人际沟通风格的人具有不同特征，与他们的沟通方式也不同。

随和型的人具有合作、友好、赞同、耐心、轻松、亲切、稳定、不慌不忙、面部表情和蔼、频繁的目光接触、说话慢条斯理、声音轻柔、抑扬顿挫、使用鼓励性的语言、大局为重、和为贵等特征。

与该类型的人沟通的时候，首先要建立好关系，力求创造友善的环境氛围，减少他们的戒心。同随和型的人沟通的过程中还要注意始终保持面带微笑，和蔼可亲，说话要比较慢，要注意抑扬顿挫，不要给他们压力，要鼓励他们多发表看法，去征求他们的意见。所以，与他们沟通时多提问："您有什么意见？您有什么看法？"再者，沟通过程中要时常注意同他们有频繁的目光接触，每次接触的时间不用太长，但是频率要高。另外，亲情、友情方面的话题对他们有吸引力。

表现型的人具有热情、冲动、愉快、幽默、外向、直率友好、不注重细节、令人信服、合群、活泼、快速的动作和手势、抑扬顿挫的语调、有说服力、善言辞、善于鼓动气氛等特征。

与表现型的人沟通的时候，首先，我们的声音一定要洪亮，并且要伴有相应的动作和手势；其次，在沟通的过程中，我们要对表现者给予关注及兴趣，对他们的积极表现要多加赞赏，他们讲话时要认真倾听，在打断时对他们之前的说法加以肯定；再次，与表现型的人沟通的过程中说话要非常直接；最后，沟通时要多从宏观的角度去说，如"你看这件事总体上怎么样？最后怎么样？"

分析型的人具有精确、慎重、清高、严肃认真、有条不紊、语调单一、真实、沉默寡言、埋头苦干、面部表情少、动作慢、合乎逻辑、语言准确、注意细节、有计划有步骤、喜欢引经据典、喜欢有较大的个人空间等特征。

与分析型的人沟通时，首先，沟通前要给他们时间，让他们作准备，因为他们不喜欢仓促行事；其次，要注重细节，遵守时间，尽快切入主题，态度要认真，不要有太多的目光接触，更要避免有太多身体接触；最后，分析型的人一般喜欢书面沟通，与他们沟通时要用准确的语言，如专业术语是他们的爱好，沟通过程中能列举一些具体的数据并配以事实、图表、符号、附件说明等会取得更好的效果。

支配型的人具有锐利、勇敢、果断、咄咄逼人、喜欢指挥人、计划性强、独立、有能力、热情、面部表情比较少、情感不外露、审慎、强调效率、有目光接触、说话快且有说服力、语言直接、注重事实、适应性强及目的性强等特征。

与该类型的人沟通时要开门见山，讲话时要直截了当，坚定果断，但要表示出对他们的尊重，其中战略、目标、行动计划、进程、解决办法之类的话题更容易引起他们的谈话兴趣。另外，与他们沟通时要有信心并要伴有一定的目光接触，最好身体稍向前倾。鉴于该类型的人计划性及目的性强等特点，沟通时要以解决问题为导向，要注重效率与结果。

12.3.5 人际沟通的技巧

1.主动的心态

心理学家研究发现，一个人不敢主动与他人沟通交往的原因主要在于过度关注自尊心。他们害怕自己的主动出击得不到对方的积极响应，从而使自己陷入尴尬的境地，伤害到自己的自尊。事实上，主动沟通、虚心学习，几乎是所有成功人士的共性。一般来说，年轻人应主动问候长辈，下级应主动问候上级，男士应先问候女士。问候时目光要注视对方，面带微笑，语调清晰、温和。另外，在沟通过程中要有积极的自我暗示。心理学家估计人每天大约要进行 50 000 次自我暗示。人们每天传递给自己的无声信息，直接反映了自我评价和自我印象，对日常人际沟通具有很大的影响。事实上，自我暗示是一种双向沟通，它反映了我们自我评价的体系，同时我们还可以用它来改变我们的自我评价。人们听到过的最大的声音是自己的声音。这种自我沟通或使我们斗志昂扬，或使我们妄自菲薄；或支持我们，或破坏我们。只有在积极的自我沟通心态基础上，我们才能更好地进行人际沟通。

2.积极地倾听

> 通往心的道路是耳朵。
>
> ——伏尔泰

倾听是一种重要的沟通技巧，是收集和给予正确信息的关键。它影响我们过滤和筛选信息的效果。倾听在建立和维持良好关系、避免冲突和误解方面也是非常重要的。

积极倾听能够激发讲话者和听众的灵感，使双方积极参与到交流中来。首先，它需要听者进行积极的心理活动来理解讲话的内容，把这种理解反馈给讲话者，同时也给予听者检查听的效果和理解程度的余地。其次，积极倾听的反馈能够帮助讲话者澄清思想，使交流更加准确。有些思想，讲话者本身也不清晰，他们很难精确地解释其含义。积极倾听的反馈能帮助讲话者发展他们的思想，给予他们机会澄清想说的内容或激发他们作进一步的补充。

3.真诚地赞美

渴望得到赞美，是人性中最根深蒂固的本性之一。然而，赞美要真诚、合时宜，符合实际，这样才能在人际沟通中起到好的作用。

小案例 12-1　　　　　　　　他为何勇斗歹徒

某银行城区支行遭到匪徒的抢劫，一个清洁工为了保全银行的利益，与持械匪徒进行了一场殊死搏斗，在身体多处受伤流血的情况下，一直坚持到警察赶来。

银行领导为有这样的好员工而震惊：他只是个地位不高、收入也不高的清洁工，为什么能挺身而出？带着这些疑问，一位负责人前往医院慰问。

结果，聊天时，清洁工问这位负责人，分行行长今天怎么没来呢？负责人告诉他，分行行长去公安局了。清洁工"哦"了一声，然后对该负责人说："他是一个真正的好行长，特别好的行长，每次从我身旁经过时，他都夸我'你扫的地真干净'。有时赞美得我怪不好意思的，我就想，人家这么看好我，我有啥理由不好好干呢？所以，我要求自己扫地一定要干净，让来我们行办事的人夸……"

什么叫赞美？发现别人身上的优点并表达出来，这就叫赞美。拍马屁不叫赞美，因为那种奉承不是发自内心的话。如果你经常说一些违心的称赞，那么当你真的严肃起来时，人们便很难再相信你了。有很多事情值得你去真诚地赞扬，没有必要说那些违心的话。如果那位分行行长对那位清洁工人这样进行赞美："你真是一位成功人士呀！你具备非凡的气质，你是一位非常伟大的人！"该清洁工一定会莫名其妙、摸不着头脑，也就不可能有"舍身救行"的行为。所以，赞美别人一定要真诚，要发自内心。因此，管理者要善于发现员工的优点，慷慨地将赞美送给员工。

还可以运用背后赞美。背后说别人的好话，远比当面恭维别人效果好。不用担心，我们在背后说他人的好话，是很容易传到对方耳朵里去的。

学会运用第三者赞美。当你直接赞美对方时，对方极可能以为那是应酬话、恭维话，目的只在于安慰自己。要是通过第三者来传达，效果便会截然不同。此时，当事者必定认为那是认真的赞美，没有半点虚假，从而真诚接受，还对你感激不尽。

在现实中，我们往往看到这样的现象：当父母希望孩子用功读书时，采用整天当面教训孩子的方法，还是很难获得一些效果，但是，假如孩子从别人嘴里知道父母对自己的期望和关心，父母在自己身上倾注了很多心血时，便会产生极大的动力。又如，当下属的人，可能对上司平时对其说的很多勉励的话没有多大感触，但当有一天从第三者的口中听到了上司对自己的赞赏后，深受感动，从此更加努力工作，以报答上司对自己的"知遇"之恩。多在第三者面前赞美一个人，是你与那个人关系融洽的最有效的方法。

4.谨慎地批评

心理学研究表明，当人们听到批评时，开始几分钟之内可能会表示接受信息，但接下来的时间，他就会绞尽脑汁来反驳这个批评信息。因此，要谨慎批评。当不得不批评人时，要注意掌握几个原则：及时批评而不是秋后算账；抱有善意的目的，保持批评的建设性，即为帮助对方而批评，而不是为发泄而批评；尽量私下而非公开批评；批评的语言是描述性的，对事不对人；针对不同人的特征而选择不同的批评策略。

5.巧妙地拒绝

> 学会说"不"吧！那你的生活将会美好得多。
>
> ——卓别林

人际沟通过程中，每一个人都可能遇上一些自己不想做或不愿做的事情。拒绝别人或被人拒绝，在日常工作生活中司空见惯。懂得了拒绝，你就会在一种很轻松的气氛中使自己和他人都不至于陷入两难境地。

拒绝的策略有很多，主要有以下几种：

第一，直接陈述真实情况。有的人在拒绝的时候，因为不好意思而不敢实话实说，采用闪烁其词的方式反而让对方产生很多不必要的误会。拒绝的时候吞吞吐吐、模棱两可，反而让人反感，更容易影响关系。因此，直接向对方陈述拒绝对方的客观理由，包括自己的状况不允许、社会条件限制等，通常对这些状况对方也是能认同的。

第二，迂回转移。如果不好正面拒绝，只好采取迂回的战术，转移话题也好，另有理由也可以。比如，可以化被动为主动地关怀对方，并让对方了解自己的苦衷与立场，可以减少拒绝的尴尬与影响。先向对方表示同情，或给予赞美，然后利用语气的转折而拒绝，就不至于撕破脸。委婉表达拒绝，有时比直接说"不"更让人容易接受。如果是另有理由，那么在推脱别人的邀请或请求时，一定要选择适当的理由和借口，不能胡乱地任意推脱，否则可能会弄巧成拙。

第三，沉默。在人际沟通过程中，经常会遇到无法答应或无法满足别人要求的情况，这时你只需要一直维持倾听的姿态，在对方要你发表意见时保持沉默或一笑置之，别人就会明白你的意思。有时还会遇到虽然在心中演练许多次该怎么拒绝，而一旦面对对方又下不了决心，总是无法启齿的情况。这个时候，沉默的同时，还需配上适当的肢体语言。一般而言，摇头代表否定，别人一看你摇头，就会明白你的意思，之后你就不用再多说了。另外，微笑中断也是一种暗示，谈话中一直面带笑容，突然笑容中断，便暗示着对其要求的不认可或拒绝。

第四，诱导式拒绝。这种拒绝方式是在对方提出问题之后，并不立即回答，先讲一点原因，提一些条件或反问一个问题，诱导对方自我否定，自动放弃原来提出的问题。

第五，拖延。拖延指的是暂不给予答复，也就是说，当对方提出要求时你迟迟没有答应，只是一再表示要研究研究或考虑考虑，那么聪明的对方马上就能了解你是不太愿意答应的。

第六，在拒绝的过程中还要注意，拒绝时还要给对方留有"面子"和"退路"，也就是在拒绝时可以提供给对方替代性建议。另外，要让自己拒绝的意见不引起对方的反感，最好让他明白：你是忠实的朋友；自己并不强迫他接受反对的意见；你是最关心他的人，是从他的长远利益来考虑的。隔一段时间还要主动关心对方的情况，可以通过打电话、写邮件或者找个时间登门造访的方式，以诚挚的态度来弥补此次拒绝带来的不快体验，以期以后保持正常交往。

传达拒绝信息时要注意：第一，拒绝及时。第二，拒绝得无懈可击，即有充足的理由，这个理由大到国家法律、组织的制度，小到公序良俗。第三，尽量有补偿措施。拒绝他人毕竟扫了兴或伤了人，可以提出补偿措施，也表达你拒绝实属无奈以及你对维持与他的友谊的重视。如同学邀请你一起吃晚饭，你要赶写论文，于是你可以说："很抱歉，我不能参加（拒绝得及时），我正在夜以继日赶写论文，老师要求明早交（组织的要求及公序良俗——"我是学生，必须以完成学习任务为重"）。改天我请你及同学们吃饭（补偿措施）。"

知识链接 12-2　　　　　　　　　　**人际交往的技巧**

1. 对别人真诚地感兴趣。
2. 给人真心的微笑。
3. 记住别人的名字。
4. 做一个好的听者。
5. 谈论别人感兴趣的事情。
6. 永远使对方觉得重要。
7. 避免与对方正面争论。
8. 不要告诉人家你更聪明。
9. 如果你错了，就真诚地承认。
10. 以友善的方式开始。
11. 使对方立即说"是"。
12. 使对方多多说话。
13. 让别人觉得这个想法是他自己的。
14. 从别人的角度多想想。
15. 对别人的想法和希望表示同情。
16. 促使他维护自己的高贵动机。
17. 把想法戏剧性地表现出来。
18. 挑起竞争的欲望。
19. 从正面称赞着手。
20. 间接提醒别人的错误。
21. 批评他人前先谈自己的错误。
22. 征求意见，而不直接下命令。
23. 让别人保住面子。

资料来源　卡耐基. 人性的弱点 [M]. 支雅琼，译. 北京：新世界出版社，2010.

小案例 12-2　　　　　　　　　　**梦洁爱家文化内涵**

企业价值观：在以爱为基石的付出中成就荣耀。

文化理念：爱在家庭。

文化内涵：

品格第一：好品格成就幸福的家庭、成功的事业。

家庭第二：持守家庭永远在事业的前面。

事业第三：爱家的人做爱家的事业，让更多的家庭充满爱。

企业愿景：梦洁的产品成为关爱家庭的象征，把梦洁带回家就是把爱带回家。

企业目标：就是爱在家庭。

工作总纲：最为顾客着想。

绝对爱家十则（家庭版）

一、我要每天戴着结婚戒指，表达生活在幸福婚姻城堡中的喜悦。

二、我要在钱夹里放上家人的照片，并且无论什么场合，我都不介意告诉旁人，我爱我家中的每一个人，我爱我的家庭。

三、我要常常给家人写小卡片，告诉家人：你们对我的意义非比寻常。

四、我要以赞美、鼓励的言辞与举动，取代对家人的批评和抱怨。

五、我要常常倾听家人的心声。我犯错必道歉，但是宽恕家人的过失。

六、我要尽可能地解决家人的问题，不论自己有多辛苦。

七、我要以亲吻开始每一天，并要在家人返家时表示欢迎。

八、我要每天给家人一次主动的关怀。

九、我要每周最少用一个晚上参与家庭活动。

十、我要每年为家中的每一个人作一次全面的体检。

绝对爱家十则（员工版）

一、我要以穿着打扮表达出对自己和别人的尊重。

二、我要常常微笑，要与在公司见到的每一个人热情地打招呼。

三、我要在与他人的交往中用言语和行为表达接纳、关怀和尊重，而非嘲讽、讥笑和轻视。

四、我要在同事生病或受伤时，停止工作或休息立即向上级汇报并给予相应的帮助，因为我生病或受伤时也需要同事这么做。

五、我要在别人获得成功时报以真诚的祝贺和赞美，而非嫉妒。

六、我要爱且敬重上司，顺服地执行上司的指令，任何时候都不怀抵触的情绪、消极怠工。

七、我要爱且尊重下属，常常以肯定、赞美的言辞给他们鼓励，而不是激烈的批评与指责。

八、我要诚实、守信，不阳奉阴违，不以任何理由欺瞒上级、同事、下属、客户、顾客。

九、我要尽责，高质、高效地完成工作，当天的工作绝不拖延至第二天。

十、我要谦卑，不断学习，努力创新。不骄傲、不张狂，不自满，不对新事物还没尽力尝试就断然拒绝。

资料来源　梦洁公司网站。

本章小结

沟通是针对人进行的，了解人的需求及心理特征，才能更好地进行沟通。

个性特征决定沟通方式，组织中具有不同个性特征的人会有不同的沟通风格。

首先，能力影响沟通。能力包括沟通能力，沟通能力指一个人与他人有效地进行信息沟通的能力，包括外在技巧和内在动因。其中，恰如其分和沟通效益是人们判断沟通能力的基本尺度。

与不同性格倾向的人沟通，沟通策略不同。与外向的人沟通时，要多给予其说话的机会，辅助于适当的迎合，使其更加主动地表露自己，这样就能取得更好的效果。在沟通方式方面要直接、挑重点，不要啰唆，也不能太关注细节。相反，与内向的人沟通时，要注意营造亲密的气氛，并通过提问或有针对性的反问来估计其看法。如果你想真正了解他们的想法，不应过于急切，否则会给他们压力。另外，倾听，并愿意支持他们，和他们站在一起，才是取得他们信任的最好方法。

感觉和直觉应用于沟通的策略是，与感觉型的人沟通一定要重视他们的感觉，也要让他们知道你的感觉、想法。另外，沟通时给予他们一定的"缓冲"时间，不能过于急躁地想得到反馈；说服他们的最好方法是，告诉他们这样做可能会有助于他们获得更好的结果。同直觉型的人沟通时要强调趣味性和新意，倾听他们伟大的梦想和计划，不必马上点出其中不切实际的地方；要站在一定高度，尽量从宏观上进行把握；思维跨度也可以适当增大。

思考和情感应用于沟通的策略是，与情感型的人沟通时，尽量理解他们的价值观、决策的原则和个人的情感取向；与思考型的人沟通时要注意强调实际问题的解决，最好能辅助于数据或图表等工具。

判断与知觉应用于沟通的策略是，与知觉偏爱的人沟通时，应该尽可能多地收集信息、提供信息；与判断偏爱的人沟通时，目的性要强，说服他们之前最好能够提供明确的解决方法或备选方案。

气质类型也影响沟通。和胆汁质的人沟通时，陈述应尽量明确、简洁、干练，而又不能太绝对。在与多血质类型的人沟通时，最好选择私下场合，以私人的口吻进行交谈，这样才会取得良好的效果。另外，由于他们敏感，心底比较软，所以适当的"动之以情"是达到沟通目的的一种好方法。和黏液质的人沟通时，只要能够在一开始做到"以理服人"，就能彻底"俘获他们的心"。和抑郁质的人沟通，取得他们的信任是沟通的先决条件；应做好完全的准备，不仅要对沟通内容的精确性进行准备，还要对沟通对象的特征及喜好加以了解，以便做到在沟通的时候有的放矢地说话，而不要在得罪了对方后再去补救。

沟通场所和空间布局等都影响沟通。

人际沟通的目的是建立、维持和发展人际关系。人际沟通的过程可以分为三个层次和四个阶段。三个层次指信息层次、情感层次和行为层次；四个阶段包括定向阶段、探索情感交换阶段、情感交换阶段和稳定情感阶段。

人际沟通行为影响因素有很多，第一个就是人际沟通中的自我状态，包括父母自我状态、成人自我状态、儿童自我状态。第二个是人际沟通中的自我披露程度。人际沟通障碍有语言障碍、角色障碍、心理障碍，要克服这些障碍，提高沟通效率。

人际沟通的技巧包括怀有主动沟通的心态、积极地倾听、真诚地赞美、谨慎地批评、巧妙地拒绝等。

复习思考题

1.与不同性格、气质类型的人沟通时的沟通策略有哪些?

2.环境氛围怎样影响沟通?

3.如何掌握人际沟通中的自我披露策略?

4.人际沟通障碍有哪些?如何克服这些障碍?

5.讨论与思考:大学生活中的人际沟通要领有哪些?

案例分析　　　　　　　　　　冷科长与牛先生

冷科长——某保险公司赔偿支付科科长。男,40岁,工作认真,性格内向。

牛先生——某保险公司赔偿支付科赔偿分析员。男,42岁,业务能力强,脾气倔强。

两年前某保险公司赔偿支付科的前任科长调离,有小道消息传来,说牛先生是新任科长的候选人。他也认为凭自己的业务能力和工作经验可以当之无愧。但是上级却从别的科室调来了冷先生当科长。冷先生对保险索赔业务完全是一个外行,性格也不像前任科长那样热情开朗。他总是冷冰冰的,一本正经、严肃认真,从来不开玩笑,也不善于跟科里的人来往,一副公事公办的样子。牛先生觉得冷科长一点也不喜欢他。他推测冷科长多半是提防着他这样一个经验丰富的人。而冷科长觉得牛先生没有当上科长对他充满了敌意,像牛先生这样一个业务能力强的人准会讨厌一个外行来领导他。前段时间发生了一件小事,更加深了他们之间的猜疑、隔阂。

事情是这样的:一天中午快下班的时候,公司向冷科长布置了一项紧急任务,并特别强调一定要在下午两点以前办好。于是,冷科长拦住了正收拾东西、准备下班的牛先生,请他中午加班,以便把这项紧急任务突击出来。冷科长知道,这项工作对于牛先生这样一个业务熟练的老手来说很容易处理,只是需要时间;而对他自己和科里其他人来说,就难得多。但牛先生早已约好了和儿子的班主任老师中午面谈,事关儿子高考,不好推脱。所以,他拒绝了冷科长的安排。冷科长为此很不高兴,认为牛先生故意为难他。

又过了几周,公司给科里一个高级赔偿分析员名额。牛先生相信自己完全可以胜任这个职位。于是,他向冷科长提出了申请。但冷科长告诉他:"晋升,除了反映一个人的工作能力之外,也得反映出一个人的责任感。你的确是这里最能干的分析员之一,但这个职位要求个人具有高度的责任心,而你在这方面还有欠缺。"这样,牛先生没有得到高级赔偿分析员名额。

科里的人都为牛先生打抱不平,让他去找公司提出申诉,不能就此罢休。牛先生生性倔强,因为自己的要求被置之不理,感到非常丢人,就什么也不想说了。他只希望冷科长在这里待不长,否则,他就要求调离,反正他是不能与冷科长共事了。

讨论题：

（1）冷科长与牛先生之间有过沟通吗？造成两人冲突的原因有哪些？

（2）你认为冷科长应该如何利用上任之初这个时机与包括牛先生在内的下属进行有效的沟通？

（3）面对目前的僵局，冷科长该怎么办？

主要参考文献

［1］蒙特，汉密尔顿. 管理沟通指南：有效商务写作与演讲［M］. 钱小军，张洁，译. 10版. 北京：清华大学出版社，2014.

［2］魏江，等. 管理沟通：成功管理的基石［M］. 4版. 北京：机械工业出版社，2019.

［3］冯云霞，朱春玲，沈远平. 管理沟通［M］. 北京：中国人民大学出版社，2020.

［4］张莉，刘宝巍. 管理沟通［M］. 北京：高等教育出版社，2020.

［5］杜慕群，朱仁宏. 管理沟通［M］. 2版. 北京：清华大学出版社，2018.

［6］康青. 管理沟通［M］. 4版. 北京：中国人民大学出版社，2015.

［7］赵洱崠. 管理沟通［M］. 北京：高等教育出版社，2017.

［8］陈建伟. 职场沟通学［M］. 北京：民主与建设出版社，2016.

［9］岳阳. 迈向成功的沟通管理［M］. 北京：清华大学出版社，2012.

［10］崔佳颖. 360度高效沟通技巧［M］. 北京：机械工业出版社，2009.

［11］余世维. 有效沟通［M］. 北京：北京大学出版社，2009.

［12］卡耐基. 人性的弱点［M］. 袁玲，译. 北京：中国发展出版社，2008.

［13］王建民. 管理沟通实务［M］. 北京：中国人民大学出版社，2008.

［14］晓佳. 商务文书范本大全［M］. 北京：中国言实出版社，2007.

［15］查伦巴. 组织沟通——商务与管理的基石［M］. 魏江，朱纪平，等译. 北京：电子工业出版社，2004.

［16］曾仕强，刘君政. 人际关系与沟通［M］. 北京：清华大学出版社，2003.